21世纪经济管理新形态教材 · 物流学系列

物流学概论

（第2版）

顾东晓　章　蕾◎主　编
吕　芹　赵　芹◎副主编

清華大學出版社
北　京

内容简介

本书针对我国新时期快速发展的物流业对高质量物流管理人才知识、能力等方面的新要求，系统地介绍了现代物流管理的基本理论、方法和应用实践，尤其是引入了许多近年来国内外物流领域的新理论、新知识、新动态、新案例和新发展，突出了基础性、实用性、实践性和时代性。

本书适合高等教育本科、高职高专和继续教育学院学生阅读，适合物流与电子商务类、信息管理类、经济与工商管理类等各专业教学；也可以作为 MBA（工商管理硕士）和工程硕士或各类物流管理培训的学习和参考教材。

图书在版编目（CIP）数据

物流学概论/顾东晓、章蕾主编. —2 版 —北京：清华大学出版社, 2021.9（2025.2重印）
21 世纪经济管理新形态教材. 物流学系列
ISBN 978-7-302-58967-9

Ⅰ. ①物… Ⅱ. ①顾… ②章… Ⅲ. ①物流－高等学校－教材 Ⅳ. ①F252

中国版本图书馆 CIP 数据核字(2021)第 167092 号

责任编辑：张　伟
封面设计：汉风唐韵
责任校对：宋玉莲
责任印制：沈　露
出版发行：清华大学出版社
　网　址：https://www.tup.com.cn, https://www.wqxuetang.com
　地　址：北京清华大学学研大厦 A 座　**邮　编**：100084
　社 总 机：010- 83470000　**邮　购**：010-62786544
　投稿与读者服务：010-62776969，c-service@tup.tsinghua.edu.cn
　质 量 反 馈：010-62772015，zhiliang@tup.tsinghua.edu.cn
　课 件 下 载：https://www.tup.com.cn，010-83470332
印 装 者：三河市君旺印务有限公司
经　销：全国新华书店
开　本：185mm×260mm　**印　张**：20　**字　数**：468 千字
版　次：2012 年 9 月第 1 版　2021 年 9 月第 2 版　**印　次**：2025 年 2 月第 5 次印刷
定　价：56.00 元

产品编号：084314-01

第 2 版 前 言

党的二十大报告提出，加快发展物联网，建设高效顺畅的流通体系，降低物流成本。高质量发展是全面建设社会主义现代化国家的首要任务。现代化强国以现代经济为支撑，现代经济的高速发展就需要现代供应链的集成管控与优化。建设韧性、安全的国家供应链体系，从产业安全上提升供应链韧性和安全，从国家安全上重视重要产业链和供应链的安全。完整、准确、全面贯彻新发展理念，建设适配、双循环的物流与供应链体系，是构建以国内大循环为主体、国内国际双循环相互促进的新发展格局的重要组成部分。

近年来，我国物流产业发展突飞猛进。物流市场具有跨行业、综合性、专业性的特点，竞争激烈，对物流人才的专业知识和能力素质提出了更高要求。为了适应物流行业人才培养的现实需求，本书在内容设计上注重基础知识、前沿知识和新技术，反映了行业新动态和新发展，以保持教材内容的先进性。本书此次修订总结编者多年的教学与研究经验，博采同类优秀教材之长，知识体系完整、结构合理、内容丰富，突出基本理论、方法和应用实践的结合。

全书共 16 章。第 1～8 章为理论篇，突出基础性的特点，主要侧重于讲解基本概念和基础理论，内容包括物流管理的基本概念和主要类别、物流管理的六大基本职能等。第 9～16 章为应用篇，突出物流管理各方面的变革和应用，突出实践性、时代性，主要侧重于各个领域或行业中的应用与实践，内容包括物流系统、电子商务与物流、国际物流、物流服务与组织管理、物流企业与关联主体、物流的经济效益分析、物流政策等。

本书依据教育部高等学校物流类专业教学指导委员会制定的《关于物流管理本科专业培养方案的指导意见（试行）》和《关于物流工程本科专业培养方案的指导意见（试行）》而编写，特色主要体现在以下几个方面：①在全书的内容安排上，突出理论为基础、应用为目标的内容设计，不仅介绍物流的基本功能要素，还增加了物流应用领域的重要内容，即物流信息系统、物流服务、供应链管理、电子商务物流、国际物流、物流政策等物流跨领域发展的新趋势，突出了现代物流综合性、应用性的特征及理念。②注重物流基础知识的系统性，既包括物流的产生与发展，物流的概念、特点、性质和作用，也包括新一代物流信息技术。③注重新知识点的介绍和引入，结合物流发展的热点，增加包括供应链管理、国际物流、物流经济、区块链等内容。④为了进一步培养读者物流管理能力，第 9～16 章进一步丰富了应用与实践方面的内容。⑤新版在章节中注重引入案例导读和课外阅读，同时也体现了物流经济、智慧物流、绿色物流等前沿物流学科的发展。

本书以物流理论及应用的核心内容为框架，修订了教学目标，将部分仅需达到“了解”目标的内容，如技术参数、实例演练、发展历程等作为扩展阅读，不列入正文，以满足部分初学者期望全面掌握知识点的需求。新增加的物流一体化、智能仓储等小节也体现了时代发展的前瞻性。本书可作为高等教育本科院校和高职高专院校物流管理、物流工程、电子商务、信息管理与信息系统、市场营销、工商管理等管理类专业和经济类专业的教学用书，也可以作为 MBA、工程硕士、在职研究生班与各类继续教育学院的教材或参考书。该书应用部分还尤其适合作为各类管理培训的学习和参考教材。此外，本书对从事物流管理的人员也具有一定的参考价值。

本书由合肥工业大学等多家高校的教师共同编写，这些教师长期工作在科研和教学的第一线，具有较为丰富的教学和科研经验。合肥工业大学拥有管理科学与工程国家“双一流”建设学科、国家重点学科（含物流管理、电子商务、信息管理与信息系统等专业）、一级学科博士后科研流动站。本书由顾东晓、章蕾担任主编，负责全书框架结构的设计、审稿及最后定稿，由吕芹、赵芹担任副主编。各章节安排如下：第 1 章由顾东晓、杨雪洁、赵旺编写，第 2 章由吕芹编写，第 3 章由顾佐佐编写，第 4 章由章蕾编写，第 5 章由杨雪洁编写，第 6 章由顾佐佐编写，第 7 章由陈欣编写，第 8 章由顾东晓、张薇编写，第 9 章由章蕾编写，第 10 章由董尹编写，第 11 章由赵芹、杨雪洁编写，第 12 章由章蕾编写，第 13 章由顾佐佐、苏凯翔编写，第 14 章由吕芹编写，第 15 章由陈欣、赵芹编写，第 16 章由杨雪洁、陈欣编写。此外，也感谢合肥工业大学鲍超、朱蓉、丁庆秀、李晓玥、李敏、刘虎、曹林在本书的资料收集、整理方面所做的工作。由于时间仓促，书中不足在所难免，敬请不吝赐教。

本书第 1 版曾获“首届全国教材建议奖全国优秀教材二等奖”。

编 者

2021 年 3 月

目录

第1章

新时代的物流管理

【学习目标】

认识物流概念的形成与发展，物流学的学科性质，现代物流管理的基本原理；
理解物流的概念和物流的基本功能及其特征，物流在经济活动中的作用；
识别物流的基本构成及种类，物流的理论及观点，现代物流的主要特征；
掌握物流活动的性质，物流管理的概念与内容，物流管理的原则与目标。

本章导读

物流业一头连着生产，一头连着消费，党的二十大报告指出“着力提升产业链供应链韧性和安全水平，推动经济实现质的有效提升和量的合理增长”。现代物流业是20世纪末应用现代管理技术和现代信息技术而发展起来的新兴产业，它以先进的管理技术和组织方式，对资源进行优化整合，从整体上改变了企业的运行方式，是流通方式的一场革命。由于降低了产品的总成本，它被称为“第三利润源”。

物流学是一门新兴的学科，它以物的动态流转过程为主要研究对象，揭示了物流活动（运输、配送、储存、包装、装卸搬运、流通加工、物流信息等）的内在联系，使物流活动从经济活动中凸显出来。其现已成为独立的研究领域和学科。物流科学是管理工程与技术工程相结合的综合学科，应用了系统工程的科学成果，提高了物流系统的效率，从而更好地实现了物流的增值效用。现代物流是运用现代物流原理、技术和管理方法构成的一个完整体系，它是在传统物流基础上发展起来的，由于融入了现代信息技术、计算机网络技术、通信技术以及供应链管理思想，现代物流有其独特的优势和特点，决定了现代物流同传统物流之间既有其共性的方面，又存在某些独有的特性。本章将从物流、现代物流以及物流学等方面介绍物流的基础知识。

1.1 物流及物流管理的基本概念与功能

人类社会自从有商品交换以来，就存在着与生产与交换、分配和消费相适应的物流活动。可以说，从那时开始物流活动就已经存在了，但是，真正物流概念的出现，以及作为社会经济运行和企业经营的基本要素，却是20世纪50年代前后的事情。那么我们应当如何理解物流这个古老而又现代的概念呢？

1.1.1 物流的概念

物流是一门新兴学科，物流概念经历了早期朴素的储运解释，经过了缓慢长期的发展时期。第二次世界大战后，美国的工业和商业领域引入盟军后勤工业管理的思想。而现代化大生产的分工和专业化促使流通领域中的主要职能——商流和物流进一步分离（图 1.1）。随着生产力水平的提高，人们逐渐认识到传统物流活动基本包括物品的运输（transportation）、储存、搬运（handling）、分拣、包装、加工等过程。

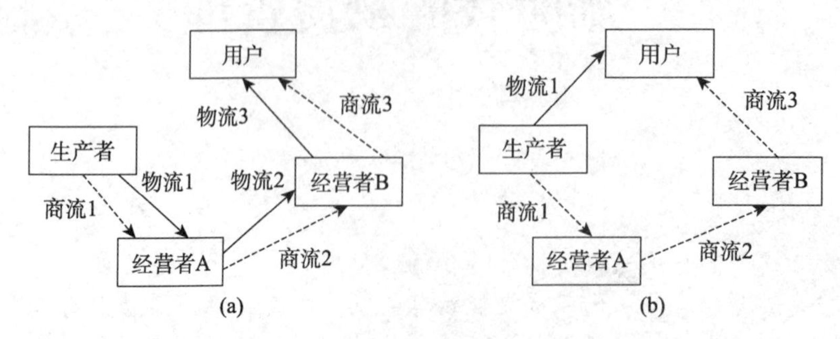

图 1.1　商流与物流分离前后对比
（a）分离前；（b）分离后

扩展阅读 1-1：
物流概念的演变与发展

1991 年，美国物流管理协会将物流定义为“以满足客户需求为目的，以高效率和高效益的手段来组织原材料、在制品、产成品以及相关信息从供应地到消费地的运动和储存的计划、执行和控制的过程”。

本书采用我国 2007 年 5 月 1 日颁布实施的国家标准《物流术语》（GB/T 18354—2006）中对物流概念的表述。物流是“物品从供应地到接收地的实体流动过程，根据实际需要，将运输、储存、装卸、搬运、包装、流通加工、配送、信息处理等基本功能实施有机结合”。

（1）物流中“物”的概念是指一切可以进行物理性位置移动的物质资料和物流服务（logistics service）。物质资料包括物资、物料和货物；物流服务包括货物代理和物流网络服务。

（2）物流中“流”的概念是指物的实体位移，包括短距离的搬运、长距离的运输和全球运输。

现代物流概念的发展，反映了对内、对外资源统一和集中调用的新思维，也引导了新的业态的产生，如外包业务、企业共同体、专业物流公司等第三方、第四方物流如同雨后春笋般地出现，使物流形成了庞大的网络，具有更广泛的拓展性。物流在当代经济社会中已成为人们青睐、关注的热点，乃至被纳入许多城市或地区建设的规划。

1.1.2　物流的功能

要分析物流功能，首先得了解物流包含的基本活动。物流活动包含的范围十分广泛，根据美国物流管理协会的解释，企业物流活动主要包含如下内容：交通运输仓库和存储、产品包装、物料搬运、存货控制、订单处理、顾客服务、需求预测、采购、分销网络、工厂和仓库选址、返回产品处理、售后服务以及残次品处理等。

物流是关于“物”的流通的经济活动。物流是将货物由供应者向需求者进行物理性移动的经济活动。这一过程从供应开始要经过若干中间环节的转让及拥有，才能送到最终消费者手中，实现社会商品的流通。经研究发现，在产品从开始生产直至到达消费者手里的整个过程中，产品的包装、搬运、储存、配送（distribution）、运输等方面的费用在总费用中占有相当大的比重。当代物流管理（logistics management）对提升企业服务水平、培育企业核心竞争力及整个国际竞争力都具有十分重要的作用。下面我们就来系统认识一下物流的功能。物流的功能大体分为主体功能、辅助功能以及信息管理功能。

1. 主体功能

如果将物流这个系统比作一座桥梁，那么，构成其筋与梁的就是运输、储存与配送三功能。

1）运输

在物流过程中的运输，主要是指物流企业或受货主委托的运输企业，为了完成物流业务所进行的运输组织和运输管理工作。如生产过程中的原材料运输，半成品、成品的运输，包装物的运输；流通过程中物资运输、粮食运输及其他货物运输；在回收物流过程中，各种回收物品的分类、包装和运输；在废弃物物流过程中，各种废弃物包括垃圾的分类和运输等。无论哪一种物流，都离不开运输作业，也可以说，运输工作是物流的中心业务活动。而无论哪一种运输，都追求一个目标，即最大限度地实现运输合理化。

运输作为物流活动的最主要环节，对其应当贯彻“及时、准确、经济、安全”的基本原则。“及时”就是按照产、供、销等环节的实际需要，将物品及时送达指定地点，尽量缩短物品在途中的运送时间；“准确”就是指在运输活动中，避免各种内外部因素的影响和差错事故的发生，准确无误地将物品送交指定的收货人；“经济”就是通过合理地选择运输方式和运输路线，有效地利用各种运输工具和设备，减少消耗，提高运输经济效益，合理地降低运输费用；“安全”就是在运输过程中，最大限度地防止各种危险因素的发生，保证物品的完整无损。

2）储存

储存是物流作业系统中最重要的功能之一，它是完整物流系统（logistics system）的重要构成因素，通常把它看成时速为零的运输，联结生产和消费的时间间隔，在生产时间和消费时间之间搭桥，产生时间效用。

这里所说的储存，主要是指生产储存和流通储存。如工厂为了维持连续生产而进行的原材料储存、零部件储存；商业、物资企业为了保证供应、避免脱销所进行的商品储存和物资储存；在回收物流过程中，为了分类、加工和运送而进行的储存；在废弃物物流过程中，为了进行分类和等待处理的临时储存等。这些储存业务活动，除了保证社会生产和供应外，也要实现储存合理化。当然，要做到储存合理化，需采取一些措施。如国外有的工厂实现“零库存”，即按计划供应，随用随送，准时不误，避免积压原材料和资金。现代物流由过去的少品种大批量时代进入多品种小批量或多批次小批量时代，因此也加大了储存这种功能的复杂性，储存功能从过去的以储存保管为主要目的，变成了集保管、检验、集散、分类处理等附加功能于一体的环节。为了保障客户的需要，一定要着重加强仓储设施的建设，视货源及到货情况，有计划地确定周转储备及保险储备结构及数量，以形成对后期配送环节的资源保证。

3）配送

配送是物流进入最终阶段，以配货、送货形式将商品送到最终用户手中实现资源配置的活动。配送是物流业一种新的服务形式，它的业务活动很广。从物流角度来讲，配送几乎包括了所有的物流功能要素，是物流的一个缩影或在某小范围内物流全部活动的体现。一般的配送集装卸（loading and unloading）、包装、保管、运输于一身，通过一系列的活动达到将货物送达的目的。有的特殊的配送还需要以加工活动为支撑。

配送是“配”与“送”的有机结合的形式。配送的主体活动与一般送货大不相同，配送是利用有效的分拣、配货等理货工作，使送货达到一定的规模，以利用规模优势取得较低的送货成本。分拣配货是配送的独特要求，也是配送中有特点的活动，如果不进行分拣、配货，有一件运一件，需要一点送一点，就会大大增加动力的消耗，使送货并不优于取货。所以，追求整个配送的优势，分拣、配货等工作是必不可少的。当然，配送的形式有多种，有物资供应部门给工厂的配送，也有商业部门给消费者的配送，还有工矿企业内部的供应部门给各个车间配送原材料、零部件等。配送业务强调它的及时性和服务性。

2. 辅助功能

在由运输、储存和配送构建的物流体系框架中，还存在着诸多辅助性的功能。不过，这些辅助性功能，就整个物流体系而言，又是不可或缺的，甚至可以说，这些辅助性功能，同样存在于每一次细微的物流活动中。概括地讲，辅助性功能主要有三个：包装、装卸搬运和流通加工（distribution processing）。

1）包装

包装也是物流的重要职能之一，是为了在物流过程中保护商品、方便储运、促进销售，按照一定的技术方法使用容器、材料以及辅助物等将物品包封并予以适当的装饰和标志工作。包装功能处于生产过程的末端和物流过程的开端，它既是生产的终点，又是物流的起点。在物流的各个环节——运输、储存、装卸、搬运当中，都需要包装。

在过去传统的生产观念当中，商品的包装一般都是从生产的角度来考虑的，可是这样却不能满足商品流通的需要。在现代物流观念形成之后，物流研究者们通过细致深入的研究，得出商品包装与物流之间的关系比商品包装与生产之间的关系要密切得多的结论。而且，在现今社会，商品包装在物流过程中所起的作用随着消费者个性化需求的出现而显得更为重要。因此，在现代物流领域，一般都把商品包装看成物流过程的起点。商品包装最重要的功能就是保护包装内的商品不受损伤，商品在运输途中、储存过程中都会受到各种因素的影响，因此，好的商品包装能最大限度地抵御这些侵袭因素，使商品不受损伤。商品包装的另一个重要功能就是提供商品自身的信息，如商品的名称、生产厂家、商品规格等，以帮助各类人员区分不同的商品，更好地进行存放和搬运等工作，这样也无形中极大地提高了物流过程的整体效率。

2）装卸搬运

在同一物流据点或生产区域的范围之内改变“物”的存放、支撑状态的活动称为装卸，改变“物”的空间位置的活动称为搬运，两者合称为装卸搬运。在实际操作中，装卸与搬运是密不可分的，两者是伴随在一起发生的。

在物流过程中，装卸搬运是经常性的活动，是不断出现和反复进行的。这种活动出现的频率要高于其他各项物流活动，每次装卸搬运活动都要花费大量的时间，所以此项工作是决定物流速度的关键。因为此项活动中所消耗的人力也最多，所以装卸搬运费用在物流成本（logistics cost）中所占的比重也比较高。此外，进行装卸搬运操作往往需要接触到实际货物，因此这也是在物流过程中造成货物破损、散失、损耗、混合等损失的主要环节。无论是生产物流、销售物流及其他物流，也不管是运输、储存或其他物流作业活动，都离不开物品的装卸搬运。所以说，装卸搬运在整个物流业务活动中，也是一项很重要的职能。它是影响物流效率、决定物流技术经济效果的重要环节。目前在装卸搬运作业中，有自动化、机械化、半机械化和手工操作等操作手段。

3）流通加工

流通加工是物品在从生产地到使用地的过程中，根据需要施加包装、分割、计量、分拣、刷标志、拴标签、组装等活动，是在物品从生产领域向消费领域流动的过程中，为了促进销售、维护产品质量和提高物流效率，对物品进行加工，使物品发生物理、化学或形状变化的一种物流活动。

流通加工实际上是流通领域中对生产的辅助性加工，从某种意义上来讲它不仅是生产过程的延续，更是生产本身或生产工艺在流通领域内的延续，也是物流职能的一个重要发展。无论是生产资料还是生活资料，都有一些物资和商品，必须在商业或物资部门进行加工以后，才便于销售和运输，如钢材的量裁、木材的切割、食品的包装等。流通加工这种延续活动可能有正反两方面的作用，即一方面可能有效地起到补充完善的作用，另一方面就是各种不合理的流通加工所产生的抵消效益的负效应。为了避免流通加工的各类不合理现象的发生，对是否设置流通加工环节、在什么地点设置、选择什么样的加工方式、采用什么样的技术装备等都需要作出正确抉择。

3. 信息管理功能

物流信息是联结物流各个环节业务活动的链条，也是完成物流业务的重要手段。在物流工作中，每天都有大量的物流信息发生，如订货、发货、配送、结算等，都需要及时进行处理，才能顺利地完成物流任务。物流作业系统中任何一项活动要素的执行都影响物流作业的整体效益和物流服务水平。只有通过物流信息管理，从整体上对物流作业的各项活动做统筹安排，进行实时控制，并根据反馈信息作出迅速调整，才能保证物流作业系统的高效、畅通和快捷。

有效的物流信息管理可以缩短从接受订货到发货的时间，实现库存（inventory）的适量化，提高搬运作业效率，提高运输效率，使接受订货和发出订货更省力，提高接受订货和发出订货的精确度，防止出现货物配送失误或处理失当。物流信息管理的最终目的是提高企业对客户的服务水平并降低物流总成本（total logistics costs）。但是提高服务水平和降低物流总成本之间存在着效益背反关系，而物流信息管理正好可以起着控制物流各种机能并加以协调的作用。事实上，现代物流正是建立在用先进的信息技术对整个物流活动进行信息管理的基础之上的，物流其他功能的优劣与能否进行及时便捷的信息处理有极为密切的关系，现代物流信息管理凭借运用条形码（barcode）技术、数据库（database）技术、电子订货系统（electronic ordering system，EOS）、电子数据交换（electronic data interchange，EDI）、企业资源计划（enterprise resource planning，ERP）等各项先进技术与管理策略，为物流信息管理功能的发展提供了不竭的动力，也使得物流的所有其他功能最终能连接成一个有机整体。

1.1.3 物流管理的概念及功能

物流管理是指在社会再生产过程中，根据物质资料实体流动的规律，应用管理的基本原理和科学方法，对物流活动进行计划、组织、指挥、协调、控制和监督，使各项物流活动实现最佳的协调与配合，以降低物流成本，提高物流效率和经济效益。现代物流管理是建立在系统论、信息论和控制论上的专业学科。

物流管理的实质：不是创造价值，而是通过降低成本以提升利润的空间。

物流管理的内容包括以下三个方面的内容。

（1）对物流活动诸要素的管理，包括运输、储存等环节的管理。

（2）对物流系统诸要素的管理，即对其中人、财、物、设备、方法和信息等六大要素的管理。

（3）对物流活动中具体职能的管理，主要包括物流计划、质量、技术、经济等职能的管理等。

物流管理科学是近20年来在国外兴起的一门新学科，它是管理科学中新的重要分支。随着生产技术和管理技术的提高，企业之间的竞争日趋激烈，人们逐渐发现，企业在降低生产成本方面的竞争似乎已经走到了尽头，产品质量的好坏也仅仅是一个企业能否进入市场参加竞争的敲门砖。这时，竞争的焦点开始从生产领域转向非生产领域，即转向过去那些分散的、孤立的、被视为辅助而不被重视的环节，诸如运输、存储、包装、装卸、流通加工等物流活动领域。人们开始研究如何在这些领域里降低物流成本，提高服务质量，创造“第三个利润源泉”。物流管理从此从企业传统的生产和销售活动中分离出来，成为独立的研究领域和学科范围。物流管理科学的诞生使得原来在经济活动中处于潜隐状态的物流系统显现出来，它揭示了物流活动的各个环节的内在联系，它的发展和日臻完善，是现代企业在市场竞争中制胜的法宝。

物流管理有以下分类标准。

1. 宏观物流与微观物流

宏观物流：是指社会再生产总体的物流活动，是从社会再生产总体的角度来认识和研究物流活动。宏观物流主要研究社会再生产过程物流活动的运行规律以及物流活动的总体行为。

微观物流：是指消费者、生产者企业所从事的实际的、具体的物流活动。在整个物流活动过程中，微观物流仅涉及系统中的一个局部、一个环节或一个地区。

2. 社会物流和企业物流

社会物流是指超越一家一户的、以整个社会为范畴、以面向社会为目的的物流。这种物流的社会性很强，经常由专业的物流承担者来完成。

企业物流是从企业角度研究与之有关的物流活动，是具体的、微观的物流活动的典型领域，它由企业生产物流、企业供应物流、企业销售物流、企业回收物流、企业废弃物物流几部分组成。

3. 国际物流和区域物流

国际物流（international logistics）是指在生产和消费在两个或两个以上的国家（或

地区）独立进行的情况下，为了克服生产和消费之间的空间距离和时间距离，而对物资（货物）所进行的物理性移动的一项国际经济贸易活动。因此，国际物流是不同国家之间的物流，这种物流是国际贸易的一个必然组成部分，各国之间的相互贸易最终通过国际物流来实现。国际物流是现代物流系统中重要的物流领域，近十几年有很大发展，也是一种新的物流形态。

区域物流是相对于国际物流而言的概念，指一个国家范围之内的物流，如一个城市的物流、一个经济区域的物流均属于区域物流。

4. 一般物流和特殊物流

一般物流是指物流活动的共同点和一般性，物流活动的一个重要特点是涉及全社会的广泛性，因此物流系统的建立及物流活动的开展必须有普遍的适用性。

特殊物流是指在遵循一般物流规律基础上，带有制约因素的特殊应用领域、特殊管理方式、特殊劳动对象、特殊机械装备特点的物流。

1.2　物流管理的基本原理

有了物流的概念，就会逐渐产生物流的学问。从 20 世纪初物流概念诞生以来，就不断增添、充实物流的学问，因而逐渐形成一门完整的物流学。

现代物流学就是关于现代物流的科学，它是在现代信息技术、现代通信技术和计算机技术的支持下，研究物质实体流动的概念、理论、规律、技术和方法，内容涉及从物流管理到物流技术、从物流理论到物流应用、从综合研究到类别研究、从宏观实体对象到微观实体对象的庞大体系。

1.2.1　物流学的学科性质

物流学至少可以分成以下一些类别。

（1）按业务内容，物流学可以分为物流管理学和物流技术学（图 1.2）。

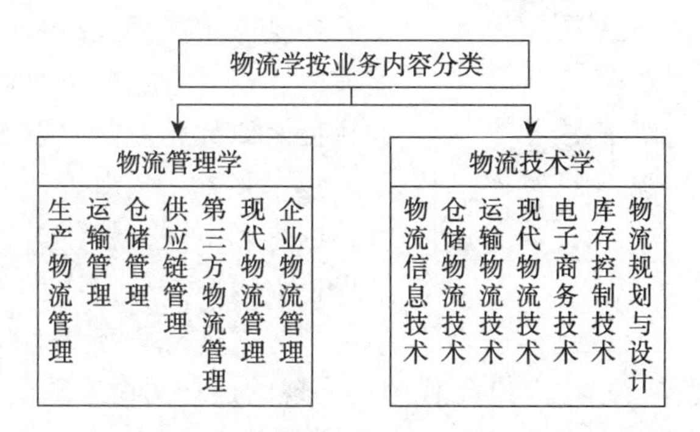

图 1.2　物流学按业务内容分类体系

现代物流管理学主要是研究现代物流管理的科学，它应当提供整个现代物流的概念、内容范围以及一般物流管理的理论、原理和方法。由于物流管理学是一门关于物流的综合性的总论，且重点探讨管理问题，因此可以说是一门很重要的基础科学。现代物流技术学则主要研究各种专业物流技术、设备和作业技术方法；前者侧重物流的基本概念、全貌和一般管理理论方法，后者又可以按专业不同分成运输物流技术、仓储物流技术、加工物流技术、包装物流技术、装卸搬运物流技术、物流信息技术等。

（2）按学术性质，物流学可以分为理论物流学和应用物流学（图1.3）。

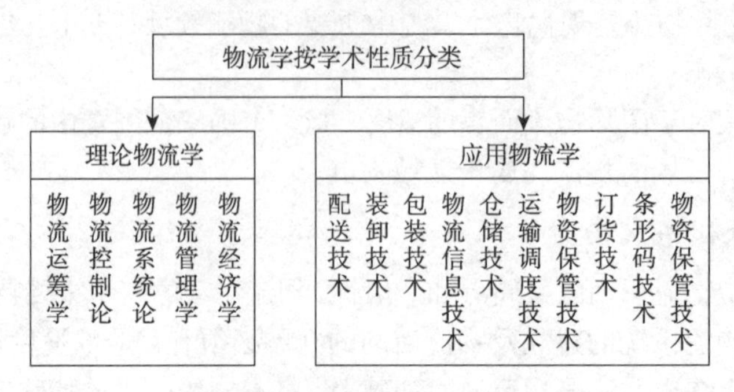

图1.3 物流学按学术性质分类体系

理论物流学主要从理论上来研究物流形成和运作的原理与规律，它应当围绕物资移动的规律以及由此造成的价值和成本的变动规律、空间效用和时间效用的形成与变化规律等进行经济学、管理学、系统论、控制论上的探讨。

应用物流学主要是研究物流应用技术，例如物资编码技术、条形码技术、射频技术、订货技术、采购技术、物资保管技术、包装技术、装卸技术、配送技术、运输调度技术、EOS技术、POS（point of sells）技术、GPS（global position system）技术、GIS（geography information system）技术、VMI（供应商管理库存，vendor management inventory）技术、CRP（continuous replenishment process）技术、EDI技术、MRP/MRPⅡ（manufacturing resource planning）技术、JIT（just-in-time）技术、OP（order point）技术、DRP（distribution resource planning）技术、LRP（logistics resource planning）技术等。

（3）按业务领域，物流学可以分为分销物流学和现代物流学（图1.4）。

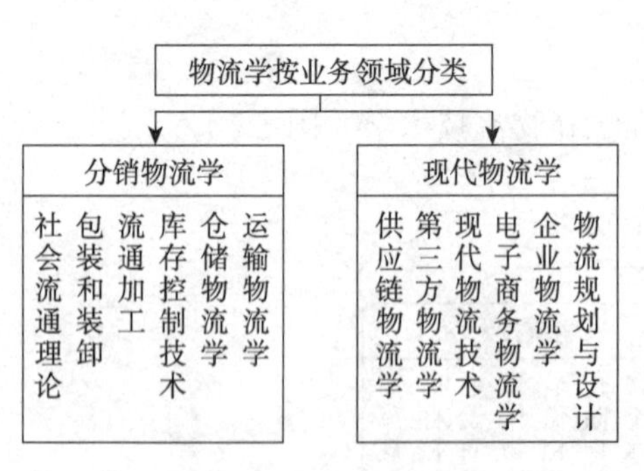

图1.4 物流学按业务领域分类体系

分销物流学是专门研究分销物流的。它是以开拓企业市场、提高客户服务水平、降低物流成本、提高企业经济效益、提高市场占有率为目标来研究企业的末端产品分销的物流学理论、技术和方法。由于针对性强，所以物流研究的内容和范围也就更加具体、更结合实际，效果也就更好。分销物流学还可以与企业营销学结合起来进行研究，将取得更好的效果。

现代物流学则是指20世纪80年代中期出现的最新的物流现象、物流的最新发展趋势的科学。现代物流学又可以分成企业物流学、第三方物流学、供应链物流学、电子商务物流学等。

（4）按研究范围，物流学可以分为企业物流学、社会物流学和国际物流学（图1.5）。

企业物流学主要研究企业的物流问题，如前所述。

社会物流学主要是研究整个国内或地区的物流问题，主要是大物流、宏观布局、经济区划、生产力布局、交通运输设施规划、仓储设施规划、宏观物流政策、规章制度、物流产业规划管理等方面的问题。社会物流学还研究社会物流和流通领域物流问题，包括流通政策、商流问题等。

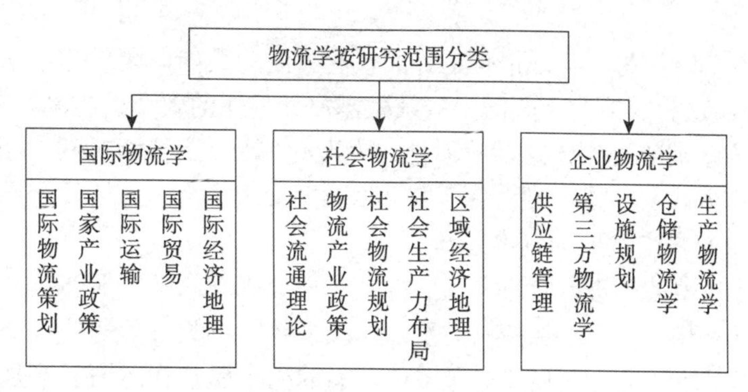

图 1.5　物流学按研究范围分类体系

国际物流学主要是研究国际物流。国际物流的特点，是面对国际物流市场、国际经济区和国际贸易运输。国际贸易和国际运输区别于国内贸易和国内运输的特色，就是多了海关这一个环节，在国内要出关、在对方要入关，需要进行报关、检验，并且严格接受国家管制，运输主要靠海运，并且操作复杂、严格，风险大，合同（contract）、保险、索赔等事务一应俱全。这些都是国际物流学所要讨论的特色内容。

所有这些学科，都有一个建设和完善的问题，随着物流产业的发展、物流教育的深化，我国物流学学科体系将更加完善。

1.2.2　物流管理的研究目的

物流学的研究需要达到以下目的。

1. 促进物流学科的发展

同其他学科的发展一样，物流学科从提出到基本建立学科体系，再到学科的完善，需要经历很长的历程。目前物流学的研究才刚刚开始，大量的问题需要探讨和研究，因此需要更多地培养人才和发展物流学科，尤其是在学科发展的初期，对物流的研究是非常重要的。

2. 促进物流学科的人才培养，提高物流从业人员的综合素质

我国物流人才的培养与社会的需求相比，还有很大的缺口。因此，建立物流学科，大力培养物流人才，使物流研究和物流人才的培养相互促进，是我国经济发展的客观需要。

3. 促进物流产业的发展和竞争力的提高

具体而言，物流学科的研究对于物流产业的发展可以起到以下作用：提高物流系统的服务水平；降低物流系统的服务成本；充分利用物流系统的资源；实现企业、社会的长远发展目标；促进物流产业宏观管理水平的提高，进而促进物流产业竞争力的提高，为我国加入 WTO（世界贸易组织）后的经济发展奠定良好的基础。

扩展阅读 1-2：
物流管理的基础理论

1.3 物流一体化及物流管理流程

自工业革命以来，为了实现最佳运作，企业关注的是如何实现并不断完善一体化管理。“管理者普遍认为，单个职能部门的绩效越好，整体的效率就越高”。企业长期存在的以职能部门为基础的运作模式及阶段性的专业化发展，成为实现一体化管理的障碍。将最优化的运作方式这一发展理念深入扩展到企业的组织结构、绩效衡量以及财会等各个方面已成为企业未来发展的基本趋势。

按照管理学的观点，进行合理分工，将企业划分成不同部门能够提高工作的关注程度、日常化和标准化，从而增强控制力度。传统绩效衡量侧重于考核各个职能部门的运作情况，与之相对应的会计制度中，每单位产品的生产成本和运输成本是企业最常用的两个衡量指标。而跨产品的管理职能部门的绩效衡量指标往往局限于职能运作的管理成本，如管理费用、人工费用、杂费、保险费以及利息等。

物流管理要取得卓越的成绩，必须同时具备八种主要的物流运作流程。表1.1列出了这八种主要的物流运作流程，并对每种运作进行了简要的介绍。这些整合作业是物流绩效的一些关键要素，也是企业取得高水平的运作绩效不可缺少的成分。因此，物流组织、战略以及持续的运作所关注的焦点在于如何将物流部门内外的这八种重要的物流运作流程实现整合运作，并取得卓越绩效。

表1.1 八种主要的物流运作流程

运作流程	描 述
需求计划响应	对需求和战略设计进行评价，以实现客户需求的最快响应
客户关系协作	开发并管理客户关系，实现战略信息共享、联合计划和整合运作
订单履行，服务交付	有能力实现优异的、持久的订单交付绩效及基本服务
开发产品，服务投放市场	参与产品服务开发和精准市场投放
定制化生产	支持生产战略并实现供应链内的延迟制造
供应商关系协作	开发并管理供应商关系，实现战略信息共享、联合计划和整合运作
生命周期支持	支持产品生命周期内的修理、保修、保养
逆向物流	以低成本和安全的方式回收与处理库存产品

在过去的几十年中，如何使单个职能部门的绩效达到最优的研究成果已得到了广泛的验证。但是管理者越来越清楚地意识到，如何能够实现企业整体总成本的最小化，将传统意义上对职能部门的重视转变为对实现整体流程成功的重视，才是一体化管理面临的最根本的挑战。例如，一家企业为了获得更快速、更可靠的运输而进行了投资，这一决策同时大大降低了与库存有关的各项费用，该企业在运输上节约的费用远大于在运输上投入的资金。它不但为客户提供了更好的运输服务，同时还降低了总成本。因此，物流一体化的目标是要实现整个流程总成本的最小化，而不是流程中各个运作环节成本的最小化。

但是管理者却在日常运作中发现，要实现部门间协调和总成本最小化这一目标，通过发现问题、衡量绩效以及实施流程改良等方式来达成，是一项非常艰难的工作。为了更便捷地获得各流程的绩效数据以及能够量化跨职能部门间协调的成本数据，一些新的整合工具应运而生。如总成本分析法、工艺学、作业成本（ABC）法等。

供应链管理（SCM）中的以下三个重要方面引起了管理界的日益关注：①协同合作；②企业扩展；③综合服务提供商。

1.3.1　协同合作

西方经济学理念认为，企业是一群既希望相互合作，又不得不迫于现实环境而彼此竞争的经济主体。特别是在自由市场经济中，竞争仍然占主导地位。在当今全球经济环境下，为了提高客户的忠诚度，企业之间在物流供应领域展开了激烈的竞争。西尔斯、塔吉特、沃尔玛等公司的物流服务在娱乐业、食品业、汽车业和医药业等许多市场上是主要的竞争者。例如 Limited Logistics Services 公司的全球战略就反映了现代物流管理的复杂性。它在世界各地生产的服装被直接送往零售店，并在各个时装销售季节到达全球顾客手中。

但随着物流合作重要性的不断提高，物流合作的重要性也成为企业提升核心竞争力的重要内容。如美国在 1984 年颁布的《国家合作研究法》中，鼓励企业积极合作，以增强企业的国际竞争力。而企业经营者广泛意识到政府允许并鼓励企业相互合作，从而致力于跨组织企业共享生产信息、分享技术以及共同承担风险，随之涌现出了多种前所未有的全新合作运作模式，企业扩展是其中的一种产物。

1.3.2　企业扩展

企业扩展是指超越单一企业所有权的界限，与物流上下游的客户、供应商一起推动联合计划及共同运作，从而拓展管理影响力，提高控制力度。企业扩展的根本观点是通过企业合作集成业务流程，企业共担风险，从而使得企业能以较小的成本对客户的影响力达到最大，显著提高效率。物流联盟和贸易合作关系的加强是推动物流管理发展的第一类驱动力。

信息技术的快速发展和信息共享模式的广泛接纳是推动物流管理发展的第二类驱动力。物流链上的企业成员通过自愿共享运作信息和战略规划实现企业间的高度合作。企业间通过共享包括销售记录、详细的促销计划、新产品介绍以及日常的运作计划等销售数据实现企业之间的协同合作。在未来，随着企业扩展的进一步推广，共享未来的战略信息将显得更为重要。获得这些战略信息之后，企业之间的业务合作将变得更加容易，能更迅速有效地满足客户需要，从而使得更多的企业参与者加入信息共享的平台中。

过程专业化是企业扩展的第二层次，它的基本理念是通过设计物流管理的整体流程，确定特定企业在协作过程中的竞争力和具体职责，使得所有参与协作的企业能够致力于协同合作、共同规划，以便消除供应链中非生产性或者不增值的运作环节，实现整体收益的最大化。通过企业扩展，能够使物流管理协作链条中的成员企业在运作中有相同的战略目标，并分别扮演各自特定的角色，通过信息共享和共同规划，降低库存导致的风险。企业之间通过合作，将任务分配或授权给经营效率最高的专业成员，让其承担责任，以消除企业自身重复和冗余的工作，如重复的质量检查工作等。企业扩展的一体化也引发了新的问题，如衡量方法、收益共享、风险共担、信任机制、领导能力以及解决冲突等，而协同合作和企业扩展所带来的问题又形成了新的管理理念。于是，有关综合服务提供商的认识发生了快速转变，这是第三类推动物流管理发展的驱动力。

1.3.3 综合服务提供商

如前所述，企业扩展带来了职能部门、企业协作专业化的需求，要求物流协作平台上的企业将部分非核心业务外包给在特定领域内有专业优势的企业。从事运输和仓储服务的专业企业，是两种传统的物流服务提供商。

运输业是一种由成千上万个运输公司组成，它们在不同地域之间从事着专业的运输活动，并通过建立起广阔的运输网络，利用各种可用的运输形式及相关的科学技术，能够提供多种运输服务的货运行业。经过多年的发展，运输行业通过专业化分工、高效运作和规模经济，已经形成了服务品类多样、利润来源广泛的业务类型集合。运输公司则通过向多个托运人同时提供运输服务来创造价值。托运人既可以选择将资金投入运输设备和运作中，也可以选择委托专业运输公司代理运输业务。大多数企业会综合考虑上述两种运输方案。

仓储服务也是物流管理的核心业务之一。这些企业通过向托运人提供产品储存业务及相关的专业服务，能够实现降低库存成本的目标，传统上将它们称为公共仓库。当托运人使用公共仓库时能获得两大好处：首先，可以避免在建筑仓库上重复投入资金；其次，当运输批量较小时，托运人可以与共同使用该公共仓库的其他企业联合发货，通过将不同托运人的货物组合在一起运输，能够帮助企业提高运输效率，获得自营运输的企业无法获得的优势。许多企业将私有仓库和公共仓库两种方式的特点综合在一起，建立了面向市场的产品供应分销网络。

在物流服务行业中发生的种种变化，都揭示了从单一功能到多功能物流外包的根本性转变。综合服务提供商开始为客户提供一系列物流服务，在物流行业，综合服务提供商通常被称为第三方物流（third party logistics，3PL 或 TPL）提供商或第四方物流提供商。它囊括了从下达订单一直到交付最终产品的所有物流环节。在通常情况下，大量专业化服务的出现大大地扩展了传统运输和仓储服务领域的范围。这些客户化的服务通常被称为增值服务（VAS）。一般意义上，我们将综合服务提供商分为两类：资产服务提供商和非资产服务提供商。两者之间的区别在于：资产服务提供商（第三方）拥有运输设备和仓库，并自行进行管理；而非资产服务提供商（第四方）则致力于专业领域，为客户提供详细的信息服务，使客户能更好地实施供应链运作。第四方服务提供商通常代表它们的客户，对第三方资产公司提供的服务进行合理的安排及整合。

扩展阅读 1-3：
综合服务提供商小例子

协同合作概念的提出，扩展企业的出现，综合服务提供商数量的日益增多，都成为推动新型物流管理解决方法的主要驱动力。其中，协同合作能更有效地增强物流管理协作链条中各企业间的密切关系；企业扩展则通过信息和计划的共享以及各企业间的专业化运作，提高企业的运作效率，增强企业的相互联系；物流管理的快速发展则像催化剂一样促进了综合服务提供商的发展，这种发展重塑并拓展了专业化服务的范围，从而更有效地促进了物流管理的运作。总而言之，这些驱动力对一体化物流管理的发展功不可没，它们巩固了一体化管理中的战略收益，增强了企业的核心竞争力，同时为物流信息化的产生带来了机遇和挑战。

1.4　物流管理中的信息化

1.4.1　物流管理信息系统的功能

信息技术是支持物流管理发展的首要因素。物流管理信息系统能够跟踪物流运作过程中的信息，促进企业内部及物流合作伙伴之间的信息共享，并且能够帮助管理者作出决策。物流综合信息系统是由交易系统、决策支持系统和通信系统组成的有机整体。

最初，由于客户对信息的传递不够重视，企业往往把物流运作的重点放在产品的存储以及流动上，忽视了进行准确信息交流所具有的重要意义。同时，随着信息化技术水平的发展，也解决了纸质信息传输速度较慢的缺陷，及时准确的信息传输对物流系统的设计和运作来说也变得越来越重要。其主要体现在：第一，客户希望获得诸如提供订单状态、产品的可得性、送货和运输状态查询及结算等必要的实时信息。第二，有效地利用信息可以减少企业对库存以及人力资源投入的需求，从而减少物流资产投入的总额。尤其当企业的需求计划制订是以最新的信息为基础，就可以减少需求的不确定性并减少库存。第三，信息化提升能够实现企业运作的柔性化管理，能够及时反馈决策者应该在何时、何地、用何种方法使用资源，从而获得战略优势。第四，互联网（Internet）的发展重新定义了物流管理中各个成员之间的关系，增强了买卖双方间的信息传输与交换，促进了合作伙伴间的协作。国际航运就是综合信息系统推动供应链优化运用的典型例子。国际航运中，企业常常需要根据当地市场的实时反馈重新调整在途集装箱的目的地，信息技术促成了这样的调整，改善了物流服务水平，同时提高了资源利用率。

物流信息管理系统连接了各种物流活动，由以下四个不同层次的功能模块串联成一个有机整体。包括：①交易系统；②管理控制；③决策分析；④战略规划。图 1.6 阐述了在各个信息功能模块上发生的物流活动及决策活动。正如这个金字塔所显示的一样，一个强有力的交易系统为提高管理控制、决策分析以及战略规划水平奠定了坚实的基础。

如图 1.6 所示，交易系统完成交易的日常操作，具有庞大的业务量。交易系统遵循正式的规则和程序以及标准化的沟通模式，并将结构化的运作与庞大的交易量结合在一起，因此它关注的焦点是提高基础功能的运作效率。其具体包括：订单录入、库存分配、订单筛选、发货、定价、结算及提供客户查询服务等。在整个过程中，企业和客户都希望能够获得与订单状态有关的实时信息。综上所述，经过信息系统的一系列处理之后，客户订单的运作周期得以圆满完成。

物流管理信息系统的第二个层次是管理控制，它的重点是运作的评估与反馈。系统绩效评估能够非常有效地提供信息反馈，帮助企业了解物流管理的效果及资源的使用情况。绩效评估的指标包括成本、客户服务、生产能力、产品质量和资源管理等。例如，可以使用每磅货物的运输以及仓储成本、存货周转率、订单完成率、单位劳动力每小时的工作效率以及客户的认同度等指标完成特定的绩效评估。

物流管理信息系统还应具备分辨特殊运作的能力。对特殊信息的管理有助于企业预

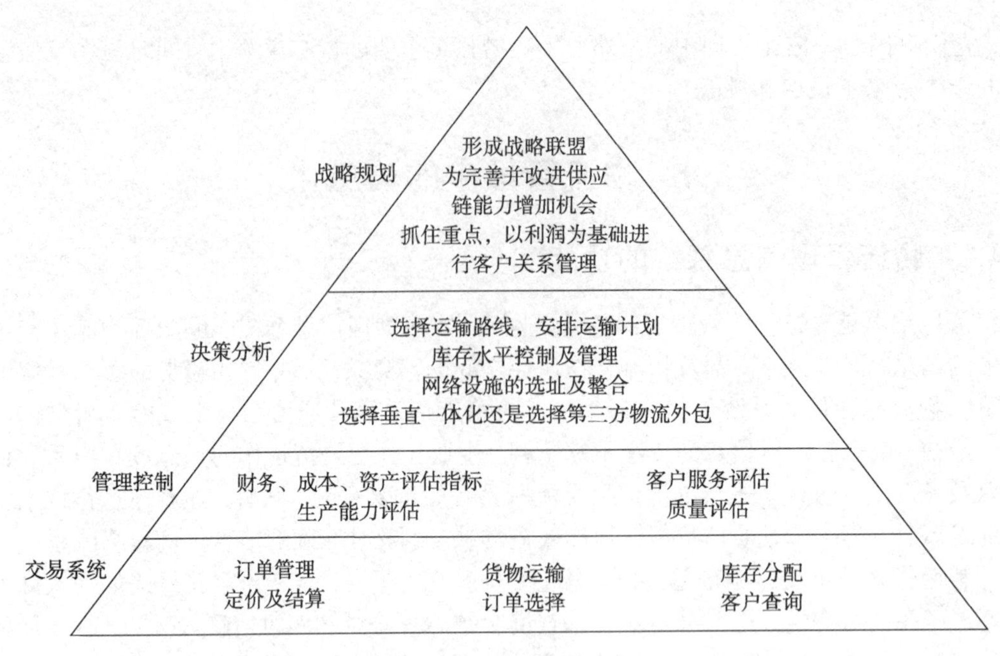

图 1.6 物流管理信息系统的功能

防突发性事件，增强对潜在的客户失误或操作故障的重视程度和处理能力。企业在对特殊运作进行处理时，还应该了解潜在的运输、送货、仓储及人力等方面的需求约束，并及时作出相应的调整。例如，企业可能希望物流管理系统具有一定的预见性，要求系统能够根据需求预测和制订库存计划，判断将来是否会出现库存短缺。在这一预测过程中，有些控制指标的度量比较明确，如成本；但有些指标的定义却不是十分明确，如客户服务或者产品质量等。例如，客户服务既可以从内部即企业自身的需求角度来衡量，也可以从外部即客户的满意度角度来衡量。相比内部衡量，外部衡量的样本数量更多、更分散，相对较难掌控。

物流管理信息系统的第三个层次是决策分析，通过软件工具对企业的多种战略和策略进行分析、评价和比较，帮助企业选择出最合适的战略，提高运作效率。物流管理的典型决策分析包括库存管理、资源配置、路径安排以及计算各种运作的利润率等。除此之外，物流管理信息系统的决策分析还应该包括数据库维护、建模、对物流情况进行分析并且及时汇报。这其中也包括一些战略层的运作考虑，如运输路线的安排及仓储计划。此外，物流管理的决策分析还能拓展到客户关系管理，帮助企业进行有效权衡，使客户达到满意，并进一步实现客户成功。

战略规划是物流管理信息系统的最高层次，它通过集成各种交易数据，形成一个关系型数据库，用以辅助企业进行战略评估工作。建立战略联盟、提高和改善生产能力以及建立快速反应机制以获得更多市场机遇等，都是企业进行战略规划决策的典型事例。图 1.7 中两个相对的三角形揭示了物流管理信息系统的特点。过去在进行系统开发时，许多企业往往将注意力放在提高交易系统的效率上。通过提高系统的运作速度并降低运作成本，降低企业系统开发和维护成本。但随着运作速度的不断提高，可以完善的空间就大大缩小了，当前，在大多数物流管理信息系统的开发和实施过程中，企业应该重点关注如何加强物流管理系统的一体化，以及如何有效地进行决策。

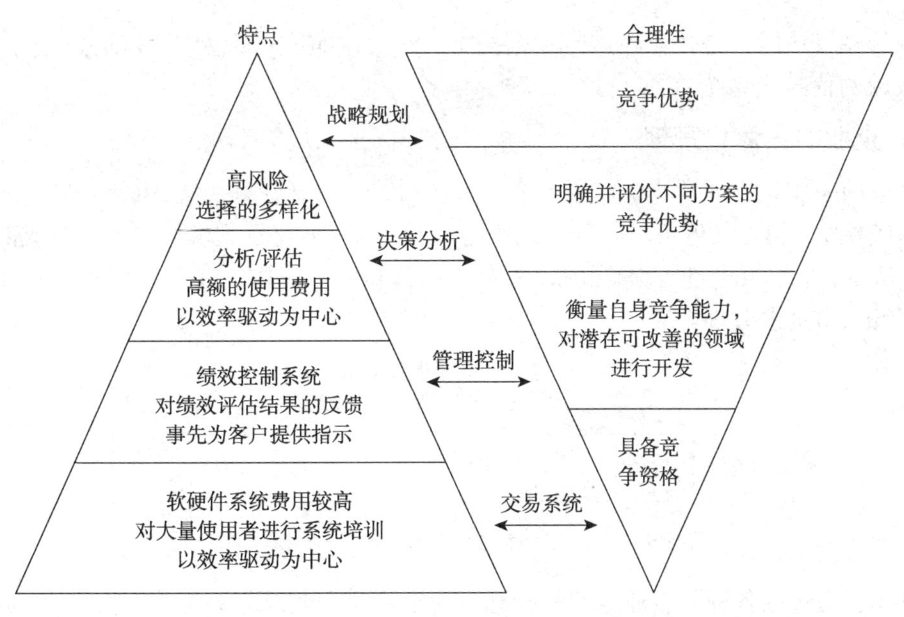

图 1.7　物流管理信息系统的应用、决策特点及其合理性

1.4.2　物流管理信息系统的组成模块

信息系统的一体化帮助企业促进、监控以及辅助完成企业完成物流运作、实施物流计划所需的各种活动的运行情况。从功能角度来看，信息系统一般由以下几部分组成：①企业资源计划（ERP）；②通信系统；③执行系统；④计划系统。企业资源计划是信息系统的核心，监督整个系统的运作；通信系统连接着系统的用户；执行系统和计划系统是系统的中心层，在 ERP 系统的整合下实现各应用模块的操作与一体化管理。

图 1.8 从企业应用角度说明物流管理信息系统的构成及其特点。如图 1.8 所示，ERP 或资产管理系统是它们物流信息系统中最核心的部分，它包括维护当前数据和历史数据、对事务进行处理从而促使运作的开展以及监控运作水平等内容。20 世纪 90 年代，ERP 系统被普遍应用于企业替代传统的资产管理系统。它是在一个通用、稳定的数据库基础之上，利用数据库存储的运作（即基于产品或企业活动的运作）和财务（即基于货币的财务管理）相关的信息，帮助企业开展一体化运作，又为企业对关键活动的监控和跟踪提供了便利，如对订单的完成、补货过程等活动进行跟踪。除此之外，ERP 系统还包括了一个集成的、涵盖了整个企业所有运作的数据库（数据仓库），采用优化的事务处理方式，便于企业从事物流计划与运作。如订单输入和订单管理、库存分配运输等，ERP 系统不仅能够在物流管理的多个环节中充分发挥作用，通常还具有财务、会计和人

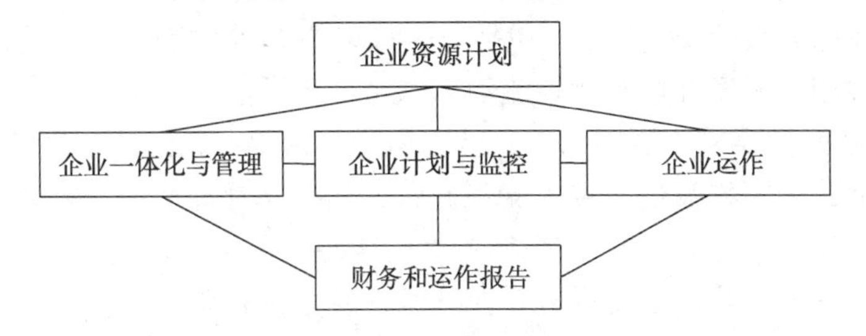

图 1.8　从企业应用角度说明物流管理信息系统的构成及其特点

力资源管理等功能，是企业在进行数据挖掘、综合决策支持以及应用其他一体化时，不可或缺的信息化系统。

1. 企业的一体化管理

企业的一体化管理模块是作用于整个企业的综合信息管理系统，并不局限于物流管理的系统模块，但是其他模块与其关系密切。企业的一体化管理模块的主要组成部分如图 1.9 所示，它包括：①总体管理；②应付账款和应收账款；③库存财务账；④总分类账；⑤人力资源管理。

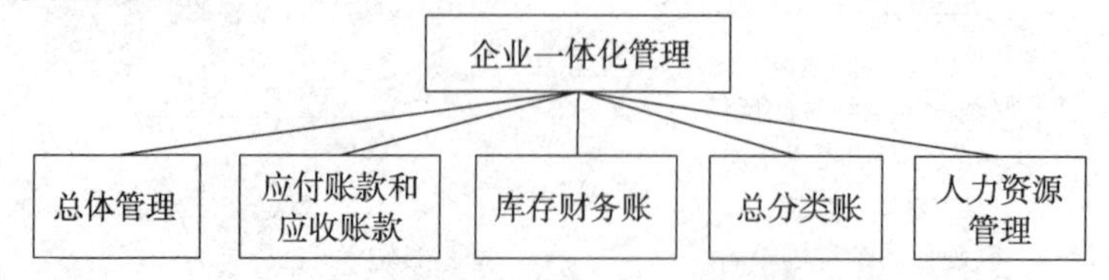

图 1.9　企业的一体化管理模块的主要组成部分

总体管理包括各种与企业组织架构和企业运作流程规范相关的管理活动。物流管理中，总体管理模块用于制定报表规范、明确或调整组织架构、规范流程（如交货和补货）等。应付账款和应收账款模块的作用包括处理应收款项（客户）和支付款项（供应商）。这只是基本的会计功能。库存财务账模块的作用是跟踪供应链中的增值环节以便制作财务和税务报表。物流管理中的增值环节（如生产、库存控制、包装等）发生在何时、何地与企业的纳税额度和财务表现（如股票价值的浮动）紧密相关。总分类账模块的作用是管理并制定细分账目的结构，这些细分账目既用于监管纳税和财务状况，也用于制作相关报表。在物流管理中企业内外的各个环节处理着大量业务往来，这些业务总会涉及总分类账中的部分内容，因此总分类账影响着客户服务水平和客户服务成本的衡量、监控和上报。ERP 系统中人力资源管理模块用于跟踪员工的工作绩效和技能水平。在很多企业中，员工分布在供应链的各个部门（如制造部门、配送部门、采购部门等），甚至分布在全球各地。因此跟踪员工的薪酬等级与技能水平对有效制定人力资源决策至关重要。

2. 企业运作

企业运作系统包括物流管理信息系统中用于支持物流管理日常运作的各个模块，具体如图 1.10 所示。将企业运作系统和 ERP 系统结合起来，就能为各种物流运作活动提供有力的支持。

客户服务模块[客户关系管理（CRM）系统]是用于客户、销售人员、运作管理人员进行信息交互的管理软件。物流模块用于指挥和监控物流活动，包括成品库存管理、作业管理、仓储管理。制造模块用于制订资源计划、调度生产资源、制定组件需求决策。采购模块用于发起和跟踪采购活动，包括采购订单的下达、完成和供应商管理。库存的配置及管理模块用于调度并监控物料流动，满足生产需求。

21 世纪，企业需要采用更多的信息技术引导物流的有效运作。企业越来越多地以外部主系统的形式购买物流信息技术支持服务，如仓储管理系统（WMS）、运输管理系统（TMS）、停车场管理系统（YMS）等，这些应用型软件包通常被称为“软件即服务”（SaaS）。一些专业主系统服务企业开发的应用具有调用海量计算机资源的能力，被称为“云计算”。

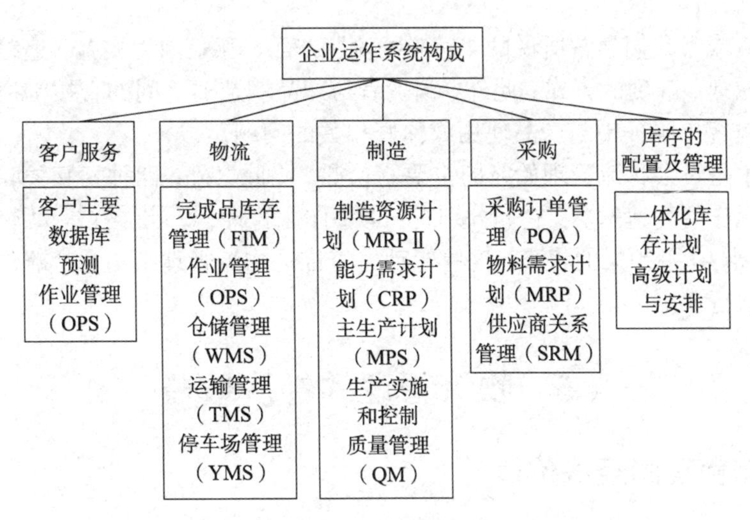

图 1.10　企业运作系统

3. 企业计划与监控

企业计划与监控模块包括企业与内部和外部合作伙伴之间进行计划交互与信息共享的过程和技术。企业计划与监控模块的构成具体包括：①销售和运作计划；②物流管理可见性和异常管理；③物流管理法则。由于此模块的很多活动涉及企业内部多个部门以及企业外部其他成员，所以企业各部门之间、外部合作成员之间必须建立规范的标准以保证相关活动的有效实施。

销售和运作计划指企业和物流伙伴成员之间平衡需求和物流能力的过程，其本质上是各部门相互协调和整合的过程，因此需要利用信息技术来评估客户的需求量、企业的供应能力，并在企业的资源限制下进行二者的平衡。其主要应用的技术是计划和排程管理软件。可见性和异常管理的作用有两个：一是对在途的产品进行跟踪；二是提高对物流管理中异常情况的预测能力，尽可能避免生产中断或服务失败。物流管理法则监控组件和产品的流动信息，确保产品分类、纳税、安全标准等遵守当地政府的法规以及其他相关规章制度。

4. 通信技术

通信技术包括企业内部、合作伙伴之间的用于信息交互的硬件和软件，以及通信基础设施。通过企业内部、合作伙伴之间实现实时信息交换，材料供应、生产、库存、客户订单履行和运输等方面的协作水平将大大提高。成员之间需求的常规性和稳定性、各成员企业的活力水平以及各企业之间绩效信息交互水平显著提高，获得整个物流管理效果、效率、相关度及可持续发展能力的提升。

5. 连通消费者

互联网的迅速发展与普及带来了客户对接的新方式，无论是零售商还是制造商，都越来越多地通过互联网直接与终端消费者联系。这一新的连通方式促生了两种主要的沟通：订购及售后服务沟通，二者均对物流管理具有重要意义。互联网连通具有快捷、灵活的特点。这就使得订购、库存安排、加工时间及地点、产品配送细节等方面的互动沟通更加多样化、综合化。例如，从订购到交付全程跟踪订单十分常见，通过便捷的互联网连通方式可以全程监控从订购至送货到家或零售店自提的过程。

在退换货或者我们通常所说的“逆向物流”方面，互联网为实施、追踪产品维修或替换提供了快捷、准确的方式；此外，消费者与产品制造商之间的直接沟通能够促使企业快速地解决客户服务中与产品使用或保修相关的问题。

信息技术是贯穿物流管理始终的主要驱动源。除此之外，四种相互关联的因素也推动了供应链运作的高速发展，它们分别是：①一体化管理；②响应性；③财务管理优化；④全球一体化。在可预见的将来，这些驱动力将推动物流管理结构和战略的发展，使其遍及绝大多数行业。

1.5 物流管理的经济效益

1.5.1 物流管理的经济价值

为了介绍物流管理整合的优势、面临的挑战以及进一步解释整合物流系统的重要性，必须要了解物流管理带来的经济价值，及在物流管理发展过程中消费者三种价值观的转变。

消费者的第一种价值观即传统价值观，是经济价值。经济价值和效率一样，都是通过充分地利用企业的资产，采用规模经济的运作方式，实现总成本最低。经济价值观下企业关注的焦点是如何提高产品和服务的效率，以最佳的投入产出比完成所有工作。而消费者寻求的经济价值是物美价廉。

第二种价值观是市场价值。市场价值提供差别化的分类产品，在正确的时间和地点实现产品效用。市场经济关注的焦点是推出产品和服务时实现范围经济。多品种大型购物中心、大型百货零售商店和多厂商电子商务订单履行作业的产生，就是为了实现市场价值。对于消费者来说，市场价值就是便利的产品和服务分类及选择。

越来越多的企业认识到，经济价值和市场价值的实现对消费者来说都很重要。但除此之外，企业成功还与第三种价值观有关，即关联价值。关联价值是一种超越了基本的产品特征及实体位置，给客户带来了真正的差异的服务，包括定制化增值服务。市场价值反映的是正确的产品和服务，经济价值反映的是正确的价格，而关联价值除了包括以上两种价值以外，还意味着以定制化价值的方式对产品和服务进行改进、排序、同步处理及定位。从消费者的角度来看，关联价值就是将原材料做成可以直接享用的商品。客户需要的关联价值是独特的产品和服务类别。要同时获得经济价值、市场价值和关联价值，就必须对整个企业的流程进行整合，整合管理价值主张见表1.2。

表1.2 整合管理价值主张

经济价值	市场价值	关联价值
最低的总成本	吸引人的产品差异	客户定制化
规模经济效益	范围经济效益	产品多样化
产品/服务的生成	产品/服务的推出	产品/服务的定位
采购/制造战略	市场/分销战略	物流一体化战略

1.5.2 优化的财务管理

物流管理的实施能够给企业带来收益是毋庸置疑的，但仅仅实现快速响应并不一定能给企业带来持久的价值，有时候甚至不能带来任何价值。我们需要从财务角度分析究竟物流要多快才能达到我们希望的理想速度。通过分析价值创造的过程我们发现，只要企业能够在提高服务水平的同时提供具有竞争力的价格，那么任何追求更快速、更灵活、更准确地为客户提供服务的方式都是可行的。企业拥有的、能够实现及时高效财务管理的能力，是推动具有竞争性物流管理战略发展的第三种驱动因素。

快速响应的客户反馈无疑能给企业带来极大的财务收益。不仅能够提高配送速度，有助于削减库存，还能减少对配送设备的需求，降低投入物流管理中的流动资金。优化的财务管理包括三个方面：现金转化周期（cash-to-cash conversion）、闲置时间的最小化以及现金周转（cash spin）。

1. 现金转化周期

现金转化周期指的是将原材料或者采购的物品转化为销售收入所需的时间。现金转化周期与库存周转率密切相关，库存周转率越大，现金转化的速度就越快。物流管理效率目标之一就是控制并缩短从订货到交货所需的时间，从而加快库存周转。在传统的商业模式中，企业从现金转化周期中获利的同时，有可能会损害合作伙伴的利益。例如，企业可以通过价格折扣等方式快速卖掉产品并立刻支付货款，享受及时付款折扣。

在响应型系统中，通过提高物流周转速度，企业可以获得由现金转化周期带来的收益。物流仓储包括从生产出产成品开始，一直到产品抵达最终目的地一系列过程。提高仓储流通速度可以在更大程度上提高整体效率，实现协同运作需要有一家企业在物流协作平台上扮演核心存储中心的角色，同时其他参与企业也需要共同承担库存风险。为了简化上述做法，各企业经常采用完全净价来代替折扣，将折扣和补贴都包含在销售价格中。在这种模式中，双方针对净价达成一致，在完成货物接收检验、确定无误后按照发票单据采用电子资金转账（EFT）的方式支付款项。既简化了物流管理中资金的流动过程，又缩短了有形产品的流动时间，还可以采用同步化管理缩短设备的闲置时间。

2. 闲置时间的最小化

传统的分销模式在相互交易的基础上，将独立的业务单元松散地连接在一起，为了保证运作的连续性，企业必须维持一定的库存作为缓冲。传统商业运作模式的驱动力就是建立在这种缓冲库存基础之上的。而物流一体化则是将同步化的、相互依赖的业务单元，进行合作和信息共享。成员企业可以在对方需要的时候进行库存转移，尽可能地增强彼此之间合作有助于实现库存在企业间的快速移动。

闲置时间是衡量物流管理效率的一个关键指标，是指不使用设备的时间与该设备正常运转、满足指定目标所需时间的比率。例如，闲置时间可以是单件库存在仓库中的存放时间与库存移动时间的比率，也可以是库存的存放时间与将其销售出去所花费时间的比率。企业必须相互合作，主动消除那些重复的库存和非增值活动从而缩短闲置时间。例如三家不同的企业都从事相同的业务活动，那么重复工作就会导致闲置时间的增加。而如果由一家可靠的企业专业负责这一业务活动，那么就能减少重复、缩短闲置时间。

此外，企业还可以通过准时到货、提高库存流动的畅通性来缩短闲置时间。例如从供货商发货到零售商对交叉堆存的货物进行分类的整个过程中，如果货物既没有经过任何停留，也没有被调配到其他仓库，那么就实现了闲置时间的最小化。缩短闲置时间并降低相应物流成本的一个间接好处在于能够帮助企业减少在库存和相关资产上的投资。

3. 现金周转

现金周转的核心思想是降低对实现物流管理绩效的资产的投资。通过重组物流管理链条，重新利用资金，将资金投入那些效率更高、收益更大的项目中去。现金周转带来的优势并不是物流管理所独有的。在企业的各种运作中都能够进行现金周转，但是企业彼此之间的合作使物流流通中的现金周转具有更大的吸引力。

快速的现金转化周期、缩短了的闲置时间以及现金周转，这三种优势相结合，无疑能从财务的角度增加物流管理的吸引力，促使参与者们进行更有效的合作。同时，越来越多的企业积极参与到了国际运作中，这也成为另外一个驱动物流管理快速发展的力量。

1.6 物流管理与供应链

1.6.1 物流与供应链的联系和区别

当今管理者正在经历一场供应链革命以及与之相关的物流复兴。它们两者相互关联，都涉及企业的最优运作绩效，同时极大地改变了原有的商业规则。然而，供应链和物流又是现代管理中完全不同的两个方面。

供应链管理的研究对象是由多个相互合作的企业所构成的整体，这些企业通过合作实现战略定位，增加运作效率。对于供应链中各个成员企业而言，供应链关系反映出了一种战略上的选择。供应链战略是建立在相互依存、相互合作基础之上的渠道安排，这就要求相关企业建立跨越传统部门的管理流程，并使这一流程突破企业组织的界限，与上下游的供应商、贸易伙伴以及客户等相互连接起来。

与供应链管理相比，物流则强调库存在供应链中移动和存放定位等工作，因此，物流是供应链的一个组成部分，它必须在供应链这个大框架下运作。物流通过正确选择库存时间和地点实现增值，它包括企业订单管理、库存管理、运输管理、仓储管理、物料处理、包装、客户服务等一系列的过程。一体化物流将供应链的各个环节有效地连接在一起，实现了供应链的同步化，使整条供应链上的活动成为连续的过程，它对于供应链的高效连接至关重要。

十几年来，尽管物流管理的目标始终没变，但实现物流管理的方法却发生了根本性的变化。本书的研究重点之一是一体化物流管理。为了学习物流知识，读者必须对供应链管理有一个大致的了解。供应链为物流的发展提供了一个运作框架。物流最佳运作是随着供应链构架和战略的发展而发展和进步的，是一种处于不断变化中的活动。

扩展阅读 1-4：
供应链概念的发展与演变

1.6.2 供应链的基本模式

密歇根州立大学提出了供应链管理的基本模式，供应链一体化指的是在考虑关键资源受限制的情况下，为了获得竞争优势，多个企业之间、企业与客户之间、起支持作用的分销网络和供应商之间结成联盟形成的合作关系网络。供应链模式集成了多种活动，包括从最初的原材料采购到将最终产品和服务送到客户手中的一系列运作过程。

供应链中的价值来源于供应链成员企业之间的协同作用。其中五种关键流对价值有重要的影响，它们分别是：信息流、产品流、服务流、资金流和知识流。物流是供应链模式中产品流和服务流的主要载体，供应链中每家企业都要执行物流过程。如何实现供应链上的物流一体化和物流的高效率是本书关注的重点。由此可见，物流一体化增值过程的实现要求企业必须从物料采购直至将产品或服务送到最终客户手中都进行有效管理，以达到高效果、高效率、高关联及持续发展。

供应链一体化通过科学的管理方法将彼此独立、从事买卖的企业连成一个整体，提高了企业的市场影响力、整体效率和竞争力，并能不断进行完善，这是供应链一体化与传统渠道运作的根本区别之处。然而。在实践中，企业之间也存在着冲突，导致供应链结构更为复杂。例如许多个体企业同时也是多个相互竞争的供应链中的成员，难免会遇到保密问题以及忠诚问题，这些问题常常会导致利益冲突。同时，供应链的高度动态性和变化性也是导致供应链结构变得复杂的原因。成员企业可以自由地加入或退出供应链，通常情况下，这对供应链的整体连接性并不存在明显的影响。例如，一家企业或服务提供商也许会在某段特定时间内积极参与到供应链中来，如销售旺季，但它并非整年都如此积极。比如每年“双 11”季，物流需求的快速增长给企业、销售平台、物流都带来了更大压力。

1.7　全球一体化背景下的国际物流

全球人口快速增长，增加的人口数量相当于一个巨大的潜在市场，而据统计，当前全球市场需求有 90%以上难以实现当地的自给自足，而这一切都依赖于物流的快速发展，同时物流业服务水平的提升也将极大地促进当前的市场需求的增长。在工业化经济与新经济领域中，产品和服务的增长潜力大不相同。在全球经济的工业化领域里，企业将重点放在提供满足高层次客户要求的、高质量、高价格的产品上。先进的经济模式为企业的发展提供了机遇，帮助企业了解如何在进行销售的同时提供增值服务。但是也要注意在不同发展阶段的国家，消费者的购买力和购买偏好具有显著差异，比如发展中国家消费者对基本用品和生活必需品有更大的需求，而随着发展中国家人口的不断增加，劳动力红利给基本用品和耐用消费品提供了巨大的市场，而对时尚产品或高科技产品的需求不显著。对于那些希望不断进取、不断提高经营业绩的企业而言，全球市场的商业特点不容忽视。

除了销售市场的扩大之外，企业运作效率的大幅度提高也促进了全球业务的开展。全球化运作至少能够在三个方面有助于企业提高运作效率：第一，全球市场为原材料和零部件的战略性采购提供了极大的便利；第二，企业可以在发展中国家建立工厂和配送中心（distribution center，DC），以便获得劳动力红利；第三，某些国家提供优惠的税收政策，这使具有增值作用的运作模式显得更有吸引力。

企业参与到全球运作中，伴随着业务的不断扩展，既扩大了市场份额，又提高了运作效率。一般而言，通过从事进出口贸易参与到国际商业运作中、进军国际市场是企业完成国际化的第一阶段。通过在国外和贸易地区建立分支机构是企业国际化的第二阶段。其具体方式包括当地企业进行授权经营，或者企业自己投资建设厂房和配送设施。这两阶段的发展对企业国际化影响和运营方式的影响具有显著的区别，一方面体现在投资金额不同，另一方面在这两个不同阶段企业在管理的控制程度上也存在差异。国际化的第三阶段是企业参与国际业务的最高阶段，表现为企业跨越国界的限制，自由地在国际市场上全面开展业务，我们称之为全球化。

与国内物流运作或地区内的物流运作相比，国际化物流运作有四个明显的不同之处：第一，从订货到发货，与国内的业务相比，国际化物流模式的业务流程运输距离要远得多；第二，国际物流需要适应各地政府的政策和法规，由于地区规定差异性，企业需要采用更复杂的单据进行商业交易；第三，在设计国际化的物流运作模式时，必须针对不同地区考虑当地的运作环境以及员工工作习惯的多样性；第四，面对不同文化的消费者之间的差异，了解当地消费者对产品差异化的需求，是实现物流运作成功的关键。

全球化的商业运作在一定程度上也受到了物流安全的威胁，对企业而言，只有解决了与国际化物流相关的挑战和难题，才能真正实现国际化物流的运作成功。虽然在实现国际化和本土化的运作时，物流准则与供应链一体化的理想模式基本相同，但国际化物流所具有的上述特点使其运作变得更加复杂，同时成本也更高。然而，投资于国际化的供应链管理以及物流运作将导致极高的资金风险，为了解决这个问题，企业必须采取一体化的运作战略和策略。

即测即练

自学自测 扫描此码

案例分析　沃尔玛实际上是一家拥有超级竞争力的物流公司？

本章习题

1. 什么是物流？
2. 物流的功能有哪些？
3. 简述什么是现代物流管理，它的基本原理包括哪些方面？

第 2 章

企业物流与供应链管理

【学习目标】

认识企业物流的基本内容及各物流环节的内涵；
了解物流/供应链软件市场简况，软件商分类与产品功能；
理解企业物流/供应链管理的目标、作用和意义；
识别企业战略、物流战略和物流规划的关系，物流规划的具体内容；
明确物流组织的发展阶段，供应链组织不同环节成员间的相互关系；
掌握物流/供应链视角下客户服务绩效标准与客户服务评估过程。

本章导读

为实现高质量发展，党的二十大报告要求“着力提升产业链供应链韧性和安全水平”。企业物流与供应链管理执行从供应商到最终用户的物流计划、控制等职能，整合和优化供应链中的信息，并协调供应链上下游成员关系。企业物流与供应链管理需要以客户为导向，以整体最优为目标，对各个环节的运作管理要做到协调顺畅。

本章主要探讨与企业物流和供应链管理相关的基本问题。首先强调了物流/供应链的重要性。继而系统地分析了企业战略和物流规划的关系，并详细介绍供应链软件市场和产品。最后，对物流/供应链客户服务以及物流组织相关内容进行详细阐述，深入浅出地向读者展示了企业物流供应链管理方面的核心知识点。

2.1　企业物流概述

本部分将从企业物流的构成要素、物流的分类、企业物流各环节以及国际上企业物流发展演变——以欧洲为例、国内一种新兴物流形态——即时物流五个方面展开阐述。

2.1.1　企业物流的构成要素

企业物流的构成要素不同于传统物流，不仅有实现物品实体空间位移的运输要素和实现时间变化的储存要素，而且更有保证物流顺利进行以及实现物流高效率的装卸、搬运、包装、保管、流通加工、配送、信息收集等要素，它们相互联系、相互制约，具体如下。

（1）包装功能要素是指产品在运输和保管过程中为了保证产品的价值及形态所开展的物流活动。

（2）装卸、搬运功能要素有效连接物流各环节节点，是一个高频活动。

（3）运输功能要素是指使物品发生场所变更的物流活动，比如通过卡车或传送带。

（4）保管功能要素主要涉及储存商品，确保满足顾客的可得性需求。

（5）流通加工要素是指物品在生产地到使用地的过程中，根据需要开展包装、切割、计量、分拣、刷标志、拴标签、组装等简单作业的总称。

（6）配送功能要素包括运用集货、理货和配送等方式开展的物流活动。

（7）物流信息收集要素是指收集库存和订单状况、需求变动等信息，确保物流的高效性。

2.1.2 物流的分类

按照物流系统的作用属性及作用的空间范围，可以从不同的角度对物流进行分类。按照作用，物流可以分为供应物流、销售物流、生产物流、回收物流和废弃物物流等。

1. 供应物流

供应物流是指生产企业、流通企业或用户购入原材料、零部件或商品的物流过程。

2. 销售物流

销售物流是指生产企业、流通企业售出产品或商品的物流过程。

3. 生产物流

生产物流是指从工厂的原材料入库开始，直至工厂成品库的成品发送为止的物流过程。

4. 回收物流

回收物流又称“逆向物流”，是指不合格物品的返修、退货以及周转使用的包装容器从需方返回至供方所形成的物品实体流动。

5. 废弃物物流

废弃物物流是指将失去使用价值的物品，进行收集、分类、加工、包装等，并分送到专门处理场所这一物流过程。

2.1.3 企业物流各环节

在经营范围内，由生产或服务活动所形成的物流系统被称为企业物流。下面以制造企业为例，分析物流的各主要环节。首先是供应物流，包括原材料等生产资料的采购、进货、运输、仓储、库存和用料管理。其次是生产物流，包括生产计划与控制、运输搬运、在制品仓储与管理等活动。再者是销售物流，包括产成品的库存管理、仓储发货运输、订货处理与顾客服务等活动。物流系统需要管理层、控制层和作业层三个层次的协同。其中管理层主要承担制订物流系统战略规划、控制和绩效评估的任务；控制层主要负责订单与顾客服务、库存计划与控制等；作业层的任务通过发进货运输、装卸、搬运、包装等活动协助完成物料的时间转移和空间转移。

2.1.4 国际上企业物流发展演变——以欧洲为例

欧洲企业物流发展的鲜明特点是服务和覆盖范围的不断扩大，形成不同的物流发展阶段。

1. 第一阶段：工厂物流阶段（20 世纪五六十年代）

这一阶段属于物流早期阶段，主要通过规划厂内物流、捕捉信息传递和重视信息交换来初步提升物流效率。

2. 第二阶段：综合物流阶段（20 世纪 70 年代）

这一阶段，物流服务需求和客户期望更高，服务节奏加快。需求信息获取前端延伸至配送中心，整体信息化程度还比较低。

3. 第三阶段：供应链物流阶段（20 世纪 80 年代）

这一阶段供应链物流着眼整合分散的物流方式，通过上下游企业建立合作关系来提升效率，同时提升需求响应能力达到及时供货。这一阶段信息化程度较上一阶段有明显提升，条形码技术得到推广并开始使用第三方物流。

4. 第四阶段：全球物流（globalization logistics）阶段（20 世纪 90 年代）

这一时期，由于从国外生产基地直接向需求国发送的商品规模日益增大，全球物流应运而生。这一时期物流的需求信息直接从顾客消费点获取，信息交换采用 EDI，信息处理广泛应用 Internet 等。

5. 第五阶段：电子物流（e-logistics）阶段（20 世纪 90 年代末至今）

基于互联网和电子商务的电子物流同样在欧洲兴起，客户要求交付期越来越短，如要求一小时供货。组织机构采用横向供应链管理模式，信息交换采用数字编码分类技术，产品跟踪使用激光制导标识技术。

2.1.5　国内一种新兴物流形态——即时物流

1. 即时物流的概念

即时物流是完全按照用户突然提出的物流要求进行物流活动的方式。相对于传统物流，即时物流核心特点在于即时性，即满足用户提出的急速、准时的配送要求，即时物流的平台要保证足够的运力来匹配订单。2014—2020 年中国即时物流行业增长率如图 2.1 所示。

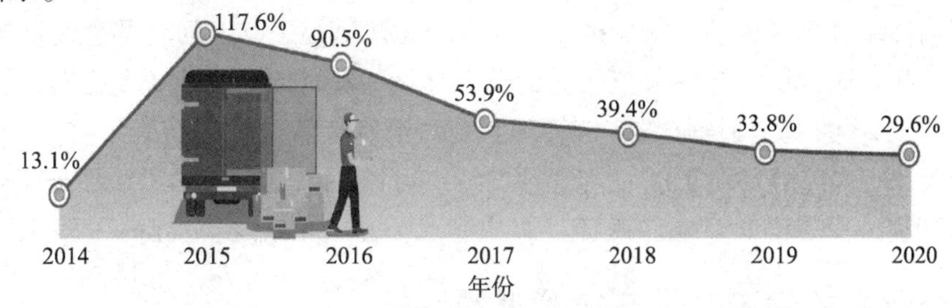

图 2.1　2014—2020 年中国即时物流行业增长率

资料来源：艾瑞咨询（2019 年中国即时物流行业研究报告）

2. 即时物流的现状与前景

现阶段，即时配送行业竞争激烈，与此同时行业增速明显。据《2019 年中国即时

扩展阅读 2-1：
人人快递倒下的背后

扩展阅读 2-2：
三个运营相对成功的即时物流企业

物流行业研究报告》显示，2018 年中国即时物流行业订单量达到 134.4 亿单，同比增长 45.2%；行业规模达到 981.2 亿元，同比增长 39.4%。如果即时物流平台没有超级流量入口，会导致骑士流失或"僵尸骑士"的情况发生。

因此，即时物流行业未来竞争将十分激烈，但与此同时也伴随着巨大的机会。能够撑下来的企业，往往意味着已通过多年的疯狂补贴和市场培育收获忠实的客户群，未来将有望获得长足发展。

2.2 企业中的物流/供应链管理的重要性

企业中的物流和供应链管理状况对企业经营成败的重要性影响正日益上升，这一部分将从以下三个方面展开论述。

2.2.1 供应链管理环境下的物流管理特点

在传统的物流系统中，信息是逐级传递的，导致对市场信息的响应较慢，从而导致需求信息的扭曲，造成牛鞭效应。另外，传统的物流系统没有从整体角度进行物流规划，往往追求局部最优，容易导致缺货和需求满足延迟。

传统的物流管理模式导致供应链上下游企业缺乏合作意识，资源和信息的利用率低且不共享，需求信息扭曲现象严重，供需不匹配。在供应链环境下的物流系统有三种信息在系统中运行：需求信息、供应信息和共享信息，共享信息包括前两类信息，是最为重要的。信息共享使得市场的需求信息和整个供应链的运行情况对供应链上任何节点的企业都是透明的，每个环节的物流信息都能顺畅地与其他环节分享，从而缓解了牛鞭效应。供应链管理环境下的物流特点主要包括以下两个方面。

首先，对物流网络规划能力的增强。通过消除无价值附加的物流过程，供应链的物流系统的成本可获进一步降低，也为实现供应链的敏捷性提供有力支持。较强的信息追踪能力，实现供应链物流全过程的可视化，也为实时控制物流过程奠定了基础。

其次，无缝连接的物流系统是使供应链协调运作的前提。如果没有物流系统的支持，会导致采购活动停滞、成品交货延迟、顾客需求无法满足，以上问题都会使供应链的合作性大打折扣。通过供应链各节点实时的信息交换，及时传达用户关于运输、包装和装卸方面的要求，可以大幅增强供应链管理系统对消费者需求响应的能力。

归纳起来，供应链环境下的物流管理的特点可以用如下几个术语简要概括：信息共享，合作互利，交货准时，响应敏捷，客户满意（customer satisfactory）。

2.2.2 企业中的物流与供应链管理的目标

企业中的物流与供应链管理最基本的目标就是以最低的成本向用户提供满意的物流服务，即将所需要的物品以合适的方式按照指定的时间送到需要的场所。具体目标可分为以下几个方面。

1. 顾客满意

物流与供应链管理中顾客服务优先于其他各项活动，通过为顾客提供所期望的服务，比如在进行选品、产品多样化、品质、一站式和增值服务等物流服务质量决策时，努力提高顾客满意度。

2. 快速响应

物流管理要对用户的物流需求在尽可能短的时间内作出反应，缩短对客户的响应时间，减少中间环节，及时送货、快速甚至急速服务客户。信息技术是实现快速响应最有力的工具之一，例如使用电子交易以减少订单处理的时间，使用 S&OP（销售与运营计划）等信息技术协同销售与运营等。

3. 企业物流整体最优

追求整体最优，是指从原材料采购计划直至商品向最终客户移动的所有活动，整个流程各环节有效结合所发挥出的综合效益最优化，前提是充分认识采购理论、销售理论及物流配送理论。

4. 成本优化

物流的总成本包括采购成本、仓储成本、运输成本、缺货损失机会成本等。物流管理力争降低物流总成本，特别是占比较高的运输成本和仓储成本。比如，可以通过提高装载率、减少空驶等来降低运输成本。而对于仓储成本可以通过降低库存来实现。库存设置需要考虑安全库存，可以考虑通过零库存来降低物流成本。

5. 渠道有效整合

现代物流管理的范围包括从原材料供应直至最终用户的所有过程和环节，还包括退、换货物流以及废弃物物流。同时，现代物流管理是一种整体的销售物流活动，是将销售渠道的各个参与者（厂商、批发商、零售商等）进行有效整合。

6. 双效达成

现代企业物流与供应链管理是对经济效益和社会效益的双效追求。现代物流追求物流服务水平的提高，以及对环境、能源、污染等有关可持续发展的关注。

7. 配送运输整合

大型物流配送中心多采用专业性强且多元化的配送方式。小企业可以采用共同配送（joint distribution）方式。

8. 物流管理“零缺陷”

除保证数量、质量完好无损外，需要避免人为的野蛮装卸操作及货单不符，降低客户投诉率。尽可能减少故障物流，严格执行物流标准，减少运输、配送途中的故障，尽量降低事故率，减低损坏率、缺失率及错投误送率等，实现过程零缺陷。

2.2.3　企业实施物流和供应链管理的意义

物流与供应链管理追求以低成本或可接受的成本来实现较高的客户满意度，提供高质量的物流服务。企业实施物流与供应链管理的意义主要体现在以下方面。

1. 降低物流费用

供应链可以耗费中国企业高达 29%的运营成本。而通过物流管理和供应链优化，可以达到以下目标：整个供应链的库存下降 15%～30%，供应链运作费用下降 15%～25%。海尔通过加强物流管理，建立现代化的国际自动化物流中心，一年内将库存占压的资金和采购资金从 15 亿元降低到 7 亿元。

2. 引领物流行业发展

社会涌现出国际货运代理中心，促进了第四方物流、第五方物流等物流种类及朝阳物流快递行业的诞生与发展。

3. 促进电子商务繁荣

物流往往滞后于电子商务的发展，高效的物流管理为电子商务提供有力的配送保障，促进了电子商务的繁荣。

4. 推动物流信息技术更新

物流的发展带动射频技术（RFID）、自动仓储技术与自动分拣技术及智能技术和 GPS 技术的推广使用。仓储系统、配送系统和供应链管理加快物流处理进程，优化了资源配置，实现了企业对用户的快速响应。

5. 推进构建高效商品流通网络

以配送中心为例，利用计算机网络，将超市、配送中心和供货商、生产企业连接，迅速及时地进行信息传递和分析，通过配送中心的高效率作业、及时配送，并将信息反馈给供货商和生产企业，可以形成一个高效的商品流通网络。

2.3 企业战略与物流规划

要了解企业物流规划，首先必须明确企业战略的概念和相关理论。

2.3.1 企业战略

1. 企业战略的概念

企业战略是对企业整体性和长期性问题的决策，是对企业竞争战略、营销战略、发展战略、品牌战略、融资战略等的总体布局。企业战略是指企业根据环境变化，依托自身实力选择适合的经营领域和产品，形成自己的核心竞争力。

2. 企业战略的层次

企业战略在组织内可分为企业总体战略、业务单位战略和职能战略。企业总体战略需要布局企业所涉及的领域、产品和服务的多元化，包括如何将资源配置给企业各个不同部门等一系列问题。业务单位战略是在企业总体战略指导下，经营管理某一特定单位的战略计划，是支持企业总体战略的。例如，根据不同的零售商群体制定的差异化的采购战略，就属于不同的业务单位战略，不以职能为界限。职能战略是支持企业总体战略和业务单位战略而在企业特定的职能管理领域制定的战略，包括营销战略、财务战略、生产战略和研发战略等。通过职能战略的执行来落实企业总体战略和业务单位战略。

3. 企业战略的特点

1）企业战略的前瞻性

企业战略考虑的是企业总体发展的长期方向，属于蓝图性质且具有一定的前瞻性，覆盖面比较广泛。

2）企业战略的现实性

企业战略应设法识别经营环境中存在的机会，并善于创造新机会，进行准确自我定位并在此基础上制定发展战略。企业战略可能会稍微调整，但长期而言，几年内还是相对稳定的。

3）企业战略的风险性

企业在制定未来发展战略时，不仅要考虑企业现有资源能力与市场机会的适应程度，而且要考虑未来战略发展所需资源的可获得性和控制性，风险无处不在，需要多加防范。

2.3.2　物流战略及其与企业战略的关系

接下来具体分析物流战略的内涵、物流战略涉及的领域，以及物流战略与企业战略的关系。

1. 物流战略的内涵

物流战略是指为寻求物流的可持续发展，就物流发展目标以及达到目标的途径与手段而制订的长远性、全局性的规划，是为了实现企业目标并支持企业战略所需的与“物”相关的，包括原材料、成品、废弃物等的控制系统的计划、组织、执行和控制的规划。

2. 物流战略涉及的领域

就企业物流战略所涉及的领域而言，主要分为以购销和商业活动为主的流通领域的物流战略，以及以生产加工制造为核心的生产领域的物流战略两类。

3. 物流战略与企业战略的关系

物流战略与企业战略的关系主要从以下两个方面考虑。首先，物流战略是企业战略的一部分，企业必须首先确立物流战略对企业总体战略的协助作用。其次，物流战略是企业为更好地开展物流活动而制定的操作性更强的行动指南，作为企业战略的组成部分，必须与企业战略协调一致。此外，物流系统的每一个环节都要进行规划，且要与企业整体规划及规划中的其他组成部分保持一致，不能有任何背离。总而言之，物流战略与企业战略是相辅相成的。

2.3.3　物流战略的基本目标

物流战略目标是物流战略的核心问题，是战略方案制订的依据。它为物流基本要点的设计和选择指明方向，为物流战略规划各项策略的制订提供有力支持。

1. 降低营运成本

降低营运成本是指降低可变成本，主要包括运输成本和仓储成本。通过仓库合理选址、运输方式的优化组合实现营运成本最小化，且以保证一定的服务水平为前提。

2. 提高投资效益

提高投资效益是指合理安排物流系统的硬件投资方面从而获得较高投资回报率。例如，选择使用公共仓库而非自建仓库，或者把仓储和配送业务外包第三方物流服务商等。

3. 提升服务水平

高商品可得性是日益激烈的竞争环境下消费者关注的焦点，服务改善的指标值通常用订单满足率等指标来评价。但是，只考虑服务水平这一衡量指标没有意义，必须和成本一起权衡考虑。

2.3.4 物流系统规划设计的原则与影响因素

物流战略成功实施的重要前提是对企业的整个物流系统进行全面规划设计。由于物流系统由许多的子系统组成，因此还应从战略角度对系统每一个环节即物流子系统进行规划，并与企业其他组成部分相互协调。

1. 物流系统规划设计的原则

物流系统规划与设计必须服从物流系统的整体目标，具体需要遵循以下四个原则。

1）系统性原则

物流系统包括运输系统、仓储系统和信息系统等，这些物流子系统之间既相互促进，又相互制约，进行物流系统规划与设计必须遵循系统最优原则。

2）可行性原则

物流系统规划与设计过程中必须要考虑现有的可支配资源情况，需要保证无论技术还是可用资金都是可以满足的，不能超越企业自身的可承受水平。

3）经济性原则

经济性原则具体体现在物流系统需要消除停滞、避免浪费，以及提高资源利用率。同时要考虑物流系统的兼容性，良好协调效应的发挥有利于降低物流成本。

4）社会效益原则

我国大力倡导循环经济和绿色物流（environmental logistics），政府在法律法规上对物流系统的社会效益问题有明文规定，例如，生产某些电子产品的厂家制订废旧产品回收计划，包括以旧换新，这在家电企业十分常见。

2. 物流系统规划设计的影响因素

物流系统规划设计的影响因素主要有以下几个方面。首先，物流服务需求包括服务水平和产品特征等多项因素，这些因素是进行物流系统规划与设计的基础依据。其次，物流和网络技术等因素是对物流规划制定具有决定性的影响因素，有助于实现高效的信息交换从而随时掌握物流动态。再次，物流系统服务于供应链各成员，为了获得更好的支持，物流系统的构建必须考虑供应链渠道的结构特征。又次，居民消费水平和产业结构直接影响着物流服务需求的内容、数量和质量，物流系统应不断适应宏观经济因素的变化，动态改善其服务功能。最后，物流法规、税收政策和行业标准等都将影响物流系统的规划与设计。

2.3.5　企业物流规划的具体内容

1. 设定客户服务水平

明确客户服务水平是企业物流系统规划的首要任务，针对低服务水平的情况，可以在缩小存储地点范围采用集中存货和廉价运输，代价是订单服务提前期比较长。对于服务水平特别高的情况，企业物流系统成本的上升会非常快。

2. 物流服务网络设计

物流服务网络设计主要包括确定设施的数量、地理位置和规模，并分配各设施所服务的范围。遵循总成本最低的原则制订需求分配方案是物流服务网络设计的关键内容。物流服务网络设计是通过一系列科学的手段来确定网络设施的位置，以期达到物流系统的最优化配置。在物流系统中，工厂、仓库、配送中心、物流中心等物流据点和运输路线、运输方式共同组成了物流网络，物流服务网络设计的关键是物流设施的选址。在确定物流网络设施的布局位置时，可以采用地理信息系统技术、设施定位模型等来实现。

3. 物流管理组织结构和管理模式、管理流程的设计

物流管理组织结构主要包括企业物流服务组织体系的构建和业务职能设计，应从企业价值链管理的全局角度出发进行系统综合设计。管理模式的规划涉及企业物流是自营还是外包的抉择。

4. 库存规划

库存规划是指库存管理方式，一般由客户服务水平决定。比如决策将库存分配（推动）到存储点还是通过补货自动拉动库存。存货与储存功能设计一般来说应考虑库存作业的基础设施和设备规划、存货的设计以及存货的保管费用以及损耗。

5. 运输与配送规划

运输规划包括运输方式、运输批量和运输时间以及路线的选择。运输的主要功能是使实物产品在供应链中移动，并实现增值。在运输运营功能的设计中，首先要考虑的两条基本原则就是规模经济和距离经济。规模经济的特点是随着装运规模的增长，使每单位重量的运输成本下降，即与承运一宗货物有关的固定费用可以用整宗货物的重量分摊，货物越重，单位重量的成本就越低；距离经济的特点是每单位距离的运输成本随距离的增加而减少。以上都是在设计运输方案时必须考虑的因素。

配送满足分散需求，发挥集运规模效益。一般需要建设大型集货与加工场所，配备各种拣选、运输和通信设备等。相对于整个物流系统而言，配送是系统的终端，是直接面对服务对象的部分，最能反映物流系统的服务水平。

6. 包装与装卸搬运设计

包装一方面提升了产品的价值，另一方面增加了供应链的复杂性。包装设计应当统筹考虑物流各环节的要求，尽量实现包装标准化。装卸搬运作业主要是集中在仓库、配送中心等设施内部。物流作业和成本因装卸搬运系统机械化程度与自动化程度而异。

7. 物流信息系统的规划设计

随着企业业务规模的日益增大，企业必须将物流信息化纳入企业战略规划范畴，经

典的 MRPⅡ系统、ERP 系统、SCM 系统的规划等都要围绕企业的物流活动展开。物流信息系统建立在一系列的信息技术基础上，企业需要通过使用现代物流信息技术，如连续补货系统、计算机订货系统、配送需求计划管理系统、车辆排程系统、运输跟踪系统、销售预测与计划系统、电子数据交换系统和条形码等技术，提高物流效率。

2.3.6 物流运营管理体系规划

物流运营管理体系是将物流过程的库存、运输、包装等相关活动组织起来，进行集成一体化的管理。一个完整的物流运营管理系统主要由物流运营网络、财务结算系统、人才管理及绩效评价系统等组成，各系统间一致且协同合作。

1. 物流运营网络

物流运营网络系统根据订单，通过各个物流环节的协调作业，完成整个物流体系的资源调度、指挥、协调及总体运作。物流网络规划既涉及基础设施，又涉及流程组织。企业主要考虑物流中心问题，物流中心既可以自建，也可以租用公共型物流中心。物流网络规划主要包括物流中心规划和运输配送系统规划。建立物流网络的关键是确定各个物流中心的布局，以及据此确定具体物流中心的任务和规划。

2. 财务结算系统

物流服务系统需要与客户、物流合作伙伴、承运人等各个方面发生业务关系，要协调好各个环节，完善的预算体系不可或缺。通过设置合理有效的结算体系和财务核算体系可以促使整个物流服务系统最优化运作。

3. 人才管理

物流运营核心管理与技术团队代表物流企业和工商企业物流部门的专业水平，物流运营的人才管理建设可以从核心技术团队和物流业务操作团队两个层面考虑。

4. 绩效评价系统

在物流运营过程中，应该实时对物流服务质量进行动态监控，掌握物流的运营及总体情况并给出考核结果，并将考核结果用于反馈改进。物流绩效考核评价既包括对物流作业环节的考核，也包括对整个物流服务质量和物流活动的评价。

2.4 物流/供应链管理产品

2.4.1 物流供应链软件市场简况

供应链成员可以使用物流供应链软件来完成收发货警报、管理仓库库存、进行需求预测、通过数据分析做决策。驱动供应链的技术在不断进步，包括用于连接运营商的运输管理系统、用于协调库存的仓库管理系统，还有包含许多功能的更广泛的企业资源规划解决方案等。物流供应链软件市场简况如下。

1. 市场格局的变化

由供应链规划（SCP）和供应链执行（supply chain execution，SCE）软件组成的供应链管理系统仍然由世界上最大的软件开发商领导。根据 Gartner 关于全球供应链软件市场收入的年度报告，在 2017 年和 2018 年，四大供应商 SAP、Oracle（甲骨文）、JDA 和 Infor 保持了其地位和订单。

2. 细分领域营收规模

就 SCE、SCP 和采购的软件总收入而言，SAP 位列榜首，收入从 2017 年的 32.8 亿美元上升至 2018 年的 37.9 亿美元。进一步细分后，该软件制造商销售了 6.61 亿美元的 SCE，16 亿美元的 SCP 和 15.2 亿美元的采购软件。

甲骨文的供应链管理收入从 2017 年的 16.5 亿美元增长到 2018 年的 17.2 亿美元。接下来是 JDA Software，该公司每年的 SCM 软件总收入从 7.2 亿美元增长到 7.81 亿美元。Infor 销售了 3.18 亿美元的 SCM 软件，其中笛卡尔、Coupa、Jaggaer、曼哈顿联合公司和怀斯泰克全球公司的年收入都在 2.12 亿至 2.4 亿美元之间。累计，供应链管理软件供应商在 2018 年销售了 43.8 亿美元的 SCE（高于 2017 年的 39.8 亿美元）、49.5 亿美元的 SCP（相对于 44.5 亿美元）和 48.0 亿美元的采购（高于 41.3 亿美元）软件。

3. 云交付赋能行业增长

采用基于云的 SCM 解决方案继续推动着 SCM 行业的增长，云本地供应商正在主导市场。几乎所有的顶级增长领导者都是云本地供应商，单靠云并不能保证供应商的增长，重点在于这些供应商如何使用云来交付价值，以及他们如何实现这一点。

基于云的软件能够扩展他们为客户提供的一组功能。使其拥有一种单一、统一的体验，通过这种体验，供应商可以为许多客户提供可以轻松添加到其现有系统中的功能，这对在快速移动的分发环境中运营的公司非常有吸引力。

4. 采购流程数字化的持续驱动

2017 年至 2018 年，整个 SCM 软件市场增长了约 12.5%。在 SCM 涵盖的 3 个细分市场中，采购软件增长了 16.3%，其次是 SCP 软件的 10.9%和 SCE 软件的 10.1%。采购软件拉动了整体增长率。部分原因可以归结为对采购流程数字化的持续推动，以及采购方长期依赖人工流程的事实。

采购部门还没有得到足够的关注和投资，采购流程的数字化投入不足。许多采购部门的数字化建设一开始是完全空白的，因此它们不需要面对替换传统解决方案的挑战。目前有许多企业已经在部署电子采购系统，甚至是云采购工具。但在不改变既有烦琐采购流程的前提下，仅仅部署一些新的软件工具，并不能解决根本性问题。真正的数字化采购系统可自动执行重复性任务，从而提高效率、降低成本。它通过人工智能（AI）和便捷的在线工具，方便所有采购人员实时获取业态洞察与分析数据。它通过更新、更智能的方式，利用数据模型，为企业的日常运营和决策提供更全面的支持。它还能改变采购人员与供应商和其他第三方的互动方式，提供一个全新的协作平台。

5. 新技术融合下的不断创新

软件开发公司 Oracle 发布了一套基于区块链的软件即服务应用程序，基于 Oracle 区块链云服务，该产品侧重于交易效率和供应链认证。

这款名为 Oracle Blockchain Applications Cloud 的新产品包括 4 个应用程序：智能追踪，产品批次和产品来源，智能冷链以及保修和使用跟踪。与许多基于区块链的供应链管理工具一样，Oracle 区块链应用程序声称能够让客户通过供应链跟踪产品，提高透明度，加速产品交付并提高客户满意度。

2.4.2 不同用户群体对物流供应链软件的需求

物流供应链软件产品需要量身定制，扩展性高的软件更受企业欢迎。当前主流的供应链管理系统软件厂商/品牌，主要有Oracle、SAP、用友和金蝶。Oracle、SAP软件价格和服务费用比较昂贵，软件能否洋为中用、操作是否符合国内用户习惯，一直是国内企业比较担心的问题。用友、金蝶从财务管理软件起家，主打产品是财务软件，在专业性方面差一些，功能主要围绕财务管理这一块，流程灵活度不够。

国内物流供应链软件市场高端用户更注重产品的集成能力；中端用户更看重提供商在行业内的成功应用经验；低端用户最关注的因素是方案的价格和产品易用性。因为这些用户关注的需求点不同，因此物流供应链软件提供商在高中端市场对产品的关注度也就不同。对于高端产品市场，软件深化应用的开发，特别是定制化功能的实现成为用户关注的重点；对于中端产品市场，供应链软件从满足用户的工具使用需求向满足管理需求演变；对于低端产品市场，用户更关注供应链软件产品的实用性和易用性。具体分析如下。

1. 高端物流供应链专业软件强调深化应用

高端物流供应链专业软件市场包括大型集团企业、专业化物流企业和物流园区与物流配送基地。其竞争焦点体现在供应链管理能力方面，通过信息化技术可以提升运输质量和运输效率。一些大型物流企业和集团化企业拥有完善的订单、仓库、配送管理系统和货运传单系统等，相对比较完善。但依靠系统数据进行高端智能化处理来改变业务流程设计和应用还无法实现。所以，通过整合数据实现应用深化和提升效能是高端物流供应链专业软件市场应用的重点。

在解决方案选择上，大型企业更注重产品的集成能力，一般会建立包括不同部门的集中分销管理系统、采购管理系统和库存管理系统。随着电子商务的普及，企业倾向于采取网络营销手段并建立电子商务平台，整合分销系统与生产制造。

2. 中端物流供应链专业软件由工具向管理层次演进

中端物流供应链专业软件市场包括中型制造业企业、专业化第三方物流企业以及国际贸易企业。第三方物流和国际贸易企业中物流形势日趋具体化和个性化，客户日益趋向多品种、小批量、多批次需求，促使物流企业和国际贸易企业有增加软件投入的要求。

中端用户市场的物流供应链专业软件需求已经由简单的工具型向管理型演进。多数企业过去仅采用仓储管理、供应商管理库存系统或企业资源计划管理中的物流管理部分，但这些系统仅可以实现某些物流环节的自动化，而上下游企业之间物流活动中的重复操作和可靠性低等问题依然存在。在激烈的市场竞争环境下，供应链协同管理的需求与日俱增。通过将供应链上下游纳入整体管理系统，可以协调同步的经营活动，实现实时的信息交流。专业第三方物流企业对提供商整体解决方案的集成能力也较为关注，多数用户希望厂商能够整合仓储、计划、决策和财务等功能，提高企业应变能力。

3. 低端物流供应链专业软件市场潜力巨大，政府推动效益显著

物流供应链的低端市场包括中小型第三方物流企业、制造业企业、中小型贸易企业、

区域分销商等用户。因为企业规模不大，这类企业的 IT（互联网技术）预算较低，希望能够用最低的价格买到最适用的产品。其需求特点也多集中在物流供应链的某些环节的信息化，如仓储管理、订单管理、运输管理、计费等单一的模块，对整体解决方案的集成需求尚未显现。低端用户最关注的因素是方案的价格和产品易用性，其次才是行业应用经验、产品稳定性、服务商品牌和项目实施周期。

扩展阅读 2-3：京东四大供应链物流管理软件系统全部开放

2.4.3　中国市场供应链软件商分类与产品功能

供应链软件是伴随供应链的发展应运而生的，近年随着供应链管理的重要性在中国被逐渐认知，以及国际知名供应链软件商的进入，中国的供应链软件市场被培育起来。由于供应链管理涉及的环节众多，管理面广，技术精度要求高，软件开发难度大，投入成本高，在中国的供应链软件市场中，各类软件覆盖和包含特定行业的供应链某个或者多个环节，某一软件不能完整覆盖整条供应链。

1. 供应链软件分类

国际上的供应链软件大致分为四类：供应链网络设计（supply chain strategy design）、供应链计划（supply chain planning）、供应链执行和供应链数据整合（EDI & B2B gateway）。

基于以上软件分类，国际主要供应链软件商又分为两大阵营：一类是独立供应链软件商，如 JDA，产品包括供应链网络设计、需求及供应计划、执行等功能模块。Ariba、Manhattan Associates、RedPrairie、HighJump 以及国内的软件厂家如明基逐鹿、唯智等提供供应链执行软件如 WMS、TMS 和采购管理等。另一类是 ERP 巨头通过并购而成供应链软件商，这些软件商关注拥有大量客户的行业，如零售业和快速消费品行业等。如 SAP、Oracle 以及国内的用友、金蝶等对传统 ERP 进行延展。其解决方案涵盖从供应链网络设计、计划到供应链执行、应用层面。

2. 国内外供应链软件厂商介绍和解决方案特点

1）国外供应链软件厂商

（1）SAP 是国际知名且拥有包括供应链管理在内各种解决方案的 ERP 软件巨头。其产品涉及供应商关系管理、供应链管理。

（2）Infor 拥有战略网络设计、仓库和运输车队管理、销售和运营计划以及生产计划和排程模块。

（3）Oracle 涵盖价值链规划、供应链规划、产品生命周期管理和运输管理范围。

（4）Manhattan Associates 使从库存和货物到人力和计费的整个配送运作实现自动和优化（WMS）。

（5）RedPrairie 具有全面优化生产能力和设施的仓储管理（WMS）模块。

（6）HighJump 以仓储管理为核心，实现库存优化（WMS）。

2）国内供应链软件厂商

（1）用友是国内知名的、拥有包括供应链管理在内各种解决方案的 ERP 软件巨头，业务涉及供应链协同和供应链执行。

（2）金蝶产品主要有供应链协同、采购和分销。

（3）唯智产品涉及 WMS、TMS 和供应链网络优化方案。

扩展阅读 2-4：
物流供应链产品 S&OP

（4）科箭是国内领先的物流软件解决方案供应商，是 Infor 在中国的渠道合作伙伴。国内自主研发产品有 WMS、TMS。

2.5 物流/供应链与客户服务

2.5.1 客户关系管理概述

1. CRM 概念

客户是企业发展最重要的资源之一，CRM 是指对企业内部部门和业务伙伴提供的从产品（或服务）设计、原料和零部件采购、生产制造、包装配送直到终端客户全过程中的客户服务的管理。

CRM 将客户作为企业的重要资源，关注对客户信息的整合与管理。在竞争日趋激烈的环境下，CRM 有助于企业获得更大的市场份额，以及进一步保持和开发客户。

2. CRM 应用关键点

CRM 的功能主要分为客户信息管理，负责整合记录并分类客户资料；市场营销管理制定市场推广活动并评价成效；销售管理除基本销售支持功能外，还包括帮助企业建立网上结算管理及与物流软件系统的接口；服务管理与客户关怀服务管理包括应用数据挖掘技术进行数据收集、分类和分析，实现精准个性化营销。具体应用关键点如下。

1）业务流程重构是 ERP 应用成功的前提

CRM 要重新设计销售体系与物流体系的分离、第三方物流的引入和供应链上分布库存控制策略调整等，以上都需要业务流程重构（BPR）的有力支持。

2）CRM 系统作为 ERP 系统中销售管理的延伸

CRM 突破了供应链上企业间的地域边界和不同企业之间信息交流组织边界，通过有效整合客户、经销商、企业销售部，实现企业对客户个性需求的快速响应。但 ERP 在中国的应用普及率不高，导致很多企业先引入 CRM 再考虑 ERP，可能会造成业务的混乱。

3. 客户关系管理的客户服务要素分析

1）交易前的客户服务要素分析

首先是客户服务政策书面陈述，需要确定与客户需求相匹配的服务水平，例如，服务运行情况的反馈频率等。其次是组织结构，供应链的高级管理者处于组织高层，会增进企业内部和外部的沟通。应该提升客户联系企业的便利度，比如应把接待客户作为共同责任，而不是相互推诿。再次是系统柔性，未来不可预测，比如 2020 年的新冠疫情这种突发事件无人能预料，因此柔性和应急计划应当被纳入系统之中。最后是在产品销售中为客户提供的管理服务，如一对一咨询等。与交易要素相关的决策应该是相对稳定的长期决策。

2）交易中的客户服务要素分析

交易中的客户服务要素包括缺货水平、订货信息、系统准确性、订单提前期、特殊运输处理、转运和订货的便利性等。其中，缺货水平是测量产品可得性的指标，缺货会影响顾客满意、导致顾客背弃。订货信息主要涉及库存状态、订货情况、装运日期以及迟延订货情况等信息，客户需要得到以上信息的实时反馈。系统准确性是确保客户所收到的关于订单执行情况和库存水平的信息是准确的，因为一个错误的订单执行反馈可能会打乱客户的生产计划等，造成损失。订单提前期是从客户开始订货直到收到产品或服务时间的时长，缩短订货周期是企业追求的目标。特殊运输处理成本很高，紧急情况下，有的企业会根据客户重要性对部分客户使用空运的方式代替陆运，相应会提高运输成本。转运是指为避免缺货，在不同的配送点之间运送产品。对于有多个配送点的企业，为应对迟延订货或直接从多个地点装运给客户，一些与转运有关的政策必须执行。订货的便利性是指客户下订单的难易程度，要尽量避免设置客户壁垒，友好对待顾客，比如减少等待时间等。

3）交易后的客户服务要素分析

交易后的客户服务要素包括安装维修、商品跟踪、客户索赔退货等。安装维修适合于服务成本远大于商品本身成本的资本设备。商品跟踪要素保证企业及时召回存在潜在问题或危险的商品，避免消费者利益受损。客户索赔退货方面，企业应通过信息系统处理客户投诉以及向客户反馈最新进展。

2.5.2　物流/供应链视角下的客户服务

1. 物流/供应链视角下的客户服务相关概念

当服务水平能够匹配客户需求时，物流能直接增加销售和利润。最重要的客户服务因素是物流，最常见的服务投诉是迟延交货，最重要的服务要素是运送速度。

客户投诉内容往往包括产品质量问题、货物破损、经常断货和送货延迟问题，与物流/供应链相关的最重要的客户服务因素包括及时配送情况和订单满足率，这两个因素和订单提前期有关。订单提前期的概念 2.5.1 小节已提到，是客户从发出订单到收到所订购产品或服务所经历的时间。具体地，订单提前期，又称订单周期，由四部分组成。首先是订单传递，这是从下订单时间到卖方收到订单为止。其次是订单处理，它是从供应商收到订单开始到通知适用的仓库组装货物、装运订单。再次是订单拣选和组装，是指挑选和整理订单并通知订单有关的运输公司的时间。最后是订单交付，指运输承运人到指定地点收集产品，然后将产品运输给客户。影响提前期的因素包括订单传输时间、订单处理时间、生产时间、运输时间和存货可得率等。

2. 物流/供应链视角下的客户服务绩效标准与客户服务评估过程

1）客户服务绩效的衡量指标

衡量客户服务需要首先确定衡量指标类型，比如，零售商评估生产商的一些主要客户服务要素包括订单提前期、供应商信息交换方面的技术水平、公司的迟延订货政策等。物流/供应链涉及的客户服务目标因客户而异。例如，某些客户可能重视订单准确性，或者已选择和已发送订单的百分比。其他客户可能更关注可立即执行的订单百分比。可以通过询问多个用户或向公司运营部门提出一系列与客户服务有关的问题等方式获得客户服务绩效的衡量指标。

2）客户服务评估过程

衡量指标确定后，需要确定相关信息收集方式并量化服务评估标准，衡量服务要素实际绩效，并进一步分析实际服务和标准服务差异，最后根据差异采取纠偏措施。

（1）确定客户服务评估指标所需的信息收集方式。客户服务评估包括使用抽样调查和访谈的方式识别客户购买决策中起重要作用的客户服务要素，并确定客户对本公司和主要竞争对手提供的服务的感知质量的差异。个人访谈是推荐的方式，以便对受访者反应及其对各个问题的实际答案进行评估，并为每一项服务要素建立服务评估量化标准。应当权衡物流/供应链成本和客户服务水平，更高级别的客户服务通常需要更多的库存储备，这会带来更高的成本。

（2）识别改进机会。客户服务评估有助于企业调整客户服务水平，基于此确定客户细分方案并根据不同的客户群制定不同服务标准。企业需要进一步比较客户对竞争对手和自己的服务评价，以及客户对供应商属性重要程度的评价，以此为基础制定合理的客户服务标准。

（3）客户服务标准的落实和推进。这个过程需要闭环进行，持续改进。此外，相关管理人员需要制定激励机制以促成客户服务目标的实现。

需要注意的是，并非所有客户都应获得相同水平的服务。首先，个人客户对公司并非同等重要，因此，公司的服务水平需要反映特定客户的相对重要性。其次，个人客户有差异。例如，有的客户不太在意订单准时性，主要关注订单的准确性。

此外，客户服务目标测量存在误区，某些公司往往选择客户服务中最容易衡量的方面，而不是可能最重要的方面。例如，在测量整个订单周期中，某些公司只能测量某个易于获得数据和信息的阶段。但是，订单周期中其他难以测量的阶段，可能更容易出现问题。以上问题都要注意尽量避免。

2.6 物流/供应链的组织机构与控制

2.6.1 物流组织的发展阶段和物流组织类型

1. 物流组织的发展阶段

美国供应链协会等的研究结果显示，物流组织的发展大致分为以下五个阶段。第一阶段是 20 世纪 70 年代，企业将运输活动与库存、订单处理过程协调管理。第二阶段企业注重对产成品运输和仓储的协调。第三阶段物流活动开始初步全面一体化。第四阶段被称为供应链管理阶段，处于第四阶段的企业认为物流包括发生在原材料采购、生产过程以及最终到达用户手中这一过程中的所有活动。第五阶段注重对整个供应渠道中各独立实体之间的物流活动进行管理。

2. 企业物流组织的类型

企业物流组织的类型主要分为以下四种。功能型组织是比较传统的物流组织，功能型组织结构有市场部、运营部、财务部和研发部等。多层功能型组织结构的企业是以产品、服务、地理或加工过程等不同的方式组织的。区域型组织结构由许多地区性的层级来完成以前由单一层级所执行的工作，该结构能够适应各个地区的竞争情况。双信息中心组织结构一般设立两个信息中枢，企业内外部各有一个内部网络信息中心，通过高效的网络沟通方式交换信息。

2.6.2　供应链组织不同环节成员间的相互关系

供应链的上游组织控制着基础性生产原材料资源和技术资源，并通过控制物资的供应操纵下游的价格。供应链的下游是多元化的销售组织，角色可能是经销商、渠道商或者连锁店。各个组织依靠自己长期建立的渠道，吸引消费者。

1. 销售组织控制整个供应链

对市场敏感的销售组织，对客户的爱好、消费习惯耳熟能详；对质量和价格能很好地平衡。销售商的促销行为可能引起上游制造商和经销商之间的纠纷，销售商往往采取接单生产（BTO）模式，在一定情况下可以享受无风险高利润。

2. 经销商与制造商的对抗关系

经销商和零售商通过掌握最终用户购买渠道，掌控消费者，也控制了制造商进入市场的道路，会导致一系列的连锁反应，比如家乐福超市的进场费和国美清场事件。这种制造商与经销商的相互攻击在国内屡见不鲜，是一种内耗现象。

3. 供应链中游制造商的生存法宝

供应链的中游是庞大的制造商群体，凭借自己降低成本的能力、产品创新能力来把握市场需求走向。电子电器、娱乐传媒等行业的产品都属于快速消费品，产品更新速度快，如果开发周期不能控制或市场预测不准确，可能没上市就停产。苹果公司的成功创新，和它谙熟客户需求密不可分。

阿里巴巴等互联网企业的兴起，标志着渠道为王的时代应该结束，C2C（个人与个人之间的电子商务）的时代已经到来。中国的供应链也应顺应市场需求，抛弃不合理的关系模式。

2.6.3　物流组织管理变革的障碍和解决方式

实践证明，跨职能绩效或过程绩效对物流绩效更为关键。关键在于如何整合客户克服障碍，并更好地管理整个物流过程。

1. 内部的整合障碍

内部的整合障碍源于传统的绩效考核和管理者对变革的抵触情绪。为了便于内部流程整合，需要开发诸如平衡计分卡的创新性评价机制来保护管理者的利益以及认可管理者的贡献。

2. 整合不完善的障碍

企业往往更容易和外部的商业伙伴整合，却很难和内部部门整合，可能的原因是没有认识到整合不彻底的不利影响，而缺乏有力的推动措施。

3. 过程管理的障碍

将物流作为过程管理主要需要解决两个问题。一个是，客户是根本，只有为客户实现价值增值的活动，才有存在的必要性。另一个是，需要系统整合和组员全员相互协作，并对整个组织结构进行权衡。

即测即练

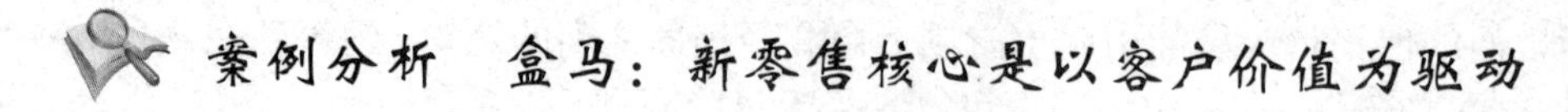

本章习题

1. 按照作用分类，物流可分为哪几类？
2. 企业实施物流与供应链管理的意义主要有哪些？
3. 企业物流规划的具体内容包括哪些？
4. 物流/供应链视角下的客户服务绩效标准主要有哪些？
5. 简述供应链组织不同环节成员间的相互关系。

第 3 章

现代包装与集装单元化技术

【学习目标】

认识常用的包装材料、包装技术及包装机械；
理解包装的概念，包装的分类与作用，集装单元化的概念；
识别集装单元化的原则，集装单元化技术；
掌握包装标识的类型，集装单元化的特点及常见的集装单元化装备。

本章导读

作为物流活动中不可缺少的一个环节，包装是为了在商品的运输和仓储过程中保护其内装物品的价值和形态而进行的物流活动。在市场竞争日趋激烈的今天，包装更具有刺激消费、扩大销售并使产品增值的特殊作用，成为企业提高其商品竞争力的必要手段。物料的集装单元化是随着物流管理技术的发展而逐渐形成的，是现代物流的又一特征，是现代物流技术进步的重大表现。同时，集装单元化程度的高低也是衡量一个国家现代物流技术水平的重要标志之一。

本章将全面介绍包装及集装单元化的相关知识，特别是包装材料与标识、包装技术与包装机械、集装单元化技术机器设备等方面的有关知识。

3.1 现代包装概述

包装是生产流通领域及消费领域对物流活动提出的客观要求，是物料运输、保管、仓储等活动得以安全顺利进行的基本保证，同时也是保持甚至增加产品价值的必要手段。产品在从生产者的仓库运送到消费者手中的过程中，大都需要进行不同方式、不同程度的包装。包装形式和包装方法的选择，包装形态、尺寸及材料的设计，以及包装物的可重复利用次数等，都是整个物流活动的一部分。包装不但可以改变流通物的外在形态与价值，更可通过包装尺寸的标准化实现单元化的运输与仓储，并在此基础上实现集装化，从而将各项作业连贯起来，提高运输与仓储作业的效率。由此可见，包装的好坏将会对运输、装卸搬运、仓储等各环节的效益造成直接影响。

3.1.1 包装的概念

包装在国家标准 GB/T 4122.1—1996《包装术语 基础》中的定义为：“包装为在流通过程中保护产品，方便储运，促进销售，按一定技术方法而采用的容器、材料及辅助物等的总体名称。也指为了达到上述目的而采用容器、材料和辅助物的过程中施加一定技术方法等的操作活动。”简而言之，包装是包装物及进行包装的相关操作的总称。这说明在产品的流通和消费过程中，包装在保护产品、方便储运、促进销售等方面起着非常重要的作用。

包装的内涵在不同时期并不相同，具有阶段性变化的特点。包装最原始的功能是对其内装物进行保护，以防止其破损变形或发生泄漏。随着人类社会的进步和科学技术的不断发展，以及消费者行为的变化，包装不再仅仅是起保护产品的作用，而是被赋予了新的内涵，即美化商品、促进销售，更直接促使商品包装这一独立于商品生产之外的行业的产生与发展。

3.1.2 包装的分类

由于现代产品种类繁多，性能和用途也不尽相同，因而对包装的要求也各不相同。包装的种类从不同的角度有不同的划分方法。

（1）按包装在流通过程中的作用分：有单件包装、中包装和外包装。

（2）按功能分：有运输包装、销售包装和储存包装等。

（3）按包装制品材料分：有纸制品包装、瓦楞纸板制品包装、塑料制品包装、金属制品包装、竹木制品包装、玻璃陶瓷制品包装和复合材料制品包装等。

（4）按包装容器的形态分：有箱体包装、袋包包装、桶包装、罐包装、瓶包装等。

（5）按包装容器的软硬程度分：有软包装、硬包装和半硬包装等。

（6）按产品的种类分：有食品包装、药品包装、电器仪表类产品包装和危险品包装等。

（7）按包装的使用次数分：有一次包装、多次包装和周转包装等。

（8）按包装的技术方法分：有防水包装、防震包装、防腐包装、防尘包装、防锈包装和特殊包装等。

3.1.3 包装的功能

现阶段，很多专家学者认为包装的价值不是由包装所使用的材料的价值来衡量的，而是以包装在物流系统中的作用来衡量的。包装作为整个物流活动中的一部分，既要在运输过程中保护其内装物并降低物品在流通中的成本，也要增加物品的销售量。包装的目标是在节约包装材料的同时最大限度地发挥包装在物流活动中的功能，减少产品在转移过程中的损耗，其主要功能包括保护功能、便利功能和标识功能三个方面。

1. 保护功能

包装的保护功能在于有效保证内装物品的质量和数量在流通过程中不发生变化，具体体现为：防止内装物品破损变形、渗漏或泄漏以及化学变化等。流通过程中的损坏有时会使物品丧失其使用价值，这本身就是对生产资源和物流资源的一种浪费，若要对损坏物品进行补给或替换更需花费额外的成本，同时造成延期交货，有损企业形象甚至导致客户流失。对物品进行何等包装取决于物品本身的价值、特性及其在物流过程中可能遭受到的破坏因素。

物品特性主要是指物品本身是否有易燃易爆、易碎、易腐蚀、变质或氧化等特性。如鲜活农产品在物流运输仓储过程中是否会发生变质主要取决于温度、湿度及氧气等方面因素；而易燃、易爆、易碎类物品的安全性很大程度上取决于物流过程中工作质量的好坏。因此，应该在综合考虑物品本身特性及其可能将在所处的物流环境中遭受的破坏因素的影响，给物品提供相应的包装。

物流系统可能对包装造成的损害取决于运输、仓储及装卸搬运的类型。如运输车辆的选择对包装具有不同的要求，集装箱车运输时对物品包装的要求明显要低于一般车辆；物品在仓储时是就地堆码还是上架摆放显然对包装也有不同程度的要求。物流活动中的各种操作可能都存在对物品包装造成损坏的潜在因素，在损坏系数越大的操作中，对包装的要求也越高，但这并不意味着成本越高越好，而应该是在对包装材料和方法进行性能测试的基础上提高包装保护能力的同时又降低包装成本。在一些情况下，减少潜在的损坏因素比增进产品包装所花的费用更少。例如，使用托盘（pallet）和叉车能够降低人工装卸搬运的工作量从而减少搬运过程中物品损坏的可能性；在仓储管理中，通过使用货架可以减少货物彼此之间的压力影响等。

2. 便利功能

便利功能是指物品包装具有便利流通、方便消费的功能。在物流的全过程中，科学合理的包装会大大提高物流作业的效率及效果，具体表现为：便利运输、便利装卸、便利存储、便于商家和消费者使用、便于包装制品本身的生产和废弃之后的再生利用。

通过控制包装大小可以达到便利运输的目的，采用的主要措施有浓缩物品包装、装配前运输和嵌套。多数情况下，包装容器内的物品体积远小于容器本身的体积，因此可以通过减小包装容器的体积以提高运输效率。专家指出包装箱较高的空间利用率可以增加物流价值，甚至能将包装箱缩小 50%，因而可以提高运输效率。对于质量较轻而装配后体积又大的物品来说，在装配之前进行运输意义尤为重大，如组合家具、组合宠物笼等，装配之后运输时所占空间很大，而重量上却远远低于运输车辆的载重量，显然装配之前以零部件的形式进行运输，到达目的地之后再进行装配，其运输效率将会显著提高。装卸存储的便利性很大程度上也是受包装大小的直接影响，尤其是在强调物流合理化、标准化、单元化的今天，托盘、集装箱等器具的使用已是势之所趋，而要提高托盘、集装箱的空间利用效率，就得要求物品的外包装尺寸是物流模数尺寸的分割系列。同样，包装在商家和消费者使用方面的便利性表现在包装的易用性、能否给顾客带来好感和满足以及包装制品废弃后的再生和利用。

3. 标识功能

标识功能即通过包装使印刷图文、贴标签等标识变得容易。包装标识信息一般包括内装物品的数量、包装的体积和重量、包装编号、产地、特定的运输方法、收货人信息以及指示性标识等内容，且标识要求清晰易读、醒目规范。标识功能使物品在各环节很容易被识别，有助于树立商品形象，更可产生广告效应，起到促销的效果。包装标识一般可以分为销售包装标识和运输包装标识两大类，该部分内容将在 3.2 节当中进行详细讨论，在此先不做说明。

3.2 包装材料与标识

3.2.1 包装材料的性能

包装材料是指制造包装容器、包装装潢、包装印刷、包装运输等满足产品包装要求所使用的材料。不同的包装材料具有不同的特性，因此任何一种产品的包装，都应该在综合考虑产品本身特性和可能遭受的破坏因素的基础上合理选择相应的包装材料。一般来说用于包装的材料应具有以下性能。

1. 机械性能

使用包装材料的根本意义就在于避免造成包装内物品的损坏，因此要求包装材料应具有一定的强度、韧性及弹性等，以适应外界的压力、冲击等潜在破坏因素的影响。

2. 阻隔性能

包装应根据包装内物品的不同特性，提供相应的包装材料及包装技术。但一般来说，包装材料应对水分、气体、光线等具有一定的阻隔作用，只有这样才能保证在质保期内产品外包装完好的情况下，其内装物品也是完好的。

3. 安全性能

包装材料应该是无毒、无污染的，尤其是食品类包装材料更是如此，以免污染产品危及人体健康。一般来说，包装材料应该无毒、无腐蚀性，并具有防腐、防虫、防蛀及抑制微生物等性能，以确保包装内产品的安全。

4. 加工性能

包装材料只有经过加工制成包装容器才能满足其内装物品运输、仓储和销售的需要，才能实现物流作业过程中的机械化和自动化，这就要求包装材料应具有可加工的特性。

5. 经济性能

扩展阅读 3-1：
常用的包装材料

包装是为了对其内装物进行保护，以防止其破损变形或发生泄漏而存在的，其内装物品才是我们所关注的价值主体，在同样可以达到上述目的的条件下，包装成本当然是越低越好。因此，用作包装的材料应具有良好的经济性，即成本低廉，且可获性高。

3.2.2 包装标识

标识是一种记号、符号或标志物，既能代表图形类的符号，也可用于表述文字、数字、方向标等记号，有着广泛的使用领域。在包装上印刷的各种图文、贴的标签等用来传递信息或吸引注意力的标识即是包装标识。包装标识一般分为两大类，一类是销售包装标识，另一类是运输包装标识。销售包装标识主要通过包装上印刷的图案、文字、条码等来传达产品信息以便顾客识别、选购，进而达到促销的目的。运输包装标识主要是在运输包装容器外表面，运用图形或文字对运输过程中应该注意的事项进行标识。

1. 销售包装标识

销售包装（国家标准 GB/T 18354—2006《物流术语》）又称内包装，是直接接触商品并随商品进入零售网点和消费者或用户直接见面的包装。这类包装除具有保护商品的基本功能外，更应该具有促销的功能。因此，对包装的图案、文字说明和条形码等方面都具有一定的要求。

1）包装的图案

销售包装的图案要美观大方，能给消费者带来美好的视觉感受，并突出商品特点。此外，图案和色彩的搭配还应适应有关国家的民族习惯和偏好，设计画面时，应投其所好，以利于扩大销售。

2）文字说明

销售包装上应有必要的文字说明，如商标、品名、产地、数量、规格、成分、用途和使用方法等。文字说明要同画面紧密结合，互相衬托，彼此补充，以达到宣传和促销的目的，使用的文字必须简明扼要，并让销售市场的顾客能看懂，必要时也可以中外文并用。在销售包装上使用文字说明或制作标签时，还应注意有关国家的标签管理条件的规定。

3）条形码

商品包装上的条形码是由一组规则排列的条、空以及对应的字符组成的标识，用以表达一定的商品信息。“条”为黑色，是对光线反射率较低的部分；“空”为白色，是对光线反射率较高的部分，利用特定的光电扫描阅读设备识读可将其转换成与计算机兼容的代码信息。其对应字符由一组阿拉伯数字组成，供人们直接识读或通过键盘向计算机输入数据使用，它和条、空所表示的信息是相同的。商品条形码的编码遵循唯一性原则，即一种商品只能有一个代码，以保证商品条形码在全世界范围内不重复。因此利用光电扫描设备识读条形码可以方便而准确地查询相应商品的单价等信息，并实现快速结算，既提高了企业的效益，又方便了顾客。

2. 运输包装标识

运输包装是以运输仓储为主要目的的包装，又称外包装，其主要作用在于保护商品，防止在储运过程中发生货损货差，并最大限度地减少运输途中各种外界因素可能对商品造成的损坏，方便检验、计数和分拨。运输包装标识是在运输包装外部采用的特殊图形、文字和符号，以传达内装物品的相关信息。其作用主要是识别货物、明示储运过程中应采取的防护措施及识别危险货物，以保证其安全性。运输包装标识按其用途一般可分为三类：运输包装识别标识、指示性标识和危险品标识。

（1）运输包装识别标识。识别标识又称收发货标识，是外包装件上的商品分类图示标识和其他文字说明排列格式的总称，其作用在于使货物在装卸、运输、保管过程中容易被有关人员识别，以防错发错运。它在物流过程中的出库、入库及装车配船等环节起着特别重要的作用。按照国际标准化组织（ISO）的建议，运输包装识别标识主要包括四项内容：①收货人名称或代号；②发货人名称或代号；③目的地（港）名称；④件号、批号。此外，有的运输包装还包括产地、合同号或订单号、许可证号、条形码以及体积与重量等内容。运输包装识别标识的内容不尽相同，可由买卖双方视具体情况而定。

（2）指示性标识。指示性标识是根据产品的特性如怕湿、易碎、怕晒等确定的，其目的是在货物储运、装卸过程中提示相关人员应按图示的标识要求进行操作。在物流系统的储运过程中常见的指示性标识及其含义可参见扩展阅读。

扩展阅读3-2：
常见的指示性标识及其含义

（3）危险品标识。危险品标识又称警示性标识，是用以说明相应产品是易燃、易爆或有毒等特性的危险物品，尤其是化学类危险品。此类标识采用特殊的色彩或黑色菱形及文字以引起人们的警惕。目前，国家标准GB 190—2009对危险货物包装的标识图形共21种，19个名称。其图形分别标示了9类危险货物，包括：爆炸性物质或物品，易燃气体、非易燃无毒气体、毒性气体，易燃液体、易燃固体、易于自燃的物质、遇水放出易燃气体的物质，氧化性物质、有机过氧化物，毒性物质、感染性物质，放射性物质（一级、二级、三级），腐蚀性物质，杂项危险物质和物品。

3.3 包装技术和包装机械

3.3.1 包装技术

目前常用的包装技术可以划分为两大类：一类主要面向物流系统的运输和仓储两环节，主要涉及固定、缓冲、防潮、防霉、防锈等包装技术，研究的重点在于能否以最低的物资消耗和人工成本来保证内装物品被安全地送达目的地；另一类主要面向销售环节，主要涉及贴体、泡罩、拉伸、收缩、真空、去氧、灭菌等包装技术，研究的重点在于使内装物品与包装器具形成一个销售单元，在强调包装原始的保护功能的同时兼顾包装的其他功能。包装技术随着包装材料和包装机械的改进而不断发展，用于不同领域的包装其专业化程度也在不断提高。常见的包装技术主要有以下几类。

1. 防霉防腐包装技术

防霉防腐包装是在物品储运过程中，为防止内装物受潮长霉、腐烂而采取一定防护措施的包装，通过该包装技术可使内装物品处在能抑制霉腐微生物滋生的特定环境当中，从而保证内装物品的质量，并延长其保存期限。日常生活中的大多数物品都由有机物构成，这类物品在生产、包装、运输和储存的过程中，由于受到环境影响而带有微生物，当外界环境适宜时（温度、湿度、养分），霉腐微生物就会滋生繁殖而使物品发霉，甚至腐烂、变质，使物品的质量受到损害或失去其使用价值，因此对易霉腐物品应采取特定的防护措施。目前常用的防霉防腐包装技术主要有以下几种：低温冷藏防霉防腐包装技术、化学药剂防腐防霉包装技术、气调防霉防腐包装技术、气相防霉防腐包装技术、干燥防霉防腐包装技术、电离辐射防霉防腐包装技术，以及紫外线、微波、红外线防霉防腐包装技术。

2. 防潮防水包装技术

在物品的储运过程中，难免会受到周围环境中水分的侵袭，严重受潮将会导致内装物品变质而丧失应有价值。所谓防潮防水包装技术，就是通过采用具有一定隔绝水分能力的包装材料，隔绝内装物品与外界的联系，同时加以相应的其他技术措施，以保持内装物品的应有水分，防止因潮气、水分侵入包装内部或包装内水分流失而影响内装物品的质量所采用的包装技术。采用防潮防水包装的目的，一是为隔绝外界水分的侵入，二是为减少或避免由于外界环境的变化（温度、湿度等），而引起包装内部返潮、潮解变质或霉变等现象。一般的防潮防水包装方法有两类：一类是为了防止内装物品失去水分而采用具有一定透湿度的防潮防水包装材料进行包装；另一类是为了防止内装物品由于外界水分的侵入导致含水量增加而引起变质，一般在包装容器内放入一定量的干燥剂，以吸收外界侵入的水分和包装内部的潮气，从而延长物品的质量有效期。

3. 防锈包装技术

防锈包装技术是指为减轻因金属锈蚀带来的损失，对金属制品采用适宜的防锈材料和包装方法，以防止其在储运过程中发生锈蚀而进行的技术处理。金属和它周围的介质环境之间，由于发生化学或电化学作用而引起的损坏称为金属锈蚀。按照腐蚀介质的不同，其可分为大气锈蚀、海水锈蚀、地下锈蚀和细菌锈蚀等，在包装领域中最常见的金属锈蚀形式为大气锈蚀。大气锈蚀是空气中的氧、水蒸气和其他有害气体等作用于金属表面引起电化学作用的结果。如果将金属表面与引起大气锈蚀的各种因素隔绝，就可以达到防止大气锈蚀的目的，防锈包装就是根据这一原理将金属涂油、包封以防止锈蚀的。防锈包装一般包括清洗、干燥和防锈处理三道工序，而常用的防锈处理技术有：防锈油封存包装、气相防锈剂封存包装、可剥性塑料封存包装和茧式包装等。

4. 防震包装技术

防震包装又称缓冲包装，是为了防止或减少包装内物品在运输过程中震动、冲击而造成损坏所采取的包装技术。产品从生产出来至到达最终用户的整个流通过程中要经过一系列的运输、仓储及装卸搬运过程，且在这些过程中始终有外力作用于产品之上，并可能使产品造成机械性的损坏，如在运输过程中会受到震动力的作用，在装卸过程中会受到冲击力的作用，在仓储过程中会受到静压力的作用等，这些外力均可能使包装件产生破损、变形等机械性损伤。为了防止产品损坏，就要设法减少外力的影响，防震包装正是为保护产品免受外力损坏而采取的一种防护措施。防震包装的目的是减小震动和冲击等外力对内装物品的损伤程度，一般采用在内装物品和包装容器之间塞放防震缓冲材料，以吸收外力作用的方法。防震缓冲材料的种类比较繁多，在进行防震包装作业时应结合内装物的性质、形状和流通过程的环境条件等因素确定相应的防震缓冲材料的类型及其厚度。防震包装方法主要有全面防震包装、部分防震包装和悬浮式防震包装三种。

5. 防虫包装技术

商品在流通过程中要在仓库中进行储存，而储存时商品受到的危害一定程度上来自仓虫。仓虫不仅会蛀蚀动植物类商品和包装材料，而且其排泄物更会污染商品，影响产品的质量和外观。因此，应对一些易被虫蛀蚀的商品进行防虫包装。防虫包装技术常用的是驱虫剂，即在包装中放入具有一定毒性和嗅味的药品，利用药品在包装内挥发的气体破坏仓虫的生理机能和机体结构杀死或驱逐各种仓虫以达到防虫的目的。常用驱虫剂有萘、对位二氯化苯、樟脑精等。也可采用真空包装、充气包装、脱氧包装等技术，制造仓虫无法生存的环境，从而防止虫害。

6. 危险品包装技术

危险品是指那些具有危险特性的物品，这类物品在运输仓储过程中如果处理不当，会对人类、环境造成不同程度的伤害，并造成一定的经济损失。根据危险性质不同，我国交通运输及公安消防部门将危险品分为十大类，即爆炸性物品、氧化剂、压缩气体和液化气体、自燃物品、遇水燃烧物品、易燃液体、易燃固体、毒害品、腐蚀性物品、放射性物品等。危险品的包装，应根据其危险性质的不同采取不同的包装防护措施，比如对有毒物品，要求包装要严密不漏气、不透气，并在包装醒目位置上附有有毒的标识；对于易燃易爆品，则采用塑料桶包装，然后再将塑料桶装入木箱或铁桶中，同时也应附有相应标识，等等。一般来说，常用的危险品包装主要有防毒包装、防蚀包装和防燃防爆包装。

7. 特种包装技术

除了上述常见类型的包装技术之外，还有如下一些特殊的包装技术。

（1）充气包装技术。充气包装是采用二氧化碳气体或氮气等不活泼气体置换包装容器中空气的一种包装方法，因此也称为气体置换包装。这种包装方法是根据好氧性微生物需氧代谢的特性，在密封的包装容器中改变气体的组成成分，降低氧气的浓度，抑制微生物的生理活动、酶的活性和鲜活商品的呼吸强度，达到防霉、防腐和保鲜的目的。

（2）真空包装技术。真空包装是将物品装入气密性容器后，在容器封口之前抽真空，使密封后的容器内基本没有空气的一种包装方法。一般的肉类商品、谷物加工商品以及某些容易氧化变质的商品都可以采用真空包装，真空包装不但可以避免或减少脂肪氧化，而且抑制了某些霉菌和细菌的生长。在对其进行加热杀菌时，由于容器内部气体已排除，因此加速了热量的传导，提高了高温杀菌效率，同时也避免了加热杀菌时，由于气体的膨胀而使包装容器破裂。

（3）收缩包装技术。收缩包装就是用可热收缩的塑料薄膜裹包物品或包装件，然后对薄膜进行适当加热处理，使薄膜收缩而紧贴于物品或内包装件的包装技术方法。收缩包装的作业工序一般可分为两步：首先是预包装，用收缩膜将物品或包装件包裹起来，热封必要的口与缝；其次是热收缩，将预包装过的物品或包装件放到热收缩设备中加热再冷却。

（4）拉伸包装技术。拉伸包装是由收缩包装发展而来的，它是依靠机械装置在常温下将弹性薄膜围绕被包装件拉伸、紧裹，并在其末端进行封合的一种包装方法。由于拉伸包装不需进行加热，所以消耗的能源只有收缩包装的1/20。拉伸包装方法按包装用途可分为用于运输仓储的包装和用于销售的包装两类。

（5）脱氧包装技术。脱氧包装是继真空包装和充气包装之后出现的一种新型除氧包装方法。脱氧包装是在密封的包装容器中，使用能与氧气起化学作用的脱氧剂与之反应，从而除去包装容器中的氧气，以达到保护内装物的目的。脱氧包装方法适用于某些对氧气特别敏感的物品，适用于那些即使有微量氧气也会促使品质变坏的食品包装中。

（6）保鲜包装技术。保鲜包装是一种新型的包装技术，旨在保持食用性商品的新鲜度，使其在运输仓储及销售过程中免受各种微生物及环境因素等方面的影响，延长其保质期。各食品新鲜程度的标准不尽相同，因此所采用的保鲜包装技术也各不相同，常用的保鲜包装技术主要有充气包装、真空包装、收缩包装、脱氧包装等。

3.3.2 包装机械

包装机械是指能够完成全部或部分包装作业的一类机械。包装过程包括填充、裹包、封口等主要工序，以及与之相关的前后工序，如清洗、干燥、杀菌、计量、堆码、拆卸等及其他辅助工序。借助包装机械不但可在各包装工序的作业中获得较高生产效率，同时也可以降低劳动强度、改善劳动条件，更可满足大规模生产的需求，因此包装机械在包装领域起着不可替代的作用。

包装机械种类繁多，其分类方式也很多，从不同的角度可以进行不同的分类，从而进行不同目的的研究。其按包装物的形态结构分为块状包装机、液体包装机、粉状及颗粒状包装机；按包装材料分为塑料包装机、纸制品包装机、玻璃瓶包装机、金属包装机；按包装行业分为食品包装机、日化用品包装机、药品包装机、纺织品包装机等；按自动化程度分为半自动包装机和全自动包装机等。包装机械还有一些其他的分类方法，各种分类方法所立足的角度不同，则其重点也不同，但目前常用的分类方法是按包装机械的功能进行分类，它能涵盖包装过程的本质内容，主要有以下几类。

（1）充填机。充填机是将精确数量的包装品装入各种容器内的包装机。

（2）封口机。封口机是对充填有包装物的容器开口部分进行封口的机械。

（3）裹包机。裹包机是用柔性包装材料，将包装物全部或部分地裹包起来的一种包装机械设备。

（4）贴标机。贴标机是用黏合剂把纸或金属箔标签粘贴在规定的包装容器上的设备。

（5）捆扎机。捆扎机是用捆扎带等线材对包装件进行捆扎作业的一种包装机械设备。

（6）清洗机。清洗机是清洗包装件、包装材料等，使其达到预期清洗程度的机器设备。

（7）干燥机。干燥机是减少包装件、包装材料的水分，使其达到预期干燥程度的机器设备。

（8）杀菌机。

（9）多功能包装机。多功能包装机是指具有两种或两种以上包装功能的包装机。

扩展阅读 3-3：
常用的包装机械类型

3.4　集装化与集装单元器具

现代物流的主要特征之一就是物料的集装化以及与之相应的集装单元化技术，集装单元化程度的高低是判断一个国家现代物流是否发达的重要标志之一。在生产、流通和消费各领域中，很多商品具有散、杂，且个体体积及重量小等特点，因此为了方便整个物流过程的运作，总是需要对其进行一定程度的组合包装，即集装。同时要实现大批量、长距离的运输也必须依靠集装单元化技术，目前世界各国大都采用集装单元化技术进行物流活动。

3.4.1　集装化概述

1. 集装单元与集装化

在日常的生活和生产过程中，集装是为了便于对零散物品进行运输、仓储和装卸搬运等物流操作而采用的一种方法。它是一种包装形式，又远超出包装的范畴；它是一种储运形式，又不完全只起储运的作用。集装贯穿于物流的全过程，在全过程中发挥作用。所谓集装，就是以最有效地实行物资搬运作为根本条件，将若干零散物品或包装件通过一定的技术措施进行组合包装，形成一个作业单元，以便于装卸、存放、搬运与机械操作。所以，集装单元就是把一定的物料整齐地集结成一个便于储放、搬运和运输的单元。

集装化也称为集装单元化，我国物流术语标准（GB/T 18354—2006）对集装化的定义是：用集装器具或采用捆扎方法，把物品组成标准规格的单元货件，以加快装卸、搬运、储存、运输等物流活动。其中用于集装物品的器具称为集装单元器具，它应具备两个条件：一是能使物品集装成一个完整、统一的体积或重量单元；二是具有便于机械装卸搬运的结构，如托盘的叉入口、集装箱的脚件吊孔等。集装化是物流现代化建设的基础内容，其实质就是要形成集装单元化系统，即由货物单元、集装器具、物料搬运和输送设备等有机结合组成的以实现物流功能运作高效、快速进行的系统。集装化有效地将各项分散的物流活动集结成一个整体，是物流系统合理化的核心内容和主要方式。集装系统是以集装方式进行全物流过程各项活动并对此进行综合、全面管理的物流形式，是许多物流活动的综合总称。集装系统的基本要素一般包括工具要素、管理要素和社会环境支撑要素。集装系统的工具要素在诸要素中是最主要、最基本的组成部分，主要由各种集装化器具及辅助性配套工具组成，如集装箱、托盘、集装袋、散装罐等。这些工具的主要作用是将零散的物品组合成货物单元，并以这些工具为承托物、以货物单元为整体进行物流活动。集装系统的管理要素主要体现在只有凭借有效的管理才能使整个系统形成内在有机的联系，从管理内容上看，主要包括集装器具的管理、集装营运管理及集装信息管理等方面。社会环境支撑要素主要包括法律、体制、制度、经济等。

2. 集装化的类型

集装化有若干典型的方式，常见的集装单元主要有以下几种类型。

（1）托盘。平托盘是一种通用型托盘，也是使用量最大的一种托盘，此外还有柱式托盘、轮式托盘、箱式托盘及其他特种专用托盘。

（2）集装箱。集装箱是当前集装单元发展的最高阶段，它是为便于物品运输而专门设计的，具有经久耐用、可循环使用的特点，最典型的集装箱是通用干货集装箱，除此之外还有保温集装箱、罐式集装箱、台架式集装箱、敞顶集装箱等多种变形形式的集装箱。

（3）集装捆货。它是用捆扎带或捆扎绳将小件零散的货物扎成捆或叠，以形成一个便于储运等操作的集装单元，如成捆的钢材、木材、稻草等。

（4）其他集装容器。它包括柔性集装袋、IBC集装桶（中型散装容器或吨装桶、千升桶）等新型集装容器。

3. 集装化的特点与原则

集装化的特点体现在优点和缺点两个方面，可以概括为以下几方面。

（1）通过标准化、通用化、配套化和系统化来实现物流功能作业的机械化与自动化。

（2）物品移动简单，可减少重复搬运次数，缩短作业时间和提高效率，装卸机械的机动性增高。

（3）可改善劳动条件，降低劳动强度，提高劳动生产率和物流载体利用率。

（4）物流各功能环节之间便于衔接，容易进行物品的数量检验，清点交接简便，减少差错。

（5）货物包装简单，可节省包装费用，降低物流功能作业成本。

（6）容易高堆积，减少物品堆码存放的占地面积，能充分灵活地运用空间。

（7）能有效地保护物品，防止物品的破损、污损和丢失。

（8）集装化的缺点是作业有间歇、需要宽阔的道路和良好的路面、托盘和集装箱的管理烦琐、设备费一般较高，由于托盘和集装箱自身的体积及重量，物品的有效装载减少。

为了充分发挥集装化的优越性、降低物流费用、提高经济效益，在实现集装单元化的同时，还必须遵循以下基本原则。

（1）集装器具的标准化原则。集装器具的标准化是物流系统中相关设备据以制定标准规格的依据，是物流标准化的基本内容。集装器具标准化的内容主要有集装器具的材质、性能和形式，集装术语的使用和标志的方法，器具强度、刚度及耐久性试验方法等。集装器具的标准化有利于其大批量生产、维修、管理及更换，更有利于保证其通用性。

（2）集装化的通用化、系统化、配套化原则。在利用集装器具对货物进行集装时要考虑集装化的通用性，以便于集装货物的流通。同时要牢记系统化的观念，集装单元并不是孤立的存在，它是整个物流系统的一部分，只有从系统的观点去实施集装化才能最终实现整个物流系统的合理化。集装化同时还应考虑配套问题，因为集装化的货物单元只有借助一定的机械设备才能完成整个物流过程中的相关操作，这就要求它和机械设备之间应具有配套适用性。

（3）集装化的集散化、直达化、装满化原则。集装单元应便于集散，但一旦集装单元形成，就不宜随意分拆，应尽量保持原状直接送达最终用户。同时在形成集装单元时，还应该注意其是否达到满载的要求，应尽可能使集装器具达到满载。

（4）集装化的效益化原则。在推广应用集装单元化技术的过程中必须尽可能实现集装器具的合理使用，注重循环使用，这样才能充分发挥集装化的最大优势。

4. 集装化技术

集装化技术是指实施集装化作业所涉及的各种技术，它是物流管理硬技术与软技术的有机结合。硬技术包括集装器具的制作、材质、检测与维修等方面的技术，以及与运输、装卸搬运等物流设备有关的技术。软技术包括与实施集装单元化有关的一系列作业方法、程序、制度和系统的规划与设计等。

集装化技术是物流系统中的一项先进技术，它是适合于机械化大生产、便于采用自动化管理的一种现代科学技术。它是现代化大生产将自动化装置运用于物流活动的产物，它的生命力在于科学技术的发展。但是在推广应用集装化技术的过程中必须注意三个问题：一是集装化系统中必须具有配套的装卸搬运设备和运送设备；二是必须注意集装箱和托盘等集装器具的合理流向及回程货物的合理组织；三是必须实行集装器具的标准化、系列化和通用化。只有随着物流管理技术的不断发展，集装化技术才会不断发展和完善，才会实现物流现代化。

3.4.2 集装单元器具

集装单元器具主要有集装箱、托盘和其他集装器具三大类。

1. 集装箱

集装箱是指具有一定强度、刚度和规格专供周转使用的大型装货容器。按照国际标准化组织的规定，集装箱应具备以下五个条件：能长期地反复使用，具有足够的强度；途中转运不用移动箱内货物就可直接换装；可以进行快速装卸，并可从一种运输工具直接方便地换装到另一种运输工具；便于货物的装满和卸空；具有 1 立方米或以上的容积。

1）集装箱的种类

装载具有不同理化性质的货物时需要不同种类的集装箱，它们在外观、结构、强度、尺寸等方面都不尽相同。集装箱的分类方式有很多，从不同的角度可以进行不同的分类，一般常对集装箱从以下几个方面进行分类。

（1）按用途分类。

①干货集装箱。

②保温集装箱。

③罐式集装箱。

④散装货集装箱。

⑤台架式集装箱。

⑥敞顶集装箱。

⑦汽车集装箱。

⑧动物集装箱。

⑨服装集装箱。

扩展阅读 3-4：
按用途分类的集装箱

（2）按制造材料分类。

①钢制集装箱。钢制集装箱的框架及壁板皆由钢材制成，优点是强度高、结构牢、焊接性和水密性好，且价格低廉、易维修、不易损坏；缺点是自重大、防腐性差。钢制集装箱是目前使用最多的集装箱，尤其是通用大型集装箱大部分都是钢制集装箱。

②铝制集装箱。铝制集装箱的主要材料是轻铝合金，其主要优点是自重轻、不生锈、弹性好、外表美观；主要缺点是造价高、受碰撞时易损坏、焊接性差。

③玻璃钢集装箱。玻璃钢集装箱是在钢制集装箱框架上装上玻璃钢复合板制成的，其主要优点是强度大、刚性好，能承受较大应力，具有良好的隔热性、防腐性和耐化学性，内容积大、易清扫、便于维修等；缺点是自重大、造价高、易老化。

（3）按结构分类。

①固定式集装箱。固定式集装箱是集装箱的全部部件或其中一部分（如端壁）和箱底固定成一个整体的一类集装箱的总称，一般包括密闭式集装箱、敞顶集装箱、台架式集装箱等。

②折叠式集装箱。折叠式集装箱是一种能把集装箱的侧壁、端壁及箱顶等主要部件在空箱运输时折叠或分解放到台座上的集装箱，当再次需要装载时也可方便地组合成箱。这种集装箱适于单程运输，以减少运力的占用。

③薄壳式集装箱。薄壳式集装箱是把所有部件组成一个钢体，它的优点是重量轻，

可以适应所发生的扭力而不会引起永久变形。

（4）按规格尺寸分类。

20 世纪 60 年代之前，各个国家、地区、大公司制造的集装箱没有统一的标准，其尺寸、重量、结构和种类的不同，给国际贸易带来许多不必要的麻烦和繁多的程序，不利于国际经济的发展。于是，国际标准化组织 104 技术委员会（ISO/TC104）应运而生，它专门负责集装箱的各种规格和技术参数的研究。集装箱主要由顶板、侧壁、底板等八个角件构成，这八个角件结构简单、规格精准，可以完成集装箱的装卸、拴固、堆码、支承的作业（图 3.1）。国际标准化组织 104 技术委员会（ISO/TC104）于 1964 年制定了第一个国际集装箱标准规格，共九种。此后，为适应集装箱运输的发展需要，国际标准化组织几乎每隔几年就制定出新的《货物集装箱外部尺寸和重量》，就集装箱的尺寸、重量、类型、结构和规格作出标准化规定。

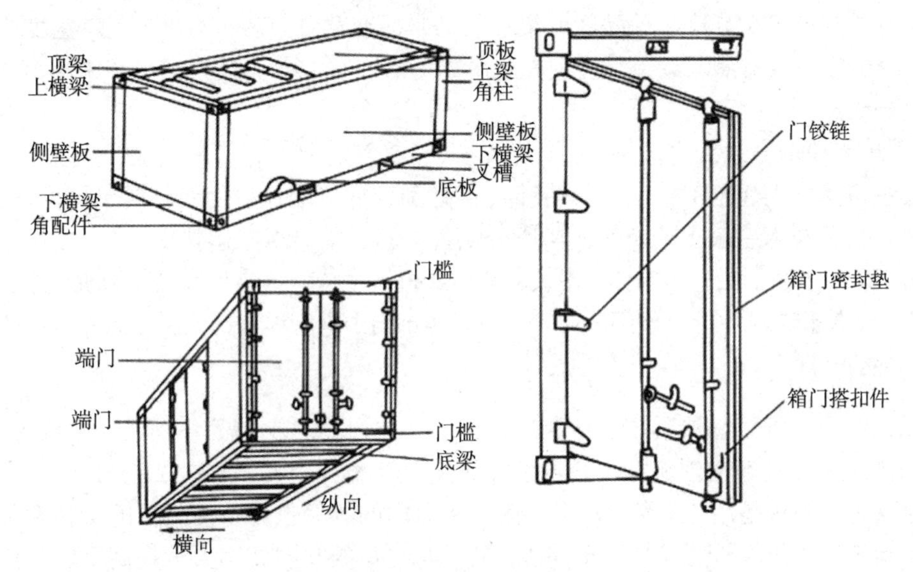

图 3.1 集装箱的结构

目前，国际上通常使用的干货柜有：外尺寸为 20 英尺 ×8 英尺 ×8 英尺 6 英寸，简称 20 尺货柜；外尺寸为 40 英尺 ×8 英尺 ×8 英尺 6 英寸，简称 40 尺货柜；外尺寸为 40 英尺 ×8 英尺 ×9 英尺 6 英寸，简称 40 尺高柜。此外，还有一些国家自行颁布集装箱的标准，以及一些开展集装箱运输业务较早的公司（如美国的海陆公司和麦逊公司等）根据自身情况，制定自己使用的集装箱标准。

2）集装箱的标准

为了有效地开展集装箱多式联运和国际贸易，必须强化集装箱的标准化。集装箱标准按使用范围分，有国际标准集装箱、国家标准集装箱、地区标准集装箱和公司标准集装箱四种。

（1）国际标准集装箱。国际标准集装箱是指根据国际标准化组织 104 技术委员会（ISO/TC104）制定的国际标准来制造和使用的国际通用的标准集装箱。现行的集装箱国际标准共有 13 种，其宽度均相同（2 438 毫米），长度有四种（12 192 毫米、9 125 毫米、6 058 毫米、2 991 毫米），高度有四种（2 896 毫米、2 591 毫米、2 438 毫米、2 438 毫米）。

（2）国家标准集装箱。各国政府参照国际标准并考虑本国的具体情况来制订本国的集装箱标准。我国现行国家标准《系列 1 集装箱 分类、尺寸和额定重量》（GB/T 1413—2008）中对集装箱各种型号的外部尺寸、极限偏差及额定重量做了详细表述，其中 10 吨集装箱主要用于国内运输，20 吨和 30 吨集装箱主要用于国际运输。

（3）地区标准集装箱。此类集装箱标准是由地区组织根据该地区的特殊情况制定的，仅适用于该地区，如根据欧洲国际铁路联盟（VIC）所制定的集装箱标准而建造的集装箱。

（4）公司标准集装箱。某些大型集装箱船公司，根据本公司的具体情况和条件来制定本公司的集装箱标准，这类集装箱主要在公司运输范围内使用，如美国海陆公司的 35 英尺集装箱。

此外，目前世界上还有不少非标准集装箱。如非标准长度集装箱有美国海陆公司的 35 英尺集装箱、总统轮船公司的 45 英尺集装箱及 48 英尺集装箱；非标准高度集装箱主要有 9 英尺和 9.5 英尺两种高度的集装箱；非标准宽度集装箱有 8.2 英尺宽度的集装箱等。由于经济效益的驱动，目前世界上总重达 24 吨的 20 英尺集装箱越来越多，而且普遍受到欢迎。

3）集装箱的搬运技术装备

集装箱体积大、重量大，因此其装卸、搬运和堆垛等作业应由专门的机械设备完成。不同物料搬运技术装备工艺及作业场所应配备不同的集装箱搬运技术设备，按作业场所和物料搬运技术装备工艺其常分为集装箱船装卸机械系统、集装箱堆场装卸机械系统和集装箱货运站装卸机械系统，该部分内容将在第 4 章当中进行详细讨论，在此先不做阐述。

2. 托盘

托盘作为一种集装器具已被广泛应用于生产、运输、仓储等各领域，被认为是 20 世纪物流产业中关键性创新之一。国家标准《物流术语》（GB/T 4122.1—1996）中对托盘的定义是：托盘是用于集装、堆放、搬运和运输的放置作为单元负荷的货物和制品的水平平台装置。托盘的发展与叉车同步，叉车与托盘的共同使用大大提高了装卸搬运活动的效率。《托盘单元化物流系统 通用技术条件》（GB/T 37922—2019）国家标准规定了托盘单元化物流系统中常用的托盘集装单元、托盘、单元货物包装容器、装卸及搬运设备、仓储货架、集装箱及运输车辆的要求。

1）托盘的特点

托盘和集装箱作为两大支柱集装器具，在许多方面可以优缺点互补，难以利用集装箱的地方就利用托盘，而托盘难以完成的工作则可利用集装箱来完成。托盘主要有以下几个方面的优点。

（1）自重小。用于装卸、运输托盘本身所消耗的劳动强度较小，无效运输及装卸负荷相对集装箱而言较小。

（2）返空容易，返空时占用的运力较小。由于托盘造价低，又容易互为代用，因此可以互以对方的托盘做抵补，减少返空量，即使有返空也较容易操作。

（3）装盘容易。托盘台面面积有限，装盘时不需像装集装箱那样深入箱体内部，而且装盘后可采用捆扎、紧包等技术处理，操作简单方便。

（4）装载量有限。受外形尺寸的限制，托盘的装载量不可能像集装箱那样大，但也能集中一定的数量，比一般包装的组合量大得多。

（5）简化包装、降低包装成本。

扩展阅读 3-5：
按结构特征分类的托盘

托盘也有一些缺点，比如保护性差、不适合露天存放、需要有仓库等配套设施。

2）托盘的分类

按照制造材料，托盘可分为木制托盘、钢制托盘、塑料托盘、纸制托盘等种类，但大多情况下是以托盘的结构特征对其分类的，根据结构特征托盘可分为平托盘、柱式托盘、箱式托盘、轮式托盘、特种专业托盘。

3）托盘的标准

托盘作为一种重要的集装器具具有广泛的应用性，通过托盘可以大幅度提高装卸搬运、运输和仓储等各物流环节的效率。作为不同作业环节衔接的纽带，托盘的尺寸与货架尺寸、包装尺寸、车厢尺寸及集装箱尺寸等之间具有制约关系，只有当它们的规格互相匹配时，才能实现整个物流系统的合理化，而托盘的标准化是这一目标的必要前提条件。简而言之，托盘的标准化是实现托盘联运的前提，也是实现物流机械和设施标准化的基础及产品包装标准化的依据。但是目前各个国家制定的托盘标准尺寸各不相同，如美国是 1 219 毫米 × 1 016 毫米；欧洲各国以 1 200 毫米 × 800 毫米为标准的居多；加拿大为 1 000 毫米 × 1 000 毫米。

为了达到国际联运的目的，托盘的规格应具有国际统一标准。但由于托盘规格的标准影响着不同国家和地区的经济利益，很难实现国际唯一标准，因此 ISO6780《联运通用平托盘主要尺寸及公差》规定了四个系列的托盘作为全球通用的国际标准。

（1）1200 系列。1 200 系列托盘有两种尺寸，即 1 200 毫米 × 800 毫米和 1 200 毫米 × 1 000 毫米。其中，1 200 毫米 × 800 毫米托盘也称欧洲托盘，其应用广泛，欧洲各国、加拿大等国家多采用此规格托盘。

（2）1100 系列。1100 系列托盘的尺寸为 1 100 毫米 × 1 100 毫米，这一系列尺寸是根据国际集装箱的最小宽度尺寸 2 330 毫米制定的。1100 系列的托盘与 ISO 国际标准集装箱相匹配，因此其普遍使用程度较高。

（3）1140 系列。1140 系列托盘的尺寸为 1 140 毫米 × 1 140 毫米，此系列托盘是对 1100 系列托盘的改进，目的在于充分利用集装箱的内部空间。

（4）1219 系列。1219 系列托盘的尺寸为 1 219 毫米 × 1 016 毫米，这是美国托盘的标准。

2003 年，ISO 世界标准化组织在难以协调世界各国物流标准利益的情况下，在保持原有四种规格的基础上又增加了两种规格（1 100 毫米 × 1 100 毫米和 1 067 毫米 × 1 067 毫米），我国在 2006 年对托盘标准进行修订时，最终选定了 1 200 毫米 × 1 000 毫米和 1 100 毫米 × 1 100 毫米两种规格作为我国托盘国家标准，并向企业优先推荐使用前者。

3. 其他集装器具

除了集装箱和托盘这两种运用范围广、适用于多种货物装运的主体集装单元器具外，还有集装袋、集装网络、货捆等其他形式的集装器具在某些领域发挥着特殊的作用。

（1）集装袋。集装袋又称柔性集装袋（图 3.2），是集装单元器具的一种，其主要特点是结构简单、自重轻、可以折叠、密闭隔绝性强、返空所占空间小、价格低廉。集装袋配以起重机或叉车，就可以实现集装单元化运输，它尤其适用于装运大宗散状粉粒状物料。

（2）集装网络。集装网络是使用高强纤维材料制成的集装器具，它的装运方式与集装袋相似。集装网络主要用于装运包装货物和无包装的块状货物，每集装网络经常一次装运 500～1 500 千克，在装卸中采取吊装方式。它比集装袋更轻，因而无效运输更小，网络价格较低，节省集装费用，集装网络的主要缺点是对货物的防护能力差，因而应用范围有较大限制。

（3）货捆。货捆是通过捆扎的方式将货物组合成集装单元（图 3.3）。捆扎主要适用于条形及柱形，且强度比较高、无须外加防护的物品，如钢材、木材等。

图 3.2　集装袋

图 3.3　货捆

即测即练

自学自测　扫描此码

案例分析　物流包装也应“绿色化”

本章习题

1. 简述包装的概念和分类。
2. 如何理解包装的功能？
3. 常用的包装材料有哪些？包装材料应满足怎样的特性？
4. 什么是包装标识？常见的包装标识有哪些？
5. 常见的包装技术及机械有哪些？
6. 什么是集装化？集装化的原则有哪些？
7. 简述集装箱的分类。
8. 什么是托盘？有哪些种类？

第 4 章

装 卸 搬 运

【学习目标】

认识装卸搬运在物流中的地位和作用；

理解装卸搬运的含义、分类、组成、特点、工作流程、作业组织方法及其合理化；

识别装卸搬运的使用机械、集装箱的发展、规格以及特殊物品的装卸搬运注意事项；

掌握装卸搬运的原则和作用以及合理化手段；集装箱搬运要求及其技术设备。

本章导读

根据国家标准《物流术语》(GB/T 18354—2006)，装卸是指物品在指定地点以人力或机械装入运输设备或从运输设备上卸下的活动；搬运是指在同一场所内将物品进行水平移动为主的物流作业。

装卸搬运与运输、储存不同，运输是解决物品空间距离的，储存是解决时间距离的，装卸搬运没有改变物品的时间或空间价值，因此往往不会引起人们的重视。可是一旦忽略了装卸搬运，生产和流通领域轻则发生混乱，重则造成生产活动停顿。装卸活动是影响物流效率、决定物流技术经济效果的重要环节，主要因为装卸搬运工作可以加快车船周转速度、加快货物送达速度、减少货物损失，从而减少流动资金占用，提高港、站、库的利用效率，提升物流系统的经济效益和社会效益。我们将其称为现代物流的节点。

在整个物流链条中，装卸搬运出现的频率最高，作业技巧要求最复杂，时空移动最短，但费用比例最大。特别是在网络经济环境下，顾客要求企业提供“门到门”的送货服务，装卸作业发生的频率大大增加。企业必须重视货物装卸这个作业过程，防止物流成本的增加。因此，解决好装卸搬运子系统的技术与管理问题，既可以大幅度降低物流成本，又能够提高物流作业效率，其作用不可低估。

4.1 装卸搬运概述

物流活动离不开装卸搬运，它贯穿物流活动始终，是连接物流活动各阶段的纽带，是物流活动的重要组成部分。在全部物流活动中只有装卸搬运活跃于物流全过程的各环节，运输、保管等业务的实现都离不开装卸搬运活动。因此，它是物流系统中重要的子系统之一。

4.1.1 装卸搬运的概念

装卸是指物品在指定地点（如车站、工厂、码头、仓库内部等）进行垂直移动的物流作业，是改变“物”的存放、支撑状态的活动，主要指物体上下方向的移动。搬运是指同一场所内将物品进行水平移动为主的物流作业，主要是改变“物”的空间位置的活动。装卸与搬运紧密相连、不可分割，通常是合在一起用的，习惯上统称为装卸搬运。有时在特定场合单称“装卸”或单称“搬运”也包含了“装卸搬运”的完整含义。由于领域的不同也做不同的称呼，如物流领域将其称作“货物装卸”，生产领域将其称作“物料搬运”。但在实际上它们的活动内容都是一样的。

搬运的“运”与运输的“运”，区别之处在于，搬运是在同一地域的小范围内发生的，而运输则是在较大范围内发生的，两者是量变到质变的关系，中间并无绝对的界限。

4.1.2 装卸搬运的作业内容

装卸搬运主要是由装卸、搬运、堆码、取出、分类、理货六个动作组成。

（1）装卸：将货物从运输工具上装上或卸下。

（2）搬运：货物在短距离内的移动。

（3）堆码：对物品或包装物进行码放、堆垛等。

（4）取出：将货物从其保管场所内取出。

（5）分类：对货物按照品种、顾客要求、发生方向、类别等进行分门别类。

（6）理货：将物品装备齐全以便随时装货、方便提货。

4.1.3 装卸搬运的分类

装卸搬运按不同方法可分为不同类型，见表4.1。

另外，从作业种类的角度来看，商品装卸可以分为与输送设备对应的“装进、卸下装卸”和与保管设施对应的“入库、出库装卸”两大类。而这两类装卸分别伴随着货物的“堆垛、拆垛”“分拣、配货”“搬运、移送”三类基本的装卸作业，这些作业由于动作和装卸机械的不同而形成不同的作业方法，见表4.2。

扩展阅读4-1：驮背运输与平板车载拖车系统

表4.1 装卸搬运的分类

分类方法	类 别	解 释
按施行的物流设施、设备对象分类	仓库装卸	以堆垛、上架、取货等操作为主，包括出库、入库、维护保养等一系列活动
	港口装卸	港口装卸的流程较为复杂，包括码头前沿的装船，也包括后方的支持性装卸搬运，有的港口装卸还采用小船在码头与大船之间“过驳”的办法，主要任务是实现船与陆地之间货物过渡
	汽车装卸	利用装卸作业达到车与物流设施间货物过渡的目的，一般一次装卸批量不大
	飞机装卸	适用于远距离、小批量货物的转移
	铁路装卸	对火车车皮整装一次装进或卸出

续表

分类方法	类 别	解 释
按装卸搬运的机械及机械作业方式分类	吊车“吊上吊下”方式	采用各种起重机械等起吊装置的垂直移动实现装卸，并在吊车运行的范围内或回转范围内实现搬运或依靠搬运车辆实现小搬运，这种装卸方式属垂直装卸
	叉车“叉上叉下”方式	采用叉车从货物底部托起货物，并依靠叉车的运动进行货物搬运，属水平装卸方式
	半挂车或叉车的“滚上滚下”方式	港口装卸利用叉车或半挂车、汽车承载货物，随船到达目的地后再从船上开下，属水平装卸方式
	“移上移下”方式	在两车之间进行靠接，靠水平移动从一架车辆上推移到另一架车辆上
	散装方式	对散装物进行装卸，一般从装点直到卸点，集装卸与船运于一体的装卸方式
按作业特点分类	连续装卸、间歇装卸	
按作业性质和场所分类	车船装卸	在载运工具之间的装卸、换装作业
	场库装卸	在仓库、物流中心、集散点等处进行的装卸作业
	港站装卸	在车站、港口码头等地进行的各种装卸作业
按被装物的运动形式分类	垂直装卸、水平装卸两种形式	
按装卸搬运对象分类	单件货物装卸、散装货物装卸、集装货物装卸等	

表 4.2 各种装卸作业方法

作业类别	作业名	说 明
堆垛拆垛作业	堆垛作业	把货物从预先放置的场所移动到卡车之类的货物装运设备或仓库之类的固定设备的指定位置，再按要求的位置和形态放置货物的作业
	拆垛作业	是堆垛作业的逆作业
	高垛作业	主要是在仓库等固定设施中，从事的入库作业空间小，堆垛高度在 2 米以上的作业。将这样的堆垛状态叫高垛
	高垛取货作业	是高垛作业的逆作业
分拣配货作业	分拣作业	是在堆垛、拆垛作业的前后或在配货作业之前发生的作业，把货物按品种、出入先后分类（分拣分类），再分别放到规定位置的作业
	配货作业	是向卡车等输送设备装货作业前和从仓库等保管设施出库装卸前发生的作业，是把货物从所定的位置，按品种、下一步作业种类、发货对象分类（配货分类）所进行的拆垛、堆放作业，这一作业又分成把分拣作业拣出的货物按规定的配货分类集中起来的作业（选取方式或挑选方式）和以一定批量移动到一端的分拣场所、分别送到指定位置的作业（拣选方式和分货方式）两类
搬运移送作业	搬运作业	为了进行上述作业而发生的、以进行这些作业为主要目的的移动作业。搬运包括水平、垂直、斜行搬运以及几种组合的搬运
	移送作业	在搬运作业中，从设备、距离、成本等方面衡量，移送作业的比重较高

4.1.4 装卸搬运的特点

（1）装卸搬运是衔接性的活动，它是伴随着生产与流通领域的其他环节发生的：在任何其他物流活动互相过渡时，都是以装卸搬运来衔接。因而，装卸搬运往往成为整个物流“瓶颈”，是物流各功能之间能否形成有机联系和紧密衔接的关键。

（2）装卸搬运是附属性、伴生性的活动，它具有与其他环节“伴生”和“起讫”性的特点。例如，一般而言的“汽车运输”，实际包含了相随的装卸搬运，仓库中泛指的保管活动，也含有装卸搬运活动。

（3）复杂性与延展性：由于装卸搬运常与运输、存储紧密衔接，所以附属作业不仅多而且复杂，需要同时进行堆码、装载、加固、计量、取样、分拣等作业。

（4）装卸搬运过程不消耗作业对象，不排放废弃物，不大量占用流动资金。

4.1.5 装卸搬运的作用和地位

装卸搬运活动在整个物流过程中占有很重要的位置，它出现的频率高于其他各项物流活动，所以往往成为决定物流速度、质量和成本的关键。装卸费用在物流成本中所占的比重也较高。此外，进行装卸操作时往往需要接触货物。因此，这是在物流过程中造成货物破损、散失、损耗、混合等损失的主要环节。由此可见，装卸活动是影响物流效率、决定物流技术经济效果的重要环节。因此做好装卸和搬运工作不仅有利于降低仓储成本，也能大幅度降低仓储风险。

（1）装卸搬运是伴随生产过程和流通过程各环节所发生的活动，又是衔接生产各阶段和流通各环节之间的桥梁，还是保障生产和流通其他各环节得以顺利进行的条件，所以装卸搬运对物流过程中其他各环节所提供的服务具有劳务性质，具有提供保障和服务的功能；同时装卸搬运的合理化对缩短生产周期、降低生产过程中的物流费用、加快物流速度等都起着重要的作用。

（2）装卸搬运是物流过程中的一个重要环节，它制约着物流过程中其他各项活动，是提高物流速度的关键。在许多生产领域和流通领域中，装卸搬运已经成为生产过程的重要组成部分和保障系统。

扩展阅读4-2：
关于装卸时间的一些小知识

（3）装卸搬运提高了港、站、库的利用率，加速了车船周转。

（4）装卸搬运提高了物流的经济效益和社会效益，减少各种事故的发生。

4.1.6 装卸搬运机械

装卸搬运机械主要是用来搬移、升降、装卸和短距离输送货物或物料的机械。通常用的装卸机械有叉车、吊车、输送机和作业车辆。装卸搬运机械是实现装卸搬运合理化、效率化、省力化的重要手段。它们适应性强、工作能力强、对安全性要求高。装卸搬运机械的分类见表4.3。

表4.3 装卸搬运机械的分类

分类方式	类别名称	说　明
按装卸搬运货物的种类分类	轨行式起重机（长大笨重货物）	如龙门式起重机、桥式起重机，适合于运量较大、货流稳定的货场、仓库等场所
	自行式起重机（长大笨重货物）	如汽车起重机、轮胎起重机和履带式起重机等，适合于运量不大、作业地点经常变化的场合
	散装货物装卸搬运机械	如抓斗起重机、连续输送机等

续表

分类方式	类别名称	说明
按装卸搬运货物的种类分类	成体包装货物装卸搬运机械	一般采用叉车并配以托盘进行作业，也可用牵引车和挂车、带式输送机等
	集装箱货物装卸搬运机械	如采用集装箱叉车、集装箱跨运车、集装箱搬运车、龙门起重机等机械
按作业性质分类	装卸机械	实现货物垂直方向位移为主的机械。如升降电梯等
	搬运机械	实现货物水平方向位移为主的机械。如搬运车辆、输送带等
	装卸和搬运两种功能的搬运机械	如叉车、龙门起重机、跨运车等

4.2 装卸搬运工作流程与组织

4.2.1 装卸搬运的工作流程

配送中心实施配送活动，搬运费用占经营费用的30%～40%，所以工作流程的设计十分重要。任何装卸搬运的一般流程都可归为作业前准备、作业实施、作业绩效评价三个阶段。

扩展阅读 4-3：一些重要的装卸机械（叉车、吊车、运输机）

1. 装卸搬运作业前的准备

装卸搬运作业前的准备是进行具体的装卸搬运作业操作前的规划和组织工作。在这一阶段，通常要明确装卸搬运作业的任务、确定装卸搬运作业的方案、规划装卸搬运作业过程、选择装卸搬运的工具和设备、组织装卸搬运作业的人员等。

2. 装卸搬运作业的实施

这一阶段是根据准备阶段的各项规划和组织结果进行具体的装卸搬运操作，是装卸搬运具体任务的实现过程。

3. 装卸搬运作业的绩效评价

装卸搬运作业的绩效评价是对装卸搬运作业的事前计划与控制以及事后的分析与评估，以衡量其作业活动的投入产出状况。对作业绩效的评价将有助于发现装卸搬运作业过程中存在的问题，并进一步寻找解决方案。需要注意的是，在装卸搬运流程的各个阶段都涉及合理化的问题，实现作业合理化将有助于装卸搬运作业效率的提高。

4.2.2 装卸搬运作业组织

装卸搬运作业组织是指按照一定的原则，将有关人员和装卸搬运设备以一定的方式组合起来，对作业方式、作业过程、作业设备以及作业人员进行一定的组织规划，形成一个有机的整体，以确保高效率地完成装卸搬运活动。

1. 决定装卸搬运方法的条件

（1）外在条件：货物特征；作业内容；运输设备；仓储设施。

（2）内在条件：货物状态；装卸动作；装卸机械；作业组织。

（3）一般条件：零担货物装卸；整车货物装卸；专用货车装卸。

2. 现代搬运作业方法

装卸搬运设施和设备是进行装卸搬运作业的物质基础或劳动工具，其技术水平是装卸搬运作业现代化的重要标志之一。装卸搬运设施主要包括存仓、漏斗、装车隧洞、卸车栈桥、高路基、装卸线、固定站台、活动站台、照明、动力、维修设施、工程设施、防疫、计量检验设施、保洁设施等。装卸搬运设备的制造已经产业化，西方和日本一般称为搬运机械制造业，我国称为起重运输机械制造业，都在机械工业上占有相当的比重，为装卸搬运作业提供各种机械设备。为便于管理，通常按其用途和结构进行分类。

1）按装卸机械用途分

按装卸机械用途，搬运作业方法主要分为单件作业法、集装作业法和散装作业法三类。

（1）单件作业法。单件作业法通常是指对非集装按件记的货物逐件进行装卸的作业方法。这种作业对机械、装备和装卸条件要求不高，所以机动性较强，不受固定设施、设备和地域局限。

单件作业法适用对象主要为包装杂货，多品类、少批量货物及单件大型笨重货物。

其主要采用的方法有人工作业、机械化作业、半机械化作业、半自动化作业等（图4.1）。

（a）

（b）

（c）

图4.1 单件作业法
（a）人工作业；（b）机械化作业；（c）半自动化作业

（2）集装作业法。集装作业法是使用集装化工具将小件或散装物品集成一定质量或体积的组合件，从而利用机械进行作业的装卸方式。装卸时不逐个接触货体，因而货损货差较小，另外集装作业法还有装卸速度快的特点。

集装作业法适用对象较广，一般除特大、重、长和粉、粒、液、气装货物外，都可集装。

集装作业法包括托盘作业法、集装箱作业法、框架作业法、货捆作业法、滑板作业法、网袋作业法、挂车作业法等。

（3）散装作业法。散装作业法是指对大批量粉状、粒状货物进行无包装散装、散卸的装卸方法。装卸可连续进行，也可用间断式。

散装作业法包括重力作业法、倾翻作业法、气力输送作业法、机械作业法。

2）按作业方式分

按作业方式，搬运作业方法分为吊装吊卸法（垂直装卸法）和滚装滚卸法（水平装卸法）。

（1）吊装吊卸法。吊装吊卸法是指主要使用各种起重机械来改变货物的铅锤方向的位置为主要特征的方法，这种方法历史最悠久、应用面最广。

（2）滚装滚卸法。滚装滚卸法是以改变货物的水平方向的位置为主要特征的方法。如各种轮式、履带式车辆通过站台、渡板开上开下装卸货物，用叉车、平移机来装卸集装箱、托盘等。

4.2.3　装卸搬运作业的原则

1. 有效作业原则

有效作业原则是指进行必需的装卸搬运作业，尽量减少和避免不必要的装卸搬运，只做有用功，不做无用功。

2. 集中作业原则

集中作业原则包括搬运场地的集中和作业对象的集中两个方面。前者是在有条件的情况下，把作业量较小的分散的作业场地适当集中，以利于装卸搬运设备的配置及使用，提高机械化作业水平，以及合理组织作业流程，提高作业效率；后者是把分散的零星的货物汇集成较大的集装单元，以提高作业效率。

3. 简化流程原则

简化装卸搬运作业流程包括两个方面：一是尽量实现作业流程在时间和空间上的连续性；二是尽量提高货物放置的活载程度。

4. 安全作业原则

装卸搬运作业流程中，不安全因素比较多，必须确保作业安全。作业安全包括人身安全、设备安全。尽量减少事故。

5. 系统优化原则

装卸搬运作业组织的出发点是实现装卸搬运的合理化，而其合理化的目标是系统的整体优化，要充分发挥系统中各要素的功能，从作业质量、效率、安全、经济等方面对装卸搬运系统进行评价。

4.2.4　装卸搬运合理化

装卸搬运必然要消耗劳动，包括活劳动和物化劳动。这种劳动消耗量要以价值形态追加到装卸搬运对象的价值中去，从而增加产品的物流成本。装卸搬运合理化的目标就是防止和消除劳动中的无效作业，尽可能地减少用于装卸搬运的劳动消耗，进而提高装卸作业的经济效益。

1. 影响装卸搬运合理化的因素

装卸搬运合理化的目标主要体现在缩短装卸搬运的距离和时间及提高装卸搬运的质量、减少装卸搬运的次数和费用两个方面。

（1）影响装卸次数的因素主要有：物流设施和设备，装卸作业组织调度工作。

①物流设施和设备：厂房、库房等建筑物的结构类型、结构特点及建筑参数，对装

卸次数有直接影响。此外，物流设备的类型与配套，对装卸次数也会产生影响。如叉车配以托盘进行出入车间和出入库作业，可减少装卸次数。

②装卸作业组织调度工作：在物流设施、设备一定的情况下，装卸作业组织调度水平是影响装卸次数的主要因素。如联运过程中，组织货物不落地完成运输方式和运输工具的转换。对物流据点而言，主要组织一次性作业，货物不落地不间歇。

（2）缩短搬运距离。在工厂，原材料、半成品和产成品总要发生一定距离的位移。在物流据点，由于收发保管作业的要求，货物也要发生一定距离的位移。这种位移需要装卸搬运来实现，所以，选择最短的路线完成这一活动，就可以避免超越最短路线以上的无效劳动。影响搬运距离的主要因素有：工厂、物流据点的平面布局；作业组织工作水平。

①工厂、物流据点的平面布局：车间、库房、堆场、铁路（railway）专用线、主要通路的位置和相互关系处理得好，会让物流顺畅、便捷，进而能够缩短总的搬运距离。

②作业组织工作水平：在平面布局一定的情况下，组织工作水平的高低是决定搬运距离的主要原因。

2. 装卸搬运合理化的衡量指标

装卸搬运作业的绩效评价是物流绩效评价的一部分。对装卸搬运作业的绩效进行评价，可以实现对作业过程的监控，考察装卸作业计划的完成情况，发现作业过程中的问题，从而改进和优化装卸搬运作业的组织，提高装卸搬运的效率，进而提高整个物流系统的效率。

在装卸搬运活动中，可以依据以下标准进行绩效评价：①作业计划标准；②历史记录标准；③行业标准；④顾客标准。

扩展阅读 4-4：
合理性指标的度量：装卸搬运活性指数和装卸搬运的省力化

要对装卸搬运作业的绩效进行评价就必须确定相应的评价指标，然后再将作业过程中各项指标的完成情况与之对比来进行评价。可供参照的装卸搬运作业绩效的基本评价指标有以下几项：①业务完成额；②差错事故率；③费用率；④人员劳动效率。

3. 装卸搬运合理化的措施

1）防止无效装卸

无效装卸是指消耗于有用货物必要装卸劳动之外的多余劳动。无效装卸在一般装卸操作中具体反映在以下几个方面。

（1）过多的装卸次数。物流过程中，货损发生的主要环节是装卸环节。而在整个物流过程中，装卸作业又是反复进行的，从发生的频数来讲，超过任何其他活动，所以过多的装卸次数必然导致损失的增加。从发生的费用来看，一次装卸的费用相当于几十千米的运输费用，因此，每增加一次装卸，费用就会有较大比例的增加。此外，装卸又会大大减缓整个物流的速度，装卸是降低物流速度的重要因素。

（2）过大的包装装卸。包装过大、过重，在装卸时实际上反复在包装上消耗较多的劳动，进而形成无效劳动。

（3）无效物质的装卸。进入物流过程的货物，有时混杂着没有使用价值或对用户来讲使用价值不符的各种掺杂物，如矿石中的表面水分、石灰中的未烧热石灰及过烧石灰等。在反复装卸时，实际对这些无效物质反复消耗劳动，因而形成无效装卸。

（4）远距离搬运作业。物料在装卸搬运当中，选择最短的路线完成水平和垂直两个方向的位移，就可避免超越这一最短路线以上的无效劳动。

由此可见，装卸搬运如能防止上述无效装卸，则大大节约装卸劳动，使装卸合理化。

2）充分利用重力和消除重力影响，进行少消耗的装卸

在装卸时考虑重力因素，可以利用货物本身的重量，进行有一定落差的装卸，以减少或根本不消耗装卸的动力，这是合理化装卸的重要方式。例如，从卡车、铁路货车上卸物时，利用卡车与地面或小搬运车之间的高度差，使用溜槽、溜板之类的简单工具，可以依靠货物本身重量，从高处自动滑到低处，这就无须消耗动力。如果采用吊车、叉车将货物从高处卸到低处，其动力消耗虽比从低处装到高处小，但是仍需消耗动力，两者比较，利用重力进行无动力消耗的装卸显然是合理的。

3）充分利用机械，实现规模装卸

规模效益早已是大家所接受的，在装卸时也存在规模效益问题，主要表现在一次装卸量或连续装卸量要达到充分发挥机械最优效率的水准。为了更多地降低单位装卸工作量的成本，对装卸机械来讲，也有规模问题，装卸机械的能力达到一定规模，才会有最优效果。追求规模效益的方法，主在是通过各种集装实现间断装卸时一次操作的最合理装卸量，从而使单位装卸成本降低，实现连续装卸的规模效益。

实现装卸搬运的机械化也是实现省力化和效率化的重要途径，通过机械化改善物流作业环境，将人从繁重的体力劳动中解放出来，用机械设备来完成超大超重货物的装卸搬运。对装卸搬运危险品而言，机械化也可以保障人和货物的安全。当然，机械化还应考虑物流成本等经济因素，在许多场合，简单的机械配合使用也可以达到省力化和提高效率的目的。

4）推广组合化装卸，提高装卸搬运效率

在装卸作业过程中，根据物资的种类、性质、形状、质量的不同来确定不同的装卸作业方式。在物资装卸中，处理物资装卸方法有三种形式：①普通包装的物资逐个进行装卸，叫作“分块处理”；②将颗粒状物资不加小包装而原样装卸，叫作“散装处理”；③将物资以托盘、集装箱、集装袋为单位进行组合后装卸，叫作“集装处理”。

为了有助于提高装卸搬运效率，典型的做法是把各种单件的物品结合成更大的单元。最初的单元称为“马斯特箱”，它有两个特点：加大物流中的保护作用；创造了更大的包装，方便装卸搬运，而高效的装卸搬运和运输通常将其组成更大的单元。马斯特箱组合中最常见的单元是托盘和各种类型的集装箱。

5）提高货物的运输活性

装卸搬运操作有时是直接为运输服务，下一步直接转入运输状态，因而只有进行合理的装卸操作，将货物预置成容易转入运输的状态，装卸搬运才称得上合理。这种活性的质量可用货物的运输活性指数表示。很明显，运输活性指数越高，货物越容易进入运输状态，可能带来直接缩短运送时间的效果。

扩展阅读4-5：
“六不改善法”物流原则

6）选择最好搬运方式或节省体力消耗

在物流领域，即使是现代化水平已经很高了，也仍然避免不了要有人力搬运的配合，人力搬运合理化问题也是

很重要的。根据科学研究的结论，采用不同搬运方式和不同移动重物方式，其合理使用体力的效果不同。科学地选择一次搬运重量和科学地确定包装重量也可促进人力装卸的合理化。

4. 装卸合理化的组织过程

（1）装卸搬运设备运用组织是以完成装卸任务为目的，并以提高装卸设备的生产率、装卸质量和降低装卸搬运作业成本为中心的技术组织活动。它主要包括下列内容。

①确定装卸任务量。根据物流计划、经济合同、装卸作业不均衡程度、装卸次数、装卸时限等，来确定作业现场年度、季度、月、旬、日平均装卸任务量。装卸任务量有事先确定的因素，也有临时变动的可能。因此，要合理地运用装卸设备，就必须把计划任务量与实际装卸作业量两者之间的差距缩小到最低水平。

②编制作业计划。装卸作业组织工作要对装卸作业对象的品种、数量、规格、质量指标以及搬运距离作出详细的规划。并根据作业任务与作业能力制订月计划，如果作业能力不足或过剩，应预先采取相应措施，再根据前一天掌握的实际情况对次日作业任务作出具体安排。

③制订作业方案。制订作业方案是指对某项具体的装卸搬运任务进行人力、设备和作业步骤、作业要求等全面安排，主要是保证作业安全、提高作业的效率。

④分配作业班组。分配作业班组简称派工，根据任务的内容和各个班组的特点，扬长避短，使总体作业效率最高。

⑤检查统计分析。通过调度指挥人员对方案实施过程进行监督，对结果进行检查，以便及时掌握各方案实施的情况，协调与其他环节和职能部门之间的关系。

（2）装卸搬运作业劳动组织。装卸搬运作业劳动组织指的是将有关人员和设备以一定的方式组合起来按照一定的原则形成一个有机的整体。装卸搬运作业劳动组织可以分为两种基本形式：工序制和包干制。

工序制是指按照作业的内容或工序将有关人员和设备分别组合成装卸、搬运、检验、堆垛、整理等作业班组，由这些班组共同组成一条作业线，完成各种装卸搬运作业。特点是人员专业化、设备专业化、作业专业化，缺点为工序间衔接不紧密、不协调，整个流程易出现瓶颈作业环节。其适合进出库作业量大、进出库频繁的大型仓储企业。

包干制是指将分工不同的各种人员和功能不同的设备共同组成一个班组，装卸搬运活动的全过程均由一个班组承包到底、全面负责。特点是责任明确，各作业工序间能够较好地配合与协调，便于提高作业的连续性，有利于人力、物力、设备进行合理调配，利于消除瓶颈环节、提高综合作业能力。而缺点则是不利于专业化。其适合于进出库作业量较小、进出库不频繁的小型仓储企业。

4.3 集装箱、干散和特种物资的装卸搬运技术和设施设备

集装箱是指具有一定强度、刚度和规格专供周转使用的大型装货容器。按照国际标准化组织（ISO）的规定，集装箱应具备以下 5 个条件：能长期地反复使用，具有足够的强度；途中转运不用移动箱内货物就可直接换装；可以进行快速装卸，并可从一种运输工具直接方便地换装到另一种运输工具；便于货物的装满和卸空；具有 1 立方米或以

上的容积。

4.3.1 集装箱的发展

1970年，世界海运集装箱运输量已达600万标箱。从那时起集装箱运量呈爆炸式增长，到2017年全球海运集装箱运量已经达到了7.52亿标箱。集装箱运输经营也不再是美国运输公司一家独大，来自亚洲的运输公司慢慢占据一席之地。改革开放以前，我国集装箱运输以小型箱为主，仅限于极个别重要工业城市货运站间的转载。因为机械化水平落后、基础设施不完善和缺乏相应的操作人员等原因，集装箱运输没有发挥应有的功能，仅起快装快卸和包装的作用。1978年以来，我国集装箱呈爆炸式增长形式发展，连续多年创造集装箱生产能力世界第一、集装箱类型规格世界第一、集装箱产销量世界第一等好成绩。而且集装箱运输在我国运输行业中的地位越来越重要。2004年，我国集装箱运输吞吐量超过美国，实现了集装箱吞吐量全球第一，并一直保持。由海—公联运到海—铁联运以及多种方式联运，大幅度扩大了集装箱港口的辐射范围，真正实现了门到门的件杂货物运输，大大提高了物流运输环节的效率。就集装箱数量而言，2017年全球冷藏产品整体市场增长8.4万个集装箱，仅中国就占了上半年的6万个。预计在2022年，中国和亚洲地区将进一步稳固其作为冷藏集装箱进口量第一的地位。

扩展阅读4-6：国际集装箱运输的起源与发展

4.3.2 集装箱的选用和检查

现代化多联式运输方式的普及，国际集装箱标准的不同系列，各种货物的不同特性，运输路线和港口条件等诸多因素，使集装箱的选用显得尤为重要。

首先，要考虑是否满足货物能运载完的原则，无论选用什么规格的集装箱，货物能运完是首要因素。要求根据货物的具体特性，选择合适的集装箱将货物运送完。

其次，考虑是否经济，保证在运输过程中没有资源的浪费。如在两地货源不均衡的情况下，使用折叠式集装箱以减少回运时箱容浪费，实现集装箱的优化配置。

再次，在门到门的国际多联式运输中，应优先考虑内陆运输的现实。为实现海—公联运、海—铁联运和海—内河联运，可以采用“子母箱”运输方式。严格把握货物集装箱的尺寸，提高集装箱运输的经济效率，促进集装箱运输产业的发展。

总之，选用集装箱时，主要根据货物的种类、形状、体型、包装要求、运输要求、运输路线、港口条件和天气状况选用合适的集装箱。

选用了合适的集装箱后，在装货之前，一定对所选用的集装箱进行严格的检查。尽量避免因没有检查集装箱而出现损失的情况。集装箱检查包括外部检查、内部检查、箱门检查、卫生检查及附属检查。

集装箱检查要关注以下几种情况。

（1）内外集装箱面是否有异常情况。

（2）是否有漏水、漏电等安全隐患。

（3）箱门是否完好、水密，是否影响开关。

（4）是否有污染物、异味影响运输要求。

（5）附属件加固连接功能是否良好。

扩展阅读4-7：1979年国际标准化组织国际货物集装箱标准

如果有不符合集装箱运输相关要求的情况，应及时改正。对集装箱的有效检查可以避免不应有的货物损失，减少发货者、承运者和收货者之间因此而产生的不必要的摩擦，是实现货物运输安全的基本条件之一。

4.3.3 集装箱运输的特点

不论是传统的公路、铁路运输（railway transportation），还是现代化的航空运输都是高投资的运输方式。集装箱运输也是一种高投资的运输方式。

（1）集装箱的造价高。集装箱船的造价大约是传统货船的5倍，甚至更高。这一固定成本总额巨大。

（2）在港口和内陆需要配套的基础设施、机械设备与之相适应。如吃水深的码头、较大的货场、集装箱装卸机械、内陆货运站和改造相应的公路、铁路运输条件。同时需要培养高素质的作业人员。

（3）集装箱是一种高收益、高效率的运输方式。集装箱运输是现阶段唯一有效克服装卸效率低下、货物损失大、货运手续繁多和停泊时间长等普通货船件杂货物运输中的缺点的运输方式。

（4）集装箱自身就是一种良好的包装形式，可以减少货物不必要的包装，节约包装费用。因集装箱是一种防湿、防潮、防污染且坚固的包装，从而减少运输中货物的损失，提高货运质量。采用集装箱运输，通过机械化、专业化等作业大幅度提高装卸效率，降低运输成本，增加港口吞吐量。

（5）集装箱运输是一种点多、线长、面广的多联式运输方式，涉及海路、铁路、公路、内河水路、港口和货运站等一系列点、线、面。对其相互之间的配合要求十分高，只有在集装箱运输中各环节、各部门、各单位高度协作的情况下，才能有效实现不同运输方式间的换装，才能发挥集装箱运输的作用，从而提高运输效率。

4.3.4 集装箱装卸搬运技术

1. 纸箱货的装箱

（1）如集装箱内装的是同一尺寸的大型纸箱，会产生空隙。当空隙为10厘米左右时，一般不需要对货物进行固定，但当空隙很大时，货物就需要根据具体情况加以固定。

（2）如果不同尺寸的纸箱混装，则应将大小纸箱合理搭配，做到紧密堆装。

（3）拼箱的纸箱货应进行隔票。隔票时可使用纸、网、胶合板、垫货板等材料，也可以用粉笔、带子等做记号。

（4）纸箱货不足以装满一个集装箱时，应注意纸箱的堆装高度，以满足使集装箱底面占满的要求。

2. 木箱货的装箱

（1）装载比较重的小型木箱时，可采用骑缝装载法，使上层的木箱压在下层两木箱的接缝上，最上一层木箱必须加以固定或塞紧。

（2）装载小型木箱时，如箱门端留有较大的空隙，则必须利用木板和木条加以固定或撑紧。

（3）重心较低的重、大木箱只能装一层且不能充分利用箱底面积时，应装在集装箱的中央，底部横向必须用方形木条或木块加以固定。

（4）对于重心高的木箱，仅靠底部固定是不够的，还必须在上面用木条撑紧。

（5）装载特别重的大型木箱时，经常会形成集中负荷或偏心负荷，所以必须有专用的固定设施，不让货物与集装箱前后端壁接触。

（6）装载框箱时，通常是使用钢带拉紧，或用具有弹性的尼龙带或布带。

3. 袋装货的装箱

（1）袋装货一般容易倒塌和滑动，可用粘贴剂粘固，或在袋装货中间加垫板和防滑粗纸。

（2）袋包一般在中间呈鼓凸形，常用堆装方法有砌墙法和交叉法。

（3）为防止袋装货堆装过高而有塌货的危险，需要用系绑用具加以固定。

4. 捆包货的装箱

（1）捆包货一般可横向装载或竖向装载，此时可充分利用集装箱箱容。

（2）捆包货装载时一般都要用厚木板等进行衬垫。

（3）用粗布包装的捆包货，一般比较稳定而不需要加固。

4.3.5 集装箱搬运装卸设施设备

1. 岸边集装箱起重机

岸边集装箱起重机（简称岸桥或桥吊）安装在港口码头边，是船岸之间装卸集装箱的专用设备。它由金属结构、载重小车、起升机构、小车运行机构、大车运行机构、机器房、吊具、电气传动及控制设备、各种安全装置及其他辅助设备等组成（图 4.2）。

图 4.2 岸边集装箱起重机

2. 集装箱龙门起重机

集装箱龙门起重机（简称场桥）一般可按运行方式或主梁结构特点来分类：按运行方式可分为轨道式集装箱龙门起重机和轮胎式集装箱龙门起重机；按悬臂分为双悬臂、单悬臂和无悬臂三种；按主梁的结构可分为桁架梁式和箱形梁式；按主梁的数量可分为单梁式和双梁式。此外，其还可以按支腿形式分为“U”形支腿以及“1”字形支腿等（图 4.3）。

3. 集装箱跨运车

集装箱跨运车是承担由码头前沿到堆场的水平运输以及堆场的集装箱堆码工作的主要专用设备，由门形跨架、起升机构、运行机构、动力设备及其他辅助设备组成，采用机械或液力传动（图 4.4）。

4. 集装箱叉车

集装箱叉车是集装箱码头和货场常用的一种装卸机械，它可以将货叉插入集装箱底部插槽内举升、搬运集装箱，也可在门架上装设一个顶吊架，借助旋锁件与集装箱连接，从顶部起吊（图 4.5）。

图 4.3 集装箱龙门起重机

图 4.4 集装箱跨运车

图 4.5 集装箱叉车

5. 集装箱牵引车

集装箱牵引车俗称拖车，用来拖带载运集装箱的挂车或半挂车。集装箱牵引车按驾驶室的形式分为平头式和长头式两种。集装箱牵引车按拖带挂车方式可分为半拖挂方式和全拖挂方式。集装箱牵引车按用途可分为公路运输用（road transportation）牵引车和货场运输用牵引车。

4.3.6 干散货的定义

干散货是指不加包装的块状、颗粒状、粉末状的货物。典型的干散货如矿石，砂石，煤，散装运输的粮食（谷子、小麦）、盐、糖等。化肥、水泥也有散装运输的，这时也属于干散货。

4.3.7 干散货的分类

干散货主要是一些初级产品，如铁矿石、煤炭、粮谷、铝矾土、磷矿石。其他还包括农产品、木材、水泥、化肥、原糖、废钢铁等，其中铁矿石、煤炭、粮谷、铝矾土和磷矿石又称五大干散货，是国际干散货航运中的主要货源。这些干散货大都是工业生产的原材料，是世界经济发展的基础，如铁矿石和煤炭是钢铁制造业的原材料，而钢铁是工业和建筑业、汽车业、商船业、机器制造业以及大多数工业产品的主要原料；煤炭除了用于生产钢铁外，还是能源发电工业的主要原料；而粮谷更是人类生存之必需品；铝矾土是铝工业的原料，而铝是重要性仅次于钢铁的现代工业原料；磷矿石是农作物生产所依赖的重要化肥原料。从干散货的重要性可以看到国际干散货物流对于世界经济的发展起着非常重要的作用。

扩展阅读 4-8：几类重要干散货的物流流向

4.3.8 干散货的特性与要求

（1）在专业化码头装卸工艺中，煤炭、矿石是港口装卸的具体对象。煤炭、矿石的特性对装卸运输的专业要求需要考虑物料的容重、自然坡脚、块度、承受面摩擦系数等。煤炭和矿石的冻结性经常造成卸货困难，对此常采取脱水或加热的方法解决；煤炭和矿石的发热性和自燃性要求将物料及时转堆、翻垛，并留出适当的间隙和消防通道；煤炭和矿石的脆弱性和扬尘性可能会对周围环境产生污染，需采用适当的防尘措施予以避免。

（2）在散水泥和化肥的保管、运输和装卸中，应针对化肥的吸湿性、易燃性和易爆性，水泥的水化和硬化以及化肥与水泥的腐蚀性、扬尘性等特性采取相应的措施。

（3）在散装粮食的保管、运输和装卸中，应针对粮食的食用性、吸附性、流散性、扬尘性等特性采取相应的措施。

4.3.9 干散货的装卸搬运

与件杂货装卸搬运相比，干散货在装卸搬运中有其特殊之处，归纳起来有以下三个方面。

1. 货物的批量大

在整个物流系统中，干散货的流量占很大的比重。流量大造成运输的批量也大，这就使干散货港站（库场）的装卸搬运量较大。港站（库场）的装卸搬运量大有利于采用专业化的作业方式提高作业效率。

2. 运输工具的大型化

大批量的干散货运输促进了运输工具的大型化。对于船舶而言，一次装载量已达到10 多万吨，甚至更大；同时，干散货列车也趋向重载化运输。船舶的大型化和列车重载化对港站（库场）作业方式和作业设备造成较大的影响，必须通过设备的高效化和尺寸的大型化来不断满足运输工具大型化发展的需求。

3. 港站的发展趋势

为了满足大批量的作业需要，港站（库场）的作业系统呈以下发展趋势。

1）专业化、高效化趋势

现代化的大型干散货港站（库场）主要采用连续作业方式，生产效率很高，带式输送机将各个作业环节连成一个整体，且实现作业的全程自动控制。

2）堆场的大容量化趋势

由于进出干散货的流量非常大，在专用的干散货港站设置大储存量的堆场变得非常必要。为了满足干散货大进大出，在堆场用高效、大型的堆取料设备是非常必要的。

3）间接换装趋势

货物在港站从一种运输工具转移到另一种运输工具的作业活动称为换装作业；在运输工具之间进行的直接转移是直接换装，而货物在运输工具之间通过库场后再进行转移则为间接换装。随着干散货专用港站货物流量的增加，有效衔接各种运输工具之间的换装作业变得越来越困难，间接换装成为主要的作业方式。

4.3.10 干散货的装船设备设施

1. 固定式装船机

固定式装船机是指装船机机身不能移动的固定墩式装船机、桅杆式装船机等。固定式装船机按其功能需要可设有臂架旋转、伸缩及俯仰等机构，以达到装船作业必要的覆盖面。

2. 移动式装船机

移动式装船机的主要特征是可以沿着平行于码头布置的轨道行走，其作业覆盖面及灵活性均优于其他各类装船机，港口上所简称的“装船机”多是指此种机型，也是港口散货装船码头使用较多的机型。

3. 摆动式装船机

摆动式装船机由垂直于码头前沿线布置的一大跨度钢质桥架及桥架两端的支承结构所组成，是以固定的后支承为回转中心，前支承通过行走机构在轨道上行走从而使整机绕后支承摆动的装卸机械。根据前支承行走轨道的不同，其可分为直线摆动式装船机和弧线摆动式装船机。

4.3.11 特殊物品的装卸搬运

由于某些工业企业中存在独特的货物运输任务，如超重、超限、超长、危险品、放射性等货物，这些货物在运输时需要进行专门的研究来完成运输任务，所以运输时要特别注意，尽量做到以下几点。

（1）在装卸搬运危险品操作前，必须严格执行操作规程和有关规定，预先做好准备工作。

（2）必须制定安全操作规程，并由经过操作训练的专职人员操作，以防发生事故。作业现场应有统一指挥，装卸搬运人员和机具操作人员应严格遵守劳动纪律、服从指挥。非装卸搬运人员均不准在作业现场逗留。

（3）不可冒险违章操作。

（4）根据不同的危险特性，应分别穿戴相应的防护用具，保障操作人员的人身安全。

（5）不得同时装卸两种性能相互抵触的物资。对不同物资按其特殊性采用不同装卸方式。

扩展阅读 4-9：
易燃、易爆、易腐品在装卸搬运时的注意事项

（6）散落在地面上的物品，应采用合适的物理或化学方法及时处置，以确保安全。

（7）装卸作业完毕后，应及时洗手、脸、漱口或沐浴。

中途不得饮食、吸烟。并且必须保持现场空气流通，防止沾染皮肤、黏膜等。若发现装卸人员出现头晕、头昏等中毒现象，按救护知识进行急救，重者应立即送往医院治疗。

即测即练

案例分析4-1　云南双鹤医药的装卸搬运成本

案例分析4-2　东方林业的装卸搬运活动

本章习题

1. 简述装卸搬运的分类。
2. 简述装卸搬运的意义和作用。
3. 简述装卸搬运的常用机械及它们的作用。
4. 装卸搬运工作应遵循什么原则？
5. 简述装卸搬运合理化的措施。
6. 装卸搬运的作业方法有哪些？
7. 概述集装箱的发展和特点。
8. 试比较集装和散装的区别。

第 5 章

物流运输

【学习目标】

认识运输合理化的内涵及其意义，运输的基本原则及发展趋势；
理解运输的基本概念，运输方式优化与组合，运输服务扮演的角色；
识别五种基本的交通运输方式、优缺点、主要特征及其适用范围；
掌握几种专业化运输模式。

本章导读

党的二十大报告指出，应“加快建设交通强国”，“加快推动交通运输结构等调整优化”。没有现代化的交通运输，经济活动就要停顿，社会再生产也无法进行。物资运输活动可分为两类：一类是作为具体生产过程的有机组成部分的生产内部的运输；另一类是作为物质生产部门的专门运输业从事的运输活动。由于运输活动相对来讲时间长、距离远、能源和动力消耗多，其成本在物流总成本中的比例高达 50%。因此，运输活动的费用节约余地大、发展的潜力大，无论是在物流领域还是在国民经济中都占有举足轻重的位置。本章首先介绍了主要的运输方式，包括基本运输方式和新兴的成组运输方式，以及一般的运输运作方法，随后介绍了运输合理化的措施和运输管理的主要内容。

5.1 运输概述

伴随着中国经济的发展，运输业在中国也在不断地发展。运输存在于古今生活中的方方面面，从最基本也是最落后的肩扛、手提甚至是头顶这一类的运输方式，到如今发达的铁路、航空以及水路等运输方式，可以说运输的历史与人类的历史同样长久。

在商业社会中，因为市场的广阔性，商品的生产和消费不可能在同一个地方进行，因此，一般来说，商品都是集中生产、分散消费的。为了实现商品的价值和使用价值，使商品的交易过程能够顺利完成，必须经过运输这一道环节，把商品从生产地运到消费地，以满足社会消费的需要和进行商品的再生产。从物流系统的功能来看，运输是物流系统中最为重要的环节之一，物流活动的其他所有的环节都是通过运输和存储来实现的。运输通过载体实现商品的空间转移，并且创造出商品的空间效用或是时间效用。从国民经济体系的角度来看，运输业是推动国民经济迅速发展的重要力量。运输业不仅包括对有形商品的输送，同时也包括对无形商品的输送，实现国家经济、政治、文化等的交流。运输业是国民经济的一个重要的经济部门。从广义的运输内容来看，物流中的运输既包括人的运输同时也包括物的运输，本章着重指的是物的运输，即商品的输送和载运。如果将原材料供应商、工厂、仓库以及客户看作物流系统中的固定节点，那么商品的运输过程正是连接这些节点的纽带，是商品在系统中流动的载体。因此，我们把商品运输称为现代物流的动脉。

小案例

唐·杜牧《过华清宫绝句》

长安回望绣成堆，山顶千门次第开。一骑红尘妃子笑，无人知是荔枝来。

这首咏史诗是杜牧路经华清宫抵达长安时，有感于唐玄宗、杨贵妃荒淫误国而作的。华清宫曾是唐玄宗与杨贵妃的游乐之所，据《新唐书·杨贵妃传》记载："妃嗜荔枝，必欲生致之，乃置骑传送，走数千里，味未变，已至京师。"因此，许多差官累死、驿马倒毙于四川至长安的路上。《过华清宫绝句》截取了这一历史事实，抨击了封建统治者的骄奢淫逸和昏庸无道，以史讽今，警戒世君。

5.1.1 运输的内涵

关于运输的定义有很多种。有学者认为运输是指通过运输工具和方法使货物在生产地和消费地之间或者是物流据点之间的流动。形象地表示为

$$\text{地点A} \xrightarrow[\text{交通工具}]{\text{物品}} \text{地点B}$$

另有专家学者认为运输是指人或者物借助运力在空间上的不同位置的移动；运力是指由具有从事运输活动能力的运输设施、路线、设备、工具和人力组成的系统。

根据国家标准《物流术语》（GB/T 18354—2006），运输是指用运输设备将物品从一地点向另一地点运送，其中包括集货、分配、搬运、中转、装入、卸下、分散等一系列操作。它是在不同地域范围内，以改变"物"的空间位置为目的的活动，是对"物"进行空间位移。

在物流管理过程中，运输主要有两大功能：产品转移和产品短期储存。

（1）运输最基本的功能，就是通过运输手段将货物从供应地转移到需求地，实现物资的空间位置转移，从而满足需求地用户对物资的需求，创造物资的"空间效用"，保障需求地用户的生产或生活。

（2）运输的辅助功能，就是对运输物资实现短时间的时间位置转移、创造物资的"时间效用"的功能。因为运输货物需要时间，特别是长途运输需要更长的时间，在这个过程中，运输工具就是货物的储存保管室，能够避免物品损坏或丢失，这实际上创造了物品的时间效用。在采购运输中，采购员往往利用这个时间效用，精心计算购进启运时间，使得购进到达时间正好是物品的需用时间，从而降低了仓库和保管的需求。

5.1.2 运输的原则

1. 及时

及时是指按照产、供、运、销等手段，能够及时将物品运达指定地点，尽量缩短流

通时间。缩短流通时间的主要手段是改善交通、实现运输现代化，同时，应注意运输的连接工作，及时地将货物转运出去。

2. 准确

准确就是在运输过程，能够防止各种差错事故的发生，准确无误地将物品交给指定的收货人。由于货物的种类繁多，加上运输上的多个环节，易出现差错，因此，应加强对物流活动的管理，制定严密的检查制度。

3. 经济

经济就是通过合理地选择交通运输方式，有效利用各种运输工具和设备，运用规模经济的原理实施配货方案以提高经济效益、降低运输费用。

4. 安全

安全就是指在运输过程中能够防止霉变、残损。一是要注意运输、装卸过程中的震动等外力作用；二是要防止货物由于物理、化学或生物变化等引起的货物损耗和变质。

“及时、准确、经济、安全”是物流运输活动的重要四原则，这四个原则相互依存，不可分割，必须统一运用于物流的整个活动过程中，综合考虑，忽略任何一方都是片面的。

5.1.3 运输的分类

按照不同分类方式，运输可分为不同类型，见表5.1。

表5.1 运输的类别

分类方式	类型名称	解释
按运输作用	集货运输	将货物集中以后通过交通运输主干线进行大批量的、长距离的运输
	分拨运输	货物是通过零散运输运到各个客户方
按运输中途是否换装	直达运输	物品从发运地到接收地，不需要中途换装，可以节省运输时间，节约企业运输成本
	中转运输	物品从发运地到接收地，中间至少有一次落地并换装的运输，灵活方便
按运输协作程度	一般运输	在运输的过程中，单一地采用同种运输工具，或是孤立地采用不同种运输工具而在运输过程中没有形成有机协作整体的运输形式
	联合运输	使用两种或两种以上的运输方式完成进出口货物运输任务的综合运输方式
	多式联运	由两种或两种以上的交通工具相互衔接、转运而共同完成的运输过程统称为复合运输，我国习惯上称之为多式联运，比一般的联合运输的规模要大
按运输方式	陆上运输	依靠汽车、火车等灵活性较好的交通运输工具实现物品的长途或短途的空间转移
	水上运输	依靠船舶、排筏等运输工具进行的物品流动活动，一般包括内河运输和海洋运输
	航空运输	使用飞机或其他航空器进行运输的运输方式
	管道运输	货物在管道内借助高压气泵的压力往目的地输送货物的运输方式

5.1.4 运输的作用

运输方式各有优缺点，应合理地选择运输方式，实现运输路径的合理化，以确保运输的及时、准确、经济、安全。在进行物流活动的过程中，应该根据具体情况选择适宜的运输方式，不仅节省资源，实现资源利用最大化，同时也会减少运输费用，相应地降低企业成本，增强企业的竞争力。

1. 运输是实现社会物质生产的必要条件之一

运输业是一个特殊性质的生产，它把社会生产中的生产、消费、分配和交换有机地结合起来，保证社会生产得以顺利进行。同时，运输业的发展应该与市场经济的发展相适应。伴随着国民经济的发展，运输业也相应地呈现出了蓬勃发展的态势。我国应该根据市场经济的发展，建立符合市场经济要求的个性化、快速化、精细化的交通运输模式，更好地实现社会的物质生产。

2. 运输可以节约物流成本，增强企业竞争力，提高服务水平

在企业的发展过程中，做好运输，不仅能够节约自然资源、人力资源和能源，同时也能节约物流成本。例如使用集装箱化运输，简化商品包装；机械化的操作，大大地提高了劳动生产率。被称为“中国货物运输管理觉醒第一人”的海尔企业集团通过加强运输管理，建立现代化的国际自动化货物运输中心，实现了企业的低库存的目标。在经济全球化、信息全球化和资本全球化的21世纪，企业只有建立现代货物运输结构，实现零库存、零距离和零流动资金的占用，才能在激烈的市场竞争中求得生存和发展。

3. 运输可以鼓励市场竞争，保证商品价格的稳定性

运输状况的改善和运输效率的提高，有利于降低运输费用。较低的运输费用，会激励更多的生产者进入市场参与竞争，作为消费者可以得到因为竞争而带来的商品价格下降的益处。另外，资源的地域不平衡性，会引发本地市场的价格波动。但是，如果拥有了一个顺畅的交通体系，便可以通过运输来解决本地市场供给不足的问题，从而保证商品价格的稳定性。

4. 运输可以促进社会分工的发展，实现劳动的地区分工和市场的专业化

地区实现了廉价、高效的运输后，会促使当地的生产者生产一些生产成本相对比较低的产品，在比较利益的原则下，就会实现劳动的地区分工。当劳动的地区分工出现以后，市场的专业化趋势也会相应地呈现出来。这样就会大大地减少买卖双方在收集信息等方面的支出，更加有利于生产的顺利开展。

5. 运输可以加快商品流通，开拓市场，促进经济的发展

运输方式的多样化、个性化和快速化，大大地缩短商品输送的距离，实现商品的流通。运输效率的提高，运输费用的降低，使得商品流通的范围扩大，这样就会使商品交换的市场扩大，有利于经济的发展，同时也有利于推动规模经济的发展。

6. 运输可以创造社会效益和附加价值

合理的运输，有利于改善城市交通状况，进而有利于保护环境。另外，近几年发展起来的一些行业例如宅急送带动了产业的发展，创造了许多附加价值。

5.1.5 运输的发展趋势

运输业作为国民经济的基础性、服务性产业，是维护经济运行与社会正常运转和协调发展的基本条件，同时，经济社会的快速发展产生巨大的交通运输需求，交通运输与经济社会相互推动。自改革开放40多年来，在国家政策的强有力支持下，我国的交通

运输业取得了突飞猛进的发展，无论是在交通基础设施规模、质量、技术装备等方面，还是在发展理念转变、交通体制创新、运输市场化发展等方面，都取得了前所未有的成就。特别是近几年来，交通运输业出现了新的发展趋势。

1. 一贯托盘化运输正在推广

一贯托盘化运输是以托盘为基本单位，把不同尺寸大小的货物统一起来，使同一托盘在运输、储存、装卸、搬运等过程中连续使用，无须更换，以提高物流效率、降低物流成本。但是由于托盘的回收比较困难，因而，托盘只在一些经济比较发达的国家普及使用。

2. 门到门运输越来越受欢迎

门到门运输也称为全程联运，是以某一包装单元作为运输单元，通过多种联运方式，将货物从起点一票到底，运送到最终目的地的运输形式。门到门运输方式效率高，在国际货物运输中发展较快，逐渐成为国际货物运输的主流。

3. 智能化运输迅速发展

智能化是指数字交换技术、地理信息系统和全球定位系统在货物运输与配送中的应用。对于第三方物流来说，采用这些技术，不仅可以提高运输作业效率，降低运营成本，而且有利于形成差异化服务优势，增强企业的竞争力。

4. 新型“绿色”运输工具正在开发

物流的发展，使得运输工具大大地增多，也因此带来了严重的环境问题。为了保护环境，相关研究人员已经着手研究新型的“绿色”交通运输工具，如以甲醇为主要原料的电动汽车等，并且积极地推广、使用。

5.2 基本运输方式

基本运输方式，是指按照运输过程所经常使用的基础设施分成的五种运输方式，即铁路运输、公路运输、水路运输、航空运输及管道（pipeline）运输（表5.2）。选择何种运输方式主要由运送物品的种类、运送量、运送距离、运送时间、运送成本等来决定。各种不同的运输方式各有其自身的特点。因此，了解各种运输方式及其特点，掌握运输方式选择的原则，对优化物流系统和合理组织物流活动十分重要。本小节介绍五种基本的运输方式，对各种运输方式的特点、发展情况及作用进行阐述。

表5.2 五种基本运输方式的比较

运输方式	优 势	劣 势
铁路	（1）可以满足大量货物一次性高效率运输 （2）运输费用负担较小的货物的时候，单位运费低廉，比较经济 （3）由于采用轨道运输，事故相对较少、安全性高 （4）铁路运输网络完善，可以将货物运往各地 （5）运输上受天气影响小 （6）中长距离运货运费低廉 （7）具有定时性，可以按计划运行	（1）近距离运输费用较高 （2）不能满足紧急运输的要求 （3）长距离运输的情况下，由于需要进行货车配车，路途停留时间较长 （4）货车编组、解体需要时间 （5）运费没有伸缩性 （6）无法实现门对门服务 （7）车站固定，不能随处停车

续表

运输方式	优 势	劣 势
公路	（1）可以进行门对门的连续运输 （2）适合近距离运输，比较经济 （3）使用灵活，可以满足用户多种需求 （4）容易装车 （5）适应性强	（1）运输单位小，不适合大量运输 （2）长距离运输费用高 （3）容易污染环境、发生事故 （4）消耗能量多
水路	（1）适合运费负担能力较小的大量货物的运输 （2）适合宽大、重量大的货物运输 （3）原材料可以散装上船 （4）节能 （5）长距离运输，运费低廉	（1）运输速度慢 （2）港口的装卸费用较高 （3）航行受天气影响较大 （4）运输的正确性和安全性较差 （5）运输时间难以保证准确
航空	（1）运输速度快 （2）适合运费负担能力大的少量货物的长距离运输 （3）包装简单 （4）安全，破损少	（1）运费高，不适合低价值货物和大量货物的运输 （2）重量受到限制 （3）机场所在地以外的运量在利用上受到限制
管道	（1）运输效率高，适合自动化管理 （2）适合气体、液体货物的运输 （3）占用土地少 （4）没有包装费用，不受天气影响 （5）安全、环保 （6）简便、经济、计量正确	（1）运输对象受到限制 （2）容易沉淀、积垢，清理成本高

5.2.1 铁路运输

1. 铁路运输的概述及特点

1825年，英国在斯托克顿至达灵顿修建世界第一条铁路并投入公共运输，从此标志着铁路时代的开始。由于铁路快速大容量地运输货物，因而极大地改变了陆地货物运输的面貌，为货物业的发展提供了新的、强有力的交通运输方式（图5.1）。

图5.1 铁路运输网

铁路最大的优势就是能够以相对较低的价格运送大量的货物。铁路运输的主要货物有煤炭、矿建材料、矿石、钢铁、石油等。这些产品都有一个共同的特点，那就是低价值和高密度，且运输成本在商品售价中所占的成本比较大。

2. 铁路运输的分类

铁路货物的运输，按照货物的数量、性质、形状、运输条件等可分为整列运输、整车运输、集装箱运输、混装运输（零担货物运输）和行李货物运输等。另外还有营业性线路运输和专用线路运输。

铁路的设备分为固定设备和活动设备。固定设备主要是指线路和车站，包括客运站、货运站、客货运站。活动装备主要是机车和车辆。目前使用的机车主要有蒸汽机车、内燃机车和电力机车；车辆主要有敞车、棚车、平车、罐车和保温车（图 5.2）。

图 5.2　铁路运输的设备

3. 铁路运输的服务特性

由于铁路轨道的局限性，铁路运输缺乏公路运输所具有的通用性和灵活性。与航空运输、水路运输及管道运输一样，对大多数托运人而言，铁路运输提供“站点到站点”的运输服务，而不是提供“点到点”的服务（除非有一条铁路直达该托运人的生产地）。

通常，铁路运输比航空运输和公路运输的成本低，在货损货差率方面，与其他运输方式相比，大多数的铁路运输都不占优势。特别是与公路运输相比，铁路运输在对时间要求较高的运输服务领域仍存在较大差距。铁路运输根据既定时间表进行，但发车频率比公路运输低，如果托运人对货物抵达和发送有着严格的要求，则相对公路运输而言，铁路运输通常不具有竞争优势。

扩展阅读 5-1：
我国铁路运输的发展和地位

5.2.2　公路运输

1. 公路运输的概述及特点

公路运输的工具主要是汽车，它主要是承担短途运载和无其他陆路运输形式的运输任务。汽车是一种适应性强、机动灵活、送达速度快、投资少、可以广泛参与联合运输的运输方式。它可以将两种或两种以上运输方式串联起来，实现多种运输方式的联合运输，做到货物的“门到门”服务。可以承担空运班机、船舶、铁路的衔接运输，起到集疏运的作用。同时它也是一个独立的运输体系，可以独立完成货物运输的全过程，在运输过程中，换装环节少，适宜于近距离、中小量货物运输，长距离运输费用高。

2. 公路运输的分类

1）按运输形式不同

按运输形式不同，公路运输可分为以下几类。

（1）整车货物运输。凡托运人一次托运的货物重量在 3 吨以上或不足 3 吨，但其性质、体积、形状需要用汽车运输的，为整车货物运输。

（2）零担货物运输。凡托运人一次托运货物计费重量在 3 吨以下的为零担货物运输。

（3）特种货物运输。由于性质、体积、重量的特殊要求，需要以大型汽车或挂车以及罐车、冷藏车、保温车等车辆运输的为特种货物运输。

（4）大型货物运输。大型货物运输是指在我国境内道路上运载大型物件的运输。它是特种货物运输中一种典型的运输方式。

（5）集装箱运输。集装箱运输是指采用汽车承运装货集装箱或空箱的过程，主要运输方式有：港口码头、铁路车站集装箱的集疏运输、门到门运输和公路直达的集装箱运输。

（6）包车运输。包车运输是指把车辆包给托运人安排使用，并按时间或车辆行驶里程计费的运输。包车运输通常有两种形式：按货物运输里程计算运费的计程包车运输以及按包车时间计算运费的计时包车运输。

2）按公路运输业的业务特征不同

按公路运输业的业务特征不同，公路运输可分为汽车运输业、汽车公路业、汽车运输管理业、轻型车辆运输业等。汽车运输业又可分为普通货物汽车运输业、特殊货物运输业和无偿货物汽车运输业三类。

3）按技术配置不同

按照技术配置的不同，公路运输可以分为一般运输和快速运输。

扩展阅读 5-2：
我国公路运输的发展和地位

3. 公路运输的服务特性

与其他运输方式相比，公路运输具有较大的灵活性和通用性。公路运输的通用性是指可以满足任何距离不同规模与重量的运输需求，也可以运载任何产品，包括那些需要不同工具运载的货物。同时存在灵活性与通用性，使公路运输在各个国家成为一种主要的运输方式。

公路运输可以为客户提供快速、可靠的服务，并且货物损耗低，通常，其运输速度快于铁路运输，在短距离运输方面，也快于航空运输。许多公路运输公司，特别是那些涉足于准时生产项目的运输公司，运输作业遵照既定时间表进行，运输周期短且可靠。公路运输公司的货损货差率远低于大多数铁路运输，略高于航空运输，没有其他运输方式可以提供公路运输所能提供的市场覆盖能力。

4. 公路运输和铁路运输的比较与发展

铁路运输和公路运输都被称为陆路运输。两种运输模式各有其特点，见表5.3。

表5.3 铁路运输与公路运输的特点比较

特　点	类　别	
	铁路运输	公路运输
灵活性	固定的铁路干线，灵活性较差	机动灵活，适应性强
运量	大批量	较小
运价	相对低廉	相对高昂
造价成本	成本高	成本相对较低
持续性	可持续性高	可持续性较低

在我国，近年来由于铁路、公路基本设施建设步伐的加快，铁路网和公路网不断完善，以铁路运输和公路运输为核心的陆路运输作用日益加强，主要表现在以下几个方面。

（1）完善铁路公路网，促进基础设施建设。陆路运输业的发展需要与之相匹配的道路运输线路，同时也促进了铁路、公路网的快速发展。

（2）促进路上交通工具的不断革新。铁路、公路交通运输事业的发展，对交通工具的更新换代提出较高要求，也促进了交通工具的革新，如铁路的提速，半挂车或全挂车，集装箱货运车的出现等。

（3）提升资源运输效率，促进国民经济发展。陆上交通运输业的发展完善，使各种资源得到有效合理的运输和利用，资源的有效合理配置产生巨大的经济效益，不仅丰富和繁荣了人们的物质文化生活，更重要的是促进了国民经济发展。

（4）有利于发展同欧亚各国的贸易。通过铁路把欧亚大陆连成一片，为发展中东和欧洲各国贸易提供了有利的条件。通过国际铁路联运来进行进出口货物的运输促进了国际贸易往来。

（5）对进出口货物在港口的集散和各省、市之间的商品流通起着重要作用。海运进口货物大部分利用铁路或公路从港口运往内地，海运出口货物大部分也是由内地通过铁路或公路向港口集中，因此铁路运输和公路运输成为我国国际货物运输的重要集散方式。

（6）有利于开展同港澳地区的贸易，并通过香港进行转口贸易。香港是世界著名的自由港，与世界各地有着非常密切的联系，海、空定期航班比较多，作为转口贸易基地，开展陆空、陆海联运，为我国发展与东南亚、欧美、非洲、大洋洲各国和地区的贸易和保证出口创汇起着重要作用。

5.2.3 水路运输

1. 水路运输的概述及特点

水路运输由船舶、航道和港口所组成，凭借水的浮力与机械动力实现客货位移，是历史最悠久的一种现代化运输方式，也称为船舶运输，简称“水运”。水路运输主要用于长距离、低价值、高密度、便于机械设备搬运的货物运输。

扩展阅读5-3：我国水路运输的现状和特点

从1807年R. 富尔顿制造的世界第一艘蒸汽机驱动轮船在哈得逊河下水以来，水路运输曾占据世界运输的主导地位。随着铁路、公路、航空等现代化运输方式的蓬勃发展以及运输竞争日益激烈，水路运输因受自然环境限制大，一直处于不利地位。随着集装箱运输和船舶吨位大型化，水路运输又因其运载能力大、运输成本低等优势越来越受到重视。

2. 水路运输的分类

从运输方式看，水路运输可分为海洋运输（海运）和内河运输（河运）两大类。海运即使用船舶等水运工具经海上航道运送货物和旅客的一种运输方式。河运即用船舶和其他水运工具，在国内的江、河、湖泊、水库等天然或人工水道运送货物和旅客的一种运输方式海运与河运的优缺点比较见表5.4。

表5.4 海运与河运的优缺点比较

优缺点	分类	
	海运	河运
优点	运量大，成本低，适合规模运输	耗能少，投资省，灵活性较好
缺点	速度慢，耗能多，易受天气、海洋状况等自然条件影响	运量小，连续性差，对河道吃水深度要求高，易受天气、海洋状况受等自然条件影响

从运输的组织形式上，水路运输可分为定期运输和不定期运输。

海运船舶主要包括客货船、杂货船、散装船、冷藏船、油船、液化气船、滚装船、载驳船、集装箱船、拖带船队（图5.3）。

3. 水路运输的发展前景

随着可持续发展观念深入人心，低能耗、低污染的水路运输将再度受到重视，随着旅游业的发展，水运在观光出行中具有不可替代的优势。我国拥有得天独厚的内河水运资源，水路货物运输周转量的比例保持在55%以上。由于集装箱的大量使用，水路货物运输量会略有增加，内河及沿海运输业将得到进一步发展。

4. 水路运输的服务特性

在运输大体积、低价值产品时，水路运输可能是最为廉价的方式。尽管国际贸易的发展使得海运业的地位越来越重要，但是，由于水路运输的内在缺陷，它不太可能在国内运输中占有较高的地位。随着巨型油轮或者超大型油轮的发展，石油生产国和石油消费国之间的石油运输主要由海运业来承担。对于工业国家而言，能源非常重要，因此，在能源运输中，水运必将继续维持其非常重要的地位。此外，世界各国开始大力发展集装箱船运输各种产品。如某目的托运人在自己的生产地点或发货地把货物装到自有或租赁的集装箱中，通过铁路或公路运输，把集装箱运至某一港口，装载到集装箱船，运至目的港卸载，再通过铁路或公路运送到客户或收货人手中。货物从托运人手中发出，抵达收货人手中，途中对集装箱内的货物所做的处理控制在最小的范围内。使用集装箱，使得物流联运系统可以减少所需人员，降低货损货差率，因在港周转时间的缩期而缩短了在途时间，并使得托运人可以获得大批量货物运输的优惠费率。

图 5.3 海运船舶

5.2.4 航空运输

1. 航空运输的概述及特点

航空运输是由飞机、机场、导航设备诸要素协调配合，共同实现客货位移的最快速的一种运输方式。从 1903 年内燃机为动力的飞机首飞成功以来，以飞机为运具的空中联系在 100 多年内有了惊人发展。世界航空网呈密集的带状，横贯北半球中纬地带，并由此纵向延伸至南部三大洲。航空网最密集的地区是欧洲西部、美国东部、加勒比海和东南亚。伦敦、巴黎、莫斯科、卡拉奇、曼谷、北京、香港、纽约、东京等都是重要的航空辐射中心。

2019 年我国民航旅客吞吐量 13.52 亿人次，较 2018 年增长 6.9%；完成旅客周转量 11705.1 亿人千米，较 2018 年增长 9.3%；完成旅客运输量 6.6 亿人次，较 2018 年增长 7.9%；完成货邮运输量 753.2 万吨，同比增长 2.0%；货邮周转量 263.19 亿吨千米，增长 0.3%。相比 1949 年，年均分别增长 11.8%、13.3%、9.1%和 11.4%（表 5.5）。

表 5.5 自新中国成立以来，我国民航发展情况

种 类	年 份		
	1949 年	2019 年	年均增长幅度/%
民航旅客吞吐量	0.002 7 亿人次	13.52 亿人次	11.8
旅客周转量	1.850 3 亿人千米	11 705.1 亿人千米	13.3
货邮运输量	2.397 9 万吨	753.2 万吨	9.1
货邮周转量	0.209 8 亿吨千米	263.19 亿吨千米	11.4

注释：旅客周转量、货邮运输量、货邮周转量涉及的数据均为国内航空公司承运的数据。

航空运输具有以下特点。

航空运输速度快。具有先进性能的民航飞机，如波音 767、波音 747、空中客车等，飞行时速都在 1 000 千米以上，这是其他运输方式望尘莫及的。航空运输是在三维空间进行的，它几乎不受地面任何障碍物的影响，能实现两点间的直线运输，并可以到达别的交通工具不能到达的地方。

基建成本低。开辟一条 1 000 千米的民航线路，需投资 5 亿元、占地 1 万亩。而新建一条同样长的铁路需要投资 20 亿元、占地 4.5 万亩。

铁路客运能力大。一列从北京至广州的火车，4 天往返 1 趟，可载运旅客 2 000 人左右。而一架 300 座的波音 747 飞机，4 天往返 8 趟，就可载运 4 800 人，为火车的两倍多。

图 5.4 所示为航运前货物进仓。

图 5.4 航运前货物进仓

2. 航空运输的类型

航空运输按货物组织方式可分为班机运输、包机运输、集中托运和航空快递四种类型。

3. 航空运输的地位、发展状况及趋势

我国航空运输在国内运输系统中的地位不断提高。1978—2017 年，铁路、水路、公路和航空四种运输方式所完成的旅客周转量年均增长 8.9%，其中铁路 6.6%、水路 2%、公路 11.2%、航空 17.2%。航空客运周转量增长速度最快。目前，航空运输在我国的绝对量还比较小，但它在我国运输体系中具有特殊的地位并拥有巨大的发展潜力。

航空运输是一种科技含量高而密集的运输方式。高水平航空科技成果和大型、高速运输飞机的发展，先进通信、导航设备和技术的应用，新一代空中交通管理技术的实施，机场及其设施的现代化、自动化以及运输管理系统的信息化等都是航空运输发展新水平的表现，也是 21 世纪航空运输进一步发展的方向和目标。

扩展阅读 5-4：中国著名十大航空港之一：上海浦东机场

4. 航空运输的服务特性

尽管采用航空运输进行日常运输的托运人数在逐渐增加，但由于航空运输的成本较高，大多数人仍把航空运输视为紧急情况下才采用的运输模式。航空运输直接面临公路运输的挑战，而国际货运的竞争则在航空运输与水路运输之间展开。航空运输主要承担的是高价值货物，如果运输低价值货物，通常不合算，因为其高昂的成本在货物产品中占据的比例太大了。例如，一个电子元件和一本教科书，在相同重量下，销售价格差异很大，假如利用航空运输的方式把它们同时从 A 点运至 B 点，对于教科书而言，运输成本占总成本的比例很高，而对电子元件而言，这一比例就很小。这种情况下，也许客户服务在选择运输方式时有一定的作用，但只有在服务质量比成本重要时，才会选择航空运输。

航空运输十分迅捷，但是，中转与交付的延迟和拥挤可能会削弱一部分优势。从点到点的运输要求出发，公路运输所花费的总时间可以与航空运输相当或者更有优势。

5.2.5 管道运输

1. 管道运输的概述及特点

管道运输是一种由大型钢管、泵站和加压设备等组成的运输系统完成运输工作的运输方式。管道运输是货物在管道内借助高压气泵的压力往目的地输送的运输方式，其原理相当于自来水管道将水输送到各家各户。管道运输的工具本身就是管道，是固定不动的，只是货物本身在管道内移动，它是运输通道和运输工具合而为一的一种专门的运输方式。

1861 年美国建成世界第一条输油管道（木制），之后各种口径的输油管道迅速在世界各地建立。

管道运输是国际货物运输方式之一，是随着石油生产的发展而产生的一种特殊运输方式。其具有运量大、不受气候和地面其他因素限制、可连续作业以及成本低等优点。

随着石油、天然气生产和消费速度的增长，管道运输发展步伐不断加快。当今世界大部分的石油、绝大部分的天然气是通过管道运输的，管道还可运送固体物料的浆体。

管道运输的特点表现为以下几点。

（1）运量大。不同于车、船等其他运输方式，输油管道可以连续运行。一条管径为 720 毫米的管道就可以每年运送易凝高黏原油 2 000 多万吨，一条管径 1 200 毫米的原油管道年运输量可达 1 亿吨。

（2）建设投资相对较小，占地面积小，受地理条件限制少。管道建设的投资和施工周期均不到铁路的 1/2。管道埋于地下，只有泵站、首末站占用一些土地，占用土地少。管道可以从河流、湖泊、铁路、公路下部穿过，也可以翻越高山、横穿沙漠，一般不受地形与坡度的限制，可以缩短运输里程。

（3）由于埋于地下，基本不受气候影响，可以长期稳定地运行。

（4）管道输送流体能源，主要依靠每 60～70 千米设置的增压站提供压力能，设备运行比较简单，易于就地自动化和进行集中遥控。先进的管道增压站已完全做到无人值守。由于节能和高度自动化，用人较少，运输费用大大降低。

（5）沿线不产生噪声，有利于环境保护。

（6）漏失污染少，管道运输可实现封闭运输，不受自然天气的影响，损耗小。

2. 管道运输的分类

按管道的铺设方式不同，可将管道分为埋地管道、架空管道（图 5.5）、水下管道。

图 5.5 管道运输

按输送介质不同，管道可以分为原油管道、成品油管道、天然气管道、油气混输管道、固体物料浆体管道。

按其在油气生产中的作用，油气管道又可分为矿场集输管道，原油、成品油和天然气的长距离输送干线管道，天然气或成品油的分配管道等。

3. 我国管道运输现状及发展趋势

我国油气长输管道网络已初步建成。截至 2018 年年末，我国累计建设油气长输管道里程数为 13.6 万千米，其中，天然气管道累计达到 7.9 万千米。随着中国石油企业“走出去”战略的实施，中国石油企业在海外的合作区块和油气产量不断增加，海外份额油田或合作区块的外输原油管道也得到了发展。

管道运输由于具有运量大、运输成本低、易于管理等特点而备受青睐，呈快速发展的趋势，随着科学技术的发展，各国越来越重视管道运输的研究和应用。随着运行管理的自动化，进入21世纪后，管道运输将会发挥越来越大的作用。近10年建设的中俄输气管线、苏格里气田外输管线、吐库曼和西西伯利亚至中国的输气管线等，为中国及周边邻国的管道运输业提供了发展机遇。

4. 管道运输的服务特性

管道运输可靠性非常好，运作成本极低，由于如下原因，管道运输可以按时运送货物。

（1）管通内的货物流动由计算机监视与控制。

（2）管道渗漏或破裂造成的货损货差非常小。

（3）管道内货物移动基本不受气候条件影响。

（4）管道运输不需要太多的人力，基本不受罢工或员工缺席的影响。

相对于其他运输方式而言，管道运输具有可靠性与成本优势，这吸引了许多托运人采用管道运输运送货物。当然，只有当货物是或者可以是以液体、气体或浆的状态存在时，才可以采用管道运输。随着其他运输方式成本逐渐上涨，托运人可能改进管道运输，从而利用管道来运输非传统类的货物。

综上所述，可以看出，各种运输方式都有一定的优点，也有一定的缺点，也就是说，各种运输方式都有其有利的适用范围，也有不适合的运输空间。在对各种运输方式分析上不能厚此薄彼，而应采取相应的政策使各种运输方式协调发展。

5.3 几种专业运输模式

当今世界，物流运输业无疑是发展最为迅猛的产业之一。随着各国经济的发展，尤其是在经济全球化、一体化加强，交通运输工具不断革新的背景下，物流运输业发挥的作用与日俱增。对于物流运输模式的选择和创新要求也越来越高。从运输模式的发展历程看，目前世界物流运输模式主要有陆路运输模式、水路运输模式、航空运输模式、零担运输（part load traffic，PLT）模式、甩挂运输（drop and pull transport，DPT）模式、冷链运输（cold-chain transportation）模式、集装箱运输模式和多式联运模式等。下面就其中的几种模式进行展开分析。

5.3.1 零担运输模式

1. 零担运输的含义和特点

零担运输是指当一批货物的重量或容积不够装一车时，与其他几批甚至更多批货物共用一辆货车的运输模式。托运一批次货物数量较少时，占用一节货车（或一辆运输汽车）进行运输在经济上不合算，而由运输部门安排和其他托运货物拼装后进行运输，从而达到合理运输（reasonable transportation）和节省运输费用的目的。

零担货物运输具有以下特点：①零担货物具有一次性托运量小、流向分散、批次较多、品种繁杂等特点。②零担货物运输计划性差、组织工作复杂、单位运输成本较高。

零担运输模式的出现和发展是物流产业发展史的重要内容，不仅节省了物流运输费用，还促进了物流运输模式的创新，具有深远的影响。

2. 零担运输的分类

按照选择的交通运输方式，零担运输可分为铁路零担运输、公路零担运输和海上零担运输三种模式。其中海上零担的一般方式是集装箱零担货物运输，也就是集装箱的拼箱货（less than container load，LCL）运输。

3. 零担运输的条件

零担运输在世界范围内，各国对起码重量、体积、件数等都有限制性的规定。例如美国的规定是：货车所载货物的重量低于 10 000 磅，或载完货后尚有空间或未达法定重量，可再装载其他货物。铁路合作组织在《国际铁路货物联运协定》中规定一批货物重量小于 5 000 千克、按其体积又不需要单独一辆货车运送的货物，即为零担货物。

在我国，铁路运输规定：按零担托运的货物，一件的体积不得小于 0.02 立方米（一件重量在 10 千克以上的除外），每批不得超过 300 件。

5.3.2 甩挂运输模式

国际能源机构（IEA）相关研究表明，交通运输能源消耗占世界总能耗的 20%以上。在全球都普遍倡导绿色经济、节能经济和经济可持续发展的前提下，节能环保的物流运输模式成为企业进行物流的首选模式。自 20 世纪 40 年代以来，欧美等发达国家开始研究新型的低碳甩挂运输。随着交通运输工具的更新换代，以牵引车为动力，以半挂车、全挂车等承载装置为主要运输工具运输货物的甩挂运输模式出现在人们的视野中，与此同时，甩挂运输也逐渐成为专业物流运输模式之一。

1. 甩挂运输的含义和特点

甩挂运输是用牵引车拖带挂车（图 5.6）至目的地，将挂车甩下后，换上新的挂车运往另一个目的地的运输方式。

图 5.6 等待牵引车的挂车

甩挂运输模式有以下几个方面特点。

（1）挂车自身不具备动力，由牵引车拖带行驶。以公路运输为例，装载集装箱的挂车本身不具有驱动力，需要在牵引车的拖带下才能行驶。

（2）一台牵引车往往需要配置多台挂车，牵引车与挂车之间不固定搭配，根据运输需要进行组合。例如，交通运输方式中的铁路运输，由火车车头作为牵引动力，挂车即是载有各种货物的挂车，后面的挂车本身不具有动力，由牵引车——车头拖带行驶，车头可以拖带几节、十几节甚至更多车厢。

（3）减少货物的装卸搬运，避免不必要的运输程序，运输效率高。就船背（fishy back）运输和鸟背（birdy back）运输而言，装载货物的卡车不用卸货，而是直接驶入转运舱内（货轮或机舱），等货物运达目的地城市港口时，再直接开出货舱并将货物运输到指定位置。中间减少了货物运输过程中的装卸搬运程序，节省了运输花费的时间和成本，同时提高了运输的效率。

除了以上讲述的三个较为普遍和突出的特点之外，甩挂运输模式还具有低碳环保、时效性好、整合运输资源等特点。

2. 甩挂运输模式的分类

根据甩挂运输原理应用的对象不同，即船舶、铁路和飞机，其被称作“三背”运输。

（1）甩挂运输原理应用到船舶上被称为船背运输或滚装运输，即货柜装载在特设卡车、拖车上驶进船舱进行运输，它便于开展公—海联运。

（2）甩挂运输应用在铁路运输方面被称为驼背（piggy-back）运输，即卡车拖车开到平车上进行运输，它便于开展公—铁联运。

（3）甩挂运输应用到飞机上被称为鸟背运输，即由公路卡车直接驶进机舱，飞机卸货时再行驶离开机舱，这便于开展公—空联运。

甩挂运输在多式联运中同样起着重要作用，被称为现代物流运输的“黏合剂”。在多式联运的每一个环节中，甩挂运输都发挥着其他运输模式无可比拟的优越性，促进着物流运输业的快速发展。

3. 甩挂运输模式的优势

1）提高技术水平

甩挂运输对货运业整体的技术水平有非常高的要求。一是对操作者和管理者的技术要求和素质要求较高，从事甩挂作业的人员需要具备专业知识和技能才能适应运输过程中各个环节；二是企业需要信息管理系统，提供车辆监控与调度、装卸搬运、企业综合管理等功能；三是需要配备标准化的车辆，以保证不同的牵引车和挂车之间能够自由组合。所以说，甩挂运输能够促进物流运输业的技术水平的提高。

2）提高运输效率

甩挂运输使牵引车和挂车能够自由分离，减少货物装卸的等待时间，加速牵引车周转，提高牵引车生产效率。

3）节约资源，实现节能减排

甩挂运输组织模式能够减少车辆空驶和无效运输，从整体上降低能耗和减少废气排放。有关数据资料显示，如果全国物流运输业能将甩挂运输周转量比重提高到 10%，则可每年节省燃油折合 300 万～400 万吨标准煤，相应减少二氧化碳排放 650 万～850 万吨。

4）降低物流成本

甩挂运输要求牵引车和挂车按照一定比例进行配置，能有效节省牵引车购置费、人工费和管理费等运营成本。

扩展阅读 5-5：我国甩挂运输的发展现状

5.3.3 冷链运输模式

冷链物流是物流行业中一个特别的分支，属于物流领域高端物流的范畴。它与其他物流方式的不同点就是要有特别的冷藏手段和运输方法。同时这也是个投资大、风险大但市场前景非常看好的行业。

1. 冷链运输的含义及特点

冷链运输是指在运输全过程中，无论是装卸搬运、变更运输方式、更换包装设备等环节，都使所运输货物始终保持一定温度的运输。冷链运输是冷链物流的一个重要环节，冷链运输成本高，而且包含了较复杂的移动制冷技术和保温箱制造技术，冷链运输管理包含更多的风险和不确定性。

根据冷链运输的对象可以将冷链运输特点归结为以下几个方面。

（1）技术要求高。冷链所包含的制冷技术、保温技术、产品质量变化机理和温度控制及监测等技术是支撑冷链的技术基础。

（2）投资成本大。冷库建设和冷藏车的购置需要投资大量金额，比一般库房和干货车辆要高出3～5倍。

（3）运营成本高，冷链物流运作成本高。电费和油费的维持是冷链运输必要投入要素。

（4）监控困难。冷链运输产品的生产、储存、运输、销售等诸多环节需要进行控制，所以冷链的运作既需要严格的管理制度，同时操作人员的素质也是保证冷链的重要因素。

（5）市场竞争无序，导致我国的冷链运输企业难以成长壮大。目前我国大部产品冷链物流企业还是以私营企业经营为主。

2. 冷链运输的分类

按照运输方式，冷链物流主要分为航空运输、海上运输、陆地公路汽车运输和铁路运输。

3. 冷链运输的对象

（1）鲜活品：蔬菜、水果、肉、禽蛋、水产品、花卉产品。

（2）加工食品：速冻食品、水产、包装熟食、奶制品和快餐原料等。

（3）医药品：各类药品、针剂、药剂等。

5.4 运输的合理化

物流涵盖了第一产业、第二产业、第三产业和全部社会再生产过程，因而是一个非常庞大而且复杂的领域。对于现代物流来说，运输是其中最重要的功能之一，物流合理化在很大程度上依赖于运输合理化，运输成了降低物流费用最具潜力的领域，因此在进行物流运输系统组织设计和物流组织活动时，实现运输合理化是一项最基本的任务。

5.4.1 运输合理化的内涵

物流过程中的合理运输，是指从物流系统的总体目标出发，按照商品流通规律、交通运输条件、货物合理流向、市场需求情况选择合理的运输路线和运输工具，以最短的路径、最少的环节、最小的运力、最快的速度、最少的费用把货物从产地运往销地。

5.4.2 影响运输合理化的主要因素

运输是物流组织活动的关键环节，是由各种经济的、技术的和社会的因素相互作用的结果。影响运输合理化的因素主要有运输距离、运输时间、运输环节、运输工具、运输费用等。

1. 运输距离

在一次运输活动中，运输的时间长短、运费的高低、运输工具的选择以及运输过程中的货物损耗都与运输距离密切相关，因此在组织物流活动的过程中，运输距离的选择至关重要，要尽可能近产近销，避免舍近求远。

2. 运输时间

在物流组织活动中，大部分的时间都运用在运输过程中，尤其对于远程运输来说，运输时间的缩短对整个物流活动起决定性的作用。因此在组织物流活动时，要想办法减少单次运输时间，加快货物运输周转，避免货物长时间停留在运输过程中。

3. 运输环节

在物流运输过程中，每增加一个环节，就要花费更多的劳动，相应地增加运输成本，导致各项经济指标的下降。因此在调运物资时，要对物资进行明细分类，运输过程中应尽量减少运输环节，尤其是同类运输工具的环节。

4. 运输工具

物流运输的对象不同，所要求的运输工具也各不相同，每种运输工具在其相应的领域都有各自的优势。因此在物流运输过程中，要根据运输的对象选择相应的运输方式和运输工具，合理使用运力，确定最优运输方案。

5. 运输费用

在整个物流费用中，运输费用占有相当大的比重，它是衡量运输经济效益的一项重要指标，也是运输合理化的主要目的之一。因此在组织物流运输过程中，运输费用是必须要考虑的因素，要积极节约运输费用。

以上是影响运输合理化的主要因素，又称为合理运输的“五要素”，也是影响运输合理化的内部因素，各因素既相互联系又相互影响，有的还相互矛盾。运输距离缩短了，但由于路途颠簸等原因，运输时间和运输费用不一定降低。因此在运输过程中要综合考虑各种因素，进行综合比较分析，寻求最佳运输方案。另外，影响运输合理化的因素还有来自企业外部的，主要有政府的规章制度、资源的分布状况、国民经济结构的变化、运输网布局的变化和运输决策的参与者等。

5.4.3　不合理运输及其表现形式

扩展阅读 5-6：
十类不合理运输的具体表现形式

不合理运输是指在现有条件下没有达到原本可以达到的运输水平，从而造成的运费超支、运输时间的增加以及运力的浪费等问题的运输形式。其主要形式有对流运输、倒流运输、迂回运输、重复运输、过远运输、空驶、亏吨运输、无效运输、运力选择不当、托运方式选择不当等。

5.4.4　组织运输合理化的有效途径

组织合理运输就是要选择正确的运输路线，运用合理的运输方式和运输工具，合理配置运输网络，采用合理的运输策略和模式，精心规划、统筹兼顾，建立合理的运输结构，大力发展综合运输体系，增强运输生产能力，缓解交通运输紧张，实现综合运输体系，改变不平衡的状况，大幅度提高运输能力，最大限度提高合理化运输水平，提高运输效率和经济效益。

1. 分区产销平衡

分区产销平衡就是在组织物流活动时，对于某些产品物资来说，把其固定的产地所生产的产品调往固定的销售地，使其在一定的生产区域固定于一定的消费区。这种方法充分考虑产销的资源分布状况，按照近产近销的原则组织货物运输，实行这一办法对于促进产销平衡，消除过远运输、迂回运输、对流运输等不合理运输，充分使用地方资源，促进生产合理布局，节约运力，降低物流成本都有十分重要的意义。实行分区产销平衡运输首先要摸清物资产销情况，划定物资调运区域，然后绘制合理的运输流向图从而制订合理的运输调运方案。同时，在实施分区产销平衡运输时，还要灵活掌握市场变化情况，必要时加强地区联系，互通有无，调剂余缺，避免可能造成的不合理运输。

2. 直达运输

直达运输就是在组织运输过程中，不经过商业、物资仓库或其他中间环节，把货物直接从产地运到销地或用户手中，减少中间环节。在物流运输过程中，每增加一个环节就要增加相应的运输费用，尤其是对于一些体积庞大或过于笨重的货物，直达运输发挥着不可替代的重要作用。随着市场经济的发展，为了降低流通费用，越来越多的企业采用直达运输，减少物流中间环节，提高物流效益和生产经营效益，然而，在运用直达运输时，要依据用户的需求来判定是否合适，有时对于较小批量的运输，中转运输也是合理的。

3. 配载运输

配载运输是指充分利用运输工具载重量和容积，合理安排装载的货物及方法以求合理化的一种运输方式。配载运输往往是轻重商品的合理配载，在运输以重质货物为主的情况下，同时搭载一些轻泡货物，如铁路运输矿石、钢材等重质货物时，在上面捎运轻泡农、副产品等，在基本不增加运力和减少重质货物运输的情况下，解决了轻泡货的搭运，因而效果非常好。

4. 合装整车运输

合装整车运输是指物流部门在组织货物运输过程中，把同一方向的不同货物组配在一辆车内，以整车运输的方式托运到目的地，或者运到一个合适的中转站，再中转分运。采取合装整车运输可以充分利用货车的容积和载重量，多载货，不空驶，从而达到运输合理化的目的，减少一部分运输费用，并节约社会劳动力。

5.“四就”直拨运输

“四就”直拨运输是指各种物资在组织货物调运过程中，由管理机构提前筹划，直接分配给基层的各零售商、用户，减少中间环节。“四就”直拨运输的具体做法有：就厂直拨、就站（码头）直拨、就库直拨、就车（船）直拨。“四就”直拨运输和直达运输是两种不同的运输组织形式，“四就”直拨运输一般是用于运输里程较近、批量较小、在大中型城市批发站所在地办理的直拨运输业务。

6. 提高技术装载量

提高技术装载量是指在组织物流运输时，最大限度地利用车船载重吨位和装载容积，提高运输工具的使用效率。其主要形式有集装箱运输、散装化运输、托盘运输、轻重配套装运、顶推法、汽车挂运法、“满载超轴”、堆码法、解体运输等。

7. 发展社会化的运输体系

发展社会化运输体系是指发展运输的大生产优势，实行专业分工，打破单个物流企业自成运输体系的状况。单个企业的运输生产，车辆自有，自我服务，不能形成规模，且动量需求有限，难以自我调剂，因而容易经常出现空驶、动力选择不当（因为运输工具有限，选择范围太窄）、不能满载等不合理现象，且配套的接、发货设施和装卸搬运设施也很难有效运行。因此，发展社会化的运输体系，统一安排运输工具，对于避免迂回、倒流、空驶、运力选择不当等多种不合理运输具有重要意义，从而达到组织效益和规模效益的统一。目前所采用的社会化运输体系主要有各种运输方式的组合、运输工具的合理搭配，以及采用最优运输模式等。

5.4.5 运输合理化的意义和作用

运输是企业物流环节的关键组成部分，物流运输合理化对于企业和国民经济的发展具有重要的作用和意义。具体表现在以下几方面。

（1）物流运输合理化，可以充分利用运输能力，使货物走最合理的路线、经最少的环节，以最快的时间、取最短的里程到达目的地，从而提高运输效率，实行最小的社会运输劳动消耗，达到节约运输费用、降低物流成本的目的。

（2）物流运输合理化，可以缩短运输时间、加快物流速度、缩短生产周期，使被运输的货物在途时间尽可能缩短，实现到货及时的目的，这样，既可及时供应市场，又可降低物资部门的流通费用、压缩库存，减少流动资金的占用，加速资金周转，减少货损货差，取得良好的社会效益和经济效益。

（3）物流运输合理化，可以克服运输中的种种浪费现象，节约运力，缓解运力紧张的状况，提高货物的通过能力，起到合理利用运输能力的作用。同时，由于货物运输的合理性，降低了运输中的能源消耗，提高能源利用率，不仅可以降低企业成本，对于缓解我国运输和能源紧张情况也具有重要作用。

（4）物流运输合理化，有利于加速社会再生产的进程、促进国民经济的发展。在市场经济环境下，组织货物的合理运输，可以使物质产品迅速地从生产地向消费地转移，加速资金的周转，促进社会再生产过程的顺利进行，保持国民经济持续、稳定、协调、健康地发展。

5.4.6　合理运输方案的制订

运输方案是运输活动的行动指南，是运输活动的总体规划，因此制订合理的运输方案具有重要意义。制订合理运输方案的具体方法如下。

（1）确定运输目标：一般情况下要根据客户的需求来确定具体的运输目标，确保运输的安全、经济、及时、准确。

（2）收集相关信息：收集货物的性质、运输路线、货物输出和输入地以及运输过程中的相关信息数据。

（3）测算运输成本：包括包装、装卸、运输、订单处理、废弃物品的处理和各种风险成本等。

（4）制订具体方案：包括运输路线的选择，运输方式和运输工具的组合，以及装、卸、搬、运工具的选择与组合等。

（5）评估运输方案：运输方案制订后，要对多个方案进行决策与评估，方案执行后要及时进行信息反馈。

即测即练

自学自测　扫描此码

案例分析　蒙牛合理选择运输方式

本章习题

1. 物流运输的原则有哪些？
2. 物流运输的作用表现在哪些方面？
3. 现行的运输方式包括哪五种基本的运输方式？
4. 为了实现运输成本最小化，如何选择最佳的运输方式？
5. 几种专业运输模式分别有什么特点？
6. 如何实现运输的合理化？

第 6 章

仓储管理与技术

【学习目标】

认识物流仓储与仓储管理的概念及仓储的作用功能；

理解物流中心的概念及功能，明确物流中心在物流业中的重要地位；

识别仓储管理技术的内涵及两种典型的仓储管理技术；

掌握仓储合理化的主要标志、实现仓储合理化的具体措施和仓储管理业务的基本流程。

本章导读

物资的储存和运输被人们称为“物流的支柱”，是整个物流过程中的两个关键环节。在任何商品交换过程中，虽然物资的购、销活动决定了物资的交换关系，但若没有物资的储存和运输，物资的这种交换关系则不能实现。

仓储是物流系统中一种必要的活动，商品的仓储活动是由商品生产和商品消费之间的客观矛盾所决定的。商品在生产领域向消费领域转移的过程中，一般都要经过商品的仓储阶段，这主要是由商品生产和商品消费在时间上、空间上以及品种和数量等方面的不同步所引起的，也正是在这些不同步中仓储发挥了作用。

对于物流业的经营管理者来说，既要满足用户存取商品的各种需要，又要增加收入、降低成本以提高盈利和扩大市场，因此，仓储管理越来越为企业经营者特别是物流经营管理者所关注，有的学者甚至把仓储管理描述为对静止或运动库存的管理。因为库存商品占用大量的流动资产，减少库存、降低库存成本、追求零库存是仓储管理的目标，也是企业挖掘“第三利润源”的重心所在。

本章从仓储及仓储管理入手，系统地分析了仓储环节在物流过程中的重要性，并详细介绍常见仓储管理技术，最后，对物流业中的现代物流中心从概念、功能、种类到规划作出了系统的论述，使大家能够对物流仓储管理的相关知识由浅入深地进行学习和理解。

6.1 物流仓储概述

进入 21 世纪后，以新型流通方式为代表的连锁经营、物流配送、电子商务等产业发展迅速，加之经济全球化趋势明显增强，给世界各国经济发展带来了前所未有的机遇。物流要研究的是包括储备、库存在内的广义的储存概念。

6.1.1　储存与仓储的内涵

在现代物流科学体系中，储存与仓储是两个常见的概念。从两者的概念来说，存在细微的差别。

1. 储存

储存是包含库存和储备在内的一种广泛的经济现象，是一切社会形态都存在的经济现象。马克思指出：“产品储存是一切社会所共有的，即使它不具有商品储备形式这种属于流通过程的产品储备形式，情况也是如此。”（《资本论》第 2 卷，第 140 页）在任何社会形态中，对于不论什么原因形成停滞的物资，也不论是什么种类的物资，在没有进入生产加工、消费、运输等活动之前，或在这些活动结束之后，总是要存放起来，这就是储存。这种储存不一定在仓库中，而可以在任何位置，也有可能永远进入不了再生产和消费领域。

2. 仓储

仓储是通过仓库对物资进行储存和保管。它是指在原产地、消费地或者在这两地之间储存商品（原材料、零部件、在制品、产成品），并向管理者提供有关储存商品的状态、条件和处理情况等信息。即仓储是商品离开生产过程尚未进入消费过程的间隔时间内的暂时停滞。

扩展阅读 6-1：为什么说“仓储”是物流的节点

仓储随着物资储存的产生而产生，又随着生产力的发展而发展，是商品流通的重要环节之一，也是物流活动的重要支柱。在社会分工和专业化生产的条件下，为保持社会再生产过程的顺利进行，必须储存一定量的物资，以满足一定时期内社会生产和消费的需要。这是本章要讨论的主要内容。

由此可以看出，虽然储存先于仓储活动出现，但现代物流仓储活动的内涵远比单纯的储存要丰富得多，两者的关系如图 6.1 所示。

6.1.2　仓储的作用及功能

仓储是物流的主要职能，又是商品流通不可缺少的环节。在物流过程中没有仓储环节就不能解决生产集中性与消费分散性的矛盾，也不能解决生产季节性与消费常年性的矛盾。除此之外，仓储还可以解决供需之间和不同运输方式之间的矛盾，提供场所价值和时间效益，使商品的所有权和使用价值得到保护，加速商品流转，提高物流效率和质量，促进社会效益的提高。

1. 仓储的作用

物流仓储是消费资料产品在离开生产过程，但未进入消费过程的间隔时间内的停留，其作用在于以下几点。

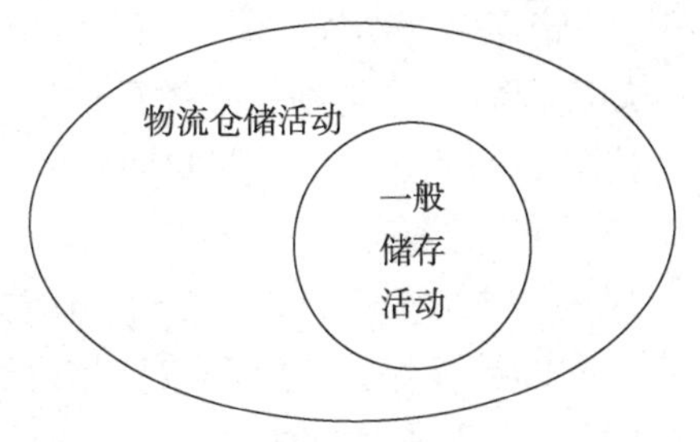

图 6.1　储存与仓储的内涵关系

（1）仓储活动可以创造“时间效用”，调节商品的时间需求，进而消除商品的价格波动。一般商品的生产和消费不可能是完全同步的，为了弥补这种不同步所带来的损失，就需要通过储存商品来消除这种时间性的需求波动。

（2）仓储活动可以降低运输成本，提高运输效率。通过物流仓储环节，可将运往同一地点的小批量商品聚集成较大的批量，然后再进行统一运输，到达目的地后，再分成小批量送到客户手中，这样虽然产生了一定的储存成本，但是可以更大限度地降低运输成本，提高运输效率，如图6.2所示。

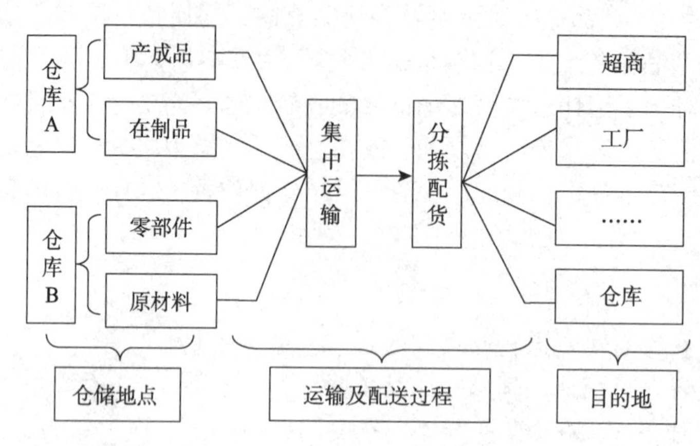

图6.2 仓储在运输环节的作用

（3）商品消费地的仓储活动，可以获得更好的客户满意度。对于企业来说，如果在商品生产出来之后，能够尽快地把商品运到目标消费区域的仓库中去，那么目标消费区域的消费者在对商品产生需求的时候，就能够尽快地得到这种商品，这样消费者的满意度就会提高，而且能够创造更佳的企业形象，为企业之后的发展打下良好的基础。

（4）仓储是社会物质生产的必要条件之一。仓储作为社会再生产各环节之间的“物”的停滞，构成了衔接上一步活动和下一步活动的必要条件。例如，在生产过程中，上一道工序生产与下一道工序生产之间免不了有一定时间间隔，上一道工序的零件总是要达到一定批量之后，才能经济合理地送给下一道工序加工，而下一道工序为了保持生产的连续性，也总是要有必备的最低的半成品储备保证。于是，仓储无论对哪一道工序来说，都是保证顺利生产的必要条件。

2. 仓储的功能

在物流中如无仓储环节，生产就会停止，流通就会中断。由此可见仓储是物流中的重要职能。概括起来，仓储的功能可以分为如下几个方面。

1）储存保管功能

储存保管功能是物流仓储最传统、最基本的功能。商品从生产过程进入消费过程存在一定的时间间隔。在此期间便形成了商品的暂时停滞。商品在流通领域中的暂时停滞又形成了商品储存。

现代生产的复杂性使生产不均衡、不同步的现象客观存在，因此，产成品需要经过一定时间的储存保管才能和消费相协调。同时，为了应付突发事故和自然灾害，合理使用资源，防止产品因一时过剩而造成浪费，为了获得更大收益而延迟一段时间出售产品，都需要对生产的产品进行一定时间的储存保管。在现代物流领域，人们经常将其看成整个物流过程的“调节阀”。

2）调节功能

仓储在物流中起着“蓄水池”的作用，一方面仓储可以调节生产与消费的关系，销售与消费的关系，使它们在时间和空间上得到协调，保证社会再生产的顺利进行；另一方面，还可以实现对运输的调节。因为产品从生产地向销售地流转，主要依靠运输完成，但不同的运输方式在运向、运程、运量及运输线路和运输时间上存在着差距，一种运输方式一般不能直达目的地，需要改变运输方式、运输线路、运输规模、运输方法和运输工具，协调运输时间，完成产品倒装、转运、分装、集装等物流作业，仓储区域为这些作业提供了条件。

3）搬运功能

搬运是在仓储环节中的常见作业，由于仓储区域面积很大，仓库的接货、货物的转移、仓库的出货都需要搬运作业的协助。其中仓储搬运作业就包括商品接收、商品转移、商品存放、订单分拣和商品出库等主要活动，如图 6.3 所示。

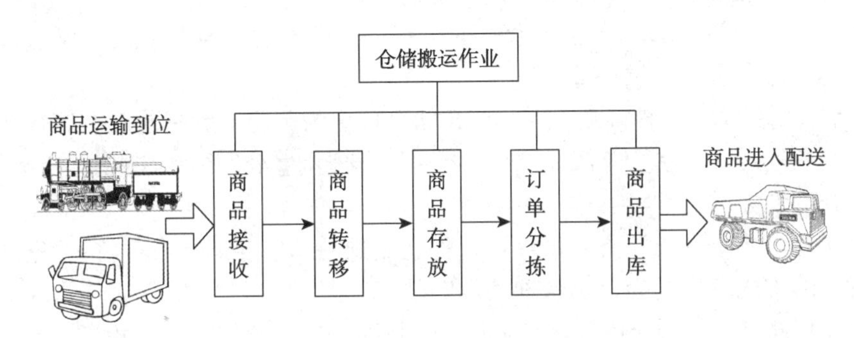

图 6.3　仓储搬运作业流程

4）配送功能

根据用户的需要，把商品进行分拣、组配、包装和配发等作业并将配好的商品送货上门。配送功能是储存保管功能的外延，提高了仓储的社会服务效能，最终目的就是要确保商品仓储的安全，最大限度地保持商品的使用价值、减少保管损失。

6.1.3　仓储合理化

1. 仓储合理化的概念

物流仓储合理化就是在保证储存功能实现的前提下，用各种办法实现仓储的经济性。不可否认仓储是“第三利润源”的重要源泉之一，仓储成本的减少意味着整个物流的成本降低，但是仓储的基本任务是对需要的满足，实现储存商品的“时间价值”，这又要求储存必须有一定储量，因此，如何协调仓储量与仓储成本之间的关系就成了仓储合理化要解决的主要问题，如图 6.4 所示。

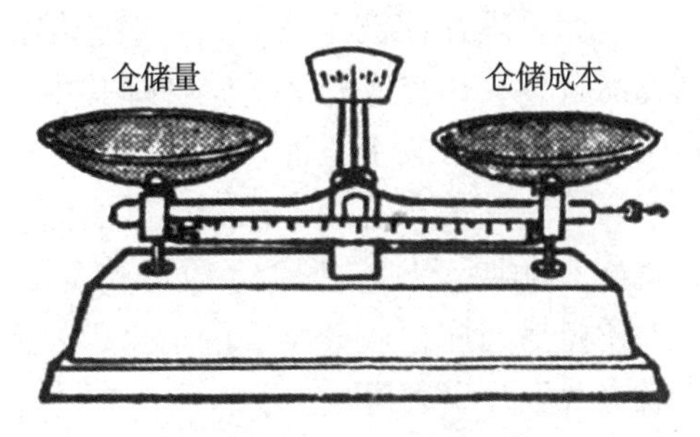

图 6.4　仓储合理化思考

仓储活动的不合理往往表现在对储存功

扩展阅读 6-2：
仓储合理化的主要标志

能实现的过分强调、过分投入储存力量和其他储存劳动。所以在物流系统管理中，必须充分予以重视，保持一定的合理储存。以生产物流来说，工厂要储存一定数量的原材料，否则，原材料供应不上，生产就中断了；相反，如果原材料储存过多，会造成积压，占用库房，浪费资金，影响企业的经济效益。而从销售物流来看，批发企业或物流中心必须保持一定的合理库存量，不然，商品储存过多，会造成积压，占压资金；而储存过少，又要脱销，并失去销售机会，影响企业的经济效益。因此，物流系统必须强化这一功能，及时反馈，调整库存，多则停止进货，少则补充库存，充分发挥其调节功能、收纳作用。合理储存的实质是在保证储存功能实现前提下的尽量少的投入，也是一个投入产出的关系问题。

2. 实现仓储合理化的措施

（1）在自建仓库和租用公共仓库之间作出合理选择，找到最优的解决方案。

（2）有效开发和利用第三方仓储的功能。

（3）有效利用各种现代化的仓储管理方法，如 ABC 法、应用系统科学法等，从科学的角度为仓储合理化提供保障。

（4）加速总的周转，提高单位产出。仓储合理化的重要课题是将静态储存变为动态储存，周转速度加快会为仓储活动带来一系列的合理化好处：资金周转快、资本效益高、货损小、仓库吞吐能力增加、成本下降等。

（5）采用“先进先出”方式。保证每件仓储物品的储存期不致过长。“先进先出”是一种有效的方式，也成为仓储管理的准则之一。

（6）提高储存密度和仓库利用率。其主要目的是减少仓储设施的投资、提高单位存储面积的利用率，以降低成本、减少土地占用。

（7）根据商品的特性，采用现代化储存保养技术，保证仓储物品的质量。

（8）采用集装箱、集装袋、托盘等储运装备一体化的方式。

6.1.4 物流仓储管理

1. 仓储管理的概念

仓储管理是仓储机构为了充分利用其所具有的仓储资源、提供高效的仓储服务所进行的计划、组织、控制和协调过程。

2. 仓储管理的内容

仓储管理往往被误认为只是对仓储商品数量进行控制，主要内容就是保持合理的仓储物品数量，其实这只是仓储管理其中一项重要内容，并不是它的全部。仓储管理的内容主要包括以下三个方面。

（1）仓储信息管理：仓储信息的面广、量大，既包括库存商品本身的信息，如商品的名称、种类、规格、型号、数量和质量等，又包括市场、用户对库存商品的需求信息，另外还包括与库存业务相关的信息，如入库日期、出库日期、存货数量、盘点盈亏、库存成本及客户资料等。

（2）仓储决策、控制：决定与仓储有关的业务如何进行，如储存商品的购入或发出的时间、地点，储存商品的品种、数量、质量、构成以及订购方式的确定等。

（3）仓储管理水平的衡量：一定期间内采用的仓储管理方式是否恰当，应给予评价、衡量，以帮助企业对仓储管理进行及时和最优的调整，这不仅关系到企业的经济效益，同时也关系到下一阶段仓储管理策略的重大问题。

3. 仓储管理的基本流程

物资的仓储管理工作是企业物资管理的重要部分。做好仓储管理对于保证及供应生产需要、合理储备、加速周转、节约物资使用、降低企业成本都有着重要意义。因此，作为仓储管理人员应熟悉工作基本流程（图 6.5），严格按照仓储管理制度开展工作，做到商品在储存期间的“有数”“有据”“有手续”和“有秩序”。

扩展阅读 6-3：观澜内陆集装箱仓储中心的管理

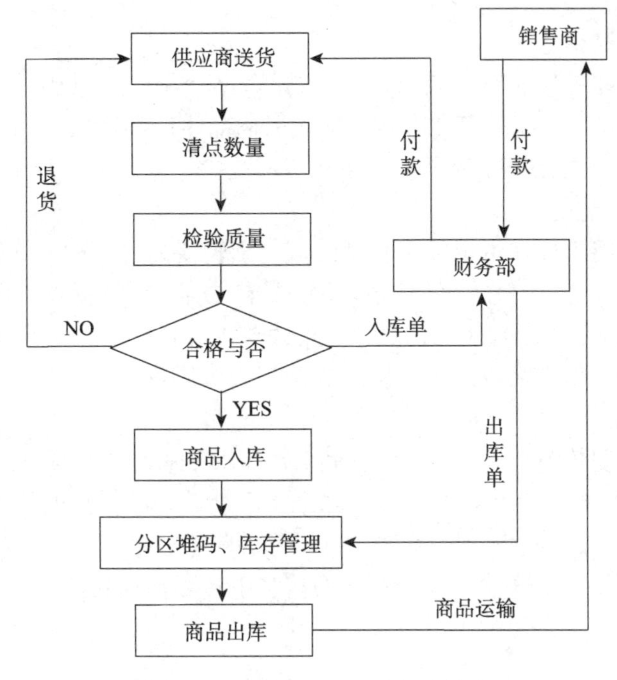

图 6.5　仓储管理工作的基本流程

6.2　仓储技术和设施设备

6.2.1　物流仓储的基础——仓库

1. 仓库的概念

仓库是开展物流仓储活动的必要场地，它是物流活动的中转站，是调节物流的中心，是保管、储存物品的所有建筑物和场所的总称。具体来说，仓库包括用来存放货物（包括商品、生产资料、工具或其他财产）并对其数量和状态进行保管的场所或建筑物等设施，还包括用于减少或防止货物损伤而进行作业的土地或水面。仓库还应包括设置在仓库内，为仓储作业服务的设备和设施，如地坪、货架、衬垫、固定式提升设备、通风照明设备等。

2. 仓库的功能

仓库最基本的功能就是存储物资，并对存储的物资实施保管和控制。但随着人们对仓库概念的深入理解，仓库同时也负担着物资处理、流通加工、物流管理和信息服务等功能，其含义远远超出了单一的储存功能。

1）储存和保管功能

仓库是储存物品的特定空间，在具体实践中可使用相应的设备和手段来保证储存物品的价值和使用价值。不同的储存物对储存环境的要求有所不同，这就要求仓库管理人员具备一定的物品储存的专业知识，同时熟练运用各种搬运机具，使仓库真正起到储存和保管的作用。

扩展阅读6-4：
商品储存与保管小常识

2）调节供需功能

为商品创造时间效用和空间效用是物流的两大基本职能，其中，商品时间效用的实现是由仓库来完成的。仓库的存在有效地解决了商品生产和消费之间不同步的问题，使得生产和消费协调，这充分体现了仓库在物流系统中“蓄水池”的调节作用。

3）流通加工功能

现代仓库的功能正处在由单纯保管型向流通型转变的过程中，即仓库从贮存、保管货物的中心向流通、销售中心转变。仓库不仅要有贮存、保管货物的设备，而且还要增加分拣、配套、捆装、流通加工、信息处理等设施。这样既扩大了仓库的经营范围，提高了物资的综合利用率，又方便了消费，提高了服务质量。

4）信息中转功能

仓库是物流活动的中转站，在处理仓储活动有关的各项事务时，需要依靠计算机和互联网，通过电子数据交换和条形码等技术来提高仓储物品信息的传递速度，及时而又准确地了解仓储信息，如仓库利用水平、进出库的频率、仓库的运输情况、顾客的需求以及仓库人员的配置等。这就体现了仓库的信息中转和传递功能。

3. 仓库的分类

在物流系统中的仓库种类繁多，这里介绍几种主要的分类方法。

1）按保管目的分类

（1）配送中心（流通中心）型仓库：具有发货、配送和流通加工的功能。如图6.6所示。

（2）存储中心型仓库：以储存为主的仓库。如图6.7所示。

（3）物流中心型仓库：具有储存、发货、配送及流通加工功能的仓库。

2）按保管条件分类

（1）普通仓库：用来存放对仓库没有特殊要求的一般性物资，如一般的金属材料仓库、机电产品仓库等。

（2）保温仓库：用来储存对温度等有特殊要求的物资（如粮食、水果和肉类等）的仓库，包括恒温仓库、恒湿仓库及冷藏库等。这类仓库在建筑结构上要有隔热、防寒及密封等功能，并配备专门的设备，如空调、制冷机等。

（3）特种仓库：用来储存危险品的仓库，如石油库、化工危险品仓库等。

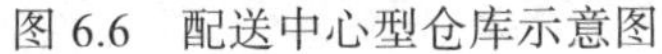

图 6.6　配送中心型仓库示意图

图 6.7　存储中心型仓库示意图

3）按保管物品分类

（1）原料、产品仓库：企业为了保证生产和销售的连续性，专门用于存储原材料、半成品或成品的仓库。

（2）商品、物资综合仓库：商业、物资和外贸部门为了保证市场供应、解决季节时差，用于存储各种商品、物资的综合性仓库。

（3）农副产品仓库：经营农副产品的企业专门用于存储农副产品的仓库，或经过短暂存储进行加工后再运出的中转仓库。

（4）战略物资储备仓库：由国家或一个主管部门修建的，用于储备各种战略物资，以应付各种自然灾害和意外事件发生的仓库。

4）按建筑结构形态分类

（1）平房仓库：一般构造简单，建筑费用低，适于人工操作。

（2）楼房仓库：指二层楼以上的仓库，它可以减少占地面积，出入库作业则多采用机械化或半机械化作业。

（3）筒仓库：以储存散装颗粒和液体物资为主的储罐类仓库，如图 6.8 所示。

（4）货架仓库：采用钢结构货架储存货物，通过各种输送机、水平搬运车辆、叉车及堆垛机进行机械化作业。其按货架的层数又可分为低层货架仓库（货物堆放层数不大于 10 层）和高层货架仓库（货物堆放层数为 10 层以上），如图 6.9 所示。

扩展阅读 6-5：
“仓库”的由来

扩展阅读 6-6：
“仓库”该怎么布局呢？

图 6.8　筒仓库示意图——储油罐

图 6.9　货架仓库示意图

6.2.2 物流仓储的质量保证——入库、保管、出库

1. 物品的入库管理

物品的入库管理是指物品进入仓库储存时所进行的检验及接收等一系列技术作业的过程，它包括物品的接运、装卸、验收、搬运、堆码和办理入库手续等技术作业。

物品入库的依据是仓库同货主企业签订的仓储合同或仓库的上级管理部门下达的入库通知、物品入库计划。物品入库的一般程序主要包括以下几个主要环节（图6.10）：办理入库凭证、入库准备、物品接运、内部交接、物品初验、入库信息处理。

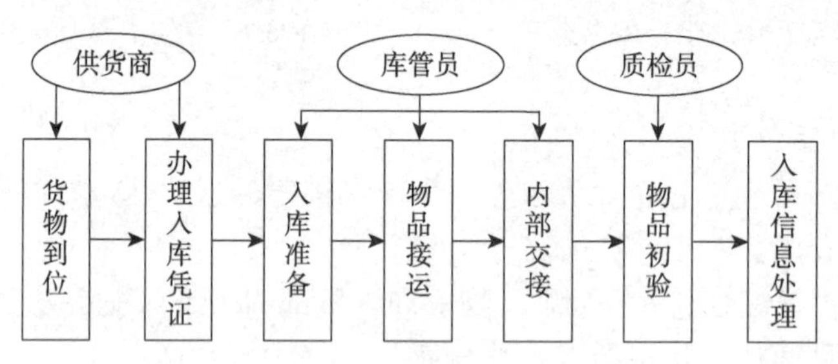

图6.10 物品入库的基本程序

1）物品入库前的准备工作

物品入库前的准备工作包括组织准备和工具准备。例如，针对所验物品的性能、特点和数量，确定存放地点、垛形和保管方法；准备堆码所需的材料和装卸搬运设备（图6.11）、设备及人力；若是危险品，则需要准备防护措施；准备相应的检验工具，如磅秤、量尺、卡尺及需要的仪表等，并做好事前检查，保证用具性能良好等。

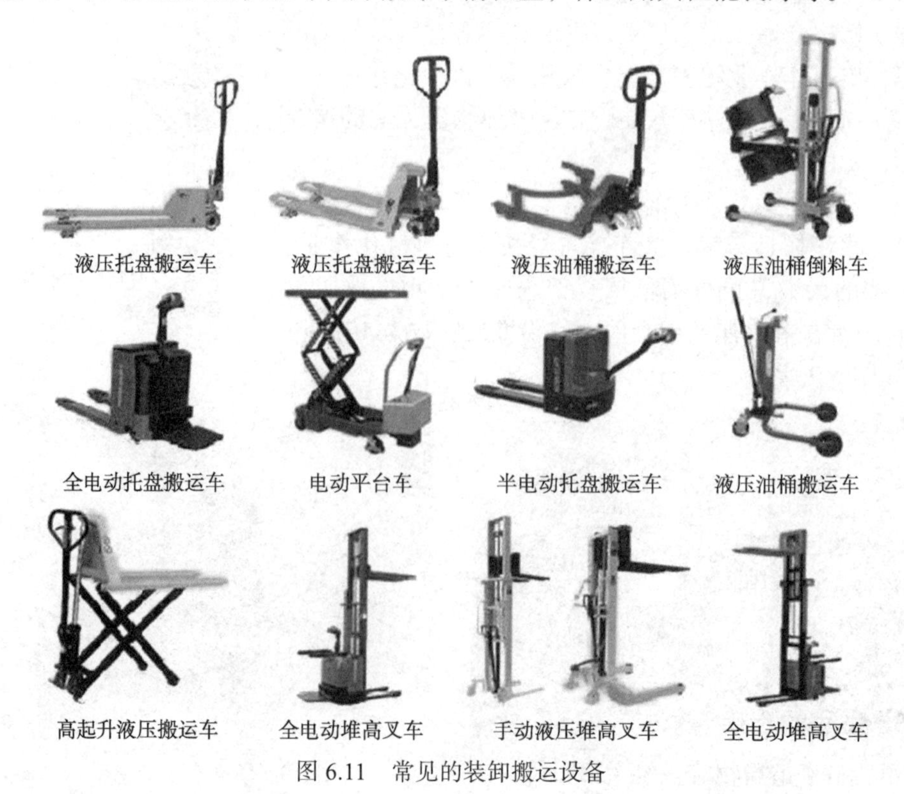

图6.11 常见的装卸搬运设备

2）物品的接运工作与内部交接

到达仓库的物品除部分直接交货外，其余大部分都要经过铁路、公路、水路和航空等交通运输部门转运，这就需要接运工作。接运工作必须注意认真细致、及时安全，避免将一些在运输过程中或运输前已经发生的损坏和差错物品带入仓库，造成验收中责任难分的现象，造成保管工作的困难和损失。

3）物品初验

物品初验包括数量检验、外观质量检验和包装检验。数量检验是保证物品数量准确所不可缺少的措施，要求物品入库时一次进行完毕。在一般情况下，按数量供应时应全部检斤检尺，以实际结果的数量为实收数。外观质量检验是指通过人的感觉器官检查物品外观质量情况的检验过程；物品包装的好坏、干湿，与物品的安全储存和运输有直接关系，所以对物品的包装要进行严格验收。

扩展阅读 6-7：
入库验收紧急情况的处理措施

4）入库信息录入

入库工作完毕后将本次入库的一切信息包括其中存在的问题进行详细记录，并将其录入企业的仓储管理系统。

行业小知识："入库单"样本

入　库　单

编号：　　　　库别：　　　　年　　月　　日

品名	型号	单位	数量	生产日期	批号	检验单号	备注

入库人：　　　　复核人：　　　　库管员：

注：一式三联。一联为存根联，一联交生产部，一联交财务核算部。

2. 物品的在库管理

保证储存物品的使用价值是物流仓储活动中的一项重要的内容，这就需要库管员对在库物品进行恰当保管和保养。

（1）物品的保管是指将物品在其适宜储存的环境、场所进行合理堆放和看管的作业活动。保管的目的是在规定的储存期限内，保证物品安全可靠、数量无差错和质量无变化。

（2）物品的保养是指为了延续和恢复储存物品原有质量而追加的一种养护作业活动。保养的目的是通过采取有针对性的技术养护手段来提高物品对大自然中不利因素的抵抗能力，继续维持物品原有质量，以及物品质量稍有变化时及时进行修复，尽可能地保持其原有使用价值不受损害。

扩展阅读 6-8：
在库管理的作用及注意事项

3. 物品的出库管理

物品出库是指物品发出时仓库各业务部门所需办理的手续及其作业的全过程，包括物品出库的程序、清理善后工作和物品出库中发生问题的处理等。

物品出库业务主要包括以下内容：核单备货、复核、包装、点交、登账、现场和档案的清理，物品出库的基本程序如图 6.12 所示。

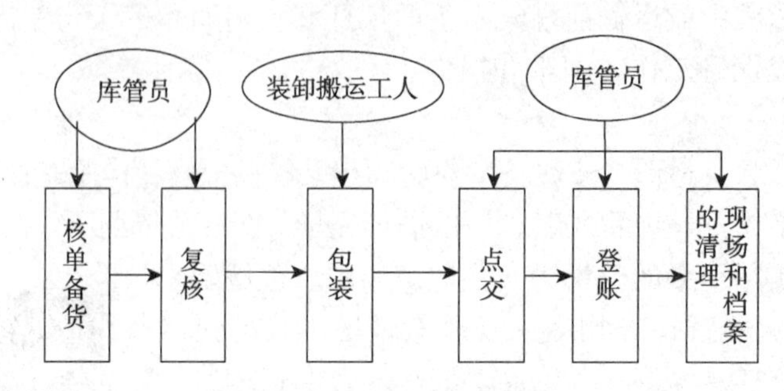

图 6.12　物品出库的基本程序

（1）核单备货：商品发放需有正式的出库凭证，仓库保管员必须认真核对出库凭证，首先要审核凭证的真实性，然后核对商品的品名、型号、规格、单价数量、收货单位等，最后审核出库凭证的有效期等。审核凭证之后，按照单证所列项目开始备货工作。备货时应本着“先进先出、易霉易坏先出、接近有效期先出”原则，备货完毕后要及时变动料卡余额数量，填写实发数量和日期。

（2）复核：为防止差错，备货后应立即进行复核。出库的复核形式主要有专职复核、交叉复核和环环复核三种。此外，在发货作业的各个环节上，都贯穿着复核工作。

（3）包装：出库的商品如果包装不能满足运输部门或用户的要求，应进行包装。

（4）点交：商品经复核后，需要办理交接手续，当面将商品交接清楚。交清后，提货人员应在出库凭证上签章。

（5）登账：点交后，仓管人员应在出库单上填写实发数、发货日期等内容，并签章。

（6）现场和档案的清理：现场清理包括清理库存商品、库房、场地、设备等。档案清理是指对收发、保养、盈亏数量等情况进行整理。

行业小知识：“出库单”样本

出　库　单

出库类型：　　　　出库日期：　　　　出库单号：

部门：　　　　业务员：　　　　发货单号：

客户名称：

仓库：　　　　备注：

存货编码	存货名称	规格型号	计量单位	数量	单位进价（不含税）	税金	销售成本（不含税）	价税合计	备注

制单人：　　　　审核人：

6.2.3　仓储管理技术——库存管理与 JIT

1. 库存管理与库存控制

1）库存的概念

库存是指以支持生产、维护、操作和客户服务为目的而存储的各种物料，包括原材料和在制品，维修件和生产消耗品，成品和备件等。合理的库存量能使企业及时把握市场交易机会，保持供应链顺畅运行，同时也使企业保有合理的仓储成本。

如何让库存保持在一个合理的水平，何时进行补货，补多少，这就是库存控制要解决的主要问题。目前为止已经形成了一套比较成熟的库存控制技术，如定量订货法库存控制、定期订货法库存控制、供应商管理库存及联合库存管理（jointly managed inventory，JMI）等。

2）定量订货法库存控制

定量库存控制也称订购点控制，是指库存量下降到一定水平（订购点）时，按固定的订购数量进行订购的方式。该方法的关键在于计算出订购点时的库存量和订购批量，对于某种商品来说，当订购点和订购量确定后，就可以利用永续盘点法实现库存的自动管理。

定量订货法库存控制的优点如下。

（1）管理简便，订购时间和订购量不受人为判断的影响，保证库存管理的准确性。

（2）由于订购量一定，便于安排库内的作业活动，节约理货费用。

（3）便于按经济订购批量订购，节约库存总成本。

定量订货法库存控制的缺点如下。

（1）不便于对库存进行严格的管理。

（2）订购之前的各项计划比较复杂。

定量订货法库存控制的适用范围如下。

（1）单价比较便宜，而且不便于少量订购的物品，如螺栓、螺母等 C 类物资。

扩展阅读 6-9：定量订货法库存控制的具体步骤

（2）需求预测比较困难的物品。

（3）品种数量多、库存管理事务量大的物品。

（4）消费量计算复杂的物品以及通用性强、需求总量比较稳定的物品等。

3）定期订货法库存控制

（1）定期订货法库存控制原理。定期订货法也称为固定订购周期法，这种方法的特点是按照固定的时间周期来订购（一个月或一周等），而订购数量则是变化的。一般都是事先依据对商品需求量的预测，确定一个比较恰当的最高库存额，在每个周期将要结束时，对库存进行盘点，决定订购量，使商品到达后的库存量刚好达到原定的最高库存额。

与定量订货法相比，这种方法不必严格跟踪库存水平，减少了库存登记费用和盘点次数。价值较低的商品可以大批量购买，也不必关心日常的库存量，只要定期补充就可以了。食品店就经常使用这种方法，有些食品每天进货，有些每周进一次，另一些可能每月才进一次货。

如果需求和订购提前期是确定的，并且可以提前知道，那么使用固定订购周期法时，每周期的订购量是一样的。如果需求和订购提前期都不确定，那么每周期的订购量就会有所不同。

（2）定期订货法适用以下商品的库存控制。

①消费金额高、需要实施严密管理的重要物品。

②根据市场的状况和经营方针，需要经常调整生产或采购数量的物品。

③需求量变动幅度大，而且变动具有周期性，可以正确判断的物品。

扩展阅读 6-10：定期订货法库存控制的具体步骤

④建筑工程、出口等可以确定的物品。

⑤设计变更风险大的物品。

⑥多种商品采购可以节省费用的情况。

⑦同一品种物品分散保管，同一品种物品向多家供货商订购，批量订购分期入库等订购、保管、入库不规则的物品。

⑧需要定期制造的物品。

4）库存成本

（1）购入成本：是指单位购入成本或单位生产成本。单位购入成本应以入库时的成本计算，外购物品的单位成本应包括购入单价及运费；自制物品的单位成本应包括直接材料费、直接人工费和工厂管理费等。

（2）订购/生产准备成本：指向外部供应商发出采购订单的成本或内部的生产准备成本。

（3）储存成本：又称单位持有成本，主要包括资本成本、税金、保险、储藏保管、搬运、损耗、陈旧和变质等项费用。

（4）缺货成本：又称亏空成本，是指由于外部和内部供应中断引起缺货而产生的成本。

2. 库存管理方法

要对库存进行有效的管理和控制，首先要对存货进行分类。常用的存货分类方法有 ABC 库存管理法和 CVA（critical value analysis，关键因素分析）库存管理法。

1）ABC 库存管理法

ABC 库存管理法又称重点管理法或 ABC 分析法，是一种将库存按年度货币占用量分为三类，通过分析，找出主次，分类排队，并根据其不同情况分别加以管理的方法。该方法是根据巴雷特曲线所揭示的“关键的少数和次要的多数”的规律在管理中加以应用的。

ABC 库存管理法所需要的年度货币占用量，可以用每种库存的年度需求量乘以其库存成本得到。ABC 库存管理法的内容及对应管理策略见表 6.1。

除按照货币占用量对库存进行分类外，企业还可以按照销售量、销售额、订货提前期、缺货成本、进出库频繁程度等指标对库存进行分类管理，进而采用相应的管理方法。

利用 ABC 库存管理法可以使企业更好地进行预测和现场控制，以及减少安全库存和库存投资。ABC 库存管理法并不局限于分成三类，可以增加种类，但经验表明，最多不超过五类，过多的种类反而会增加管理成本。

表 6.1　ABC 库存管理法的内容及对应管理策略

库存类型	特点（按货币占用量）	管理方法
A	年度货币量最高的库存，品种数约占库存总数的 15%，库存成本约占总数的 70%～80%	进行重点管理。现场管理要更加严格，应放在更安全的地方；为了保证库存记录的准确要经常进行检查和盘点；预测时要更加仔细
B	年度货币量中等的库存，品种数约占库存总数的 30%，库存成本约占总数的 15%～25%	进行次重点管理。现场管理不必投入比 A 类更多的精力；库存检查和盘点的周期可以比 A 类长一些
C	年度货币占用量较低的库存，成本也许只占总数的 5%，但品种数量却占库存总数的 55%	只进行一般管理。现场管理可以更粗放一些；但是由于品种多，差错出现的可能性也比较大，因此也必须定期进行库存检查和盘点，周期可以比 B 类长一些

2）CVA 库存管理法

ABC 库存管理法具有不足之处，通常表现为 C 类库存得不到应有的重视，而 C 类库存短缺往往也会导致整个运作过程的中断。因此，一些企业在库存管理中引入了关键因素分析法，即 CVA 库存管理法，CVA 法库存种类及管理策略见表 6.2。

表 6.2　CVA 法库存种类及管理策略

库存类型	特点	管理措施
最高优先级	经营管理中的关键物品，或 A 类重点客户的存货	不允许缺货
较高优先级	生产经营中的基础性物品，或 B 类客户的存货	允许偶尔缺货
中等优先级	生产经营中比较重要的物品，或 C 类客户的存货	允许合理范围内缺货
较低优先级	生产经营中需要，但可替代的物品	允许缺货

CVA 库存管理法比 ABC 库存管理法具有更强的目的性，在使用中不要确定太多的最高优先级，因为确定太多最高优先级会使其种类变多，结果哪种物品也得不到应有的重视。在实际工作中可以将两种方法结合起来使用，将会取得更好的效果。

3. 现代仓储管理技术

JIT 是 just in time 的缩写，意思是准时制，最早产生于制造业的生产过程中，20 世纪 50 年代由日本丰田汽车公司首创，1972 年后被广泛应用于日本汽车和电子工业。JIT 管理为日本企业生产高质量、低成本的产品提供了保证。

1）JIT 技术的概念

扩展阅读 6-11：零库存成功实例

准时制生产方式的基本思想是“只要在需要的时候，按需要的量生产所需的产品”。这种生产方式的核心是追求无库存的生产系统。其目的是使原材料、在制品及产成品保持最小库存的情况下，能保持连续、高节奏的大批量生产。零件从上道工序准时到达下道工序，并被下道工序迅速加工和转移。

JIT 生产方式的最终目标即企业的经营目的——获取最大利润。具体来说有以下具体表现：①零废品；②零库存；③准备时间最短；④提前期最短；⑤减少零件搬运。

2）JIT 物流管理形式

（1）计划管理。计划管理就是按生产计划组织生产供货，它实际是以计划消耗来计算的一种要货方式。其遵循的原则是：在第 M 天的需求基础上进行预测，并计算出 $M+$

N 天的供应量，依次循环滚动。它实际比较接近于传统的计划供应方式，之所以被列入准时制物流管理范围，是因为其预测和计划周期较短。计划管理模式适用于零件品种需求变化较小，且消耗连续的汽车零部件。但计划管理的不足在于：当生产计划调整时，不能作出快速反应，易造成产品库存过多。

（2）看板式管理。看板式管理是电子技术与现代物流的完美结合，同时也是一种需求拉动型的管理模式。它采用条形码技术、网络技术进行生产物流管理，是一种反应速度较快、信息较为准确的新型管理模式。信息的主要载体是看板，在看板上记录着零件号、要货时间、零件名称、零件的储存地点、零件数量、所用工位器具的型号等，以此作为各工序进货、出库、运输、生产、验收的凭证。在看板式管理模式下每一次物料的供应都是对实际消耗的合理补充，充分体现了准时制物流的原则，看板生产的流程如图 6.13 所示。

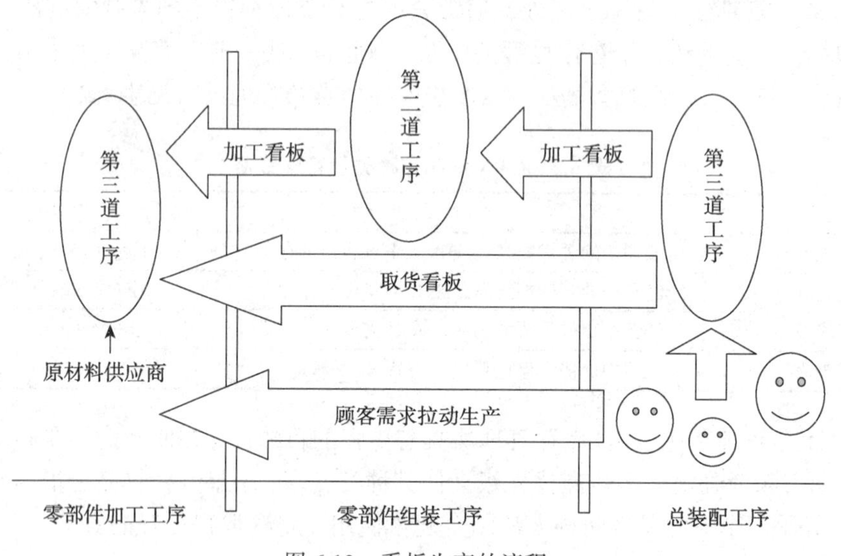

图 6.13　看板生产的流程

（3）同步管理。同步管理是 JIT 管理的高级方式，适用于单位价值较高、变化形式多样的总成零件。其要求供应商与主机厂共享同一软件平台，单一零件按明确的方式备货，通过取样点对整车数据下载分析，按装配车间装配工位上零件的准确要求实现供货。信息共享是实现同步管理的前提条件，同步管理需要根据生产线运行情况进行同步供应，以满足工艺需要，减少库存费用和对生产面积的占用。在流水线上，当车身通过某一工序时，它立即向下游工序发出所需装配某种零件的需求信息。同样，当生产商收到要货信息后，就会根据要货指令将所需的品种、数量按要求的时间准时地送达，不会产生多余库存口。同步管理在企业的应用，标志着准时制拉动式生产方式已经进入了较高级阶段。

3）JIT 物流的应用

在一些发达国家，许多企业都看到了 JIT 的好处。一项对欧洲 200 家企业进行的研究表明，JIT 管理对企业能力的改善包括：库存平均减少 50%；产品生产周期缩短 50%～70%；供货时间缩短 50%；生产效率提高 20%～50%；JIT 的投资回收期也少于 9 个月。

我国汽车行业已全面推行准时制拉动式物流管理，逐渐形成了以市场需求为中心、以主机总装配线的要求为导向的物流过程控制，逐步建立了一套适合自身发展的物流管理系统，有足够的柔性去满足企业生产提出的各项要求，适应多变的市场环境。JIT管理意味着在必要的时候生产必要的产品，不过量生产，因为企业没有必要再投入原材料、精力和时间，在 JIT 情况下理想的批量规模是 1。JIT 思想与那种依靠额外库存以防止出现工作失误的做法形成了鲜明的对比。当所有的等待数量变为零时，库存投资实现最小化，提前期大大缩短，企业对需求变化快速反应，质量问题会得以迅速曝光。同传统的生产物资管理比较，JIT 物流的实施完善了企业管理，为企业节省了大量的成本，产生了巨大的经济效益和社会效益。

扩展阅读 6-12：
走出传统仓储管理

6.2.4　仓储设施设备

1. 仓储设备的概念与分类

仓储设备是指仓储业务所需的所有技术装置与机具，即仓库进行生产作业或辅助生产作业以及保证仓库及作业安全所必需的各种机械设备的总称。

仓储设备的分类见表 6.3。

表 6.3　仓储设备的分类

功能要求	设备类型
存货、取货	货架、叉车、堆垛机械、起重运输机械等
分拣、配货	分拣机、托盘、搬运车、传输机械等
验货、养护	检验仪器、工具、养护设施等
防火、防盗	温度监视器、防火报警器、监视器、防盗报警设施等
流通加工	所需的作用机械、工具等
控制、管理	计算机及辅助设备等
配套设施	站台、轨道、道路、场地等

2. 仓储设备的特点

（1）搬运要求较高，但对速度的考虑较低。

（2）运动线路较固定。

（3）专业化程度高。

（4）标准化程度高。

（5）机械化、自动化程度高。

（6）节能性和经济性要求高。

（7）环保性要求。

3. 仓储设备的选择原则

（1）仓储机械设备的型号应与仓库的作业量、出入库作业频率相适应。

（2）计量和搬运作业同时完成。

（3）选用自动化程度高的机械设备。

（4）注意仓储机械设备的经济性。

6.3 现代物流中心

6.3.1 物流中心的内涵

1. 物流中心的概念

物流中心一词是政府部门、许多行业、企业在不同层次物流系统化中应用得十分频繁，而不同部门、行业、企业的人们对其理解又不尽一致的重要概念。概括起来，对物流中心的理解可以归纳为以下几种表述。

（1）物流中心是从国民经济系统要求出发所建立的以城市为依托、开放型的物品储存、运输、包装、装卸等综合性的物流业务基础设施。这种物流中心通常由集团化组织经营，一般称之为社会物流中心。

（2）物流中心是为了实现物流系统化、效率化，在社会物流中心下所设置的货物配送中心。这种物流中心从供应者手中受理大量的多种类型货物，进行分类、包装、保管、流通加工、信息处理，并按众多用户要求完成配货、送货等作业。

（3）物流中心（图6.14）是以交通运输枢纽为依托建立起来的经营社会物流业务的货物集散场所。由于货运枢纽是一些货运站场构成的联网运作体系，实际上也是构成社会物流网络的节点。这类物流中心也是构筑区域物流系统的重要组成部分。

图6.14　各类现代物流中心示意图

综上所述，可以将物流中心理解为，处于枢纽或重要地位的、具有较完整物流环节，并能将物流集散、信息和控制等功能实现一体化运作的物流据点。根据国家标准《物流术语》，我国将物流中心定义为：“从事物流活动且具有完善信息网络的场所或组织，应基本符合下列要求：主要面向社会提供公共物流服务；物流功能健全；集聚辐射范围大；存储、吞吐能力强；对下游配送中心客户提供物流服务。”

2. 物流中心的功能

1）运输功能

物流中心需要自己拥有或租赁一定规模的运输工具，具有竞争优势的物流中心不只是一个点，而是一个覆盖全国的网络。因此，物流中心首先应该负责为客户选择满足客户需要的运输方式，然后具体组织网络内部的运输作业，在规定的时间内将客户的商品运抵目的地，以尽可能方便客户。

2）储存功能

物流中心需要配备高效率的分拣、传送、储存、拣选设备，但客户需要的不是在物流中心储存商品，而是要通过仓储环节保证市场分销活动的开展，同时尽可能降低库存占压的资金，减少储存成本。

3）装卸搬运功能

装卸搬运是为了加快商品在物流中心的流通速度必须具备的功能。专业化的装载、卸载、提升、运送、码垛等装卸搬运机械，能够提高装卸搬运作业效率，减少作业对商品造成的损毁。

4）包装功能

物流中心的包装作业目的不是要改变商品的销售包装，而在于通过对销售包装进行组合、拼配、加固，形成适于物流和配送的组合包装单元。

5）流通加工功能

流通加工的主要目的是方便生产或销售，物流中心常常与固定的制造商或分销商进行长期合作，为制造商或分销商完成一定的加工作业。物流中心必须具备的基本加工职能有贴标签、制作并粘贴条形码等。

6）信息处理功能

物流中心应将在各个物流环节的各种物流作业中产生的物流信息进行实时采集、分析，并向货主提供各种作业明细信息及咨询信息，这对现代物流中心是相当重要的。

扩展阅读 6-13：
物流中心与仓库的区别

6.3.2　物流中心的种类

不同类型的物流据点在物流链管理中的主要功能或侧重点亦有所差别，诸如集货、散货、中转、加工、配送等，由于物流中心分布的地理位置及经济环境特征，这种主要功能差别带有区域经济发展要求的特点。一般来说，根据现有的物流设施，典型的物流中心分为以下几类。

1. 集货中心

集货中心是将分散生产的零件、生产品、物品集中成大批量货物的物流据点。这样的物流中心通常多分布在小企业群、农业区、果业区、牧业区等地域。集货中心的主要功能如下。

（1）集中货物，将分散的产品、物品集中成批量货物。

（2）初级加工，进行分拣、分级、除杂、剪裁、冷藏、冷冻等作业。

（3）运输包装，包装适应大批量、高速度、高效率、低成本的运输要求。

（4）集装作业，采用托盘系列、集装箱等进行货物集装作业，提高物流过程的连贯性。

（5）货物仓储，进行季节性存储保管作业等。

2. 送货中心

送货中心是将大批量运抵的货物换装成小批量货物并送到用户手中的物流中心。送货中心运进的多是集装的、散装的、大批量、大型包装的货物，运出的是经分装加工转换成小包装的货物。此类物流中心多分布在产品使用地、消费地或车站、码头、机场所在地。其主要功能如下。

（1）分装货物，大包装货物换装成小包装货物。

（2）分送货物，送货至零售商、用户。

（3）货物仓储等。

3. 转运中心

转运中心是实现不同运输方式或同种运输方式联合（接力）运输的物流设施，通常称为多式联运站、集装箱中转站、货运中转站等。转运中心多分布在综合运网的节点处、枢纽站等地域。这类物流中心的主要功能如下。

（1）货物中转，不同运输设备间货物装卸中转。

（2）货物集散与配载，集零为整、化整为零，针对不同目的进行配载作业。

（3）货物仓储及其他服务等。

4. 加工中心

加工中心将运抵的货物经过流通加工后运送到用户或使用地点。这类物流中心侧重于对原料、材料、产品等的流通加工需要，配有专用设备和生产设施。尽管此类加工工艺并不复杂，但带有生产加工的基本特点，因而对流通加工的对象、种类均具有一定的限制与要求。物流过程的加工是将加工对象的仓储、加工、运输、配送等形成连贯的一体化作业。这类物流中心多分布在原料、产品产地或消费地。经过流通加工后的货物再通过使用专用车辆、专用设备（装置）以及相应的专用设施进行作业，如冷藏车、冷藏仓库，煤浆输送管道、煤浆加压设施，水泥散装车、预制现场等，可以提高物流质量、效率并降低物流成本。

5. 配送中心

配送中心是将取货、集货、包装、仓库、装卸、分货、配货、加工、信息服务、送货等多种服务功能融为一体的物流据点，也称为城市集配中心。配送中心是物流功能较为完善的一类物流中心，应分布于城市边缘且交通方便的地带。

6. 物资中心

物资中心是依托于各类物资、商品交易市场，进行集货、储存、包装、装卸、配货、送货，信息咨询、货运代理等服务的物资商品集散场所。一些集团企业的物流中心，就是依托于各类物资交易市场而形成的。全国一些有影响的小商品市场、时装市场、布匹市场等也初步形成了为用户提供代购、代储、代销、代运及其他一条龙相关服务的场所和组织；有的已经成为全国性的小商品、布匹、时装等的专业性物流中心。目前，此类物流中心的电子信息技术应用水平还很低。

扩展阅读 6-14：
世界十大物流公司

众多不同类型的物流中心说明，社会经济背景不同，经济地理、交通区位特征不同，物流对象、性质不同，所形成的物流中心模式也不同，强求一律用同一模式限定物流中心的功能和基础设施建设是不切合实际的。但是不同类型的物流中心应当充分履行其在物流系统化中的功能，既要满足各层次物流的需要，又要避免物流设施重复建设的浪费。

6.3.3　物流中心的地位

不同性质的物流中心在不同范围物流链管理中所起的作用不同。完整意义上的物流中心应当成为区域经济圈的枢纽、运输网的依托和物流链管理的中枢。

1. 区域经济圈的枢纽

大范围的物流中心在区域经济圈的确立中处于重要的基础地位。把握物流中心的选址区域、规模、运营机能，在物流网络规划、建设与运营有着重要作用。例如，在法国巴黎南部最大的中心市场，可以为 1 800 万消费者服务，其中 1 200 万人是巴黎 150 千米圈内的消费者。物流中心的地位不仅主要体现在物流枢纽即物流集散、信息和控制等职能上，而且体现在社会、区域经济圈的形成与运作上。

2. 运输网的依托

随着现代运输手段的发展和运用，货物的空间效用、时间效用已得到充分的注意和运用。完整意义上的物流中心已成为选择运输手段所需考虑的重要因素，例如，在欧洲，运输手段选择的一般概念范围是：从物流中心（运输枢纽）至 250 千米范围选择 3 小时可完成送达的厢式车，从物流中心至 300 千米范围，可选择 3 小时到达的货车，从物流中心至 320 千米范围，一般由 4 小时的铁路运输完成或 3 小时的高速铁路运输实现，从物流中心至欧洲任何地方或城市之间在 3 小时内，可利用航空运输作为实现时空效率的手段。物流中心作为物流网的依托，能够使线网骨骼与业务经营的血肉合为一体。

扩展阅读 6-15：
苏州工业园区打造新型物流配送中心

3. 物流链管理的中枢

物流中心始终在物流链管理中处于中心地位，在物流链管理中起到指挥中枢的作用。随着电子信息技术对此支持水平的提高，物流中心在物流链管理中的中枢地位完全确立。

6.4　智能仓储规划与建设

6.4.1　智能仓储管理系统

所谓的智能仓库管理系统，就是能够代替人脑而由系统来执行思考、判断、决策的仓库管理系统。一个成熟的仓库管理系统，需要达到三个层级。

第一，基础功能：必须能够如实反馈仓库的存储结构、存储设备，以及存储的库存位置信息。具体反映在统计仓库的仓位信息，如仓位的编码、仓位的位置；仓位本身的属性信息，如仓位的尺寸大小，仓位的存储设备（货架、托盘、堆场等），能够承受的重量，能够提供的物理空间特性，恒温恒湿、防静电等；库存的存储信息，就是放在哪个仓位，放了多少等，并能够通过多种维度来展示。

第二，硬件控制功能：自动化的传送设备；自动化上下料、分拣设备等。

第三，智能功能：系统需要根据一定的参数或数据来决定入库的货物放到哪些货架，仓库内调拨需求的产生，根据但不限于销售订单、生产订单安排仓库下架，对订单进行组合或分割，规划最优拣配线路，指定并反馈拣配工作，分配拣配点或包装点，调动自动化设备自动进行拣配、包装，分配或自动送往装车台等。

6.4.2 智能仓储系统的优点

智能仓储具有节约场地、减轻劳动强度、避免货物损坏或遗失、消除差错、提高仓储自动化水平及管理水平、提高管理和操作人员素质、降低储运损耗、有效地减少流动资金的积压、提高物流效率等诸多优点。

智能仓储和智能物流装备的引入，可以帮助传统制造企业更加精准、高效地管理仓库以及原材料、半成品和成品的流通，有效降低物流成本，缩短生产周期。

6.4.3 智能仓储系统的关键设备

1. 货架

智能仓储系统的货架分为轻负载式高层货架与单元负载式高层货架两种形式。轻负载式高层货架采用塑料篮等容器作为存取单位，存取重量在 50～100 千克，单元负载式高层货架采用托盘为存取单位。从安装方式上看，其分为整体式（与建筑物整体建设）和分离式（与建筑无关独立建设）；从建造材料上看，其分为钢筋混凝土式和钢结构式。

2. 物料搬运设备

智能仓储系统的物料搬运设施主要有堆垛起重机（简称堆垛机）、高架叉车、多层穿梭车等。堆垛机是最为常见的搬运设备，按用途分为托盘式、周转箱式和拣选式，按应用巷道数量分为直道型、转弯型和转轨型。高架叉车一般配有司机室，采用半自动方式作业。多层穿梭车在国内应用较少，可实现搬运设备的跨层搬运，有效提高出入库效率。

扩展阅读 6-16：
设计智能化仓储的关键点

3. 周边设备

智能仓储系统的周边设备包括穿梭车、辊筒式输送机、链式输送机、自动引导搬运车（AGV）、码垛机/码垛机器人、分拣设备等。

即测即练

自学自测　扫描此码

案例分析 6-1　德国物流中心的建设

案例分析 6-2　从英迈公司仓储管理得到的启示

本章习题

1. 仓库布局与设计的主要内容有哪些?
2. 简述仓储作业流程及主要作业。
3. 简述仓储合理化的含义与标志。
4. 如何对库存进行 ABC 分类管理?
5. 论述我国现代物流仓储业的发展趋势。

第 7 章

流 通 加 工

【学习目标】

认识加工的概念和作用；
理解流通加工的地位、流通加工与生产加工的差别；
识别流通加工的基本类型和主要内容；
掌握流通加工的合理化措施，不合理流通加工的形式。

本章导读

物流的整体功能是通过物流各要素活动的有机结合来实现的。虽然个别功能活动的最优化并不等于物流整体的最优化，但是，物流整体的最优化离不开个别功能活动的合理化。

流通加工是发生在流通领域的生产活动。一般来说，生产是通过改变物的形式和性质创造产品的价值和使用价值，而流通则是保持物资的原有形式和性质，以完成其所有权的转移和空间形式的位移。物流的包装、储存、运输、装卸等功能，虽然具备生产的性质，但往往并不改变物流对象的物理、化学属性。但是，为了提高物流速度和物资的利用率，在物资进入流通领域后，还需按用户的要求进行一定的加工活动。即在物品从生产者向消费者流动的过程中，为了促进销售，维护产品质量，实现物流的高效率所采取的使物品发生物理和化学变化的活动，这就是流通加工。

流通加工虽然不是物流过程中最重要、最关键的环节，但是流通加工过程的合理化将大大影响物流业的效率。通过流通加工，可有效满足社会需要，在供应量不变的情况下，增加企业经济效益，这是物流企业走内涵发展式道路的一种好办法。流通加工活动是一项具有广阔前景的经营形式，它必将为流通领域带来巨大的经济效益和社会效益。

本章首先对流通加工的概念、产生原因和特点进行了分析，接着对流通加工的形式与类型进行了介绍，最后对实现流通加工合理化的途径进行了较详细的阐述。

7.1 流通加工概述

流通加工是经济增长、国民消费能力提高、消费需求多样化的必然产物，流通加工是在商品流通领域开展的。流通加工通过改变或完善流通对象的形态来实现在物流过程中“桥梁和纽带”的作用，因此是商品流通过程中的一种特殊形式。目前，流通加工业务普遍存在于各个国家与地区的物流中心或仓库经营中，在日本、美国等物流发达国家更为常见。

7.1.1　流通加工的原因

1. 流通加工是社会化分工的产物

现代生产的发展趋势之一就是生产规模大型化、专业化，依靠单品种、大批量的生产方法降低生产成本获取规模经济效益。这种规模的大型化、生产的专业化程度越高，生产相对集中的程度也就越高。在强调大生产的工业化社会，大生产的特点之一就是“少品种、大批量、专业化”，这进一步加剧了“产需分离”，在消费者对产品质量、功能、款式、便利性等标准要求越来越复杂化的当今时代，企业不得不只专注于本“行当”，无暇顾及辅助性生产和加工活动，如果生产和需求在时间与空间上的分离可以由物流运输、储存等职能来弥补的话，体现在产品功能（规格、品种、性能）上的分离则只能由流通加工来完善。所以，流通加工的诞生实际是现代生产发展的一种必然结果。

2. 流通加工可以创造价值

流通加工的出现也使流通过程明显地具有了某种“生产性”，这就从理论上明确了：流通过程从价值观念来看是可以主动创造价值及使用价值的，而不单是被动地“保持”和“转移”的过程。因此，人们必须研究流通过程中孕育着多少创造价值的潜在能力，从而在流通过程中进一步提高商品的价值和使用价值。这就引起了流通过程从观念到方法的巨大变化，流通加工则适应这种变化而诞生。生产商品的目的是创造价值，流通加工是在此基础上完善商品的价值，增加商品的价值。集中、大批量的生产者与分散、小批量的消费者之间，存在着一定空间，形成规模化大生产与千家万户之间的场所价值和时间价值的空白，使商品的存在价值和使用价值需要通过流通加工来实现。流通加工在生产者和消费者之间起着承上启下的作用。它是把分散的用户需求集中起来，使零星的作业集约化，作为广大终端用户的汇集点发挥作用。生产者几乎无法直接满足用户的要求，也达不到服务标准，只有让流通加工业者来弥补。

3. 流通加工可以降低物流成本，提高物流效率

20 世纪 60 年代后，效益问题逐渐引起人们的重视。过去人们盲目追求高技术，并在短期内大量投入燃料和材料，导致虽然采用了新技术、新设备，但结果却得不偿失。20 世纪 70 年代初，第一次石油危机的发生证实了效益的重要性，使人们牢牢树立了效益观念。流通加工可以用少量的投入获取很大的效果，是一种高效益的加工方式，自然获得了很大的发展。节约材料是流通加工十分重要的特点之一。由于流通加工属于深加工性质，直接面对终端用户，综合多家需求，集中下料，合理套裁，充分利用边角、余料，减少废钢、角铁、碎块的浪费，做到最大限度地“物尽其用”，节约大量原材料；流通加工一般都在干线运输和支线运输节点进行，这样能使大量运输合理分散，有效地缓解长距离、大批量、少品种的物流与短距离、小批量、多品种物流的矛盾，实现物流的合理流向和物流网络的最佳配置，从而避免了不合理的重复、交叉、迂回运输，大幅度节约运输、装卸搬运和保管等费用，降低物流总成本。

7.1.2　流通加工的概念

流通加工是在商品从生产者向消费者流通过程中，为了增加附加价值、满足客户需

求、促进销售而进行简单的组装、剪切、套裁、贴标签、刷标志、分类、检量、弯管、打孔等加工作业（图 7.1）。

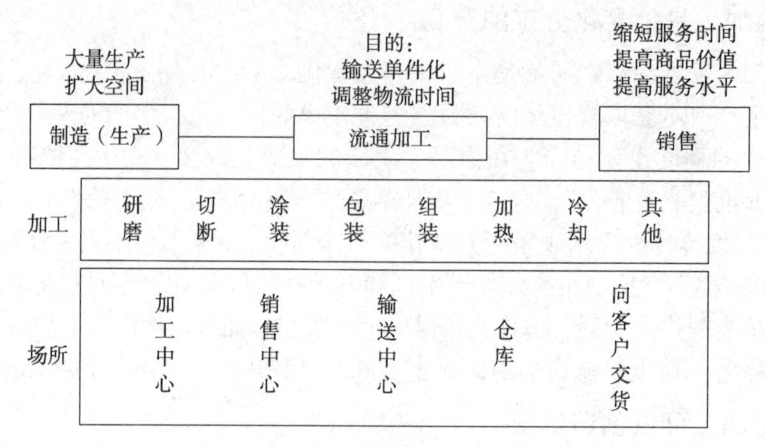

图 7.1 流通加工示意图

显然，物流流通加工功能是在物品从生产领域向消费领域流动的过程中，为促进产品销售、维护产品质量和实现物流效率化，对物品进行加工处理，使物品发生物理或化学性变化的功能。这种在商品流通过程中对商品进一步的辅助性加工，可以弥补企业、物资部门、商业部门在生产过程中加工程度的不足，更有效地满足用户的需求，更好地衔接生产和需求环节，使流通过程更加合理化。流通加工无疑是物流活动中一项重要的增值服务，也是现代物流发展的重要趋势。

7.1.3 流通加工的内涵

流通加工是在流通领域从事的简单生产活动，具有生产制造活动的性质。流通加工相比一般的生产加工在加工方法、加工组织、生产管理方面并无显著差异，但在加工对象、加工程度方面差异较大（表 7.1、图 7.2）。

表 7.1 流通加工与生产加工的区别

项 目	流通加工	生产加工
加工对象	进入流通过程的商品	原材料、零部件、半成品，非最终产品
所处环节	流通过程中的加工	生产过程中的加工
加工程度	简单加工，是对生产加工的辅助及补充	复杂加工
价值观点	完善商品的使用价值，提高价值	创造产品的价值和使用价值
加工责任人	商业或物资流通企业密切结合流通需要完成	生产企业完成
加工目的	为流通创造条件	以交换、消费为目的的商品生产

1. 流通加工的特点

流通加工具有“生产性”，但与真正的生产过程相比有其自身特点。

1）加工对象

流通加工的对象是进入流通过程的最终产品，具有商品的属性，与生产过程中的在制品和半成品有本质区别。生产加工的对象不是最终产品，而是原材料、零部件或半成品。

2）加工程度

流通加工大多是简单加工，而不是复杂加工。一般来讲，如果必须进行复杂加工才能形成人们所需的商品，那么，这种复杂加工应该专设生产加工过程。生产过程理应完成大部分加工活动，流通加工则是对生产加工的一种辅助及补充。特别需要指出的是，流通加工绝不是对生产过程的取消或代替。

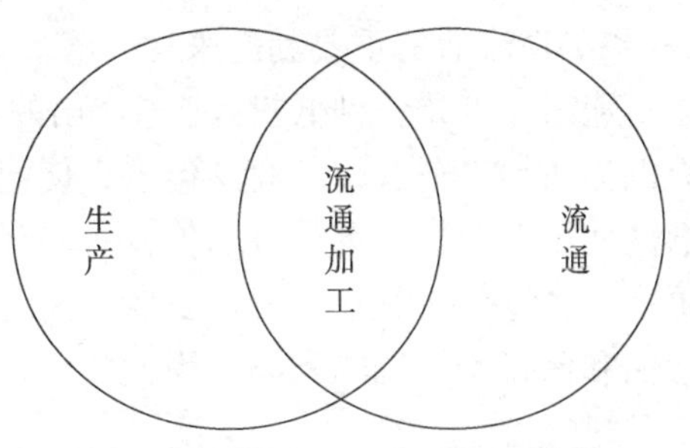

图 7.2　生产、流通与流通加工的关系

3）价值观点

生产加工的目的在于创造价值及使用价值，而流通加工的目的则在于完善其使用价值，并在不做大的改变的情况下提高商品价值。

4）加工责任人

流通加工的组织者是从事流通工作的人员，他们密切关注市场变化并结合流通的需要开展加工活动。流通加工由商业或物资流通企业完成，生产加工则由生产企业完成。

5）加工目的

商品生产是为交换、消费而进行的生产，而流通加工的一个重要目的是为了消费（或再生产）所进行的加工，这一点与商品生产有共通之处。但是流通加工有时候也以自身流通为目的，纯粹是为流通创造条件，这种为流通所进行的加工与直接为消费进行的加工在目的上是有所区别的，这也是流通加工不同于生产加工的特殊之处。例如，将体积或重量超大的产品先行分割，便于该产品在流通过程中的运输（图 7.3）。

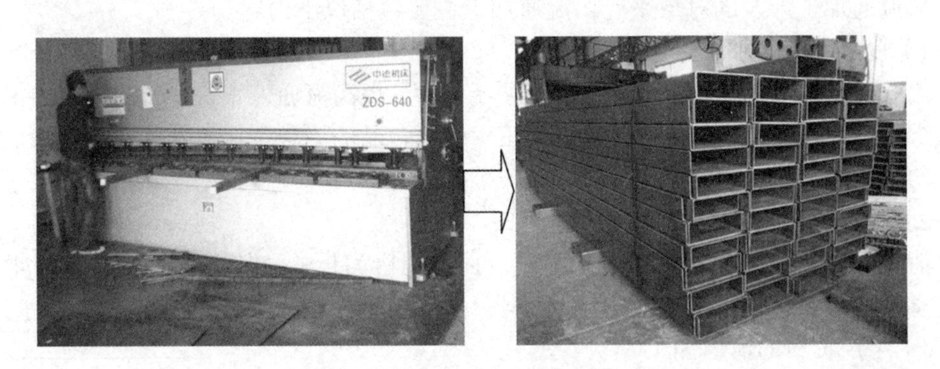

图 7.3　过长钢材的预加工

2. 流通加工的地位

1）提高物流系统的服务水平

流通加工不能像物流运输、保管职能一样实现商品的时间效用和场所效用，因此，流通加工不是物流的主要功能因素，也不是在所有物流活动中都必须存在的。但这绝不是说流通加工不重要，它的补充、完善、提高与增强等作用是运输、保管等其他功能要素不具备的。所以，流通加工的地位可以描述为：提高物流系统服务水平，促进流通向现代化发展。

扩展阅读 7-1：
北京世佳物流的大数据管理

2）物流业的重要利润来源

流通加工是一种低投入、高产出的加工方式，往往以简单加工解决大问题。实践中，有的流通加工通过改变商品包装，使商品档次升级而充分实现其价值（图 7.4，月饼礼盒的使用大大提高了月饼的价格）；有的流通加工可将产品利用率大幅提高 30%，甚至更多。这些都是采取一般方法难以做到的。实践证明，流通加工创造的利润并不亚于从运输和保管中挖掘的利润，因此我们说流通加工是物流业的重要利润来源。

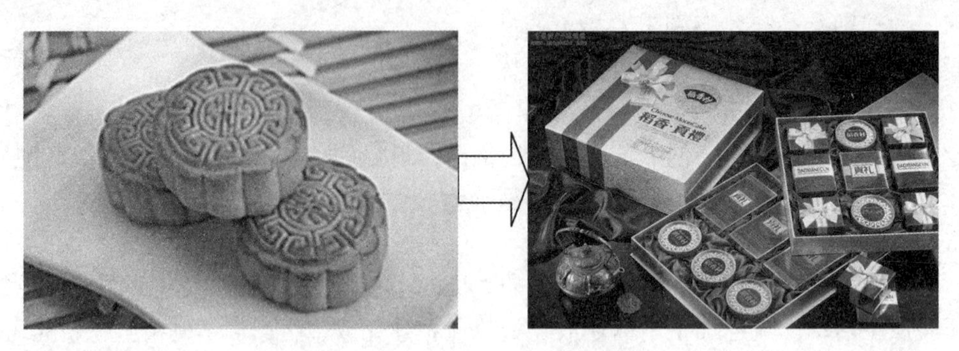

图 7.4　月饼礼盒的包装升级

3）国民经济中的重要的加工形式

流通加工在整个国民经济的组织和运行方面是一种重要的加工形式，对推动国民经济的发展、完善国民经济的产业结构具有一定的意义。

3. 流通加工的主要内容

从流通加工涉及的对象来看，流通加工主要包括以下内容。

1）食品的流通加工

流通加工最多的是食品行业，为了便于保存、提高流通效率，食品的流通加工是不可缺少的，如鱼和肉类的冷冻、蛋品加工、生鲜食品的原包装、大米的自动包装、上市牛奶的灭菌等。

2）消费资料的流通加工

消费资料的流通加工是以服务客户、促进销售为目的，如衣料品的标识和印记商标，家具的组装，地毯剪接等。

3）生产资料的流通加工

具有代表性的生产资料加工是钢铁的加工，如钢板的切割，使用矫直机将薄板卷材展平等。

具体来看，生产资料的流通加工分为钢卷剪切流通加工，木材流通加工，水泥流通加工，水产品、肉类流通加工，自行车、助力车流通加工，服装、书籍流通加工，酒类、化妆品的流通加工，玻璃流通加工，煤炭流通加工，牛奶、蔬菜、水果等食品的流通加工。

7.2　流通加工形式与类型

由于具有不同的目的和作用，流通加工的形式和类型呈多样化。

7.2.1　流通加工的形式

在我国的物流系统中，常见的流通加工形式有以下几种。

1. 剪板加工

剪板加工是机械加工的一种，即使用特定的加工机械对钢板的外形尺寸进行改变的过程。这种加工方法在钢材消费领域十分常见（图 7.5）。

图 7.5　剪板加工示意图

2. 冷冻加工

冷冻加工是为了保鲜而进行的流通加工，是为了解决鲜肉、鲜鱼在流通中保鲜及装卸搬运的问题，采取低温冻结方式的加工。这种方式也用于某些液体商品、药品等。

3. 分装加工

许多生鲜食品零售起点较小，为了保证高效输送出厂，包装一般比较大，也有一些是采用集装运输方式运达销售地区。这样做是为了便于运输，在销售地区按所要求的零售起点进行新的包装，即大包装改小包装，散装改小包装，运输包装改销售包装，以满足消费者对不同包装规格的需求，从而达到促销的目的（图 7.6）。

图 7.6　超市的水果分装示意图

4. 分选加工

分选加工是为了提高物流效率而进行的对蔬菜和水果的加工，如去除多余的根叶等。农副产品规格、质量离散情况较大，为获得一定规格的产品，采取人工或机械分选的方式加工称为分选加工。这种方式广泛用于果类、瓜类、谷物、棉毛原料等。

5. 配煤加工

配煤加工是针对煤炭的特殊流通加工方法，即在煤炭使用地区设置集中加工点，将各种煤及一些其他发热物质，按不同配方进行掺配加工，生产出各种不同发热量的燃料，称为配煤加工。配煤加工可以按需要发热量生产和供应燃料，防止热能浪费和“大材小用”，也防止发热量过小，不能满足使用要求。工业用煤经过配煤加工还可以起到便于计量控制、稳定生产过程的作用，具有很好的经济和技术价值。

煤炭消耗量非常大，进行煤炭流通加工潜力也很大，可以大大节约运输能源，降低运输费用，具有很好的技术和经济价值。

6. 精制加工

农、牧、副、渔等产品的精制加工是在产地或销售地设置加工点，去除无用部分，甚至可以进行切分、洗净、分装等加工，分类销售。这种加工不但大大方便了购买者，还可以对加工过程中的淘汰物进行综合利用。比如，鱼类的精制加工所剔除的内脏可以制成某些药物或用作饲料，鱼鳞可以制高级黏合剂，头尾可以制鱼粉；蔬菜的加工剩余物可以制饲料、肥料等。

7. 其他流通加工

半成品加工、快餐食品加工也是流通加工的组成部分。这种加工形式，节约了运输等物流成本，保证了商品质量，增加了商品的附加价值。如葡萄酒是液体，从产地批量地将原液运至消费地配制、装瓶、贴商标、包装后出售，既可以节约运费，又安全保险，以较低的成本，卖出较高的价格，附加值大幅度增加。

扩展阅读 7-2：
阿迪达斯超级市场

7.2.2 流通加工的类型

流通加工的依据是消费的个性化需求以及流通过程本身的要求。依据不同目的，流通加工可分为以下类型。

1. 为满足客户多样化需要进行的流通加工

生产部门为了实现高效率、大批量的生产，其产品往往不能完全满足用户的要求，许多产品在生产领域的加工只能到一定程度，而不能完全实现终极的加工。为了满足用户对产品多样化的需要，同时又要保证高效率的大生产，可将生产出来的单一化、标准化的产品进行多样化的改制加工。例如，对钢材卷板的舒展、剪切加工；平板玻璃按需要规格的开片加工；木材改制成枕木、板材、方材等加工（图 7.7）。

2. 为保护产品进行的流通加工

在物流过程中，为了保证商品的使用价值，延长商品在生产和使用期间的寿命，防止商品在运输、储存、装卸搬运、包装等过程中遭受损失，可以采取稳固、改装、保鲜、冷冻、涂油等方式。例如，水产品、肉类、蛋类的保鲜、保质的冷冻加工、防腐加工等；丝、麻、棉织品的防虫、防霉加工等。还有，如为防止金属材料的锈蚀而进行的喷漆、涂防锈油等措施，运用手工、机械或化学方法除锈；木材的防腐朽、防干裂加工（图 7.8）；煤炭的防高温自燃加工；水泥的防潮、防湿加工等。

图 7.7　木材的多样化流通加工

图 7.8　木材加工前后对比

3. 为促进销售进行的流通加工

流通加工也可以起到促进销售的作用。比如，将过大包装或散装物分装成适合依次销售的小包装的分装加工；将以保护商品为主的运输包装改换成以促进销售为主的销售包装，以起到吸引消费者、促进销售的作用；将蔬菜、肉类洗净切块以满足消费者要求等。

扩展阅读 7-3：
深圳赛格的加工增值服务

4. 为提高物流效率进行的流通加工

有些商品本身的形态使之难以进行物流操作，而且商品在运输、装卸搬运过程中极易受损，因此需要进行适当的流通加工加以弥补，从而使物流各环节易于操作，提高物流效率，降低物流损失。例如，造纸用的木材磨成木屑的流通加工，可以极大提高运输工具的装载效率；自行车在消费地区的装配加工可以提高运输效率，降低损失；石油气的液化加工，将很难输送的气态物转变为容易输送的液态物，也可以提高物流效率。

5. 为实施配送进行的流通加工

这种流通加工形式是配送中心为了实现配送活动、满足客户的需要而对物资进行的加工。例如，混凝土搅拌车可以根据客户的要求，把沙子、水泥、石子、水等各种不同材料按比例要求装入可旋转的罐中。在配送路途中，汽车边行驶边搅拌，到达施工现场后，混凝土已经均匀搅拌好，可以直接投入使用。

6. 为提高资源利用率进行的流通加工

利用流通加工代替分散使用的部门进行集中加工，可以大大提高资源利用率，有明显的经济效益。例如，钢材的集中下料，能充分进行合理下料、搭配套裁，减少了边角余料；能利用集中加工的优势，提高设备利用率，进行高效率加工，降低加工费用；能利用集中加工优势进行质量控制，减少原材料的消耗，提高加工质量；能充分利用各种加工副产物。

7. 为衔接不同运输方式进行的流通加工

在干线运输和支线运输的节点设置流通加工环节，可以有效解决大批量、低成本、长距离的干线运输与多品种、少批量、多批次的末端运输和集货运输之间的衔接问题。在流通加工点与大生产企业间形成大批量、定点运输的渠道，以流通加工中心为核心，组织对多个用户的配送，也可以在流通加工点将运输包装转换为销售包装，从而有效衔接不同目的的运输方式。比如，散装水泥中转仓库把散装水泥装袋、将大规模散装水泥转化为小规模散装水泥的流通加工，就衔接了水泥厂大批量运输和工地小批量装运的需要。

7.3 流通加工的合理化

流通加工是在流通领域对生产的辅助性加工，从某种意义来讲，它不仅是生产过程的延续，还是生产本身或生产工艺在流通领域的延续。而流通加工业务是现代物流企业提供的增值服务，既会提高流通商品的附加价值，从而实现物流企业的经济效益，也给供需双方带来方便与效益。提高流通加工的合理化是物流增值的重要环节。

7.3.1 流通加工合理化

流通加工合理化的含义是实现流通加工的最优配置，一方面对是否设置流通加工环节、具体位置、加工类型、技术装备等作出正确选择；另一方面要避免各种不合理的流通加工形式。

物流中的流通加工，往往并不去改变物流对象，不论是从简单地粘贴标价牌，还是需要高科技才能完成的加工，都是从促进销售、维护商品质量的考虑出发的。它不仅能够提高物流系统效率，而且能够提高商品价值和销售效率，促进生产的标准化和计划化。

7.3.2　流通加工不合理

1. 地点设置不合理

流通加工地点设置即布局状况是决定整个流通加工是否有效的重要因素。

（1）为衔接单品种大批量生产与多样化需求的流通加工，加工地点应该设置在需求地区，才能体现大批量的干线运输与多品种末端配送的物流优势。如果将流通加工地设置在生产地区，一方面，为了满足用户多样化的需求，会出现多品种、小批量的产品由产地向需求地的长距离的运输；另一方面，在生产地增加了一个加工环节，同时也会增加近距离运输、保管、装卸等一系列物流活动。

（2）为方便物流的流通加工，加工地点应该设置在产出地，设置在进入社会物流之前。如果将其设置在物流之后，即设置在消费地，则不但不能解决物流问题，还在流通中增加了中转环节。

此外还应考虑流通加工在小地域范围内的正确选址问题。对于交通不便，流通加工与生产企业或用户之间距离较远，加工点周围的社会环境条件不好等情况应尽量避免。

2. 加工方式选择不合理

流通加工方式包括加工对象、加工工艺、加工技术、加工程度等。流通加工方式的确定实际上是与生产加工的合理分工。分工不合理，把本来应由生产加工完成的作业错误地交给流通加工来完成，或者把本来应由流通加工完成的作业错误地交给生产过程去完成，都会造成不合理。

流通加工不是对生产加工的代替，而是一种补充和完善。所以如果工艺复杂，技术装备要求较高，或加工可以由生产过程延续或轻易解决的都不宜再设置流通加工。如果流通加工方式选择不当，就可能会出现与生产争利的恶果。

3. 加工作用不合理

有的流通加工过于简单，对生产和消费的作用都不大，甚至有时由于流通加工的盲目性，并未能解决品种、规格、包装等问题，相反增加了作业环节，这也是流通加工不合理的重要表现形式。

4. 加工成本不合理

流通加工的一个重要优势就是它有较大的投入产出比，因而能有效地起到补充、完善的作用。如果流通加工成本过高，则不能实现以较低投入实现更高使用价值的目的，势必会影响它的经济效益。

7.3.3　流通加工合理化的措施

1. 加工和配送结合

加工和配送结合就是将流通加工设置在配送点中。一方面按配送的需要进行加工，另一方面加工又是配送作业流程中分货、拣货、配货的重要一环，加工后的产品直接投入配货作业，这就无须单独设置一个加工的中间环节，而使流通加工与中转流通巧妙地结合在一起。同时，配送之前有必要的加工，可以使配送服务水平大大提高，这是当前对流通加工做合理选择的重要形式，目前在煤炭、水泥等产品的流通中已经表现出较大的优势。

2. 加工和配套结合

“配套”是指将使用上有联系的用品集合成套地供应给用户使用。例如，方便食品的配套。当然，配套的主体来自各个生产企业，如方便食品中的方便面，就是由其生产企业配套生产的。但是，有的配套不能由某个生产企业全部完成，如方便食品中的盘菜、汤料等。这样，在物流企业进行适当的流通加工，可以有效地促成配套，大大提高流通作为供需桥梁与纽带的能力。

3. 加工和运输结合

流通加工能有效衔接干线运输和支线运输，促进两种运输形式的合理化。利用流通加工，在支线运输转干线运输或干线运输转支线运输等必须停顿的环节，不进行一般的支转干或干转支，而是按干线或支线运输合理的要求进行适当加工，从而大大提高运输及运输转载水平。

4. 加工和商流结合

流通加工也能起到促进销售的作用，从而使商流合理化，这也是流通加工合理化的方向之一。加工和配送相结合，通过流通加工，提高了配送水平，促进了销售，使加工与商流合理结合。此外，通过简单地改变包装加工形成方便的购买量，通过组装加工解除用户使用前进行组装、调试的难处，都是有效促进商流的很好例证。

5. 加工和节约结合

节约能源、节约设备、节约人力、减少耗费是流通加工合理化重要的考虑因素，也是目前我国设置流通加工并考虑其合理化的较普遍形式。

对于流通加工合理化的最终判断，是看其是否能实现社会的和企业本身的两个效益，而且是否取得了最优效益。流通企业更应该树立社会效益第一的观念，以实现产品生产的最终利益为原则，只有在生产流通过程中不断履行补充、完善的功能才有生存的价值。如果只是追求企业的局部效益，不适当地进行加工，甚至与生产企业争利，这就有违于流通加工的初衷，或者其本身已不属于流通加工的范畴。

6. 加工与仓储结合

随着现代运输业的发展，客户对物流的需求越来越倾向于小批量、多批次，这种情况造成了客户对仓储需求的降低，很多仓储公司破产于顷刻间。但也有一些仓储公司，通过适时转变服务战略，在供应链中占据一席之地、屹立不倒，那就是针对仓储车间所在地的资源开创流通加工职能，比如加工海产品、农产品以及矿石煤炭等产品等。

7. 加工和采购结合

原材料是生产企业赖以生存的资源，因此原材料信息挖掘与管理、采购、运输是影响生产企业盈利水平的重要环节。若流通加工企业可以延伸到这些环节中去，掌握全面的原材料质量、价格、客户关系，且可以在运输之前进行合理的加工以降低运输成本和耗损，则将会对生产企业作出重大贡献，加工企业也因此可以在供应链网络中占据优势地位。

即测即练

自学自测 扫描此码

案例分析7-1 阿迪达斯的组合鞋店

案例分析7-2 Dell公司的成功秘诀

本章习题

1. 流通加工在物流中起到什么作用?
2. 流通加工与一般的生产加工相比有哪些异同?
3. 流通加工有几种主要类型?
4. 不合理的流通加工表现在哪些方面?
5. 实现流通加工合理化的途径有哪些?

第 8 章

物流配送与配送中心

【学习目标】

认识配送中心分拣作业信息的产生与传递；
理解配送的概念和类型，分拣的物流技术；
识别分拣作业过程，拣货方式的特点及适用范围；
掌握配送中心概念，配送中心的功能和作业流程。

本章导读

党的二十大明确提出“加快发展物联网，建设高效顺畅的流通体系”。现代物流中的配送是指在经济合理区域范围内，根据客户要求，对物品进行拣选、加工、包装、分割、组配等作业，并按时送达指定地点的物流活动。其通过“配”和“送”的有机结合，创造了物流的时间效用和空间效用。配送中心的设计对物流配送的发展又起着至关重要的作用。本章首先介绍配送的概念及其特点、配送与运输及送货的区别、配送的类型等基本知识；接着阐述了配送中心的概念、分类及其功能；然后介绍了配送作业的工作流程和分拣作业方法；最后阐述了配送模式和配送管理的相关理论与方法，以及物联网的相关知识。

8.1 配送的概念与类型

商品配送作为一种特殊的综合物流活动，是在传统送货基础上发展起来的。一般的送货业务是随市场而诞生的一种必然市场行为，在西方国家已有相当长的历史。随着市场竞争的日趋激烈，送货作为企业经营活动的主要组成部分而固定下来，成为企业物流的基本活动。当送货成为企业经营活动的主要组成部分和企业发展的战略手段时，其形式和内容都发生了很大变化。一方面，独立存在的商品配送中心或专项负责送货业务的企业部门开始出现；另一方面，送货的区域、种类也逐渐扩大，这时送货就变成了商品配送。

8.1.1 配送的概念及其特点

配送既不同于一般的运输，也不同于一般的送货，而有着物流大系统的特定意义。根据我国《物流术语》（GB/T 18354—2006）对配送的定义，配送是指“在经济合理区域范围内，根据客户要求，对物品进行拣选、加工、包装、分割、组配等作业，并按时送达指定地点的物流活动”。

根据我国《物流术语》对配送的定义和较早开展配送业务的美国和日本等国家来看，配送有以下几个特点。

1. 配送是物流多种功能的组合体

配送不是单纯的运输或送货，而是运输与其他活动共同构成的物流多种功能的组合体。配送一般集装卸、搬运、包装、保管、分拣、配货、运输于一体，是物流的一个缩影或是在较小范围内物流所有活动的一个体现，可谓“小物流”。因此，配送不是简单的“配货”加“送货”，而是多环节、多项目的综合一体化的物流活动，并且随着现代物流手段和技术的进步以及商品经济的发展，配送的空间范围也超越了传统的局域空间，如美国的沃尔玛利用全球卫星定位系统在全球范围内组织配送。

2. 配送以分拣和配货为主要手段

在物流成本中，分拣和配送两大项目几乎占整个物流成本的绝大多数，配送费用大多发生于厂区外部，难以控制影响因素，而分拣成本则占物流搬运成本的绝大部分。

配送活动虽包含了某一段的运输活动，但又不是运输的全部；也包含了某一段的装卸、包装、流通加工等活动，但又不是这些活动的全部或全过程。因此，配送虽然综合了多项物流功能，但其主要手段是分拣和配货。

3. 配送的全过程需要现代化技术和装备的保证

配送是集装卸、搬运、包装、保管、分拣、配货、运输为一体的物流活动，是一项难度较大的工作，要圆满完成它，必须有发达的商品经济、现代交通运输工具、经营管理水平和各类高端物流配送机械系统作为保障。例如，在配送活动中，需要和订货系统紧密联系，还需大量采用各种运输及识别、拣选等机电装备。

4. 配送是供给者送货到户式服务

从服务方式来讲，配送是一种“门到门”的服务，可以将货物从物流据点一直送到客户的仓库、营业所、车间乃至生产线的起点或个体消费者手中。

8.1.2　配送、运输、送货的概念差异

物流活动根据物品是否产生位置移动可以分为两大类：线路活动和节点活动。产生位置移动的物流活动称为线路活动，否则称为节点活动。节点活动是在一个组织内部的场所中进行的，不以创造空间效用为目的，主要是创造时间效用或性质效用的活动，如在工厂内、仓库内、物流中心或配送中心内进行的装卸、搬运、包装、存储、流通加工等，都是节点活动。配送、运输和送货都是物流的线路活动，但三者之间是有区别的。

1. 搬运与运输的区别

国家标准《物流术语》中是这样定义搬运的：在同一场所内，对物品进行空间移动的作业过程。

扩展阅读 8-1：配送、运输、搬运概念的比较

宽泛地说，配送是运输的一部分，但是更精于运输。运输指的是大批量、长距离的输送，对商品并不做严格的分类。配送运输是短距离的末端运输，在同一个地域内实现了配与送的有机结合。许多物流业内人士认为，配送是“物流的最后 100 米”，这句话形象地表示配送是短距离的

运输。

2. 配送与一般送货业务的区别

配送与一般送货业务的区别见表 8.1。

表 8.1 配送与一般送货业务的区别

项 目	配送活动	送货活动
目的	是社会化大生产、专业化分工的产物，是物流领域内物流专业化分工的反映，是提升企业竞争力的重要手段，是物流社会的必然趋势	只是企业的一种推销手段，通过送货上门服务达到提高销售量的目的
内容	根据客户需求将所需物品进行装卸、搬运、包装、保管、分拣、配货、运输等的物流活动	客户仅需要送货，没有分拣、配货等理货工作
组织管理	是流通企业的专职，要求有现代化的技术装备做保证，要有完善的信息系统，有将分货、配货、送货等活动有机结合的配送中心	由生产企业承担，中转仓库的送货只是一项附带业务
基础设施	必须有完整的现代交通运输网络和管理水平作为基础，同时还要和订货系统紧密联系，必须依赖现代信息的作用，使配送系统得以建设起来	没有具体要求
时间要求	送货时间准确，计划性强	时间不一定准确，计划性相对较差
工作效率	充分利用运力，考虑车辆的货物配载。重视运输线路优化，强调距离最短，并且一辆货车向多处运送	不考虑车辆配载，不科学制订运输规划，货车一次向一地运送
技术装备	全过程有现代物流技术和装备的保证，在规模、水平、效率、速度、质量等各方面占优势	技术装备较简单
行为性质	是面向特定客户的增值服务	是企业销售活动中的短期促销行为，是偶然行为

8.1.3 配送的类型

配送有多种方式，按其组织方式、配送对象特性不同可有如下分类，见表 8.2。

表 8.2 配送的类型

序号	分类标准	类 型
1	按配送组织者不同	商店配送、仓库配送、生产企业配送和配送中心配送等
2	按配送商品种类及数量不同	单（少）品种大批量配送、多品种小批量配送、配套配送等
3	按配送时间及数量不同	定时配送、定量配送、定时定量配送、定时定路线配送、即时配送等
4	按配送的组织形态不同	自营配送、代理配送、共同配送等
5	按经营形式不同	销售配送、供应配送、销售供应一体化配送、代存代供配送等

（1）按配送组织者不同可分为商店配送、仓库配送、生产企业配送和配送中心配送等。

扩展阅读 8-2：
自营配送、代理配送、共同配送的概念比较

（2）按配送商品种类及数量不同可分为单（少）品种大批量配送、多品种小批量配送和配套配送等。

（3）按配送时间及数量不同可分为定时配送、定量配送、定时定量配送、定时定路线配送和即时配送等。

（4）按配送的组织形态不同可分为自营配送、代理配送和共同配送等。

（5）按经营形式不同可分为销售配送、供应配送、销售供应一体化配送、代存代供配送等。

扩展阅读 8-3：
销售配送、供应配送、销售供应一体化配送、代存代供配送概念的比较

8.2 配送中心及其功能

8.2.1 配送中心的概念

根据我国《物流术语》对配送中心的定义，配送中心是指“从事配送业务且具有完善信息网络的场所或组织”，配送中心应基本符合下列要求。

（1）主要为特定客户或末端客户提供服务。

（2）配送功能健全。

（3）辐射范围小。

（4）多品种、小批量、多批次、短周期。

8.2.2 配送中心的分类

随着社会生产、流通规模的扩大发展，基于物流合理化和扩展市场的需要，配送中心应运而生，并在配送实践中，由于其服务功能和专业化程度等因素的不同演化出许多新的配送中心，其分类也越来越多。具体而言，配送中心可按照配送物品种类、配送对象、配送时间（图 8.1）、配送中心内部特性、配送中心流通职能等标准进行分类。

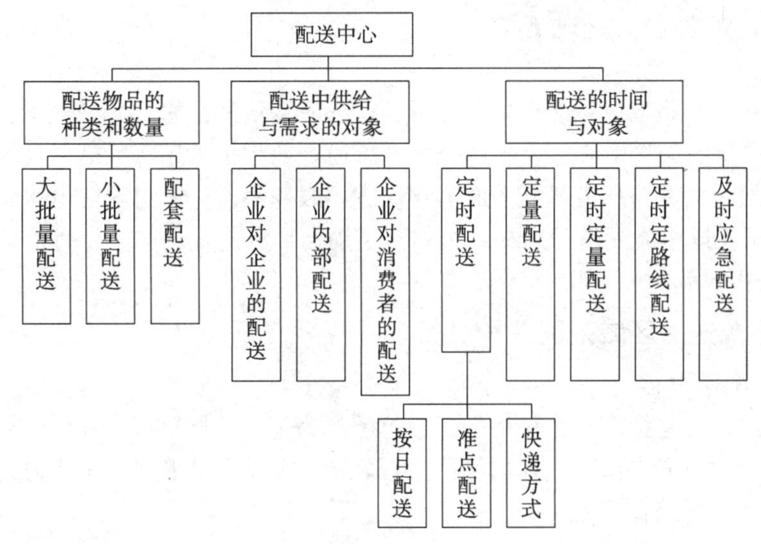

图 8.1 配送中心的类型

1. 按照配送中心的内部特性分类

1）储存型配送中心

储存型配送中心是指具有强大储备和储存功能的配送中心。这类配送中心往往具有较大规模的仓库和储存场地，它的建立通常是为了保证供应链下游和客户的货源，起到

蓄水池的作用。我国拟建立的一些配送中心，一般都采用集中库存形式，库存量较大，多为储存型。

2）流通型配送中心

流通型配送中心是指基本上没有长期储存功能，仅以暂存或随进随出方式进行配货、送货的配送中心。这种配送中心的典型方式是，大量货物整体购进，采用大型分拣货机，进货时直接进入分拣传送带，按照一定批量分拣送到客户货位或者直接分拣送到配送用的汽车上，货物仅在配送中心里稍做少许停滞。日本的阪神配送中心就是典型的流通型配送中心，中心内仅提供暂存功能，而大量储存功能则依靠一个大型补给仓库。

3）加工型配送中心

加工型配送中心是指具有加工职能，根据客户或市场竞争的需要，对配送货物先进行加工后进行配送的配送中心。加工型配送中心以储存和加工为主导，具有分装、包装、初级加工、集中下料、组装产品等加工活动。我国上海市和其他城市开展的配煤配送业务，其配送中心就属于这类储存和加工为主导的配送中心。世界著名的连锁服务店肯德基和麦当劳其配送中心也属于这类型的配送中心。在工业建筑领域，生混凝土搅拌的配送中心也属于加工型配送中心。

2. 按照配送中心承担的流通职能分类

1）供应配送中心

供应配送中心是指以供应职能为主导，专门为某个或某些客户（例如连锁经营店、生产制造企业）组织供应的配送中心。例如，为大型连锁经营店组织配货和送货的配送中心；供应链组织中上游为下游提供零件加工、装配和送货的零件配送中心。供应配送中心的主要特点是具有稳定的供需客户关系，配送范围（配送货物种类和配送地域范围）也比较确定，客户往往为企业型客户。

2）销售配送中心

销售配送中心是指以销售职能为主导，以销售经营为目的，以配送服务为手段的配送中心。这类型的配送中心多是生产企业或流通企业为扩大销售、提高服务质量、降低物流成本而通过为客户代办理货、加工和送货等服务手段，采用现代化物流技术、装备和设施，运用先进物流配送理念来组织物流活动而形成的配送中心。例如钢材配送中心和家具配送中心等。

3. 按照配送的区域范围分类

1）城市配送中心

城市配送中心是指以某个城市的区域范围作为配送范围的配送中心。由于城市配送中心其配送范围一般在汽车运输的经济里程之内，所以可以采用汽车作为运输工具，并往往与零售经营相结合。又由于运输距离短、反应能力强，因而适用于多品种、小批量、多用户的配送方式。我国的北京食品配送中心就属于这类型的配送中心。

2）区域配送中心

区域配送中心是指具有较强的辐射能力、充足的库存准备、广泛的配送范围，可以在省际、全国乃至国际范围开展配送业务的配送中心。这类型的配送中心往往具有较大规模，配送批量也大，配送对象一般为下一级的配送中心。例如沃尔玛在中国的总配送中心——深圳配送中心，主要负责中国范围内部分商品的集中采购，再配送给下一级配送中心。

4. 其他配送中心分类方式

（1）按照配送中心的归属及服务范围可分为自用型配送中心和公用型配送中心等。

（2）按照配送中心的经营主体可分为制造商型配送中心、零售商型配送中心、批发商型配送中心和物流企业型配送中心等。

（3）按照配送货物种类可分为食品配送中心、日用品配送中心、医药品配送中心、家用电器配送中心、电子产品配送中心、书籍产品配送中心、服饰产品配送中心、汽车零件配送中心以及生鲜产品配送中心等。

8.2.3　配送中心的功能

从配送中心的发展历程来看，配送中心是从传统的储运业发展而来的，因而配送中心的功能不仅包括采购、储存、送货等传统的物流功能，还包括不断强化的分拣、加工、信息处理等现代化的物流功能。

1. 采购功能

采购即为配送中心备货，是配送的准备工作或基础工作。由于配送中心可以集众多客户的不同需求，其采购具有一定的规模，因而可根据采购的规模优势和市场的供求变化，制订并及时调整统一、周全的采购计划，进而降低采购成本。采购备货是决定配送成败的初期工作。

2. 储存功能

储存即存储、保管，在配送的全过程中创造着时间效用。储存一是为了解决部分货物的季节性生产计划和季节性销售计划的时间差问题；二是为了保证客户的生产或销售需求以及正常配送的需要，解决生产与消费间的平衡问题，因而在配送中心储存一定量的库存。在竞争日益激烈的今天，为了完成以上任务，配送中心通常需要兴建现代化的仓库，拥有一定的先进物流技术、装备和设施。

3. 分拣和配货功能

由于每个客户企业需求不同，对于货物的种类、规格、型号、数量、送达时间和地点会提出不同的要求，配送中心就必须要按照客户的不同要求对货物进行分拣和配货。分拣和配货是配送中心不同于传统仓储业最明显的功能作业之一，也是配送中心最重要的支持性工作，可以说，没有分拣和配货功能，就无所谓配送中心。

4. 配装功能

由于需求的多样化，客户企业为了降低库存量、减少库存成本、加快资金周转，进货呈现出小批量、多批次进货的特点。在单个客户进货数量不能达到车辆配送的有效载运负荷时，就存在如何对货物进行配装的问题，即如何进行搭配装载达到最有效的载运能力。配装送货和一般的送货相比，其可以通过计算调整配送车辆的配装载运能力从而提高送货水平和降低送货成本。

5. 加工功能

为了方便物流运输、促进商品销售或提高原材料的利用率，配送中心往往要根据客户的要求和合理配送的原则，对所配送的货物进行下料、打孔、解体、分装、贴标签、组装等初加工活动。

6. 送货功能

配送中心必须根据客户的要求，将配好的货物按照约定的时间、地点和路线送到客户手中。由于配送的客户数量较多，涉及的配送路线又较复杂，如何利用科学方法组合成最佳路线使得配装和路线有效搭配是配送运输中的难点之一。为了提高配送的服务质量，圆满完成送货使命，还应做好配送计划通知、卸货地点和卸货方式的组织与服务。

7. 衔接功能

配送中心是重要的流通节点，衔接着供应链中的生产与消费，它不仅能够平衡集中货物和分散货物的供求关系，而且能有效协调产销在时间、地域上的分离。

8. 信息处理功能

配送中心通过处理、汇总和传递物流信息协调配送各环节的作业流程，同时也协调着供应链的生产与消费。配送需求的多样化、小批量、多批次的特点，对信息处理的速度、准确性和及时性也提出了更高的要求。

8.3 配送作业的程序与方法

8.3.1 配送作业的工作流程

功能不同、经营的产品种类不同和产品物流特性不同的配送中心，其配送作业的工作流程各不相同，但基本流程大致相同。一般来说，配送中心执行如下基本作业流程：进货—验货与拒收—入库—分类存储—配送订单汇总—加工—拣选—包装—装托盘—组配—出货检查—装车—送货。配送中心的基本作业流程如图 8.2 所示。

扩展阅读 8-4：
配送作业工作流程的具体内容

8.3.2 分拣作业方法

分拣配货是配送中心的核心工序。分拣作业在配送中心整个作业环节中所占比重较大，是最耗人力和时间的作业。其效率直接影响着配送中心的作业效率和经营效率，也是提高配送服务水平的关键性因素，因而须合理规划与管理分拣作业系统。

1. 分拣作业过程

分拣作业的主要过程包括拣货信息的产生、行走和搬运、信息的确认与拣取、分类与集中四个环节。

1）拣货信息的产生

分拣信息在分拣过程中起着引导作用，是分拣工作的命令，一般由客户订单或配送中心的送货单经加工处理而成，以拣货单或电子信号等形式存在。分拣作业是在分拣信息的引导下，通过查找储位或其他区位，拣取和搬运货物，按一定的方式进行分类、集中。分拣信息一般包括以下几个部分。

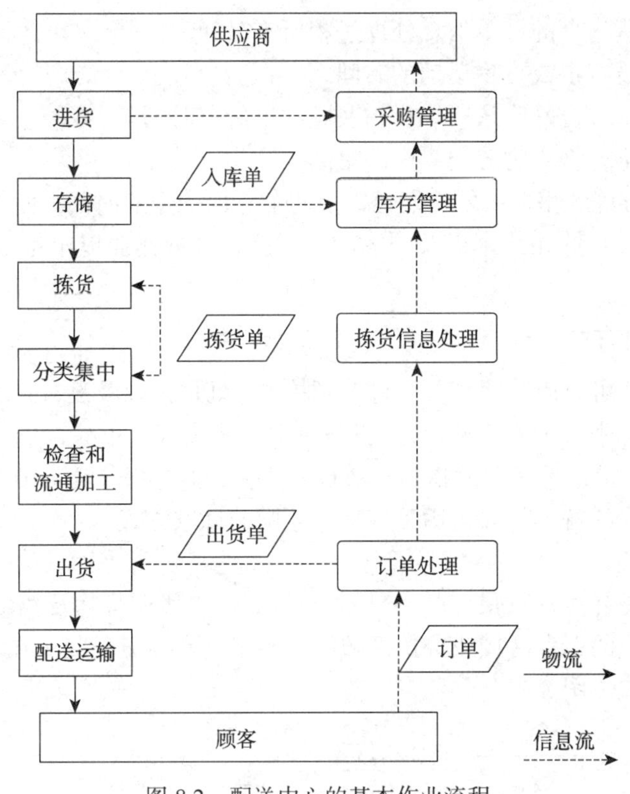

图 8.2　配送中心的基本作业流程

（1）基本部分：每种货物的品名、编码、规格、数量；订单要求的货物总量；货物发送单元要求。

（2）主要部分：货物储位、拣货集中地；储备货物的补货量；储备货物的储存和补货登记。

（3）附加部分：货物的价格、代码和标签；货物的包装；货物发送单元的可靠性要求；发送货物单元的代码和标签。

2）行走和搬运

拣货过程中的行走或货物搬运是由于拣货作业人员和机器必须直接接触并拣取货物所形成。拣货人员可以步行或搭乘运载工具或由自动分拣系统完成。

3）信息的确认与拣取

拣货信息（货物的品名、编码、规格、数量等）可由人工方式确认，也可利用无线传输终端设备读取条码由系统自动对比确认。拣货信息被确认后，拣取过程可由人工或自动分拣系统完成。一般而言，在出货频率不是特别高，且货物体积小、批量少、重量轻的情况下，可采取人工方式拣取；对于体积大、重量大的货物可以利用升降叉车等搬运机械辅助作业；而在出货频率很高的情况下，应采用自动分拣系统完成作业。

4）分类与集中

配送中心在收到多个客户的订单后进行统筹安排，形成批量拣取，然后再根据不同的客户、送货路线或加工方法进行分类集中。分类完成后，即可进行配装、核查、出货，最后进行送货。

在分拣作业的四个环节中，分拣作业所消耗的时间主要包括以下四个方面。

（1）形成拣货指令的订单信息处理过程所需时间。

（2）拣货人员行走或货物运动的时间。

（3）准确找到方位并确认所拣货物及其数量所需时间。

（4）拣取完毕，将货物分类集中的时间。

因此，提高分拣效率，主要应缩短以上四个方面的作业时间。此外，防止分拣错误的发生，提高物、账的相符率以及顾客的满意度，降低作业成本也是分拣作业管理的目标。

2. 分拣作业方式

分拣作业方式可以简单地划分为订单别拣取、批量拣取及复合拣取三种方式。订单别拣取是分别按每张订单来拣选货物；批量拣取是将多张订单综合成一批形成一张批量拣货单，然后根据批量拣货单的指示一次拣取货物，再进行分类集中；复合拣取是综合以上两种拣货方式的特点，并运用于拣货作业中的拣取方式。

1）订单别拣取

订单别拣取是针对每一张订单，分拣人员按照订单所列货物及数量，巡回于仓库内，逐一将货物从相应的储存区域或分拣区域拣取出来，然后分类集中在一起的拣货方式，又称为摘果式拣取（图 8.3）。

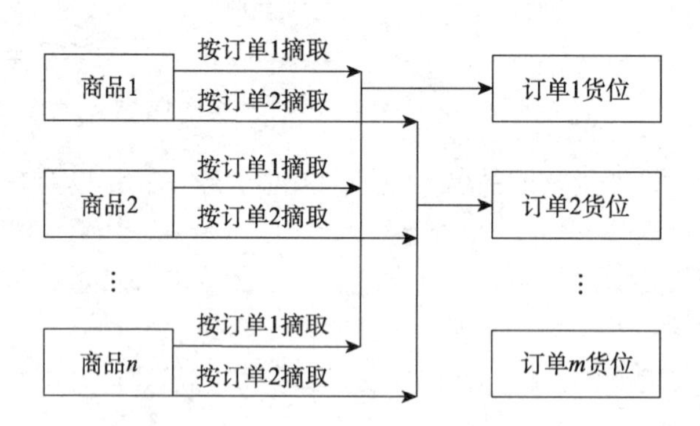

图 8.3　订单别拣取方式

订单别拣取方式的特点如下。

（1）拣取作业方法单纯，接到订单后可立即直接执行，作业前置时间短。

（2）作业人员责任明确，易于人员的安排。

（3）货物品项较多时，拣货行走路径加长，拣取效率较低。

订单别拣取方式适用场合：订单大小差异较大、订单数量变化频繁、商品差异较大、季节性较强的商品配送情况。如化妆品、家具、家电、高级服饰等。

2）批量拣取

批量拣取是将多张订单综合成一批，按照货物的品种类别汇总后形成一张批量拣货单，然后根据批量拣货单的指示拣取货物，再依据不同客户或不同订单分类集中的拣货方式，又称为播种式拣取（图 8.4）。

批量拣取方式的特点如下。

（1）适合于订单数量较多的配送拣取。

（2）因批量拣取，所以可以缩短拣取货物时的行走时间，增加单位时间的拣货量。

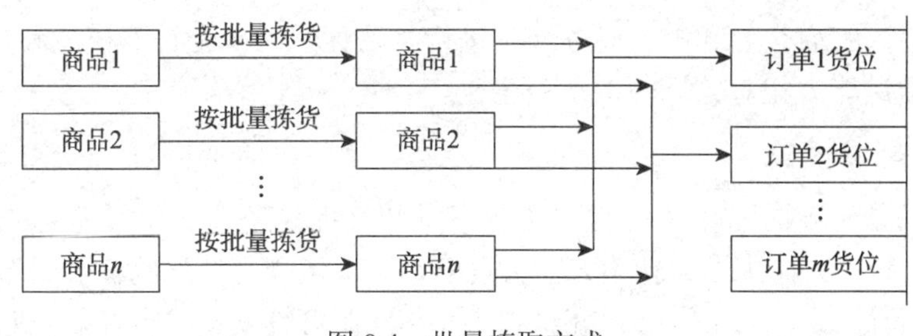

图 8.4　批量拣取方式

（3）由于需要订单积累到一定数量时，才做一次汇总处理，因此会有停滞时间产生。

批量拣取方式适用场合：订单变化较小，订单数量稳定且较大的配送中心和外形较规则、固定的货物出货；需进行流通加工的货品也适合批量拣取，批量拣取后再进行批量加工，然后分类集中配送，有利于提高拣货及加工的效率。

3）复合拣取

复合拣取是为克服订单别拣取和批量拣取方式的缺点，综合前两者的特点，配送中心根据订单的数量、货物的品种和出库频率等，确定哪些订单适合于订单别拣取，哪些订单适合于批量拣取，分别采取不同的拣货方式的拣取方法。

8.4　配送模式与配送管理

8.4.1　配送模式

配送模式是配送中心或企业针对配送所采取的基本战略和方法。根据国内外的发展经验及我国配送理论与实践，主要形成了自营配送、第三方配送、共同配送、互用配送和供应商配送等几种模式。无论是何种配送模式，都具有各自的特点及其优缺点，配送中心或企业采用何种配送模式，关键在于配送中心或企业的实际情况如何。

1. 自营配送模式

自营配送是指企业物流配送的各个环节由企业自身筹建并组织管理，实现对企业内部及外部货物配送的模式。这种模式有利于企业供应、生产和销售的一体化作业，系统化程度相对较高。既可满足企业内部原材料、半成品及成品的配送需要，又可满足企业对外进行市场拓展的需要。其不足之处表现在，企业为建立配送体系的投资规模将会大大增加，在企业配送规模较小的时候，配送的成本和费用也相对较高。

一般而言，采用自营配送模式的企业大多是规模较大的集团公司，有代表性的是连锁企业的配送，其基本上都是通过组建自己的配送系统来完成企业的配送业务，包括对内部各场、店的配送和对企业外部顾客的配送。

扩展阅读 8-5：
自营配送模式的优劣势

2. 第三方配送模式

第三方配送就是指交易双方把自己需要完成的配送业务委托给第三方来完成的一种配送运作模式。随着物流产业的不断发展以及第三方配送体系的不断完善，第三方

扩展阅读 8-6：
第三方配送模式的优劣势

配送模式应成为工商企业和电子商务网站进行货物配送的一个首选模式和方向。其一般适用于处理配送能力相对较低的中小型企业。

3. 共同配送模式

共同配送是企业之间为了提高配送效率以及实现配送合理化所建立的一种功能互补的配送联合体。共同配送可使多家企业联合起来，实现整体的物流配送合理化，在互惠互利原则指导下，共同出资建设配送中心，共同制订计划，共同对某一地区的客户进行配送，共同使用配送车辆。特别是一些经营规模较小或门店数量较少的连锁零售企业常采用这一模式。既能减少连锁零售企业的物流设施投资，使物流设施布局合理化，充分合理地利用物流资源，有效控制商品质量，杜绝假冒伪劣商品，保障消费者的权益；同时还可促进实现质量管理的制度化，便于将分散于各中小型连锁企业的物流设施集中起来并形成合力，从而能高效率、低成本地为有关企业提供满意的物流服务。其模式适用于家电连锁企业与运输企业的共同配送。

共同配送的核心在于充实和强化配送的功能，提高配送效率，实现配送的合理化和系统化。作为开展共同配送的联合体成员，首先要有共同的目标、理念和利益，这样才能使联合体有凝聚力和竞争力，才能有利于共同目标和利益的实现。开展共同配送、组建联合体要坚持以下几个原则：①功能互补；②平等自愿；③互惠互利；④协调一致。

企业在树立了共同配送的理念之后，要进行共同配送，组建共同配送联合体，就必须进行共同配送的可行性论证。论证的内容主要包括以下几个方面。

（1）环境分析，主要包括宏观环境分析和微观环境分析。宏观环境主要包括经济环境、法律环境和自然环境等。其中以经济环境为主，主要包括：交通、通信及仓储等。而微观环境主要是对合作者的分析，在配送范围合理的区域内，对合作对象的配送需求、合作动机、配送能力进行仔细的分析。

（2）组织论证，通过组织论证主要分析开展共同配送的组织管理模式、方法以及组织保证。

（3）技术论证，主要包括与共同配送有关的技术以及企业间资源、设备和管理技术的论证，同时还包括与电子商务有关的安全技术、支付技术及网络技术的论证。

共同配送的实施步骤：①选择联合对象；②组建谈判小组；③签订合作意向书以及合同，并进行公证；④组建领导班子，议定管理模式。

在实际运作过程中，由于共同配送联合体的合作形式、所处的环境、条件以及对客户要求的服务存在差异，因此，共同配送的运作过程也存在较大的差异，互不相同。目前国内采取这种模式的企业还不多见，但是可以说共同配送是物流配送发展的总体趋势。

扩展阅读 8-7：
共同配送模式的优劣势

4. 互用配送模式

互用配送模式是指几个企业为了各自的利益，以契约的方式达成某种协议，互用对方配送系统而进行的配送模式。其优点在于企业不需要投入较多的资金和人力，就可以扩大自身的配送规模和范围，但需要企业有较高的管理水平以及相关企业的组织协调能力。其模式适用于电子商务下 B2B（business to

扩展阅读 8-8：
互用配送模式的优劣势

business）交易模式。

5. 供应商配送模式

供应商配送模式简单来说就是由生产企业直接将连锁零售企业采购的商品在指定的时间范围内送到各个连锁门店甚至送到货架的物流活动。通常中小超市公司由厂方直送商品的比例较高，而大型连锁超市公司趋向于通过自己的配送中心对门店实施配送，据估计厂方直送商品只占总量的 15%～20%。

我国的大型生产企业，如很多大型电器厂家（如海尔、海信等）、食品生产企业（如康师傅等）以及国外有实力的日化产品厂家（如宝洁等）在全国范围内建立了自己的分销体系，将分销渠道直接介入连锁企业的分销配送活动当中，并且根据商品的属性、运输距离、自己的运输能力以及季节等条件安排有关配送的活动。

一些大型的连锁超市企业与供应商之间的关系由竞争走向了协作，降低交易成本，保持双方之间供需信息的快速传递。如华联超市与上海捷强集团公司以及宝洁公司建立了自动补货系统（ARP），将“连锁超市补货”转变为“供货商补货”。这一举措开创此模式在连锁超市中运作之先河，使企业削减整体成本、库存与有形的资产投资，并使消费者得以选择高品质、高新鲜度的食品而从中受益。这一模式在华联超市运营取得了良好的效果，其他超市企业也开始相继模仿、推广。但是由于连锁超市经营的商品种类比较多，供应商配送模式有一定的局限性，比较适用于销售量比较大并且适于整车运输的商品的配送。

扩展阅读 8-9：
供应商配送模式的优劣势

8.4.2　配送管理

配送中心在设计建成后的日常运营中，除了一般企业运作管理中的人力资源管理、组织流程设计等管理职能外，通常会涉及配送计划的制订与实施、配送方式的选择、配送路线的优化等决策。配送方式主要指拣货方式，前文已述。此处对配送计划的制订与实施和配送路线的优化相关问题进行阐述。

1. 配送计划的制订与实施

1）配送计划的种类

配送计划一般包括配送主计划、每日配送计划和特别配送计划。

配送主计划是指针对未来一定时期内，对已知客户需求进行前期的配送规划，便于对车辆、人员、支出等做统筹安排，以满足客户的需要。例如，为迎接家电行业 3～7 月空调销售旺季的到来，某公司于年初制订空调配送主计划，根据各个零售店往年销售情况运用预测方法，初步确定配送需求量，提前安排车辆、人员，全面保证销售任务完成。

每日配送计划是针对上述配送主计划，逐日进行实际配送作业的调度计划。例如，订单增减、取消，配送任务细分，时间安排，车辆调度等。

特别配送计划是指针对突发事件或者不在主计划规划范围内的配送业务，或者不影响正常性每日配送业务所做的计划。它是配送主计划和每日配送计划的必要补充。例如，大地震期间由于有人传言水质出了问题，许多居民纷纷涌向附近的超市抢购纯净水、矿泉水，致使超市中水的配送需求剧增，超市应对这种情况就需要作出特别的配送计划。

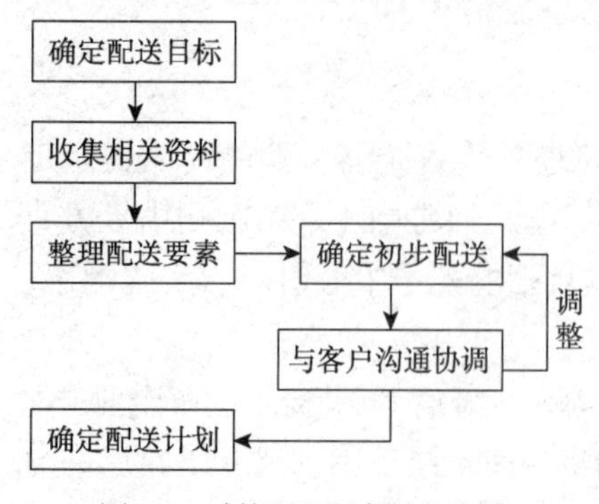

图 8.5　制订配送计划的步骤

配送计划的制订一般应遵循如图 8.5 所示的步骤进行。

2）配送计划的内容

（1）分配地点、数量与配送业务。在配送作业中，地点、数量与配送服务水平有密切关系。地点是指配送的起点和终点。由于每一个地点配送量和周边环境、自有资源的不同，应有针对性地综合考虑车辆数量、地点的特征、距离、线路，将配送任务合理分配，并且逐步摸索规律，使配送业务达到配送路线最短、所用车辆最少、总成本最低、服务水平最高。

（2）确定车辆数量。车辆数量很大程度上影响配送时效。拥有较多的配送车辆可以同时进行不同的配送，提高配送时效性；配送车辆数量不足，往往需要车辆不断往返，造成配送延迟。但是，数量庞大的车队会增加购置费用、养护费用、人工费用、管理费用等项支出，这与提高客户服务水平之间存在很大的矛盾。如何能在客户预定的时间内送达，与合理经济的车辆数量配置有十分密切的关系。如何在有限的资源能力内最大限度地满足客户需求是在配送计划中应该注意的问题。

（3）确定车队构成以及车辆组合。配送车队一般应根据配送量、货物特征、配送路线选择、配送成本分析进行自有车辆组合，同时，必要时也可考虑适当选用外车组建配送车队，适当调节自有车辆与外车的比例，以适应客户需求变化，有效地调度自有车辆，降低成本。

（4）控制车辆最长行驶里程。在制订配送计划的人员配置计划时，应尽量避免由于司机疲劳驾驶而造成的交通隐患，全面保障人员及货物安全。通常可以通过核定行驶里程和行驶时间评估工作量，有效避免超负荷作业。

（5）车辆容积、载重限制。选定配送车辆需要根据车辆本身的容积、载重限制结合货物自身的体积、重量考虑最大装载量，以使车辆的有限空间不被浪费，降低配送成本。

（6）路网结构的选择。通常情况下，配送中心辐射范围为 60 千米，也就是说以配送中心所在地为原点、半径为 60 千米以内的配送地点，均属于配送中心服务范围。这些配送地点可以形成很多区域网络，所有的配送方案都应该满足这些区域网络内的各个地点的要求。配送路网中设计直线式往返配送路线较为简单，通常只需要考虑路上的流量。

（7）时间范围的确定。客户通常根据自身需要指定配送时间，这些特定的时间段往往在特定路段与上下班高峰期重合，因此在制订配送计划时应对交通流量等影响因素予以充分考虑，或者与客户协商，尽量选择夜间配送、凌晨配送、假日配送等方式。

（8）与客户作业层面的衔接。配送计划应该对客户作业层面有所考虑，如货物装卸搬运作业是否托盘标准化、一贯化、容器化，有无装卸搬运辅助设备，客户方面是否有作业配合，是否提供随到随装条件，是否需要搬运装卸等候，停车地点距离货物存放地点远近，等等。

（9）达到最佳化目标。物流配送的最佳化目标是指按“四最”的标准，在客户指定的时间内，准确无误地按客户需求将货物送达指定地点。“四最”是指配送路线最短、所用车辆最少、作业总成本最低、服务水平最高。

3）配送计划的实施

配送计划的实施主要包括以下内容。

（1）下达配送计划。配送计划确定后，将到货的品种、规格、数量分别通知用户和配送点，以便用户做好接货准备，配送点做好配送准备。

（2）按计划给配送点进行配货。各配送点按配送计划审定库存物品的持有程度，若有缺货情况应立即组织进货，同时配送点各职能部门按配送计划进行配货、分货、包装、配装等工作。

（3）装车发运。各理货部门按计划将各用户所需的各种货物进行配货后，将各用户货物组合装车，发货车辆按指定线路送达用户，并通知财务结算。

2. 配送路线的优化

1）配送路线的确定原则

配送路线是指各送货车辆向各个用户送货时所要经过的线路。配送路线合理与否对配送速度、车辆的合理利用和配送费用都有直接影响，因此配送线路的优化问题是配送工作的主要问题之一。采用科学合理的方法来确定配送路线是配送活动中非常重要的一项工作。

扩展阅读 8-10：配送路线确定的具体步骤

2）配送路线的优化方法

随着配送的复杂化，配送线路的优化一般要结合数学方法，以及计算机求解的方法来制订合理的配送方案。在目前应用较广的优化配送方案中，一个较成熟的方法是节约法，也称为节约里程法（1964 年克拉克、怀特提出了如何从许多条可供选择的路径中，选出最佳配送路径的方法。其基本原理是几何学中三角形一边之长必定小于另外两边之和，如图 8.6 所示）。

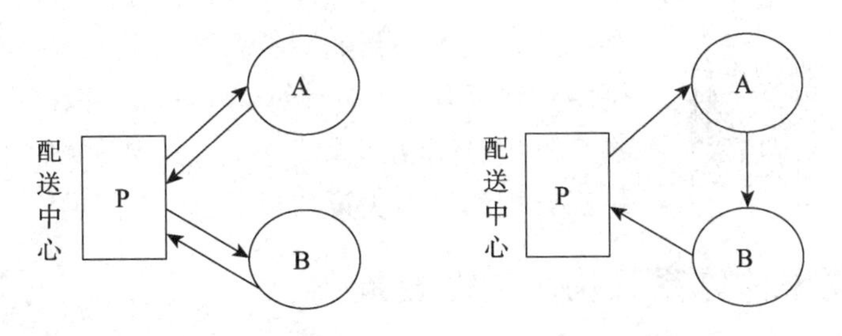

图 8.6　往返发货与巡回发货车辆行走距离

节约里程法是根据配送中心的运输能力、配送中心到各个用户距离，以及各个用户之间的距离来制订出使总的车辆运输时间公里数最小的配送方案。

其具体操作步骤：物流公司在收到配送信息后，根据配送地点，通过系统或者人工安排的路线，对配送单进行分类，划分出该单进入时间排序阶段，根据运输到货期限，安排车辆批次，按时发运。时间排序建立在两个原则之上：首先是提供良好的服务，不能误点；其次是优化配送时间，尽可能把属于一个时间期限的货物集中在一起配送，以减少运输车次，节省物流费用。

8.5 物 联 网

物联网（Internet of things，IoT）是新一代信息技术的重要组成部分，也是“信息化”时代的重要发展阶段。顾名思义，物联网就是物物相连的互联网。一方面表明物联网的核心和基础仍是互联网，是在互联网基础上的延伸和扩展的网络；另一方面体现了物联网用户端延伸和扩展到了任何物品与物品之间，进行信息交换和通信，也就是物物相息。物联网通过智能感知、识别技术和普适计算等通信感知技术，广泛应用于网络融合中，也因此被称为继计算机、互联网之后世界信息产业发展的第三次浪潮。

8.5.1 物联网概念及内涵

物联网概念最早于 1999 年由美国麻省理工学院提出，早期的物联网指的是把任何物品通过射频识别、红外感应器、全球定位系统、激光扫描器等信息传感设备，按约定的协议与互联网连接起来，进行信息交换和共享，以实现智能化识别和管理的一种网络。2005 年 11 月 17 日，在突尼斯举行的信息社会世界峰会（WSIS）上，国际电信联盟（ITU）发布了《ITU 互联网报告 2005：物联网》，正式提出了“物联网”的概念。ITU 曾描绘“物联网”时代的图景：当司机出现操作失误时汽车会自动报警；公文包会提醒主人忘带了什么东西；衣服会“告诉”洗衣机对颜色和水温的要求等。这样的物联网具有如下基本特点。

（1）全面感知：利用 RFID、传感器、二维码，及其他各种感知设备随时随地采集各种动态对象，全面感知世界。

（2）可靠的传送：利用以太网、无线网、移动网络将感知的信息进行实时的传送。

（3）智能控制：对物体实现智能化的控制和管理，真正达到了人与物的沟通。

目前较为统一的物联网定义：物联网是通信网和互联网的拓展应用与网络延伸，它利用感知技术与智能装备对物理世界进行感知识别，通过网络传输互联，进行计算、处理和知识挖掘，实现人与物、物与物信息交互和无缝连接，达到对物理世界实时控制、精确管理和科学决策的目的。

扩展阅读 8-11：
物联网目前的应用现状

8.5.2 物联网整体体系架构及关键要素

1. 物联网整体体系架构

物联网是一个以应用为导向、分工日渐清晰的产业，IPv6（互联网协议第 6 版）和云计算是核心基础架构发展方向（图 8.7、图 8.8）。

2. 物联网关键要素

物联网发展的关键要素包括由感知、网络和应用层组成的网络架构，物联网技术和标准，包括服务业和制造业在内的物联网相关产业，资源体系，隐私和安全以及促进和规范物联网发展的法律、政策和国际治理体系（图 8.9）。

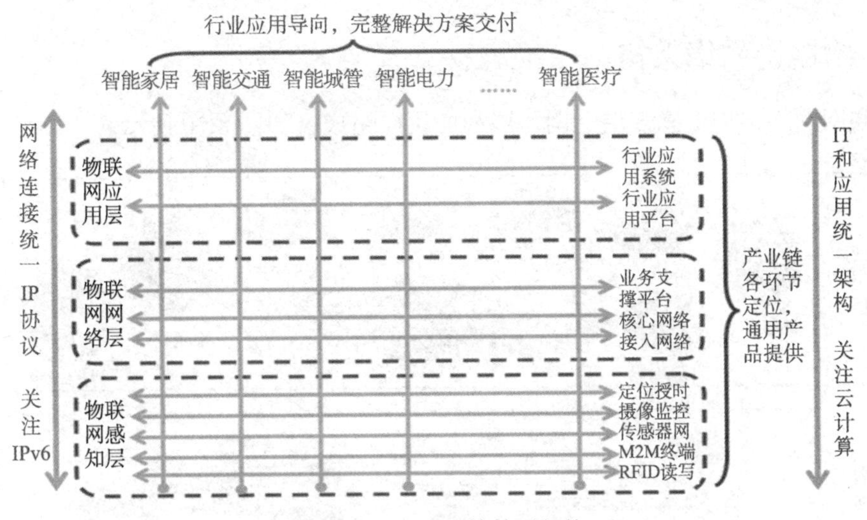

图 8.7 物联网整体体系架构

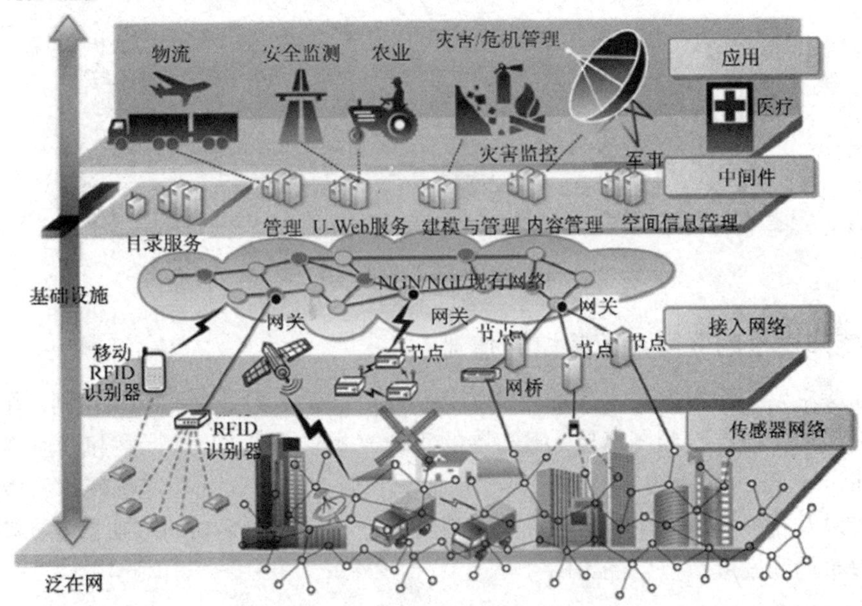

图 8.8 物联网体系

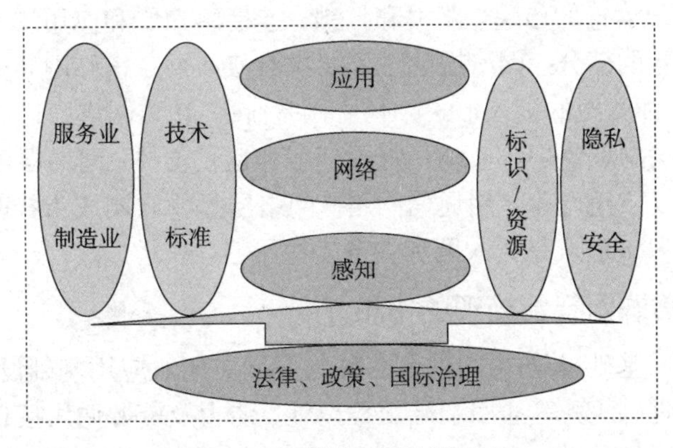

图 8.9 物联网发展关键要素

8.5.3 物联网网络架构

物联网网络架构由感知层、网络层和应用层组成，如图 8.10 所示。

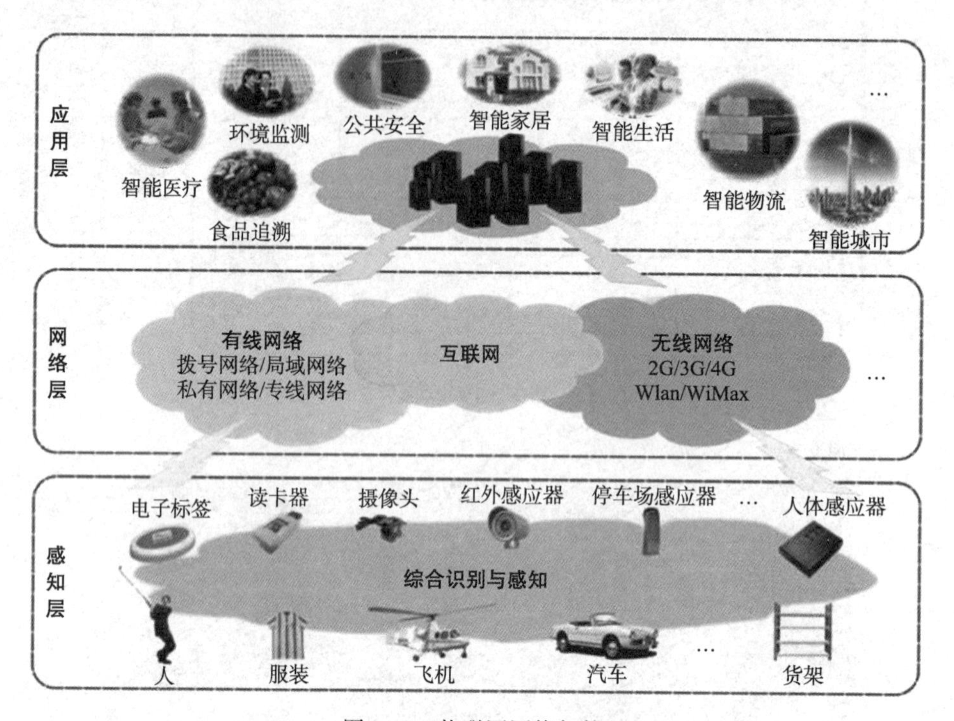

图 8.10 物联网网络架构

1. 感知层是物联网全面感知的基础

感知层主要实现对物理世界的智能感知识别、信息采集处理和自动控制，并通过通信模块将物理实体连接到网络层。感知层的实现方式主要有 RFID 标签和读写器、M2M（machine to machine）终端和传感器、摄像头和监控、GPS/北斗定位授时、传感器网络和网关以及智能家居网关。感知层是实现物的世界连接和感知的基础，必须考虑感知层的全面布局和发展重点产品策略。

2. 网络层是物联网无处不在的前提

网络层主要实现信息的传递、路由和控制，连接感知层和应用层，实现随时随地的连接，是当前最成熟的部分。网络层的主要层次有接入网、核心网和业务支撑平台，接入网是无线/光纤各种类型的接入形式，核心网是统一 IP（网络互连协议）上的大带宽的可靠网络，业务支撑平台是业务统一管理部署和运营支撑。网络层可以依托公众电信网和互联网，也可以依托行业专用通信网络。网络层是物联网成为普遍服务的前提，必须关注规模扩展机遇，重点是接入网和业务支撑平台。

3. 应用层是物联网智能处理的中枢

应用层包括应用基础设施/中间件和各种物联网应用。应用基础设施/中间件为物联网应用提供信息处理、计算等通用基础服务设施、能力及资源调用接口，以此为基础实现物联网在众多领域的各种应用。应用层主要应用方向有智能家居、智能交通、智能医疗、智能城管、智能通信服务等。

扩展阅读 8-12：
物联网技术体系简介

8.5.4　物联网产业发展

物联网相关产业是指实现物联网功能所必需的相关产业集合，从产业结构上主要包括服务业和制造业两大范畴（图 8.11）。

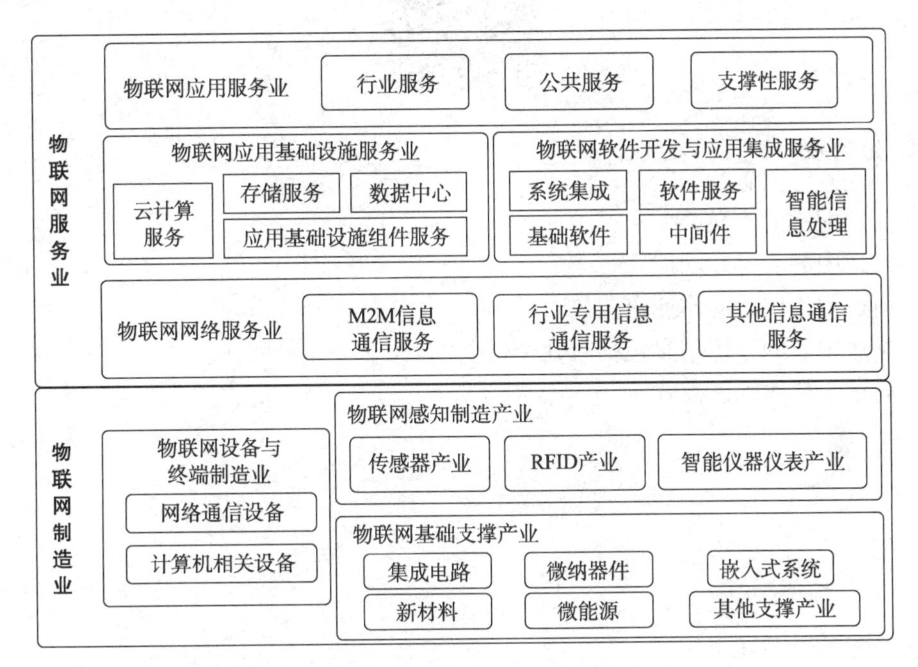

图 8.11　物联网产业体系

物联网产业绝大部分属于信息产业，物联网产业的发展不是对已有信息产业的重新统计划分，而是通过应用带动形成新市场、新业态，整体上可分三种情形：一是因物联网应用对已有产业的提升，主要体现在产品的升级换代。如传感器、RFID、仪器仪表发展已有数十年，由于物联网应用使之向智能化、网络化升级，从而实现产品功能、应用范围和市场规模的巨大扩展，传感器产业与 RFID 产业成为物联网感知终端制造业的核心。二是因物联网应用对已有产业的横向市场拓展，主要体现在领域延伸和量的扩张。如服务器、软件、嵌入式系统、云计算等由于物联网应用扩展了新的市场需求，形成了新的增长点。三是由于物联网应用创造和衍生出的独特市场与服务，如传感器网络设备、M2M 通信设备及服务、物联网应用服务等均是物联网发展后才形成的新兴业态，为互联网所独有。物联网产业当前浮现的只是其初级形态，市场尚未大规模启动。

即测即练

自学自测

扫描此码

案例分析 上海联华生鲜物流运作

本章习题

1. 简述配送的含义。
2. 配送中心有哪些功能？
3. 简述配送中心的作业流程。
4. 配送中心的分拣信息包括哪几个部分？
5. 简述主要的配送模式。

第 9 章

物流系统

【学习目标】

认识系统、系统工程和物流系统的概念与特点；
理解物流系统中存在的制约关系，物流系统的构成；
识别物流系统模式和物流系统分析、设计与实施的概念、内容；
掌握物流系统的要素、目标及其之间的关系，物流系统分析与实施的步骤。

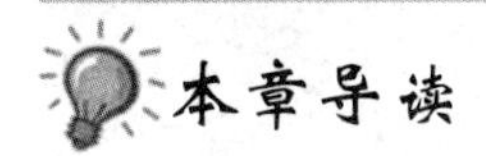

7-11 高效的物流配送系统

每个成功的零售企业背后都有一个完善的配送系统支持，在美国电影《尖峰时刻Ⅱ》中，唠叨鬼詹姆斯·卡特有一个绰号叫 7-11，意思是他能从早上 7 点钟起床开始一刻不停地唠叨到晚上 11 点睡觉。其实 7-11 这个名字来源于遍布全球的著名便利店，这家便利店创立初期的营业时间是早上 7 点到晚上 11 点，后来虽然发展成 24 小时的全天候营业，但原来的店名却保留了下来。这家有 90 多年历史的美国商店在全球 20 多个国家有 2.1 万家左右的连锁店，是全球最大的便利连锁店。截至 2019 年 2 月，已有门店 47 360 家，仅日本就有 20 876 家，是全球最多的。

一间普通的 7-11 连锁店一般只有 100～200 平方米，却要提供 23 000 种来自不同供应商的食品，运送和保存要求也各有不同。既要保证食品的供应量，还要能根据顾客的需求随时调整货物的品种，防止出现短缺或过剩，这些要求对连锁店的物流配送提出了很高的要求。7-11 成功的背后有一个高效的物流配送系统。

7-11 的物流管理模式先后经历了三个阶段的变革。早期的 7-11 的货物配送主要是依靠批发商来完成的。以日本为例，早期日本 7-11 的供应商都有自己特定的批发商，而且每个批发商一般只代理一家生产商，供应商把商品交给批发商后，批发商完成所有的配送和销售，成为商流、信息流和资金流的沟通渠道。对于 7-11 而言，批发商相当于自己的配送中心。批发商为了自身发展，需要最大限度扩大配送的便利店范围，并且对整个配送和订货系统作出规划，以满足 7-11 的需要。

逐渐地，这种分散的批发商供货模式无法满足日益扩大的 7-11 便利店的需求，7-11 开始和批发商以及合作生产商构建统一的集约化配送和进货系统。在这一系统下，7-11 改变了由多家批发商向多个便利点送货的方式，改由一家在一定区域内的特定批发商统一管理该区域内的同类供应商，然后向 7-11 统一配货。集约化的配送模式减少了批发商数量，减少了配送环节，为 7-11 节省了物流费用（图 9.1）。

图 9.1　7-11 北京官网首页

思考：结合案例分析电子商务是如何促进连锁零售业焕发新生命的？

9.1　物流系统概述

医疗系统、教育系统、计算机系统、网络通信系统、地理信息系统及其他各类系统遍布在我们的周围。“系统”这一术语已经为人们广泛使用。系统观是物流管理中一个关键的概念。物流不是运输和保管等活动的简单叠加，而是以信息为中介，内部相互作用和相互依赖的若干部分结合而成的具有特定功能的有机系统。物流系统内部任何部分功能的发挥都有赖于系统整体目标的实现。在物流系统中，各个功能要素之间存在着“效益背反”关系，因此，局部最优化不等于系统整体的最优化。树立系统化观念，对实现物流合理化十分重要。推进物流系统化或构筑物流系统是实现物流管理目标的重要手段。

9.1.1　系统的定义及其特点

系统是同类或相关事物按一定的内在联系组成的，在一定环境下，有一定目的、功能和相对独立的整体。物流与运输、保管等传统物流功能的本质区别在于物流贯穿着系统化管理思想和系统化运作方式，物流本身就是一个系统，物流管理就是运用物流系统的思想方法对物流活动实施计划、组织、协调和控制，以实现物流的合理化和效率化，从而达到降低物流成本、提高物流服务水平的目的。物流思想就是系统思想在物流领域的体现，准确地把握物流系统的本质，对于我们理解物流、学习物流的理论和方法具有十分重要的意义。

扩展阅读 9-1：
系统的特征

9.1.2　物流系统的概念和基本模式

所谓物流系统化，就是将物流活动从一个无秩序的状态调整为一个有秩序的状态，从而有利于实现物流的合理化和效率化，提高物流服务水平，降低物流成本。

1. 物流系统的概念

1）根据物流系统目标形成的物流系统概念

关于物流系统，目前没有一致的定义。日本学者菊池康也在《物流管理》中提出，物流系统是“为有效地达成物流目的的一种机制”，并将物流系统做了如图 9.2 所示的目标划分。

物流系统首先要有明确的实现目标。构筑物流系统的目的可以归纳为以下几个方面。

（1）将商品按照规定的时间、数量送达目的地。

（2）合理配置物流集散地，维持适当的库存。

（3）实现装卸、保管、包装等物流作业的高效化和规范化。

（4）维持合适的物流成本。

（5）实现从下订单到交货全过程信息的顺畅流动等。

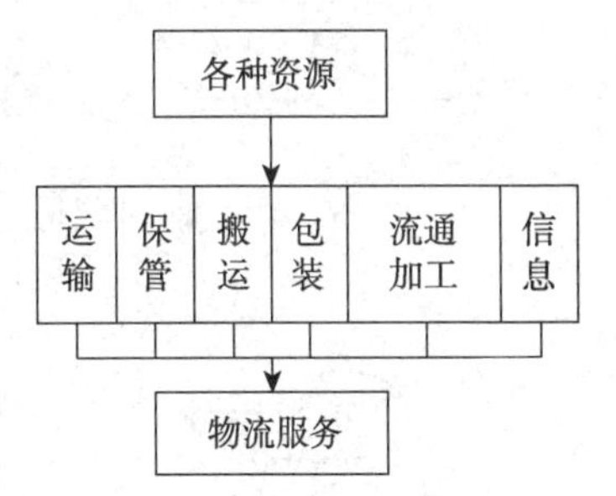

图 9.2　物流系统目标图

尽管物流系统的目的可以划分为几个方面，但核心内容是按照市场的需要保证商品供给。物流系统的作用是将市场所需要的商品，在必要的时候，按照必要的数量供应给市场，其本质体现在面向市场的商品供应系统上。保证这个作用的发挥是物流系统最为重要的目的。

物流系统的另一个关键点是“构成要素的有机结合体”。物流系统的构成要素分为两大类，一类是节点（node）要素，另一类是线路（link）要素，即仓库、物流中心、车站、码头、空港等物流节点以及连接这些节点的运输线路构成了物流系统的基本要素。这些要素有机结合在一起，相互联动，无论哪个环节的哪个要素发生了偏差，物流系统的运行都会发生紊乱，也就无法达成物流系统的目的。

《物流学导论》认为：“物流是一个系统，它是以管理物流通道内的物资合理流动和员工的恰当安排为目的，把相关的活动组合起来构成的一个网络。”物流系统网络模型如图 9.3 所示。

由此，物流系统的定义可以表述为：在一定的时间和空间里，由所需位移的物资、包装设备、装卸搬运机械、运输工具、仓储设施、人员和通信联系等若干相互制约的动态要素所构成的具有特定功能的有机整体。物流系统是社会经济大系统的组成部分；物流系统本身是为达成物流目的而设计的相互作用的要素的统一体，包含若干子系统。从物流系统的结构看，物流系统一般可分为作业系统和信息系统两部分。作业系统是为了实现物流各项作业功能的效率化、增进物流整体效率化、各项作业功能的有机结合。信息系统是通过信息流，有机联系采购、生产、销售等活动，推进库存管理、订货处理等作业活动效率化的支持系统。

2）根据物流的构成形成的物流系统概念

为了提供更高效的物流服务，物流系统强调其构成包括物流作业系统和物流信息系统两个分系统，如图 9.4 所示。

日本学者菊池康也将物流作业系统的功能定义为：在运输、保管、搬运、包装、流通加工等作业中，通过使用先进技能和技术，并使生产节点、物流节点、运输配送线路、运输手段等网络化，以提高物流活动的效率。将物流信息系统的功能定义为：在保证订货、进货、库存、出货、配送等信息畅通的基础上，使通信节点、通信线路、通信手段网络化，以提高物流作业的效率。这种划分的构成不外乎物流活动、物流设施、物流技术、物流标准、物流管理等要素。

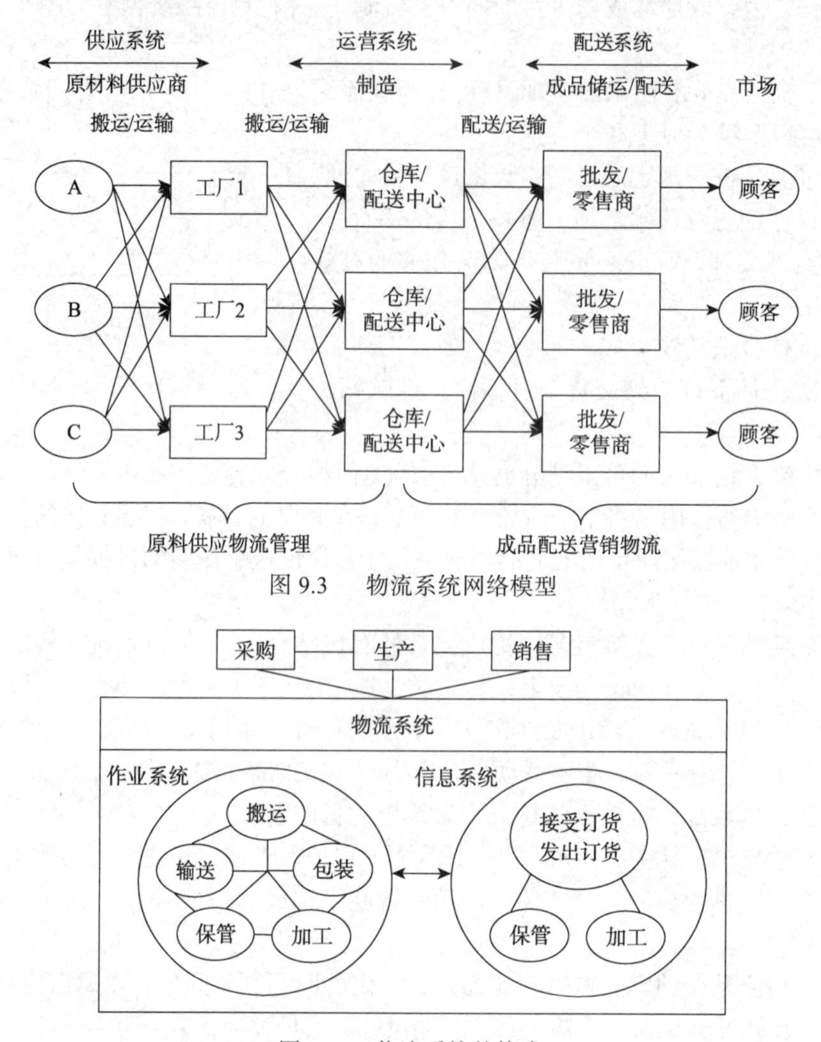

图 9.3　物流系统网络模型

图 9.4　物流系统的构成

物流作业系统和物流信息系统之间是一种互相交融、融为一体的关系。物流系统在物理上主要表现为物流作业系统，而物流作业不同阶段和不同层次之间必须通过信息流紧密地联系在一起，因而总存在着对物流信息进行采集、传输、存储、处理、显示和分析的物流信息系统。

3）物流系统概念的总结

物流是一个动态系统，系统可大可小。按照事物和活动之间的相关性，有着共同目的的相关组成部分都可以划归为一个系统，从这个意义上讲，上述观点都有其合理性。然而，对事物的认识要有针对性，为了提出合理的解决方案，我们必须对范围加以限定。“物流是一个系统”，这可以从两个层面来理解，一是宏观物流系统，一是微观物流系统。对于微观物流系统而言，重在考虑物流活动的构成要素和物流运行，应该将道路、机场、码头等公共物流基础设施作为环境要素看待；对于宏观物流系统而言，微观物流系统只是其子系统。所以，我们认为，物流系统的概念包括宏观物流系统和微观物流系统。宏观物流系统是指以社会物流作为考察对象的系统，它是由物流基础设施、物流活动、物流管理、物流政策法规、物流技术与物流标准等子系统构成的一个大系统。微观物流系统是指以物流活动为中心，将与之密切相关的各种要素整合在一起而形成的以提高顾客满意度和降低企业成本为目的的物流系统。同样，微观物流系统也由很多子系统构成。在物流系统的构成中，选择的划分标准不同，子系统也会不同，但其构成要素是一致的，不同的只是要素的组合方式。比如，日本学者菊池康也将物流系统分成物流作业系统和物流信息系统。这种划分的结果虽然不同于按其他标准划分的结果，但其构成也不外乎物流活动、物流设施、物流技术、物流标准、物流管理等要素。

2. 物流系统的模式

1）从运作环节看物流系统的模式

物流系统的基本模式和一般系统一样，具有输入、转换、输出三大功能。物流系统通过输入和输出模块与社会环境交互活动；而转换是特色系统功能。在物流系统中，输入、输出及转换活动往往发生在不同领域或不同的子系统中。物流系统的输出是对环境的直接输出，内容包括各种物品的转移、信息报表的传递、合同的履行、物流服务等，它是物流系统处理的结果，物流系统的基本模式如图 9.5 所示。不同时间及环境条件下的物流系统及其子系统，模式要素的组成有差异性。

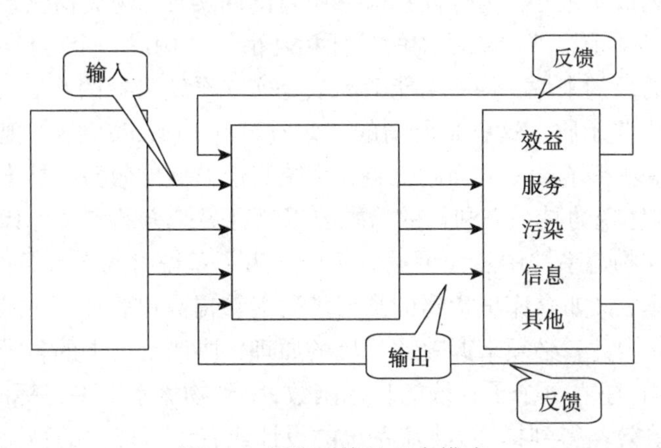

图 9.5　物流系统的基本模式

2）从活动内容看物流系统的模式

扩展阅读 9-2：
物流系统的活动过程

胡双增等所编写《物流系统工程》一书提出，“物流系统是指在一定的时间和空间内，由所需位移的物资与包装设备、装卸机械、运输工具、仓储设施、人员和信息联系等若干相互制约的动态要素所构成的有机整体”。物流系统的基本模式如图 9.6 所示。持有相同观点的还有崔介何等的《电子商务下的物流支持系统初探》，“现代化的物流系统是以电子化工具为特征，它不仅指计算机和网络通信技术，还包括自动控制的各种物流设备”。

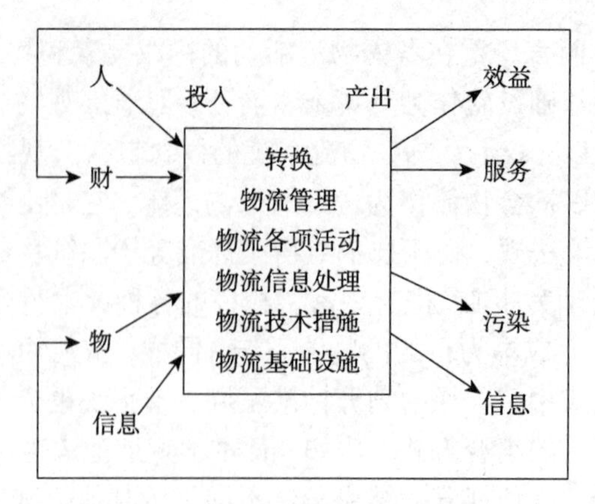

图 9.6 物流系统的基本模式

9.1.3 物流系统的特点

物流系统具有一般系统的共性，即整体性、关联性、目的性、环境适应性。此外，物流系统是一个复杂、庞大的系统，系统中包含众多功能模块和子系统，子系统间又具有广泛的横向和纵向的联系。因此物流系统还具备规模大、结构复杂、多目标等大系统特征。

1. 物流系统具有一定的整体目的性

物流系统是一个多目标的函数系统，系统的总体目标是实现物资的空间转移，并使这种转移过程中的成本最小。为保证物流系统目的的实现，构成物流系统的各个功能要素或者说子系统必须围绕着物流系统的目标相互衔接，构成一个有机的整体。

相对于系统的目的来说，各项功能活动只是实现系统目标的手段。但在实现这一目标过程中会出现一些矛盾，这就是所谓的“效益背反”（trade-offs）现象，是指在系统中，如果通过调整获得了某一方面的效益，系统其他方面的效益可能会有所下降。换言之，效益背反原理体现的是一方利益的追求要以牺牲另一方的利益为代价的相互排斥的状态，这种状态在物流系统中随处可见。例如，为了获得时间效益可以采取航空运输，但提高了运输成本；又如仓库里货物的高层堆码能够提高保管效率，但却降低了货物拣选等作业的效率。因此，必须掌握效益背反的原理，协调系统中的各子系统，减少它们之间的干扰和影响，建立每个子系统的目标函数，得到物流系统多目标函数的优化结果，使物流系统的经济效益得到提高。物流系统的设计或者说将现存的物流结构向物流系统转变，必须首先明确物流系统的目的。

2. 物流系统作为社会系统的子系统而发挥作用

企业物流系统的上位系统是企业的经营系统，物流系统是企业经营系统的一部分。物流系统目标的设定要以企业总体的经营目标为基础、战略目标为依据，服从企业总体发展的要求。企业物流的最终目的是要促进企业的生产和销售，提高企业的盈利水平。

物流系统又是处于中间层次的系统。物流系统本身具有可分性，可以分解为若干个子系统；同时，物流系统在整个社会再生产中又主要处于流通环节，包括国民经济大范畴中的“流通”中的物流和企业经济小范畴中的“流程”中的物流。因此它必然受更大的系统如流通系统、生产系统和社会经济系统的制约。

3. 物流系统需要通过信息的反馈加以控制

物流系统是一个大跨度系统。物流系统的跨度表现在时间跨度大和地域跨度大。现阶段，企业物流往往要跨越不同的地域进行，国际物流更为复杂。地域的跨度增大使得物资在流通领域运转的时间变长，因此物流系统中各个环节要衔接配合就离不开信息功能，信息是构成物流系统的核心要素。为使物流系统按预定目标运行，必须对物流系统运行中出现的偏差加以纠正，设计出来的物流系统在运行的过程中也需要不断完善，这些都需要建立在对信息充分把握的基础之上。同时物流系统中有大量的“人”和“资金”，如何对这些资源进行合理的组织和利用，也依赖于“信息流”有效的收集、处理和控制。

9.2 物流系统的要素与构成

物流系统按自身运动过程、系统功能结构、物流活动的辐射范围、物流组成要素等，可分为各物流子系统，在物流各子系统中，又可分为下一阶的子系统。物流子系统是根据物流管理目标和物流分工各成体系的，具有多层次性和多目标性，并非一成不变。

9.2.1 物流系统的要素

任何物流系统都是由各种要素构成的，物流系统的要素包括一般要素、功能要素、软件要素和硬件要素，如图 9.7 所示。

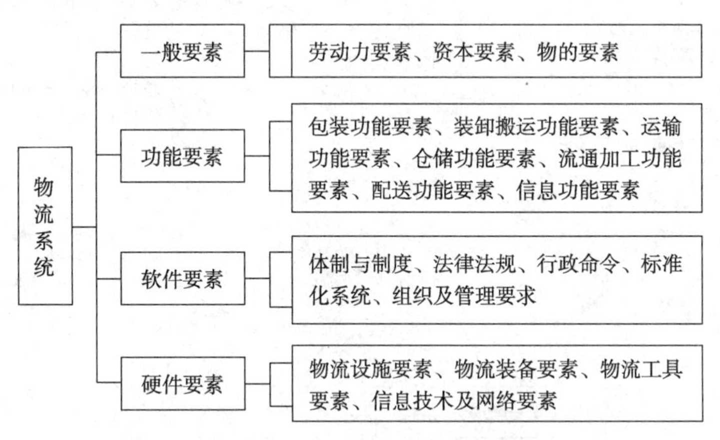

图 9.7 物流系统的要素构成

1. 物流系统的一般要素

物流系统的一般要素也就是物流的基础要素，是由人、财、物构成的，即包括劳动力要素、资本要素、物的要素。其中劳动力要素是第一要素；资本要素是指伴随着物流交换的过程而出现的资金流动的过程，同时物流系统的建设也需要大量的资金投入；物的要素包括物流系统的劳动工具和为实现物流服务必需的辅助工具。

1）劳动力要素

劳动者要素是所有系统的核心要素，是建立一个合理化物流系统并使其有效运转的根本所在。其他功能要素的实施效果最终将体现在劳动力要素的规范程度和执行效力上。

2）资本要素

物流伴随着货币流的交换，流通本身实际上就是以货币为媒介、实现交换的物流过程。企业生产过程中的物流活动，实际上也是资金流动的过程；同时，物流服务本身也需要以货币为媒介；物流系统的建设也需要大量资本的投入和运作。资本是物流系统建设不可或缺的要素之一。

3）物的要素

物的要素包括物流系统的服务对象，即各种“物流”。物流系统不仅包括“物”的流转过程，还包括为了实现“物流”所必需的劳动工具和劳动手段，如各种物流设施、工具，各种消耗材料等。

2. 物流系统的功能要素

物流系统的功能要素是物流系统所具有的基本功能。这些基本功能有效地组合、联结在一起构成物流的总功能，共同合理有效地实现物流系统的总目标。物流系统的功能要素从物流系统的结构角度来看，也是物流系统的功能子系统。物流系统的组成如图9.8所示。各子系统的功能和内容描述参见9.2.2小节“物流系统的构成”。

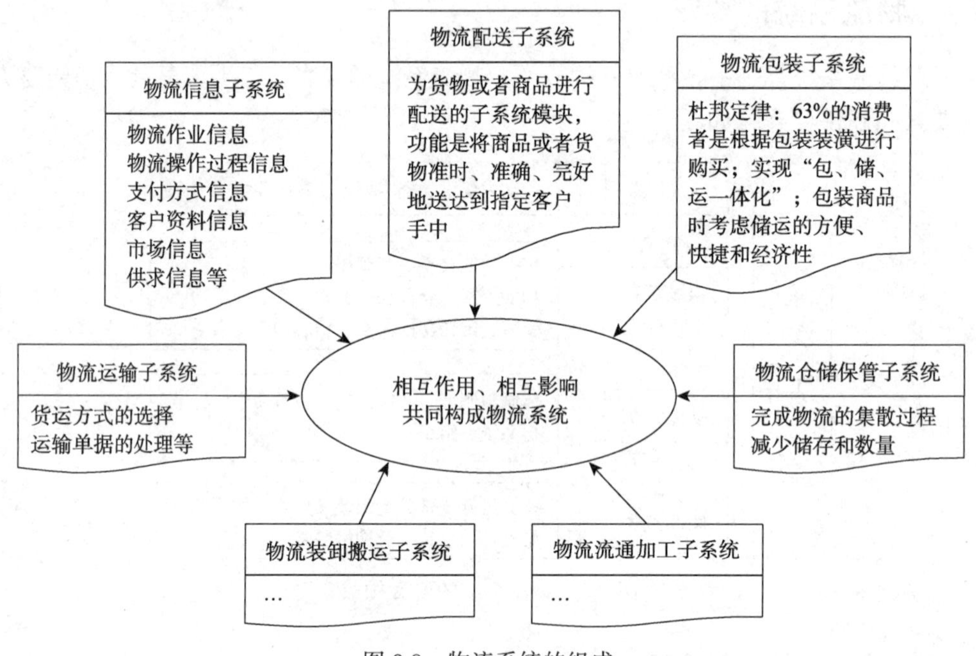

图9.8　物流系统的组成

3. 物流系统的软件要素

物流系统的建立需要借助于许多支持系统，尤其是处于复杂的社会经济系统中，要确定物流系统的地位就要协调与其他系统的关系。这些非物质形态的支持要素，称为物流系统的软件要素。

1）体制与制度

物流系统的体制和制度决定了物流系统的结构、组织、领导、管理方式，国家对其控制、指挥、管理的方式以及这个系统的地位、范畴，是物流系统的重要保障。有了这个支持条件，物流系统才能确立在国民经济中的地位。

2）法律法规

物流系统的运行，不可避免地涉及企业或人的权益问题，法律和规章一方面限制和规范了物流系统的活动，使之与更大的系统相协调；另一方面对物流系统的正常运转提供了保障。合同的履行、权益的划分、责任的确定等都需要依赖于法律规章的维系。

3）行政命令

物流系统和一般系统的差异性在于，物流系统关系到国家军事、经济命脉，所以，国家和政府的行政、命令等干预手段也往往成为支持物流系统正常运转的重要支柱。

4）标准化系统

标准化系统是保证物流环节协调运行、保证物流系统与其他系统在技术上实现联结的重要支持条件。

5）组织及管理要求

组织及管理是物流系统的"软件"，起着连接、调运、协调、指挥其他要素以保障物流系统目标实现的作用。

4. 物流系统的硬件要素

物流系统的建立和运行，需要有大量技术装备手段，这些手段的有机联系对物流系统的运行有决定意义。这些要素对实现物流总功能和某一方面的单一功能必不可缺。

1）物流设施要素

物流设施是组织物流系统运动的基础物质条件，包括物流中心、仓库、物流路线、建筑、公路、铁路和港口等。

2）物流装备要素

物流装备是保证系统运行的物质条件。物流装备是实现物流功能要素的手段，包括仓库货架、进出库设备、加工设备、运输设备和装卸机械等。

3）物流工具要素

物流工具也是物流系统运行的物质条件之一。物流工具是完成物流各功能要素具体工作的手段，包括包装工具、维护保养工具、办公设备等。

4）信息技术及网络要素

信息技术及网络是掌握和传递物流信息的手段，在现代物流系统支持要素中，它的地位越来越重要。不同的物流系统，需要选择不同的信息水平和信息技术，根据所需信息水平不同，来决定包括通信设备及线路、数据传递设备和计算机及网络设备等的水平。

9.2.2 物流系统的构成

在物流科学形成初期，物流系统的定义范畴只限于流通领域，后来扩展到企业的供应、生产、销售以至回收的全过程。现在从供应链的角度定义物流，认为物流是供应链的一部分，物流系统贯穿组成供应链的各个环节。物流系统的边界不断扩大，物流包括包装、装卸搬运、运输、保管、流通加工、配送和信息处理几大功能，因此物流系统由以下几部分子系统构成。需要说明的是，早期配送活动比较简单，常常附属于运输环节被称为末端输送。

1. 包装子系统

包装子系统在整个物流系统中是一个重要环节，是确保货物储运安全、产生价值的必要基础之一。包装子系统贯穿整个“物流”，与其他几个子系统存在交互关系。

包装子系统根据货物的不同可分为工业包装和商业包装。在运输、配送过程中，为了保护商品对商品进行拆包再包装和包装加固等业务活动也属于包装的业务范畴。

2. 装卸搬运子系统

装卸搬运子系统是贯穿整个“物流”的另一个基础。特别是在运输与仓储工作中，时刻都离不开装卸搬运工作。在物流系统中，装卸本身虽然不能产生价值，但是货物装卸质量的高低直接影响货物的使用价值，并能对节省物流费用造成很大的影响。

3. 运输子系统

运输子系统是实现物流目标的基础功能，直接衍生物流的空间效益。运输是物流业务的中心活动，虽然运输过程不改变物品的形态和数量，但物流子系统通过运输解决物品在生产地点和消费地点之间的空间差异问题，创造商品的空间效用，实现商品的使用价值在空间上的转移，满足多样化的社会需求。

4. 仓储保管子系统

仓储保管子系统实现物流的储存功能，解决物流供应与需求在时间上的差异，保障物品不受损害，创造物流的时间效益，是物流活动的一项重要业务。仓库是物流的一个中心环节，是物流活动的一个基地。

5. 流通加工子系统

流通加工主要是指在流通领域中的物流过程中的加工，是为了销售或运输，提高物流效率，使物品更加适应消费者的需求而进行的加工。如大包装化为小包装、大件物品改为小件物品等。在生产过程中也有一些外延加工，如钢材、木材等的剪断、切割等。

6. 配送子系统

配送和运输的活动对象都是大量物流服务的接受者，都是对“物”的空间位置的转移。区别在于，运输一般是指远距离、大批量、少批次、品种单一的空间位置转移。配送基本上是在本地区范围内的小批量、多批次、多品种的物资转移，如从批发企业或物流中心将货物多次运送到分散的客户手中。配送属于二次运输、终端运输。

7. 物流信息子系统

物流信息系统既是一个独立的子系统，又是为物流总系统服务的一个辅助系统。它的功能贯穿于物流各子系统业务活动之中，物流信息系统支持着物流各项业务活动。通过信息传递，把运输、储存、包装、装卸搬运、配送、流通加工等业务活动联系起来，协调一致，以提高物流整体作业效率，取得最佳的经济效益。当然，物流信息系统又有一些子系统，如运输信息系统、储存信息系统、销售信息系统等，都分别配合该系统的业务进行活动，发挥其应有的作用。

扩展阅读 9-3：物流系统各子系统设计需注意的问题

9.3 物流系统的分析与设计

9.3.1 物流系统的分析

物流系统分析是指在一定时间、空间里，对其所从事的物流事务和过程作为一个整体来处理，以系统的观点、系统工程的理论和方法进行分析研究，以实现其空间和时间的经济效应。

1. 物流系统分析的范围及衡量标准

物流系统分析所涉及的问题范围很广。它研究的主要问题是如何使物流系统的整体效应达到最优化。如搬运系统、系统布置、物流预测、生产-库存系统等。由于系统分析需要的信息量大，为了准确地收集、处理、分析、汇总、传递和储存各种信息，应根据分析目标的需求和特点确认衡量标准，采用多种数据处理方法和计算机技术，并将不同系统目标和方案效果进行比较分析，为系统评价和系统设计提供足够的信息和依据。

例如，对物流系统服务性的衡量可采用如下标准。

（1）对用户的订货能很快地进行配送。

（2）接受用户订货时商品的缺货率低。

（3）在运送中交通事故、货物损伤、丢失和发送错误少。

（4）保管中变质、丢失、破损现象少。

（5）具有能满足运送、保管功能的包装。

（6）装卸搬运功能满足运送和保管的要求。

（7）能提供保障物流活动流畅进行的物流信息系统，能够及时反馈信息。

（8）合理的物流加工，能保证生产费、物流成本最低化。

2. 物流系统分析的要素

进行物流系统分析时，必须把握以下几点。

（1）明确目标期望。

（2）确定为实现预期目标所需要的设备、技术等相应的资源条件。

（3）评估实施各种可行方案所需要的资源、费用和产生的效益。

（4）建立各种替代方案模型，在模型中明确目标、技术条件、环境条件、时间、费用及各要素之间的关系。

（5）建立一定的判别准则以选择最优方案。

上述论点可以归纳为五个基本要素：目的、替代方案、模型、费用和效益、评价基准。根据各要素之间的制约关系，可组成物流系统分析结构的概念图，如图 9.9 所示。

（1）目的。物流系统分析人员的首要任务就是充分了解物流系统的目的和要求，同时还应明确物流系统的构成和范围。

（2）替代方案。应充分考虑可实现系统目的的各种可行方案，以从中选择一种最合理的方案。

（3）模型。模型是对实体物流系统抽象的描述。借助一定的模型，可有效地求得物流系统分析所需的参数。利用模型还可以预测各替代方案的性能、费用和效益，进行各替代方案的分析和比较。

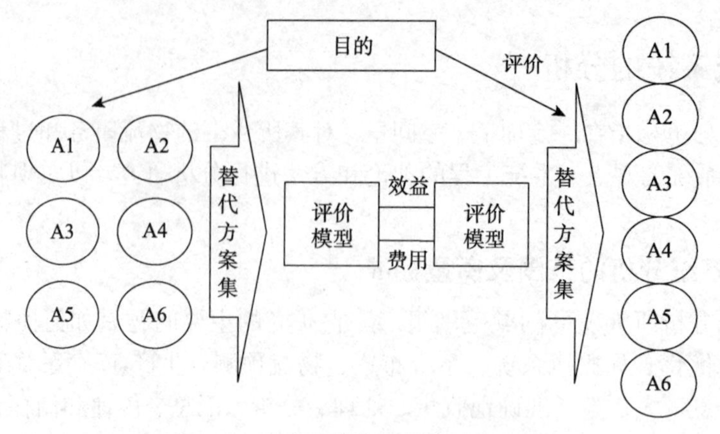

图 9.9　物流系统分析结构的概念图

扩展阅读 9-4：
物流分析时应考虑的准则

（4）费用和效益。费用和效益是分析、比较、选择方案的重要依据。

（5）评价基准。评价基准一般根据物流系统的具体情况而定，但费用和效益的比较是评价各方案优劣的基本手段。通过评价基准对各方案进行综合评价，以确定方案的优先顺序。

3. 物流系统分析的过程与步骤

物流系统分析注意逻辑思维推理的方法，在分析时往往通过回答一系列问题获得答案，可以归纳成解决问题的“5W1H”，具体见表 9.1。

表 9.1　系统分析方法

项　目	为什么	应该如何	对　策
目标对象	为什么提出这个问题？ 为什么从此入手？	应提什么？ 应找哪个？	剔出工作中不必要部分
地点 时间 人	为什么在这里做？ 为什么在这时做？ 为什么由此人做？	该在何处做？ 应何时做？ 应由谁做？	合并重复的工作内容，要考虑到重复组合
方法	为什么这样做？	如何去做？	使工作简化

物流系统分析的步骤如图 9.10 所示。

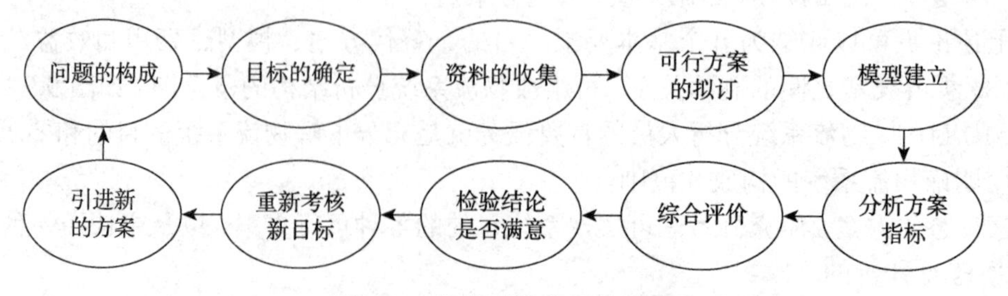

图 9.10　物流系统分析的步骤

1）明确物流系统的问题和目标

当确定分析的问题后，首先要将问题做系统化与合乎逻辑的叙述，其目的在于确定目标，说明问题的重点与范围，以便进行分析研究。

2）收集有关物流资料并探索各种可行性方案

在提出问题后，就要拟订大纲和确定分析方法。然后依据已收集的有关资料找出其中的相互关系，寻求并提出解决问题的各种可行方案。

3）分析对比各种物流可行性方案

建立物流系统的各种模型，利用模型预测每一种方案可能产生的结果，并根据其结果，将各个方案进行定量和定性的综合分析，显示出每一项方案的利弊得失和成本效益。

4）综合分析与评价

全面分析对比各个方案的定量和定性的分析结果，同时考虑到各种有关的无形因素，将所有因素综合考虑研究，获得结论或评价。

5）对方案进行检验与核实

由决策者根据目标要求，以试验、抽样及试运行等方法鉴定所得结论，由此检验方案是否满意。如果不满意或问题较多，要对方案做修改和完善，甚至重新定义问题，不断修改完善。

6）实施计划

根据分析的结果，按照选定的方案对物流系统进行具体实施，制订实施计划。

9.3.2 物流系统的评价

对物流系统的评价是一项非常复杂而又重要的任务，系统评价不仅仅在选择实施方案之前进行评价，而且还要对实施过程中的方案跟踪评价、对实施完成后的物流系统进行回顾评价，以及对已经投入运行的物流系统进行运行现状评价。它是对整个物流系统进行综合分析和评价，而不局限于系统中的一个环节。

1. 物流系统评价的内涵和原则

物流系统评价是指从技术和经济两个方面对建立的各种物流系统方案所进行的评价，并从中选择出技术上先进可行、经济上合理的最优方案的过程。评价的关键是要对所涉及的指标进行量化。用数据反映物流体系的优劣。进行物流系统评价有利于准确反映物流系统的合理化状况和可改善的潜力。

根据系统工程的思想、程序和方法来解读与决定物流系统这样的复杂系统是否“最优”是很复杂的，因为物流系统方案评价标准的差异和时间变化，“最优”的含义并不明确。以城市物流系统为例，一般主要从物流速度、物流费用、日常运作管理费用、供应保障速度等指标来评价，但仅从经济或技术指标来评价具有局限性，近年来城市可持续发展、城市规划、居民满意度等指标逐步受到重视。此外，物流系统一般是多目标系统，这需要将目标分解，分别建模和评价；另外，还要将各子目标归一化，进行整体综合评价。

总的来说，物流系统评价必须遵循以下原则。

1）保证评价的客观性

确保资料的全面、可靠和正确，并防止评价人员的倾向性，保证评价的客观性，才能实现决策的正确性。

2）保证方案的可比性

替代方案在保证实现系统的基本功能上要有可比性和一致性。个别方案功能突出、内容有新意，也只能说明其相关方面，并不能以偏概全，替代其他方面的内容。

3）确保评价指标的系统性

评价指标具有评价标准和控制标准的双重功能，要包括系统目标所涉及的一切方面，具备可查性、可比性和定量性，从系统众多的输出特性中选择一整套衡量指标，以保证评价不出现片面性。

2. 物流系统评价指标体系

对物流系统评价要有一定的评价标准，这样才能衡量物流系统实际的运行状况。要对各种物流系统作出客观公正的评价，就应该根据各个系统的不同情况制定出评价的标准。通常评价标准包括以下几项。

1）经济性指标

经济性指标包括初始投资、每年的运营费用、直接或间接的经济效益、投资回收期，以及全员劳动生产率等企业内部效益和外部效益，还包括物流系统方案成本（或物流系统生命周期总成本）分析、财务评价、国民经济评价、区域经济影响分析等供应链上其他企业的经济效益。

2）技术型指标

技术型指标包括物流系统的可靠性、安全性、快捷性，系统建设的仓储、运输、搬运等子系统的设施、设备的技术性能指标等要求。可靠性包括物流系统各个环节的可靠性和整个系统的可靠性、技术的成熟程度、设备故障率和排除故障所需时间。安全性包括商品的安全和人员的安全，以及正常运行和紧急状态下的安全保障。快捷性包括物流系统各环节与企业销售节奏相匹配的能力，以及调整物流路线的可能性。

3）政策性指标

政策性指标包括政府有关物流产业和物流系统方面的政策、法规、标准、法律、发展规划等方面的要求，这是物流系统的规划和建设的基础性指标。

4）社会性指标

社会性指标包括物流系统对国民经济大系统的影响，对地方福利、地方就业、污染、生态环境等方面的影响，还包括物流系统的建设对人力、物力、能源、水流、土地资源占用等方面的影响。

5）时间性指标

时间性指标包括系统实施的进度、时间节约、物流系统的生命周期等方面的指标。

上述几个方面是物流系统评价一般要考虑的指标大类，在具体条件下会有所增减。大类下的单项指标的设立则要根据具体的物流系统性质和目的要求、特殊要求等全面考虑。

3. 物流系统的评价方法

由于不同物流系统的结构、性能及评价因素不同，因此，评价的方法也各有不同，应根据系统的不同情况来选择系统评价方法。目前国内外系统评价的方法很多，一般可以分为三类：定量分析评价、定性分析评价和两者相结合的评价方法。

从评价因素的个数来分，其又可以分为单因素评价和多因素评价两种。前者就是在进行物流系统评价时，各个评价方案只考虑一个主要因素，例如物流成本、营业利润等，如成本-有效度分析法就是主要侧重经济效益评价的方法；而多因素评价则是在进行物流系统方案评价时，同时考虑两个或两个以上的主要因素，如层次分析法就是针对系统的特性，应用网络系统理论和多目标决策方法发展起来的。

从时间上来看，物流系统评价主要可以分为两类：一是对物流现状进行系统评价，从而对现实系统有一个全面的了解，为系统调整和优化提供基础信息和思路；二是研究物流项目的可行与否及其效益大小，从而为最终决策提供辅助信息。

4. 物流系统的评价过程

评价是根据明确的目标来测定对象系统的属性，并将这种属性变为客观定量的计算值或主观效用的行为过程。物流系统评价和物流系统工程的其他步骤一样，本身也要遵循一定的步骤，图 9.11 所示为物流系统的评价过程。

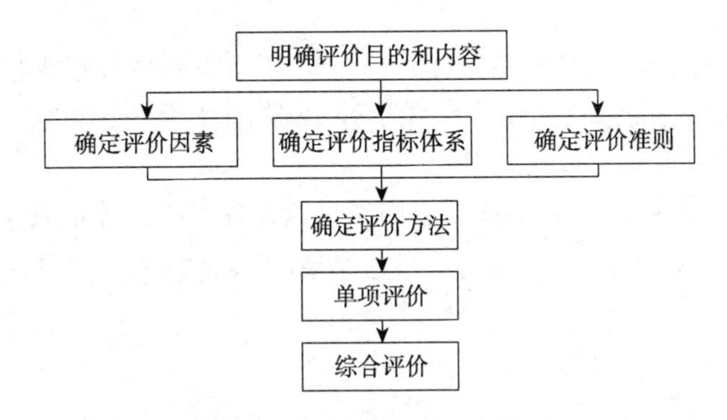

图 9.11　物流系统的评价流程

注：单项评价是指就物流系统或物流系统方案的某一具体方面进行详细的评价，不能解决最优方案的判定问题。综合评价就是在各单项评价的基础上按照评价标准，对系统整体进行全面的评价。

9.3.3　物流系统的设计与实施

物流系统的任何方案都要满足一定的条件，以达到规定的目标。方案中必然有设计人员无法左右的各种前提条件，即不可控因素。例如，对于仓库物流而言，出入库频率和出入库数量是必须满足的一个要求，基本上是规划设计人员不能更改的。但是，方案中也必然有一些可以由规划设计人员在一定范围内选取的变量。例如，仓库收发货站台的位置和数量、搬运设备的载重量、速度及物流系统的运行政策（先入先出或者先入后出，就近入库或者就近出库等）都是可控因素。明确了所有可控因素和不可控因素，就能明确如何去影响系统的性能，达到所追求的目标。物流系统的设计就是通过调整可控因素，观察系统性能的变化趋势，从而选择可控因素的最佳匹配，达到系统的最佳效果。

1. 物流系统的设计要素

在电子商务物流系统设计过程中，需要使用以下几方面的基本数据。

（1）所研究商品的品种、品目及特殊的配送需求等。

（2）商品数量的多少，以及年度销售目标的规模和价格。

（3）商品的流向及各配送中心的销售量等。

（4）服务水平、产品的配送速度和商品质量等。

（5）时间及不同的季度、月、周、日、时各种产品的销售量的波动和特点等。

（6）物流成本。

以上六点称为物流系统设计有关基本数据的六个要素。这些数据是物流系统设计中必须具备的。

2. 物流系统的网络布点——选址

1）选址的影响因素

场址选择或规划设计是物流系统规划的主要问题，它的任务是对建设项目的各类设施、人员、投资进行系统规划与设计，用以优化人流、物流和信息流，从而有效、经济、安全地实现降低项目复杂度的预期目标。影响场址的因素，可分为成本因素与非成本因素。

扩展阅读 9-5：
物流选址时需考虑的成本因素和非成本因素

2）选址的方法

（1）重心法。重心法是将物流系统的资源点与需求点看成分布在某一平面范围内的物体系统，各资源点与需求点的物流量可分别看成物体的重量，物体系统的重心将作为物流中心的最佳设置。具体过程如下。

设在某计划区域内，有 n 个资源点和需求点，各点的资源量或需求量为 ω_j $(j=1,2,\cdots,n)$，它们各自的坐标是 $(x_j,y_j)(j=1,2,\cdots,n)$。重心法选址坐标图如图 9.12 所示。

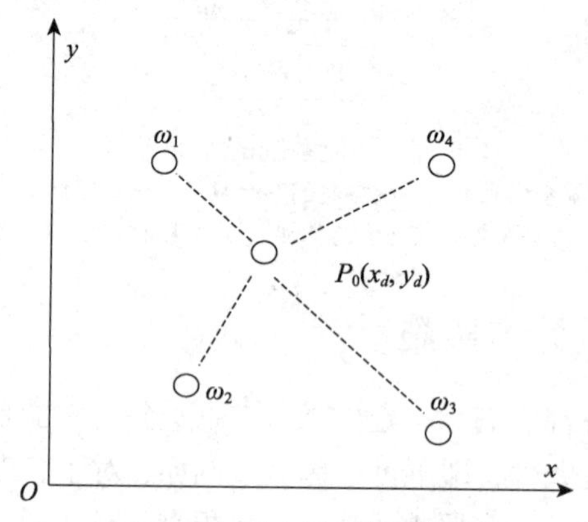

图 9.12　重心法选址坐标图

现计划在该区域内设置一个物流中心，设该物流中心的坐标是 (x_d,y_d)，物流中心至资源点或需求点的运费率是 α_j。根据求平面中物体重心的方法，可以得到

$$\begin{cases}\bar{x}=\sum_{j=1}^{n}\alpha_j\omega_j x_j \Big/ \sum_{j=1}^{n}\alpha_j\omega_j \\ \bar{y}=\sum_{j=1}^{n}\alpha_j\omega_j y_j \Big/ \sum_{j=1}^{n}\alpha_j\omega_j\end{cases} \tag{9.1}$$

将数值代入式（9.1），实际求得的 $(\bar{x},\bar{y})$ 即为所求的配送中心位置的坐标 (x_d,y_d)。

但重心法有如下假设条件：①需求集中于某一点；②不同地点物流设施的建设费用、营运费用相同；③运输费用与运输距离成正比；④运输路线为空间直线距离。

（2）多因素评价法。重心法只考虑了费用，而实际选址工作中还要受到许多环境因素的影响，因此选址是一项系统性工作。一般场址选择是根据各种因素及其内在要求，提出若干选择的具体要求和原则，并采用定性和定量相结合的方法辅助进行工厂区位和具体位置的选择。常用的方法有以下几种。

扩展阅读 9-6：
重心法选址的例题

①费用-效用分析法。这是对技术方案的经济效果进行分析评价的一种方法。实质是要求系统给社会提供效益，必须超出支出费用，可采用会计核算中的量本利平衡法来计算。

②关联矩阵法。找出选址的评价指标，主要是功用、效益和对社会的作用等，并根据这些评价指标的重要度赋予不同的权重，然后对各种备选方案进行评分，最后得出综合评分。

③层次分析法。该方法是一种定性和定量相结合的评价和决策方法。它是将评价主体或决策主体对评价对象进行的思维过程数量化。应用这种方法首先将评价对象的各种评价要素分解成若干层次，并按同一层次的各个要素以上一层次要素为准则，进行两两比较、判断和计算，以求得这些要素的权重，从而为选择最优替代方案提供依据。

3. 设施布置设计

1）设施布置的内容

从企业物流系统来看，生产过程中的物流规划最为复杂，也极为重要。生产物流在进行规划时一定要体现和注意以下几个方面：首先，生产物流是按照加工工艺流动的，其路线是由加工工艺决定的，不能任意变动。其次，零件的生产是连续地、有节奏地进行的，其物流系统也必须是连续地、有节奏地进行。最后，物流搬运装卸过程要求安全可靠，要按照一定的要求搬运、存储，否则将造成零件精度损坏，因此必须选择合适的搬运设备和容器。

从企业生产作业的角度来看，企业内部的物流系统设计必须按照生产特点进行。企业内部物流系统主要就是各种设施相互位置和具体区域内的设备、各种作业区域的布置问题。包括以下四个方面的内容。

（1）厂区设施布置规划。根据交通运输情况，规划厂区的地形面积、产品种类及工艺过程，合理布置各车间、各仓库以及非生产设施之间的位置，使物流合理，便于生产、降低运输费用。

（2）工位配置。在车间内合理布置各工位的位置，使工位搬运的工作量最小。

（3）库存空间确定。合理安排仓库的大小，以及车间内暂存区的大小和位置等。

（4）搬运设备的选择。搬运设备和器具应适应被搬运物料的性质、重量、形状、尺寸及物流量。既要使设备的投资少，又要使其保养、使用费用少。

2）设施布置设计的步骤

物流系统的设施规划可能有两种情况：对现有的物流系统进行分析并优化；进行新的区域物流设施的布置设计。

对现有物流系统进行分析、优化时，要针对物流系统的环境，输入、输出情况，物料性质，流动路线，系统状态，搬运设备与器具及库存等进行全面、系统的调查与分析，求得最佳设计方案，其步骤如图 9.13 所示。

4. 物流系统的设计过程

设计一个物流系统的逻辑程序可用图 9.14 来简要表述。

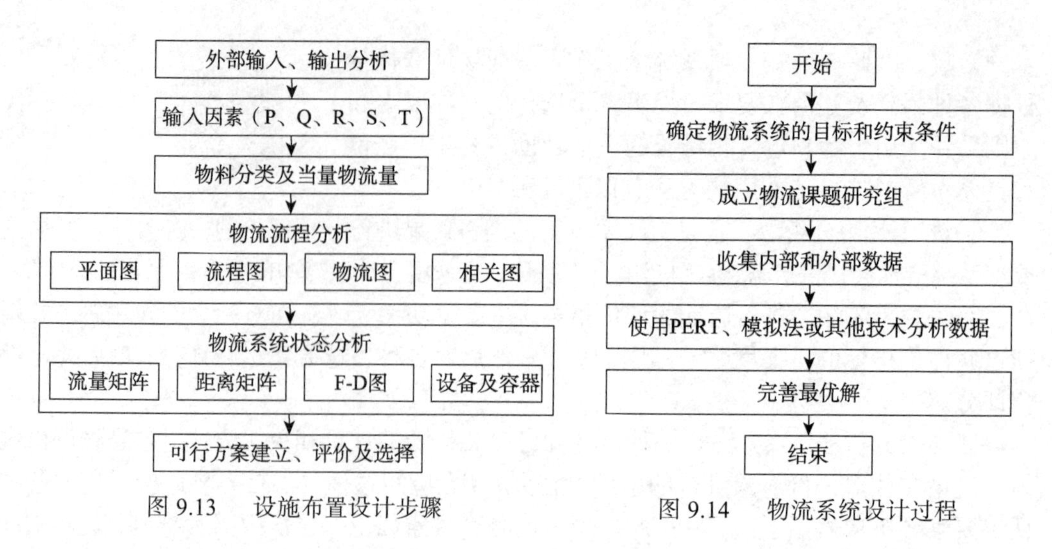

图 9.13 设施布置设计步骤

图 9.14 物流系统设计过程

1）确定目标和约束条件

开始设计或重新设计一个物流系统前，首先应明确叙述分析的目标。物流系统的目标可能是降低物流费用，也可能是提高利润或投资收益，也可能是研究改进输入物流控制后对装配线作业产生的影响。此外还要明确目标是长期还是短期的。

下面是一个表述某物流系统目标的例子。一个物流系统，应以尽可能低的费用达成下列目标。

（1）顾客的订单传输时间将少于 2 小时。

（2）接收到的订单将在 4 个工作小时内处理完毕。

（3）80%的订单订货在 8 个工作小时内分拣集合完毕。在 16 个工作小时内，全部订单应分拣集合完毕。

（4）85%顾客的订货的发运时间不超过 48 小时。全部国内订货要在正式交付运输公司后的 5 天内送到。

（5）缺货不能超过订货数量的 7%，并应立即电话通知遇到缺货的顾客。如缺货可以后补，缺货产品要在 7 天内补上，并通过快运送达顾客。

值得注意的是，为衡量新系统运行后是否达成了目标，上面陈述的目标必须是“可度量的”。

2）组织研究小组

美国管理专家 J.F. 梅奇认为，成立两个彼此独立的分析小组是人员组织较好的方式。一组是工作分析组，由有关职能领域的经理、职员和定量分析专家组成。成员包括顾客服务主任、运输经理、仓储主任、采购主管、生产调度人员、其他相关部门经理及聘请的外部的管理专家。这个组的职责是实际分析、试验、设计和完善新系统。另一组是由市场营销、法律、财务、生产、人力资源等部门有关人员组成一个管理监督委员会，代表公司中更广泛、更全面的观点和看法，该组为工作分析组澄清和详细阐明系统目标提供咨询，并要求工作分析组对他们采取的措施作出说明。

3）收集数据

要收集、掌握有关产品、现有设施、顾客、供应链、竞争对手的详细数据信息。

（1）产品。对现有产品系列和新产品发展趋势进行综合分析。主要有：年销售量、生产或销售的季节性、包装状况、运输和仓储信息、现有生产和装配设施、产品生产进度安排的宽松性、仓库储存场所、目前使用的运输方式、分地区销售情况、在销售时通常同时一起出售的互补产品、产品创利能力。

（2）现有设施。不可变更的设施是作为系统改进的重要约束条件。其内容包括：生产工厂的位置和生产能力、储备仓库和配送中心的位置及其储存和配送能力、订单处理能力、采用的运输方式。

（3）顾客。顾客信息是系统分析的关键性的输入。其包括对现有顾客、潜在顾客进行分析：现有和潜在顾客的地区分布、每位顾客订购的产品、订货的季节性、交货方式、顾客服务的重要性、所需的特殊服务、每位顾客的销售数量和销售利润。

（4）供应链。企业与为其提供原材料和劳务的主要厂商有良好的协作关系，能改善资源供应质量，保证产品生产与销售，提高用户服务质量。所以要对原材料和零部件供应商进行如下考察：位置、依赖程度、工作质量、输入运输的费用和效果。

（5）竞争对手。其包括竞争对手的订单传输方式、处理订单的准确性和速度、采用的运输工具的速度和连贯性、竞争对手未履行的订单的比率、处理赔偿损失和损坏的经验、顾客对本公司和竞争对手在顾客服务方面存在的意见。

4）数据分析

当对整个系统进行分析时，由于数据量通常很大，因此必须采用比较复杂的方法，如系统分析技术中的模拟法、SAD（系统分析与设计）法、PERT 网络分析法（计划评估和审查技术）等。利用 SAD 法进行物流系统分析、设计的一般程序如图 9.15 所示。

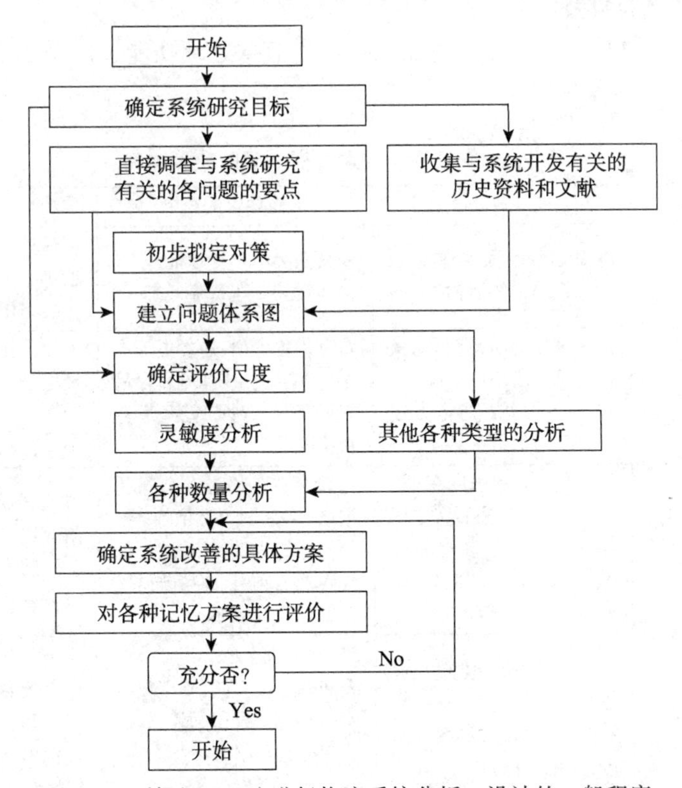

图 9.15 利用 SAD 法进行物流系统分析、设计的一般程序

5）设计的完善

系统设计的最后工作是对研究结果进行完善。对于大多数物流系统来说，变化太快

的一次性的全面整改影响太大，甚至会出现顾客服务功能的中断、订单遗失、货物发运出错、缺货频繁等问题。此外，工作人员也可能抵制这些改革。

9.4 物流系统的冲突

物流运输系统是由多种运输方式、多种运输工具、多家运输部门、多种运输资源构成的复杂的综合运输系统。各个组成要素之间既存在着有机的联系，又存在着相互冲突，而这些冲突在一定程度上制约了物流运输系统的协调发展。物流运输系统诸要素的冲突主要表现在目标冲突、操作冲突以及产权冲突等方面。

1. 目标冲突

各种交通运输方式之间存在着目标冲突。物流运输系统是由铁路、公路、水路、航空和管道五种运输方式构成的综合体系。铁路运输具有快速、准确、安全的优势，但由于铁路运输承运的手续复杂，待运时间较长，很难实现灵活、及时的目标。公路运输机动灵活，能够实现“门到门”运输，但其规模性、安全性程度较低。水路运输是五种交通运输方式中运费较为低廉的，但速度较慢，区域性特征明显，使用范围受到极大限制。航空运输速度快、机动性好，运送货物及时、准确、安全，但其运费昂贵，很难达到低成本的目标。管道运输安全可靠、运输成本低，但其运送的货物具有较大的选择性。

1）要素之间的目标冲突

运输、储存、包装、装卸、流通加工、物流信息处理功能，这些要素独立存在时的目标存在相互冲突（表9.2）。

表9.2 物流系统要素目标之间的典型冲突

要素	主要目标	采取的方法	可能导致的结果	可能造成对其他要素的影响
运输	运费最少	批量运输、集装整车运输、铁路干线运输	交货期集中、交货批量大、待运期长、运费降低	在途库存增加、平均库存增加、末端加工费用高、包装费用高
储存	储存费最少	缩短进货周期、降低每次进货量、增加进货次数、在接近消费者的地方建仓库、增加信息沟通	紧急进货增加、送货更加零星、储存地点分散、库存量降低甚至达到零库存、库存费用降低	无计划配送增加，配送规模更小，配送地点更分散，配送、装卸搬运、流通加工、物流信息成本增加
包装	破损最少、包装成本最低	物流包装材料强度高、扩大内装容量、按照特定商品需要确定包装材料和方式、物流包装容器功能更多	包装容器占用过多空间和重量、包装材料费增加、包装容器的回收费用增加、包装容器不通用、商品破损降低但包装费增加	包装容器耗用的运费和仓储费用增加、运输车辆和仓库的利用率会下降、装卸搬运费用增加
装卸	降低装卸费、降低搬运费、加快装卸速度	使用人力节约装卸搬运成本、招聘农民工进行装卸搬运、提高装卸搬运速度，“抢装抢卸”	装卸搬运效率低、商品破损率高、不按要求堆放、节省装卸搬运费用	待运期延长、运输工具和仓库的利用率降低、商品在途和在库损耗增加、包装费用增加、重新加工增加流通加工成本
流通加工	满足销售要求、降低流通加工费用	流通加工作业越来越多；为节约加工成本，采用简陋设备	在途储存和在库储存增加、增加装卸环节、商品重复包装	商品库存费增加、装卸搬运费增加、商品包装费增加

续表

要素	主要目标	采取的方法	可能导致的结果	可能造成对其他要素的影响
物流信息	简化业务、提高透明度	建计算机网络、增加信息处理设备，如手持终端、采用条形码、增加信息采集点	增加信息处理费、方便业务运作、提高客户服务水平、信息安全性和可靠性影响到系统运作安全	与其他要素的目标没有冲突

2）要素内部的目标冲突

物流系统的要素可作为系统来分析。物流系统的功能要素包括运输功能、储存功能、包装功能等，这些功能要素形成了物流系统的子系统。如将物流系统内部功能要素之间的目标冲突应用于任何一个功能要素的话，物流系统要素内部也存在着类似的目标冲突。

例如：宝洁中国公司。广州到北京的运输方式：公路、铁路、航空，或以上几种方式组合，不同商品品种可以采取不同的运输方式。宝洁的物流目标：保证北方市场的销售、尽量降低库存水平、降低物流成本，权衡市场销售要求和降低成本的要求，确定运输成本目标，在铁路、公路和航空运输中进行选择。

比较铁路运输的优缺点、公路运输的优缺点。要求：方便、快捷、经济。两种方式不能兼得，任何运输方式有其特定目标和优势。

3）要素外部的目标冲突

物流系统是一个更大的系统的子系统。环境中其他系统都与物流系统一样有着特定目标，这些目标之间的冲突是普遍存在的，物流系统以这种方式同环境中其他系统发生联系。

制造企业：供应系统、生产系统、销售系统并列，各自有目标，需要从公司利益的高度进行协调和权衡。物流系统要素之间的目标冲突不能在要素这个层次得到协调，必须在比要素高一个层次的系统才能解决。

2. 操作冲突

由于物流运输系统是由多家运输部门、多种运输方式组成的复杂系统，各个系统、部门、运输方式之间便存在着客观的行政边界、管理边界和运输覆盖范围边界。各级交通运输管理部门受其管理权限的限制，存在着规定的职责、权限的管理边界。各种运输方式由于受其技术经济性能的限制，各自存在着一个最优的运输半径或运输覆盖范围。特别是在组织综合运输过程中，需要各种运输方式进行及时的转换和联运，但各种运输方式都有其合理的运输边界与范围，超出其边界与范围，就会降低某种运输方式的有效性与适应性。

组织综合运输，要求各种运输方式在装卸能力、转换能力、通过能力和运输能力等方面达到协调匹配。但由于各种运输方式存在着技术经济性能方面的差异，必然存在着各种运输方式能力的冲突。各种运输方式技术经济特征各有优劣，运输能力存在着较大差异，铁路、船舶运输能力较大，汽车、飞机运输能力较小，几种运输方式能力之间难以匹配。此外，还有运输方式内部能力的冲突和运输供给能力与运输需求能力之间的冲突。另外，各种运输方式、各个运输部门在运输规程、作业规范上具有不同的要求，也会导致运输组织过程中的运作冲突。

3. 产权冲突

一条供应链上的物流系统不可能由一个企业建立，即一条供应链上的物流系统是由不同产权组织共同完成的。不管有多少个企业参与，供应链上的物流系统都有比较明晰的边界，一体化的物流系统希望有与这个系统边界一致的产权边界，但这是不可能实现的事情，这样，要素产权冲突就产生了。

从物流系统的流动要素来看，如果考虑一个产品，从生产这种产品的原材料物流开始，到生产物流、销售物流、回收与废弃物物流等各个环节，从原材料供应地连续分布直到广袤的销售市场上的那些属于公共设施性质的基础设施——载体，无论在发达国家还是发展中国家，大多是由国家、集体和个人共同投资兴建的，其产权状况十分复杂，而载体的产权状况对物流系统的建立和经营管理影响很大。有人可能会说，物流系统的建立及运作与物流系统载体的产权状况无关，这种解释对在高度发达的自由市场经济国家建立物流系统是有效的，因为无论初始状况如何，载体的产权都可以在发达和完善的市场上交换，并且通过在市场上购买载体一段时间、一定区域内的使用权来集成物流载体系统已经成为一种普遍的行业惯例。

即测即练

自学自测　　扫描此码

应用与实践 9-1　物流系统认识实习

应用与实践 9-2　物流系统的分析与设计

案例分析 一汽—大众JIT系统物流管理

本章习题

1. 何谓物流系统，它有哪些特征？
2. 简述物流系统的模式。
3. 物流系统的目标是什么？
4. 物流系统的要素有哪些？
5. 怎样理解物流系统中存在的效益背反关系？
6. 什么是物流系统分析，它包括哪些内容，有哪些特征？
7. 论述物流系统分析的步骤。

第10章

电子商务与物流

【学习目标】

认识电子商务与现代物流的关系，电子商务对物流发展的推动；
理解电子商务环境下物流管理及物流配送的评价标准，电子商务物流的含义及特点；
识别电子商务物流系统进行设计和合理化规划的科学管理方法；
掌握电子商务下物流管理的运行过程，电子商务下物流业务流程。

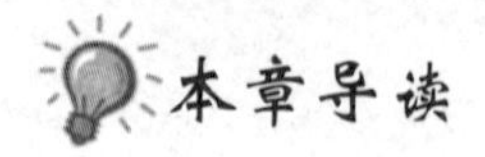

沃尔玛的物流信息管理

沃尔玛借助强大的物流信息管理平台、先进的物流信息技术与设备的运用和管理，实现了高效的物流运作与供应链管理，节省了巨大成本，才不断创造零售王国的奇迹。

沃尔玛在20世纪80年代就特别投入4亿美元的巨资发射了一颗商用卫星，实现了全球联网，以先进的信息技术为其高效的配送系统提供保证。通过全球网络，沃尔玛总部可在1小时之内将全球4 000多家分店内每种商品的库存、上架以及销量全部盘点一遍。

沃尔玛使用EDI技术与全球的4 500多个仓库和3 000多家供应商进行交易，建立了订单库存管理系统和电子订货系统。通过这些系统和其他最先进的物流信息技术与设备，缔造出世界上最精密、最先进的供应链系统，各地分店和供应商通过联网成为一体。借助与供应链伙伴成员相互联结的EDI系统，实现经营信息及时高效地传递与共享。这些技术的应用实现了自动提示和控制商品库存量，使公司总部能够全面掌握销售情况，合理安排进货结构，及时补充库存和不足，降低存货水平，大大减少了资金成本和库存费用。

其物流配送中心的运作也证明了物流信息技术的成功应用。在物流配送的每一环节，沃尔玛都利用了先进的物流信息技术来提高它的运作绩效。在物流的收发货、分拣、配送等环节利用条码、RFID技术来实现信息的自动采集，从而实现了自动登记、自动跟踪、自动控制。配送中心内货架的每个货位上都有指示灯，表示需要拣货的位置和数量。当拣货员完成该货位的拣货作业后，按一下“完成”按钮，计算机就可以更新其数据库。装满货品的纸箱经封箱后运到自动分拣机，在全方位扫描器识别纸箱上的条码后，利用配备有激光制导的传送带，货物被成箱地送上传送带，把纸箱投入相应的装车线，以便集中装车运往指定的零售店。在48小时以内，装箱的商品从一个卸货处运到另一个卸货处，而不在库房里消耗宝贵的时间，这种类似网络零售商“零库存”的做法使沃尔玛每年都可以节省数百万美元的仓储费用。

思考：结合案例分析沃尔玛的物流策略有哪些特点，沃尔玛的成功对我国商业连锁公司有何借鉴意义。

10.1　电子商务与物流的关系

近几年来，随着电子商务环境的改善，电子商务在短短的几年中以惊人的速度发展，显示出巨大优势，政府和企业纷纷以不同的形式介入电子商务活动中。少数电子商务服务对象可以直接通过网络传输的方式进行配送，如各种电子出版物、信息咨询服务等；而对于大多数商品和服务来说，还无法脱离物理方式进行“物”的转移，即物流。可见，物流与电子商务的联系非常紧密。

是电子商务改变物流，还是物流影响电子商务的发展？现实实践证明，物流影响了电子商务的发展模式和运作流程，而电子商务也改变了物流的操作模式，物流体系的完善会进一步推动电子商务的发展。

10.1.1　电子商务发展对物流的影响

1. 电子商务技术的发展是物流变革的催化剂

随着网络技术和电子技术的发展，电子中介作为一种工具被引入了生产、交换和消费的领域，人类进入了电子商务时代。作为一种崭新的商业模式，电子商务与传统商业相互补充、相互促进、共同发展。对于企业来说，电子商务将实体的市场变成虚拟的空间市场，为企业提供了新的行销渠道，简化了新市场开发过程，缩短了市场与供需双方的距离。这个阶段的一个重要特点就是信息流发生了变化，即信息流的电子化，更多地表现为票据资料流动的电子化和网络化。此时的信息流处于一个极为重要的地位，它贯穿于商品交易过程的始终，在一个更高的位置对商品流通的整个过程进行控制，记录整个商务活动的流程。这一阶段的信息流既包括商品信息的提供、促销行销、技术支持、售后服务等内容，也包括诸如询价单、报价单、付款通知单、转账通知单等商业贸易单证，还包括交易方的支付能力、支付信誉等。与此同时，物流的作用和地位往往被削弱或者忽视。物流难以完全脱离物理方式的性质，导致其和其他“三流”相比较而言，相对滞后的缺点非常明显，并因此成为制约电子商务发展的瓶颈，受到了人们的关注。人们逐渐认识到，电子商务是信息传送保证，物流是执行保证。没有物流，电子商务只能是一张空头支票。如何尽可能地提高电子商务活动中的物流速度，推进实现其电子化过程，这一问题越来越受到重视。简而言之，电子商务时代的来临，给全球物流带来了新的发展，刺激了电子商务物流的形成。

扩展阅读 10-1：电子商务兴起前物流管理的局限性

2. 电子商务提高了物流业的地位

相比制造业，物流企业会越来越强化，这是因为：在电子商务的环境里，消费者在网上的虚拟商店购物，支付、送货的功能都要由物流公司承担。也就是说，物流公司不但要把虚拟商店的货物送到用户手上，而且还要从各个生产企业及时进货，存放到物流仓库中。整个市场只剩下实物物流的处理工作。物流企业成了代表所有生产企业及供应

扩展阅读10-2：
电子商务发展对实体经济的影响

商向用户进行实物供应的唯一最集中、最广泛的供应者，是进行局域市场实物供应的唯一主体（图10.1）。可见，电子商务把物流业提升到了前所未有的高度。物流企业应该认识到，电子商务为它们提供了一个空前发展的机遇。

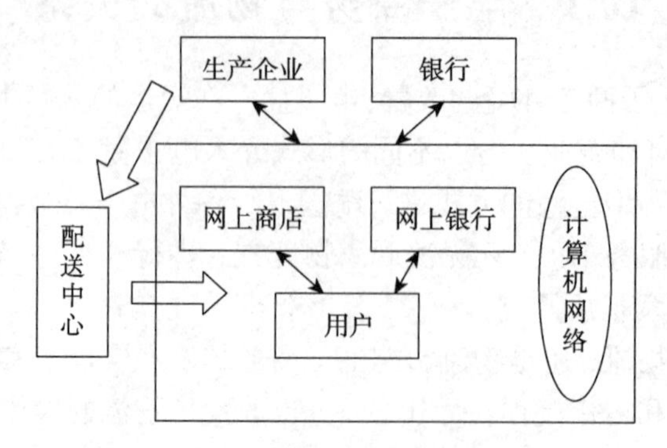

图10.1　电子商务物流运行图

3. 电子商务提出了新的物流需求

1）消费者的地区分布分散化

电子商务的客户可能在地理分布上是十分分散的，要求送货的地点不集中，物流网络覆盖率低于网络覆盖率，无法经济合理地组织送货。解决这个问题可采用两种方式，第一，参照传统店铺营销模式，对销售区域进行定位，对消费人群集中的地区提供物流承诺。第二，针对不同的销售区域采取不同的物流服务政策。如从电子商务的经济性考虑，在上网用户比较集中的大城市建立物流配送体系，按不低于有形店铺销售的送货标准组织送货；对偏远地区的配送采用集货模式，送货期限长。

2）销售商品的标准化

商品的销售渠道是否适合采用电子商务模式需要考虑不同商品的消费特点及流通特点，尤其是物流特点。一般而言，商品如果有明确的包装、质量、数量、价格、储存、保管、运输、验收、安装及使用标准，对储存、运输、装卸等作业等无特殊要求，就适合采用电子商务的销售方式。

3）物流服务需求多功能化和社会化

相比传统物流由不同的企业单独完成包装、运输、仓储、装卸等若干个独立环节的做法，电子商务的物流要求物流企业提供全方位的服务，要把物流的各个环节作为一个完整的系统进行统筹协调、合理规划，既包括仓储、运输服务，还包括配货、分发和按需定制的配套服务，提供多样化的物流功能。同时对小企业来说，如果完全依靠自己的力量来完成物流配送，特别是面对跨地区、跨国界的用户时，将显得束手无策。因此物流的社会化也将是电子商务发展的一个十分重要的趋势。

4）物流服务空间的拓展

电子商务经营者（也包括其他新型流通方式的经营者）需要的是增值性的物流服务，而不仅仅是传统的物流服务，才使得电子商务经营者抱怨物流服务不到位、跟不上。

5）电子商务对物流提出了更高的时效性要求

时效性正成为影响企业优势力度的决定性因素之一，“更便宜、更好、更快”已成为大部分企业发展的目标。电子商务的优势之一就是能大大简化业务流程，降低企业运作成本。其核心在于服务的及时性、产品的及时性、信息的及时性和决策反馈的及时性。这些都依赖于强有力的物流能力。以生产企业为例，有关调查研究的数据显示，物流对企业的影响是公认的，90%以上的人认为较重要，其中 42%的人认为很重要，仅有 9.2%认为不重要。

4. 电子商务改造了物流环节的运作模式和控制

首先，电子商务可实现物流网络的实时控制。传统的物流活动在其运作过程中，实质都是以商流为中心，从属于商流活动，因而物流的运动方式是紧紧伴随着商流来运作。而在电子商务下，物流的运作是以信息为中心的。

其次，网络对物流的实时控制的对象是整体物流。在传统的物流活动中，对物流的控制是针对单个商流或由某个单位独立运作的。比如，在实施计算机管理的物流中心或仓储企业中，所实施的计算机管理信息系统大都是以企业自身为中心来管理物流的。而在电子商务时代，依据网络全球化的特点，可使物流在全球范围内实施整体的实时控制。

扩展阅读 10-3：电子商务实时控制物流网络的手段

扩展阅读 10-4：传统供应链与电子供应链的差别

扩展阅读 10-5：福特公司专业化之路

5. 电子商务改变了物流企业经营形态

首先，电子商务将改变物流企业对物流的组织与管理。在传统经济条件下，物流往往是以某一具有物流需求的企业为主进行组织和管理的。而在电子商务环境下，要求企业在组织物流的过程中，不仅要考虑本企业的物流组织和管理，而且更重要的是要考虑全社会的整体系统。物流不再是企业独有的经济活动，而是一个系统、一个整体，成为一种独立的产业。

其次，电子商务将改变物流企业的竞争状态。在传统经济中，物流企业之间往往是依靠本企业提供优质服务、降低物流费用等方式来进行激烈的竞争。在电子商务时代，这些竞争内容虽然依然存在，但有效性却大大降低，这是因为电子商务所需求的全球性的物流系统是任何一个企业都难以达到的。这就要求物流企业联合起来，在竞争中形成协同竞争的状况，以实现物流高效化、合理化、系统化。这种竞争关系，被称为竞合关系。

6. 电子商务促进了物流基础要素的改善

电子商务对物流基础设施的改善、物流技术的进步、物流人才的培养和物流管理水平的提高都作出了积极贡献。电子商务高效率和全球性的特点，要求物流也必须达到这一目标，而这一要求依赖于良好的交通运输网络、通信网络等基础设施的建设。物流技术主要包括物流硬技术和软技术。物流硬技术是指在物流组织过程中所需的各种材料、机械和设施等；物流软技术是指组织高效率的物流所需的计划、管理、评价等方面的技术和管理方法。物流技术水平的高低是实现物流效率高低的一个重要因素。物流管理水平的高低直接决定物流效率的高低，也影响着电子商务效率优势的实现。只有建立科学合理的管理制度，将科学的管理手段和方法应用于物流管理当中，提高物流管理水平，才能确保物流的畅通进行，实现物流的合理化和高效化。物流管理人员既要有较高的物流管理水平，也要具备较高的电子商务知识，并要能在实际的运作过程中，将二者有效地结合在一起。

10.1.2 物流对电子商务的促进

1. 物流活动是电子商务活动的重要组成部分

物流是指物质实体从供应者向需求者的物理流动。它是商流的延续，是为商流服务的。顾客网上购买商品的目的是获得商品的使用权和支配权。没有物流，商流的结果将无法实现。所以，物流是电子商务的重要组成部分。

物流作为一个完整的产业，由仓储、运输、装卸、流通加工等诸多业态组合而成，即使没有电子商务的出现，它们也会适应经济和社会发展而过渡到现代物流阶段。从国外物流技术的发展看，被普遍认为是电子商务物流核心技术的 EDI 技术、just-in-time 技术都早于电子商务产生。另外，消费者行为的个性化、多样化需求趋势增强，使得零售形式也表现出多样化趋势，零售业中 24 小时便民店、郊外仓储式商店等新型业态的诞生是适应生活类型多样性带来的诸如活动时间的深夜化、利用汽车购物等消费行为变化的结果。

物流的发展与电子商务关系密切，但并不意味着电子商务对物流的发展起着决定作用；同样，物流也并不一定是电子商务发展的瓶颈。事实上，在现代物流发达的国家，电子商务依靠物流才得以实现。只是在我国目前形势下，物流业的发展制约了电子商务的发展，这种现象具有阶段性。当前，在供应链管理的发展中形成的企业资源计划是通过物流、信息流、资金流，把客户需求和企业内部的生产活动，以及供应商的制造资源整合在一起，体现完全按用户需求生产的一种功能网链结构供应链模式。在管理技术上，ERP 在整个供应链的管理过程中强调对资金流和信息流的控制，通过业务链促进价值增值，并决定了各种流的流量和流速（图 10.2）。可见，物流的瓶颈约束并不具备普遍性。

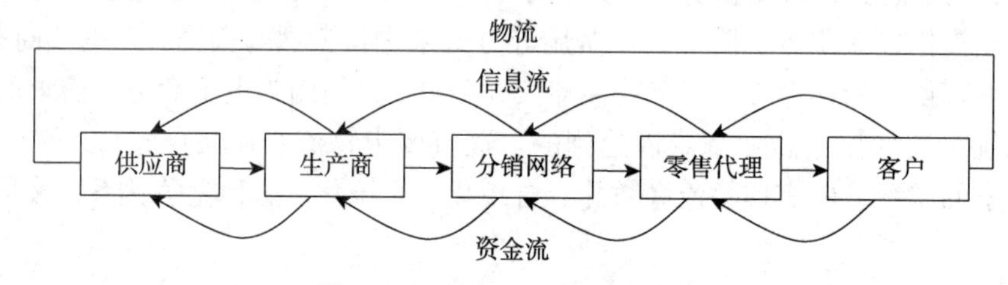

图 10.2 企业 ERP 管理价值链

2. 物流是电子商务的有力支持

随着学术界对物流研究的深入，物流作为企业“第三利润源泉”，在企业生产过程中的作用与形式也越来越清楚。据研究，在我国，物流成本已占商品流通成本的 50%～60%左右。无效运输、破损现象极为普遍，如陶瓷、玻璃的破损率达到 20%，每年损失上亿元。商品流通效率也不高，物流过程在我国工业企业中所占用的时间几乎占整个生产经营过程的 90%。其中汽车零配件行业大约只有 4%左右的时间用于生产、加工，96%的时间用于原材料的购运和成品包装、储存及装卸，大大影响了企业经济效益的提高。

电子商务网站的服务水平会受到其物流成本的差异影响，这一假设只在电子商务的起步阶段成立。当第三方物流中心成为所有网站的代理物流者之后，所有网站的物流服务水平将是一致的了。那时消费者的选择将停留在传统商店与网上商店的选择层次上。然而要达到这种程度，电子商务和物流都有很长的路要走。正如电子商务在起步之初，同样商品在不同的网站也可能有不同的价格一样。再者，物流中心是否能成为所有网站的物流代理，目前还不能妄下结论。

扩展阅读 10-6：网上交易对物流的依赖更强的具体表现

10.2　电子商务运行方式及物流作业支持

电子商务物流的运行过程与传统物流的运行没有本质的区别，不同之处在于电子商务物流突出强调一系列电子化、机械化、自动化工具的应用以及准确、及时的物流信息对物流过程的监督，它更加强调物流的速度、物流信息的通畅和整个物流系统的合理化。随着电子商务交易过程中物资的流动，信息流把相应的采购、运输、仓储、配送等业务活动联系起来，协调一致，以提高电子商务物流系统的整体运作效率。

10.2.1　电子商务物流的一般运行过程

电子商务的物流作业流程同普通商务一样，目的都是将消费者购买的商品送到用户手中，其基本业务流程一般包括采购、运输、仓储、装卸搬运、流通加工、包装和配送等基本环节。电子商务物流的一般运行过程如图 10.3 所示。

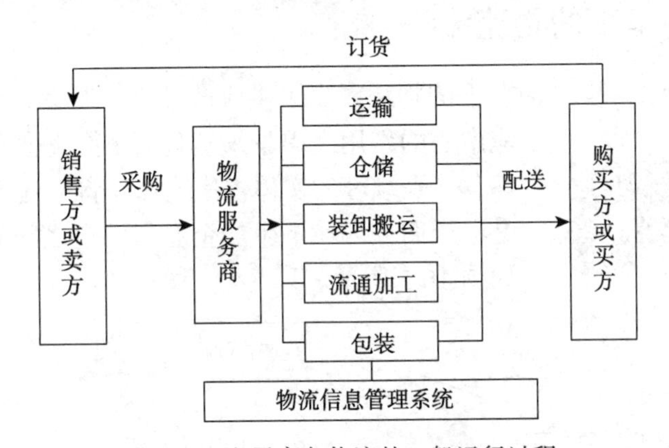

图 10.3　电子商务物流的一般运行过程

电子商务物流系统的基本业务流程因电子商务企业性质不同而有所差异。如制造型企业的电子商务系统，其主要业务过程可能起始于客户订单，中间可能包括与生产准备和生产过程相关的物流环节，同时包括从产品入库直至产品送达客户的全部物流过程；而对销售型的电子商务企业（如销售网站）而言，其物流过程就不包括生产过程物流的提供，但其商品组织与供应物流和销售物流的功能则极为完善；对于单纯的物流企业而言，由于它充当为电子商务企业（或系统）提供第三方物流服务的角色，因此它的功能和业务过程更接近传统意义上的物流或配送中心。图 10.4 为销售型电子商务企业物流的一般过程。

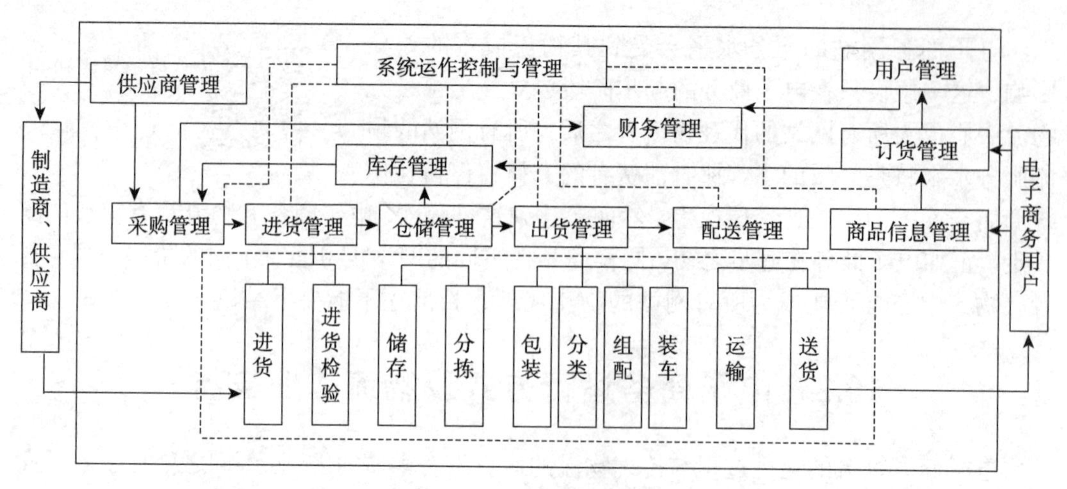

图 10.4 销售型电子商务企业物流的一般过程

扩展阅读 10-7：
电子商务环境下各功能作业对物流管理的影响

虽然各种类型的电子商务企业的物流组织过程有所差异，但从电子商务物流流程来看，还是具有许多相同之处。具体地说，其基本业务流程一般都包括进货、进货检验、分拣、储存、拣选、包装、分类、组配、装车及送货等。与传统物流模式不同的是，电子商务的每个订单都要送货上门，而有形店铺销售则不用，因此电子商务的物流成本更高，配送路线的规划、配送日程的调度、配送车辆的合理利用难度更大。与此同时，电子商务的物流流程可能会受到更多因素的制约。

10.2.2 电子商务下的物流流程

与传统商务相比，电子商务下的物流减少了供应链环节，现实的零售店没有了，物流中心的作用变得越来越显著。物流中心既是制造商的仓库，又是顾客的实体供应仓库。将上述流程简化一下，就是电子商务环境下生产企业和用户之间的物流运行过程，如图 10.5 所示。

扩展阅读 10-8：
电子商务环境下生产企业和用户物流运行的步骤

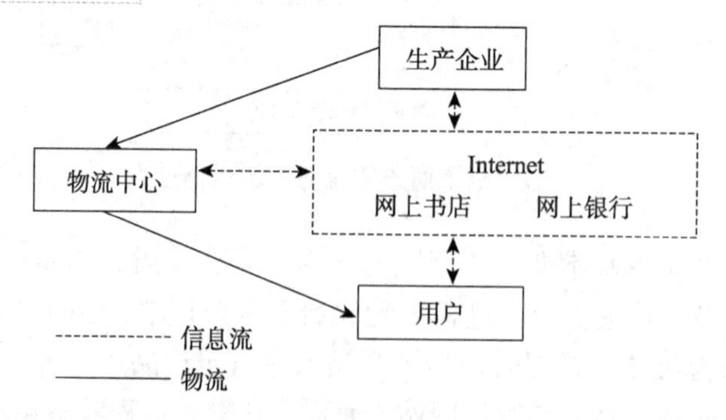

图 10.5 电子商务环境下生产企业与用户之间的物流运行过程

将上述运行过程按业务功能划分，可划分为采购作业、销售作业和仓储中心三个环节。

1. 采购作业流程

采购作业是将商品从供应商处转移到仓储中心的过程，如图 10.6 所示。

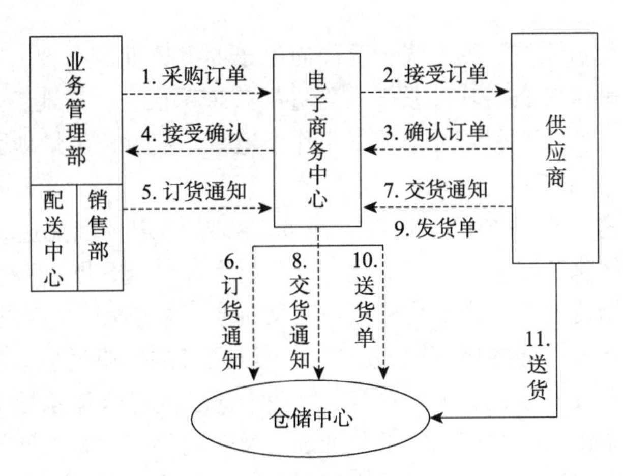

图 10.6　电子商务下物流企业采购作业流程

2. 销售作业流程

销售作业是将商品从仓储中心转移到顾客手中的过程，如图 10.7 所示。

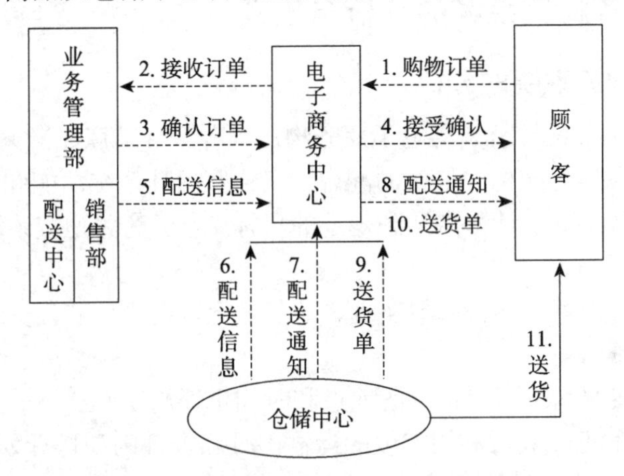

图 10.7　电子商务下物流企业销售作业流程

3. 仓储中心作业流程

仓储中心将从供应商处获得的商品直接发货或经过物流加工转移到顾客手中，如图 10.8 所示。

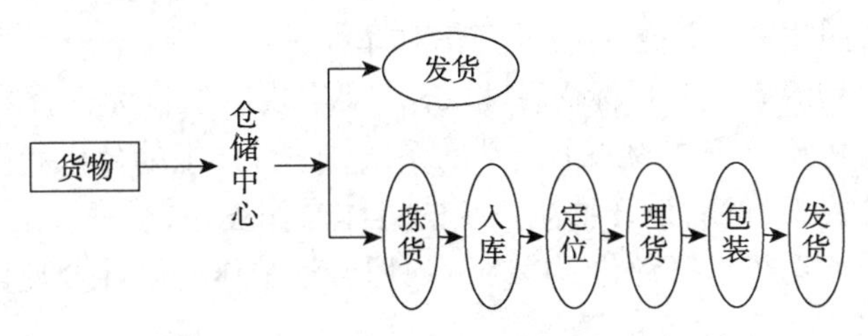

图 10.8　电子商务下仓储中心作业流程

10.3　电子商务物流系统的规划、评价及优化

结合电子商务自身特点及行业发展趋势，电子商务下的物流系统是信息化、现代化、

社会化和多层次的物流系统。该系统主要面向电子商务企业的需要，采用网络化的计算机技术和现代化的硬件设备、软件系统及先进的管理手段，严格地、守信用地进行一系列分类、编配、整理、分工和配货等理货工作，定时、定点、定量地交给没有范围限制的各类用户，满足其对商品的需求。

新型的电子商务物流系统可以使商品流通较传统的物流和配送方式更容易实现信息化、自动化、现代化、社会化、智能化、合理化和简单化，既减少生产企业库存，加速资金周转，提高物流效率，降低物流成本，又刺激了社会需求，有利于整个社会的宏观调控，也提高了整个社会的经济效益，促进市场经济的健康发展。电子商务物流系统与传统的物流系统并无本质的区别，不同之处在于电子商务物流系统突出强调一系列电子化、机械化、自动化工具的应用，以及准确、及时的物流信息对物流过程的监督，它更加强调物流的速度、物流系统信息的通畅和整个物流系统的合理化。随着电子商务交易过程中实物的流动，拥有畅通的信息流能把相应的采购、运输、仓储、配送等业务活动联系起来，使之协调一致，这是提高电子商务物流系统整体运作效率的必要途径。

10.3.1 电子商务物流系统的分析与规划

1. 电子商务物流系统的分析

电子商务物流系统设计就是将电子商务物流的各个环节联系起来，看成一个整体进行设计和管理，以最佳的结构和最好的配合，充分发挥其系统功能和效率，实现电子商务物流整体合理化。系统设计都要达到规定的目标。电子商务物流系统所要达到的具体目标主要有以下几个方面。

（1）服务性。针对网络客户，要实现无缺货、无货物损伤和丢失等标准，并且物流成本相对较低。

（2）快捷性。按照网络客户指定的地点和时间迅速将货物送达，为此可以把配送中心建立在供给地区附近，或者利用有效的运输工具和合理的配送计划等手段。

（3）有效利用空间。对城市市区面积的有效利用必须加以充分考虑，应该逐步发展自动化设施和物流机械设备，以便达到空间的有效利用。

（4）规模适当。要根据网络企业实际状况建立物流设施，兼顾机械化和自动化的合理运用、信息系统所要求的电子计算机等信息设备的利用等。

（5）库存控制。库存过多需要更多的保管场所，而且会产生库存资金积压，造成浪费，因此，必须按照生产与流通的需求变化对库存进行控制。

上述电子商务物流系统的目标简称为 5S。要实现以上目标，就要认真研究，把从采购到消费的整个物流过程作为一个流动的系统，进行详细的分析和设计，找出电子商务物流系统的设计要素，然后设计物流系统的具体操作程序，进一步运用各种技术方法，最后对电子商务物流系统进行评价，最终达到物流整个作业设计合理化和现代化，从而降低物流的总成本。

2. 电子商务物流系统的规划

每个企业都承担一种产品或多种产品的生产，从原材料入厂，经过一定的生产工艺流程，进行加工、检验、存储和装配等步骤，最后形成产品出厂。各车间、各工序在地理位置上是相互独立的，但在生产流程上又相互联系。生产是按照一定顺序、一定节奏进行的，企业生产是一个系统。而其中的物流必须按照整个生产系统的特点和要求去组织，才能使各车间、各工序按照预定的步骤和节奏进行工作，协调生产。因此，企业物流系统是否恰当，是否能与生产要求相一致，决定了企业生产效率与效益。企业物流系统的构架是由各种设施的地理位置所决定的，因此，企业物流系统规划的主要内容包括以下两点。

（1）物流系统的网络布点问题。指企业各种大型设施如工厂、仓库、车间、销售点和物料供应地等相互位置布局或选址，它是企业物流系统整体构架。

（2）物流系统的局部设施布置问题。主要指具体的某个区域里的各种设施的布局，如仓库中分拣区、存储区、加工区及运输区的相互平面位置分布以及相关设备的选用，如生产区域内各种工位的配置及物料的搬运路线，也可称为局部设施布置设计。

10.3.2　电子商务物流配送的评价

1. 电子商务物流配送的评价标准

扩展阅读 10-9：电子商务物流配送的评价主要指标

电子商务物流配送的评估标准包括物流配送质量管理标准、物流配送工作标准和物流配送服务标准等。电子商务物流配送评估标准体系如图 10.9 所示。

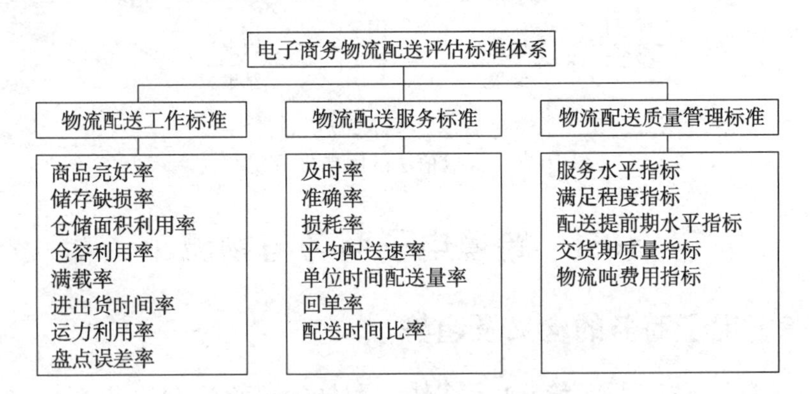

图 10.9　电子商务物流配送评估标准体系

2. 电子商务物流配送评估方法

电子商务物流配送水平的评估主要有以下几种方法。

1）观察法

观察法是评估物流配送的基本方法，属于定性化的评估方法，它不能给评估者提供一些定量化的数值，只能根据评估者对被评估的物流配送实际操作进行观察，以判断其物流配送的优劣。观察法评估的范围是物流配送流程的各环节。仓储环节观察其仓库设施、仓库地面整洁程度、仓库环境、日光照是否充足等。装卸环节观察配送员的搬运、叉车操作的安全防范等。从这些观察到的情况判断物流配送的质量。

这种评估方法由于评估者本身素质的高低和对问题观察的出发点以及观察方法的不同，对同一个物流配送作业的评估可能有不同的结果。这是最简单的评估方法。

2）统计法

统计法是评估物流配送规范化的方法。根据物流配送企业累积的资料，对相关数据进行统计，利用扩展阅读 10-9 里的标准指标进行计算，得出各个标准的指标值。通过指标值的比较，判断物流配送的质量。

按照指标的数据进行统计，代入计算公式可以得到指标值。指标值的具体要求需要根据不同企业的物流配送需求来确定。统计法可以利用直观的直方图、主次因素排列图、P 管理图、相关图等分析技术来评估物流配送水平。

3）经验值法

利用经验值法来评估物流配送水平是常用的评估方法。国外的一些物流配送中心，根据平时积累的经验形成一套评估指标，按照经验值对物流配送服务进行评估。经验值法带有历史的影响，由于经济发展，一些经验值可能逐渐失去了意义。因此，这种方法有一定的局限性。经验值法中最常用的是因果分析技术，又称为“鱼翅图”（图 10.10），主要对影响物流配送的一些因素进行分析，将其分析结果与历史经验相对比，以判断物流配送水平。

扩展阅读 10-10：
电子商务物流系统的合理化

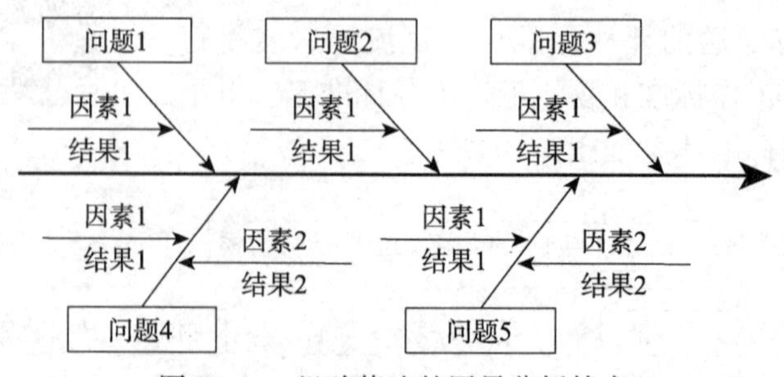

图 10.10　经验值法的因果分析技术

10.4　跨境电子商务与物流

10.4.1　跨境电子商务的含义及趋势

跨境电子商务是指不同关境的交易主体，通过电子商务平台达成交易、进行支付结算，并通过跨境物流送达商品、完成交易的一种国际商业活动。如图 10.11 所示，跨境电商的众多要素涵盖营销、物流、金融服务等完整产业链，将投资和贸易有机结合，促进贸易自由化和贸易合作，降低非关税壁垒，对推动经济一体化和贸易全球化的发展具有非常重要的战略意义。

扩展阅读 10-11：
我国跨境电商行业发展情况及趋势

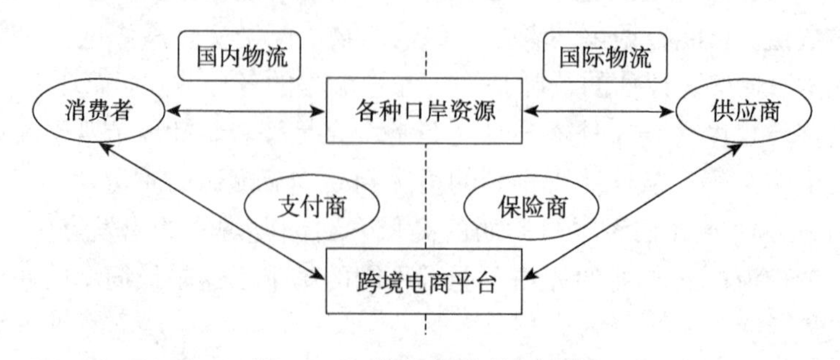

图 10.11　跨境电子商务活动

10.4.2 跨境电子商务物流的模式

1. 跨境电子商务物流的含义

跨境电子商务物流是伴随跨境电子商务的发展而生的，位于不同国家或地区的交易主体通过电子商务平台达成交易并进行支付清算后，为送达商品进而完成交易进行的一种跨境物流活动。由于交易主要依靠网络进行，因此消费者所关注的焦点在于电子商务交易能否顺利完成，服务质量和服务效率已成为跨境电子商务物流能否获得消费者认可的关键。

跨境电子商务物流和传统内贸电子商务物流都是在可控的成本下基于物品的实体流动过程，但跨境电子商务物流还伴随着国际性等特点，与多个国家（地区）的社会经济活动紧密相连，具备范围更大、影响更深远、影响因素更多的特点，具体体现在以下几个方面。

（1）跨境电子商务“多品种、小批量、多批次、周期短”的运营模式要求实现库存商品快速分拣配送，而多元化的物流渠道的选择对物流的敏捷性提出了更高的要求。

（2）跨境电商用户的产品体验更注重物流的时效体验，不仅仅是运输的功能，甚至物流的成本决定了产品的竞争优势，体现了更高的附加价值。

（3）跨境电子商务物流强调整合化和全球一体化，而传统内贸物流强调的是“门到门”“点对点”。

（4）跨境电子商务物流更注重信息智能化。各大国际物流服务商均致力于开发功能更全面、操作更简单的物流 ERP 系统，实现线上购物的一体化和智能化。而传统内贸电商物流的作业流程相对固定，对信息系统的依赖程度较弱。

2. 跨境电子商务物流模式分析

跨境电商的复杂性和国际性特征意味着中小企业不可能独立建立完整的仓储供应链，因此跨境电子商务物流的选择主要有邮政小包、国际商业快递、专线物流、海外仓四种渠道。

扩展阅读 10-12：几种跨境电子商务运输模式

四种跨境电子商务物流类型比较分析见表 10.1。

表 10.1 四种跨境电子商务物流类型比较分析

主要类型	优 点	缺 点
邮政小包	（1）覆盖面广，可寄递范围更广； （2）邮寄便捷； （3）清关能力强； （4）价格低	（1）有明确的尺寸限制； （2）只适合重量轻、体积小的货物； （3）时效慢，易丢包
国际商业快递	（1）速度快，服务好； （2）丢包率低，在发达国家非常便捷	（1）价格昂贵且资费变化大； （2）清关能力比邮政渠道差
专线物流	（1）规模化大批量运输； （2）价格比商业快递低； （3）速度比邮政小包快； （4）丢包率比较低	（1）运费比邮政小包贵； （2）揽收地区相对有限

续表

主要类型	优　点	缺　点
海外仓	（1）国际运送方案灵活可靠； （2）发货周期短，发货速度快，避免旺季爆仓、排仓等情况； （3）降低跨境物流缺陷交易率； （4）保障海外客户权益	（1）选品要求较高； （2）仓储费用较高； （3）对海外货物可控性差； （4）对卖家在供应链管理、仓储管理、营销管理等方面要求较高

3. 跨境电子商务物流发展趋势

伴随着国家对跨境电子商务利好政策的密集出台，跨境电子商务物流面临新的机遇，也迎来了新的发展模式变革。

1）国家支持下跨境电子商务物流模式创新面临机遇

“一带一路”倡议的提出带来了中国跨境电子商务的集中爆发式的增长，已成为我国外贸重要的增长点。但一方面，跨境消费者与国内消费者一样对物流的速度、退换货便捷度、购买体验等保持着较高的期望值；另一方面跨境电商也需要在复杂的物流过程中保持商业价值和利润，只有通过创新商业模式，才能同时满足消费者的期望与企业的商业价值。

2）跨境电子商务物流推动海外仓发展

2015 年海外仓的供给主体发生了巨大的变化，大量传统货代企业、国际物流转型企业、大型跨境电子商务平台的加入使得海外仓呈爆发式发展。

3）“互联网 +” 大数据助力跨境电子商务物流发展

跨境电子商务物流是在充分利用互联网技术和物流大数据技术基础上，通过构建信息平台，创建信息连接能力更强、客户连接能力更紧密、服务范围更宽的现代物流体系，实现不同国家（地区）的信息实时交流、快捷物流和更高效的供应链联合。此外，智能机器人分拣中心、自动化智能物流仓库等先进技术也会给跨境电商物流的发展带来新的动力。

10.4.3 海外仓

1. 海外仓的定义及其发展

海外仓是指建立在海外国家的可提供仓储、配送等一站式物流控制与管理服务的仓库。国内企业将商品通过大宗运输的方式运送到目的国，在当地建立仓库、存储商品，然后根据当地的销售订单，及时响应，从当地仓库直接进行分拣、包装和配送。众多物流企业，包括 DHL、eBay 等纷纷在海外重要城市布局海外仓。

2018 年年初，京东开启了全球化发展新战略，全面升级了京东物流海外仓，不仅为“6 · 18”全球购保证了物流动力，还将国际供应链串联打通，缩短与全球商品的“距离”。目前京东物流国际供应链已在五大洲设立了 110 多个海外仓，形成了京东物流海外仓全球布局一站式跨境供应链。

通过海外仓，卖家从本国出口，通过海运、货运、空运的形式将货物存储到当地仓库，当买家有需求时，通过网上下单购买所需物品，卖家只需在网上操作，第一时间作出快速响应，对海外的仓库下达指令，及时进行货物的分拣、包装，从买家所在国本土发货递送就可完成订单履行。

相比国内仓储，海外仓在规划、仓库基建、人员计划、配送管理、系统建设等方面，并没有太多区别。海外仓的特点主要体现在：首先，海外仓的仓储管理系统，需要与当地的电子口岸对接。其次，在报关报检方面，海外仓需要有保税仓资质，且设置有海关和国检的检疫口。最后，海外仓实行三单合一，即支付单、物流单、订单三单合一。海外仓对降低物流成本、缩短订货周期、减少消费者等待时间、完善用户体验、提升重复购买率具有促进作用。

扩展阅读 10-13：为什么说海外仓是电商时代物流业发展的必然趋势？

2. 海外仓选品规则

海外仓的优势主要体现在缩短运输时效、降低物流成本、本地化服务及运营模式拓展等，因此对不同类型产品收益提高效果有差异，对于海外仓的选品定位，一般来说有四种情况。

（1）高风险/高利润的品类。主要是一些无法用小包运送的超大、超重或运费太高的物品，如家具、灯具、大型汽车配件、户外产品等。

（2）低风险/高利润的品类。主要是一些符合本地需求且需快速送达的日用快消品。如工具类、家具必备用品、母婴用品等。

（3）高风险/低利润的品类。主要是指一些运输有限制的产品。如带锂电池的产品和液体类产品等。

（4）低风险/低利润的品类。主要是一些国外热销、可大批量运输的产品。如 3C（计算机类、通信类和消费类电子产品）配件、爆款服饰等，这类产品批量运送更具有优势，可以降低平均成本。

总体而言，高利润的品类更适合做海外仓品，而低利润的品类并不适合海外仓。

3. 海外仓建设模式及比较分析

从经营的主体划分，海外仓主要有自建模式、与第三方合作模式、一站式配套服务模式。

（1）自建模式分为卖家自建和电商平台企业自建两种类型。前者是由大卖家经过一段时间的运作以后，有了一定的资金与客户群体基础，在客户较为集中的地区投入资金在海外市场建设仓库。后者是由规模比较大的电商平台企业自建，不仅经营自营产品，也代销其他客户的商品。相比前者，这类企业往往比较了解跨境电子商务的发展趋势和需求，因此往往在市场营销方面做得比较出色。前者代表企业有兰亭集势，后者代表平台有京东物流。

（2）与第三方合作模式是指电子商务企业与第三方企业台作，由第三方企业提供海外仓储服务的建设模式。这种模式的优势在于专业化的第三方企业能按照委托企业的要求，实现高标准、专业化、及时准确的物流服务。这种海外仓建设模式主要有直接租用模式和合作建设模式两种。前者电商企业直接租用第三方企业的海外仓库，利用第三方海外仓自有的信息系统和管理技术对仓储进行管理，电商企业支付操作费用、物流费用和仓储费用。后者由电商企业与第三方公司合作建设海外仓，并投入设备和系统与第三方公司共同管理海外仓，电子商务企业只需支付物流费用。代表企业包括大龙网与俄速通共建海外仓。

（3）一站式配套服务模式是基于海外仓，由相关企业为跨境电子商务企业提供跨境物流整体解决方案服务的模式。这种模式可以根据不同电商企业的差异化需求，提供集物流管理、供应链优化、贸易合规及金融管理服务于一体的整体解决方案。这种模式能协助跨境电子商务企业适应不同地区的标准化规定，并能满足电子商务企业在实际运营中产生的个性化物流服务需求，属于逐步兴起的海外建仓模式。代表企业有递四方速递。

扩展阅读 10-14：
海外仓服务流程及内容

上述三种海外仓模式各有优劣，处于不同阶段的跨境电子商务卖家，对于不同品类的商品、不同的目标市场，应该通过调查和研究，选择最适合自己的模式。

10.5 电子商务物流客户服务管理

随着物流业的发展，以客户为中心、满足客户需求为己任的经营理念在物流企业中不断被确认，建立良好的客户关系，以优质的服务为客户提升价值，将物流客户服务列为企业经营的重要组成部分都将对物流营销、物流成本、服务水平和企业竞争力产生重要影响。

10.5.1 电子商务物流客户服务的主要内容

1. 核心服务——订单服务

订单服务是构成物流客户服务的核心功能，从接到客户的订单开始到发货再到配送至客户手中的一系列物流业务都是围绕客户的订单开展的。随着信息技术的发展，电子资料交换的方式代替了传统的交接方式，使物流订单的处理更加精确和快速。订单服务的每个程序都有具体的操作原则、标准和规程。其具体包括根据订单号码进行订单确认、接受订货并建立客户档案、查询库存信息并按订单分配订货、依订单拣货及排定出货的顺序、处理存货不足以及订单资料处理输出等步骤。

2. 基础服务——储存、运输与配送服务

储存服务是为客户做好原材料、配件、在制品及半成品的出入库保存和管理服务；运输服务是利用设备和工具，将物品从一个地点向另一个地点运送的物流服务；配送服务是为了满足客户的多种需求在一定范围内进行的从配送中心到客户之间的物品运输服务。这些是物流企业的基本服务，都需要企业提供优质的客户服务。

3. 辅助服务——包装与流通加工服务

物流企业还提供包括包装与流通加工在内的增值服务。包装是在物流过程中采用一定方法和措施对商品进行保护的物流服务；流通加工是在物品流转过程中进行一定程度的加工服务，两者的目的均是方便运输、促进销售和提高物流效率。

4. 增值服务——延伸服务

除了基本服务项目范围以外，现代物流企业还能按客户的个性化需求提供范围更广、更有新意的多种延伸服务，以提高客户满意水平，提升对客户的竞争力和吸引力。

物流的延伸服务既可以在基础服务的基础上向上延伸，如需求预测、物流系统设计、物流方案规划制作与选择等，也可以向下延伸，如货款回收与结算、物流教育与培训和物流咨询等。这些具有增值收益的客户差异化服务，为物流企业和客户直接交流打开了窗口，成为物流企业增长的利益点。

5. 沟通服务——物流信息服务

在规模化、国际化的现代物流活动中，采用信息化手段进行物流管理是极其重要的。在物流的整个环节中，无论是在库存管理、配送管理、成本管理、订单处理、物流与电子商务的接口还是在客户信息管理等方面都离不开信息的沟通与交流。伴随着互联网技术和物流信息技术的进一步发展与提升，物流信息在物流供应链各个环节的运作中都发挥着重要的沟通和连接作用。快速反馈的物流信息能辅助物流企业及时对物流活动进行计划、指挥与调控；大量的内部和外部信息获取和分析，能帮助物流企业更好地掌握和了解客户的信息与需求，建立良好的反馈机制，及时提出有针对性的客户服务项目。

10.5.2　客户关系管理在电子商务物流中的应用

1. 客户关系管理的新特点

客户关系管理是一种借助信息技术，围绕“以客户为中心”的经营理念，从市场、销售、技术支持、客户维护等多环节全渠道提供更优质、更快捷、更富个性化的服务，以吸引客户关注，改善和增进企业与客户的关系的管理思想和技术；并提供全面优化面向客户的业务流程，保持老客户和获取新客户，从而实现成本最优化，提升企业市场适应能力和竞争力，它的新特点如下。

（1）基于互联网的客户关系管理是一个完整地收集、分析、开发和利用各种客户资源的系统，它将原先分散的客户数据形成了完整、统一的客户信息为各部门共享。

（2）企业内部的信息处理是高度集成的，客户可通过各种方式与企业联系以得到满意的答复。

（3）企业内部信息是统一的，向客户反馈的信息是一致的。

（4）客户与企业交往的各种信息都能在客户数据库中得到体现，并能最大限度地满足客户个性化的需求。

（5）企业可以智能化地根据客户关系管理系统中的数据准确判断客户的需求特性，以便有针对性地开展客户服务，提高客户忠诚度。

扩展阅读 10-15：客户关系管理的优势

电子商务物流中客户关系管理作为一种全新的商务运作方式，使人们贸易和消费的方式产生了重大变革。

2. 电子商务物流发展中的客户关系管理措施

电子商务物流离不开互联网，网络是电商企业与客户进行联系沟通的重要工具，选择合适的业务工具、满足业务需求是整个项目实施过程中的重要环节。因此，需要在电子商务物流环节中采取一些措施。

（1）电子邮件地址。企业可以通过邮寄产品目录，让客户及时了解企业所提供的最新产品。为了能够获得客户的邮寄信息，需要在第一次交易的时候询问客户的电子邮箱地址，并允许客户选择是否需要明确列在邮寄单上。一旦有了地址，勾画出他们的购买行为，客户和网站管理者就可以通过电子邮件联系、传递适当的信息了。

（2）建立网络社区或客户群，培养稳定的客户群。消费心理学研究表明，消费者在进行大目标决策时会更依赖于群体决策的意见，更愿意接受意见领袖的建议。因此应当给用户创造一种环境，让客户融入一个团体中培养良好的感觉，认识到他们是被理解的，是团队的成员；运用电子公告、电子邮件及客户群等群体通信工具，向客户群体发送信息，供客户公开发表意见。

知识窗

随着经济的高速发展，贸易需求不断增长，带来了物流需求的扩张。物流是围绕货物高效率和高效益流动而进行的一系列活动过程，物流的这一活动过程是通过运输、仓储、包装、装卸搬运、流通加工、信息处理等多项功能所产生的空间功效与时间功效的集合，即将正确的物品在正确的时间以正确的程序送到正确的地点。物流快递也需要一个更好的平台来为客户服务。系统是由若干相互作用的要素有机结合以达到共同目标的整体，强调要素间的协调合作关系。因此物流系统是指在一定的时间和空间里，由能够完成运输、存储、装卸包装、流通加工、配送、信息处理活动或功能的若干要素构成的具有特定物流服务功能的有机整体。

（3）设立客户购物专区。通过存放每一位客户的购物信息，便于客户追踪、查询订单的执行，通过在长期的客户关系中以客户导向的服务，不断提高客户服务水平和客户满意程度，开发和培养忠诚客户，提高企业的市场竞争能力和企业的经济效益。服务管理模块应具备以下功能：客户对象管理、保修检查、服务合同管理、服务请求管理、服务订单处理、零配件供应、发票和报表管理，客户服务贯穿交易活动的全过程，在接触客户的那一刻开始，良好的客户服务致力于在问题出现以前能预先处理和解决。良好的服务质量体现在快速响应、容易退货和快速的订单跟踪等多个方面，具体包括预测存货水平、订货周期，跟踪订货信息、运输过程，履行快速装运、订货方便性以及产品替代性等。

物流企业通过将电子商务和物流技术进行有效的整合、优势互补，通过合理配置资源，保持相对的竞争优势，吸引新客户、保持回头客。只有有效地实施客户关系管理，提高电子商务与物流活动的效率，才能保持企业快速、健康发展的活力。

10.5.3 提高物流客户满意度

1. 客户满意度的含义

客户满意是由美国商学院教授奥西• 莱望特在1960年最早提出的，是对企业持续发展极具影响力的重要概念，它不仅体现在营销结果上，还影响生产过程的效率和生产成本的效果。从营销的角度来看，客户满意度被定义为客户对企业和企业员工提供产品和服务的直接综合评价，是客户满意程度的常量感知性评价指标，体现了客户对接收到的客户关怀的认可程度，是不断强化客户信任的基础。客户满意度体现了客户对产品或服务的可感知水平与期望值之间的差异，当客户对购买产品或服务的可感知水平大于客户购买产品或服务的期望值时，则客户满意；反之则客户不满意。

物流业是服务行业，提供的产品是物流服务，物流服务的价值体现为商品交易过程中产生的价值增值。客户所关心的不仅是产品的实物特点，还包括产品的附加价值——物流服务水平。物流作为企业的第三利润源泉，是提高客户满意度的重要因素。因此，客户服务是企业物流的一项重要功能，良好的客户服务会提高物流服务价值，客户满意的影响因素来自客户购买产品或服务的可感知水平和期望值之间的差异。其中可感知水平来源于客户获得的整体价值（产品价值、服务价值、想象价值等）与整体客户成本（货币成本、时间成本、体力成本、精神成本等）之间的差额；而客户期望值来源于客户以往的消费经验及他人建议的影响。

总体来说，客户满意度影响因素主要包括服务质量、产品质量、产品价格以及条件因素和个人因素，其中的服务质量是由交互过程质量、服务环境质量和服务结果质量决定的。服务质量可以用可靠性、响应性、可信度、热情度和有形性来衡量。物流客户满意的影响因素主要是物流服务质量和物流服务价格，具体因素指标有：客户对企业形象的感知（如企业信誉、企业声望、企业员工评价等）、客户对服务态度的评价（如接单的态度、出现意外事故的解决态度、售后服务态度等）、客户对服务质量的评价（如交货及时性、问题处理及时性、包装质量等）、客户对服务可靠性的感知（如交货期、交货期变动性等）、价格下的质量感知和质量下的价格感知（如性价比等）。

扩展阅读 10-16：以追求客户满意为目标的 4C 理论

2. 提高物流客户满意度的方法

提高物流客户满意度是企业物流服务的最终目标，也就是让客户购买物流服务的可感知价值超出期望值，具体来说就是要提高客户对物流服务的认知价值即认可程度。根据上文客户认知价值可以表示为客户购买产品或服务的可感知水平和期望值之间的差值。所以，提高物流客户满意度可以从以下两个方面入手：第一，提高客户购买总价值；第二，降低客户购买成本。具体包括以下措施。

（1）完善物流服务设计。客户在购买物流服务之前会根据以往的经验和他人的建议形成自己的想法，即客户购买物流服务的期望值。设计符合客户需求的服务能影响客户预期，它与后继的所有物流活动不仅共同影响着客户满意度，还会影响员工工作的信心和态度、广告与促销的效果、客户投诉、提供售后服务的成本等，全面地影响客户满意度。

（2）建立信息沟通系统。企业通过各种渠道将信息传递给客户，并获得客户对物流服务的期望和实际感受。这些信息分为显露信息和隐藏信息。显露信息是由企业明确、详细地给传递给客户的，包括广告、推广活动、报价和联系方式等。隐藏信息是通过潜意识的信号传递给客户的，包括地址、设施布局等。信息沟通系统越便捷，越接近客户，服务人员对客户需求了解越清晰，越能提供令客户满意的服务产品。

（3）加强对物流服务过程的控制。物流服务过程中的感知价值是影响客户满意度最关键的环节，如果企业的物流服务过程非常出色，客户会产生对企业的忠诚；反之客户对企业非常失望，则会选择其他竞争对手。因此，严格控制物流服务过程尤其重要。

（4）服务承诺。服务承诺是物流服务提供者通过沟通方式向客户展示的服务质量或服务效果，并对此予以一定的保证行为。企业通过建立标准和反馈机制，促进客户对服务系统的理解，并切实有效地保障服务承诺的履行。

（5）服务补救。对于一个企业来说，在物流服务过程中难免会出现一些不理想的状态。一旦在物流服务过程中出现错误，企业应勇于承认错误，积极听取客户意见并及时向客户道歉，关注服务过程中的失误对客户造成的伤害，进而采取补救措施，并从中吸取经验教训，不断完善物流服务系统。

10.5.4 处理物流客户投诉

1. 物流客户投诉及原因分析

客户投诉，是指客户对获得的产品质量或服务不满意时提出的书面或口头上的异议、索赔和要求弥补等行为，它是客户对企业管理和服务不满的表达方式。它向企业提供了特别的信息，既是企业的危机也为企业创造了机会，因此，如何利用处理客户投诉的时机，将客户的不满转化为客户满意，已成为企业营销实践的重要内容之一。

造成物流客户投诉的原因主要有三类。

1）企业自身的原因

（1）产品质量在任何行业都是影响客户满意度的直接因素，对物流服务的质量评估贯穿整个服务过程，还会延伸到客户对服务所产生的物质实际的使用过程中。例如客户在选购商品时，能否以合适的价格顺利地买到质量合格的商品决定客户的满意度，在选购结束后，如果在使用的过程中，客户发现使用该商品得到的效果并不是自己想象的那样，也会对商家的服务产生不满，进而产生抱怨。

（2）服务是一种体验，在服务系统中的客户满意与不满意可能会在某一个时间点突然产生。例如服务人员对客户的询问不理睬或回答语气不耐烦、出言不逊，结算错误，让客户等待时间过长，公共环境卫生状态不佳，安全管理不当等均可能造成客户不满。

（3）对客户期望值管理失误。在一般情况下，当客户的期望值越高时，购买产品的欲望相对就越强，但当客户的期望值过高时，一旦企业服务达不到顾客期望，反而会造成客户不满意；相反，如果客户的期望值较低，虽然客户不容易不满，但客户付诸实际的购买行为相对较低。因此，合理管理客户的期望是达到优化管理的重要措施。

2）客户的原因

（1）客户往往出于两种动机提出投诉：一种是为了获得经济赔偿。另一种是在遭受不公正对待时，弥补对自尊心、自信心造成的伤害。

（2）性格的差异。不同类型客户对待“不满意”的态度不同，理智型的消费者对不满意的事能冷静处理，寸步不让；急躁型的客户遇到不满意的事会投诉且大吵大闹，得理不让人；忧郁型客户可能会无声离去，不进行投诉，但不会再来。

3）环境因素

环境因素是指客户与企业不能控制的、在短期内难以改变的因素，包括经济、政治、社会文化、科学技术等。在不同的文化背景下，人们的思维方式、做事方式有差别，因此投诉行为也存在差异。在集体主义文化中，人们的行为遵从社会规范，追求集体成员的和谐，不习惯在公开场合表露自己的情感，因此，这类客户更倾向于私下抱怨。而在个人主义中，人们追求独立和自足，喜欢通过表现自己的与众不同表达自己的内心感受，来实现自我尊重，因此这类客户更倾向于投诉。由此可见，文化背景会影响投诉的态度。此外，一个地区的生活水平和市场体系的有效性、市场管制、消费者偏好等都会影响顾客的投诉行为。

扩展阅读 10-17：
投诉给企业带来的影响

2. 解决客户投诉问题的对策

解决客户投诉可以从以下两方面入手：一是在客户未投诉时，企业加强自身质量管理，练好内功，确保客户满意，减少投诉的产生；二是发生投诉时，积极响应并处理，尽最大可能让客户满意。

减少投诉产生的对策具体包括以下几条。

（1）提供优良而安全的商品和服务给客户是预防投诉的基本条件。主要包括：①在经过充分市场调研的基础上，提供满足客户需求的商品和服务；②切实掌握产品的真实信息，以便在销售中能为客户提供更多的相关知识；③如果商品发生缺陷，及时更新，杜绝不良商品流到客户手中，造成客户不满，引起投诉。

（2）提供良好的服务。服务人员素质的高低、技能和态度的好坏，是影响企业服务水准的最重要因素。主要包括：①做好上岗培训工作；②举办各种业务竞赛活动，促进服务人员整体服务水平的提高；③注意服务场所的安全工作。

（3）加强投诉处理的培训。投诉处理的效果与企业服务人员处理客户投诉的能力密切相关。首先要在员工中树立客户完全满意的观念，明确个人对客户的态度是影响企业业务使命和战略整体目标能否实现的重要一环。其次，员工要掌握熟练的业务技能和沟通技能。一线员工是与客户直接打交道的先锋，因此，企业应有计划地对一部分员工进行培训，使之掌握一定的沟通技能。最后，应树立“内部客户”的观念，企业各部门之间、员工之间要相互协作，上一道工序应把下一道工序当成“内部客户”，一线员工只有得到企业其他人员及部门的支持才能为最终的外部客户提供优良的产品和服务。

（4）围绕“客户完全满意”建设新的企业文化。客户投诉管理的有效进行通常需要企业内部几乎所有部门的参与，所以强调重视客户需求、以客户满意为目标的价值取向必须得到企业所有员工的认同。而这种认同必须建立在“以客户满意为中心”的企业文化中才能获得。

任何一个投诉都不能独立存在，都可能与企业的结构、流程、研发、销售和服务甚至外部宏观、微观市场环境变化有关。因此需要有效处理客户投诉。其具体措施包括以下几条。

（1）企业应该为客户投诉提供便利条件，鼓励客户投诉，从而使企业能够重新审视产品、服务、内部资源管理等一系列问题，找出其中的不足，有则改之，无则加勉。

①制定明确的产品和服务标准及补偿措施。使客户明确自己购买的产品、接受的服务是否符合标准，是否可以投诉以及投诉后所得到的补偿，防止争议的产生。

②正确引导客户投诉。企业应在醒目的地方详细说明客户投诉的方法、渠道，以鼓励和引导客户采用正确的方式向企业投诉。

③方便客户投诉。企业应尽可能降低客户投诉的成本，使客户的投诉变得容易便捷。

④企业应设立免费投诉电话或意见箱，建立激励投诉的制度。

（2）建立全力解决客户投诉的机制。具体措施包括以下几条。

①制定和发展员工聘用标准和培训计划，提高员工处理客户投诉的能力。

②制定善后工作的指导方针。目标是达到客户公平和客户满意。

③去除客户投诉不方便的障碍，降低客户投诉的成本，建立有效的反应机制。

④维护客户关系和产品数据库。包括完备的客户投诉详细记录系统。

（3）构建客户投诉管理系统。客户服务部门是企业内部环境与外部环境相互作用的交接点，企业应设计一个完整的客户投诉行为管理系统。具体组成如下。

①客户投诉预警系统。企业不仅要通过客户的抱怨和投诉来确定企业产品质量或服务的问题所在，更要主动地查找潜在的失误，即在问题出现前能预见问题，避免投诉发生。

②投诉行为响应系统。一个良好的投诉行为管理系统应该能够快速响应，为了达到这一目的，企业可以对一线员工进行授权，并为员工提供各种指标和参数，协助员工决策。

③投诉信息分析系统。企业不仅要掌握产品和服务质量的变化趋势，还必须通过对投诉信息的分析了解客户需求的变化，挖掘顾客潜在需求。

④客户投诉增值服务系统。客户投诉增值服务系统通过一系列的活动或流程将客户的不满意转化为满意。

⑤内部投诉信息传递系统。客户投诉信息应该在企业内部通过适当的方式沟通，以使投诉处理过程能够得到充分理解和有效执行。

⑥服务绩效监督系统。客户投诉效果要作为团队绩效评定的指标，并制定出客户满意度的指标。

即测即练

自学自测 扫描此码

案例分析　淘金黑色地带

应用与实践　电子商务下物流的运营模式研究

本章习题

1. 电子商务对物流会产生哪些方面的影响？在电子商务形势下应如何发展物流？
2. 物流在电子商务中起什么样的作用？
3. 电子商务下生产企业与用户之间的物流运行过程是怎样的？
4. 如何实现电子商务系统的合理化？
5. 简述电子商务物流的一般运作过程。

第11章

国际物流

【学习目标】

认识国际物流与国际贸易的关系，国际物流的发展历程和成因，国际贸易相关知识；

理解保税制度和保税货物的基本特性，跨国公司借助各国的保税区域和自由贸易区提高国际物流的运作效率努力；

识别不同贸易术语下责任、风险的划分，国际物流的运输方式和运输单证；

掌握国际物流的基本含义、构成和特点，国际货物运输的种类、特点及其发展，保险基本知识及其在国际运输中的作用，海关的主要业务制度和控制。

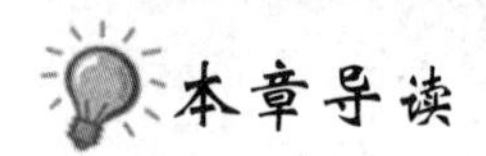

本章导读

马士基的国际物流活动

当今，马士基与其他远洋运输物流业者在世界范围内正进行着激烈的竞争。作为物流业的佼佼者，马士基发现自己的竞争对手不仅有业内企业，还包括远洋运输物流业以外的企业，如联邦快递、联合包裹服务和德国邮政等。

马士基相信，远洋运输业的改革势必会改变运输物流业的现状。在这种形势下，客户也提出了希望得到综合物流服务的要求，这对公司来说是一个挑战。快递公司想通过与速递、非航运运输及第三方物流企业合作，来扩大它们的海运服务范围。这些公司提供各式各样的物流服务，它们的目标与马士基一样，都是希望客户以最小的代价得到最快捷、可靠的送货上门服务。

21世纪初期，马士基物流公司合并后，成为当今最大的货运物流企业之一。它在世界各地有160多个办事处，数千名雇员。它的名字在航运界有很高的知名度和信誉度。

马士基国际物流分为美洲分公司、欧洲分公司和亚太分公司。马士基在美国有7个办事处，在欧洲有40多个，在中国有13个。这些办事处分地区处理着公司的物流业务。同时，公司在美国还有4个自己的物流货仓网络，负责货物的转运、存储。实际操作中，在统一的经营方针的指导下，马士基物流又分成了9个分部：货场管理、供应链管理、空运、NVO（即NVOCC，无船托运人）服务、信息技术、金融、公关和市场、商业过程及仓储分运。这些部门是由马士基和他们的客户供需双方共同组成的，由于减少了中间环节，他们运作得非常好。他们彼此间默契的配合并不仅仅靠总部统一的命令，而主要依靠减少中间环节来实现。为更好地为客户服务，马士基还与一家中间转运公司达成了合作协议，此中转公司专门有6个办事处为马士基的客户服务，提供中转及NVO服务。马士基本身有能力完成中间商的工作，但考虑到客户与中间商长久而密切的合作关系，马士基没有扩大自己的服务网络来取代中间商，以代替中间商所起的作用。

思考：从马士基的国际物流活动所取得的成功谈谈你对发展国际物流的感想和启示。

11.1 国际物流概述

随着全球经济一体化步伐的加快，物流国际化的浪潮汹涌而来。超越国界，在全球范围内进行国际分工和协作，实现物流资源的最佳配置，是国际化企业的追求目标。目前我国已正式成为世界贸易组织成员，国际贸易和跨国经营都面临了巨大商机和严峻挑战。党的二十大报告指出“增强国内国际两个市场两种资源联动效应，提升贸易投资合作质量和水平”。开展和加强国际物流，对提高我国公司的竞争能力和成本优势具有重要意义。

11.1.1 国际物流的含义

国际物流是指不同国家（地区）之间的物流。广义的国际物流是指货物（包括原材料、半成品、制成品）及物品（如邮品、展品、捐赠物资等）在不同国家和地区间的流动和转移。具体表现为进出口商品转关，过境运输货物，加工装配业务进口的料件设备、国际展品等暂时进口物资、捐赠援助物资及邮件等在不同国家和地区间所做的物理性移动。狭义的国际物流仅指为完成国际商品交易的最终目的而进行的物流活动，即当生产和消费分别在两个或两个以上国家（或地区）独立进行时，为了克服生产和消费之间的空间距离和时间距离，对物资（商品）进行物理性移动的一项国际商品贸易或交流活动。

扩展阅读11-1：国际物流的重要性和复杂性

11.1.2 国际物流的构成及特点

Murphy 和 Wood 认为“国际物流就是商品跨越国界的位移活动”。他们用描述性的语言将国际物流归为以下几种情形（图11.1）。

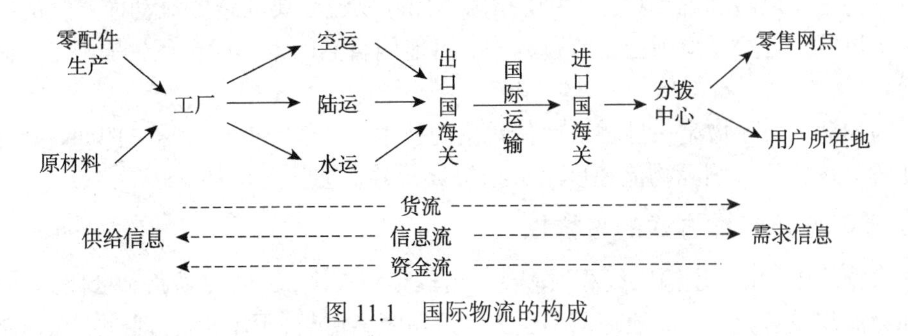

图11.1 国际物流的构成

国际物流由于是在不同国家（或地区）之间进行的物流活动，需要联结不同国家（或地区）的物流系统。因而与国内物流相比，更为复杂，风险也更高，见表11.1。

表11.1 国内物流与国际物流的比较

项目	国内物流	国际物流
成本	约占美国GNP（国民生产总值）的10.5%	约占世界GNP的16%
运输方式	以公路和铁路运输为主	主要使用国际海运、空运和多式联运
库存	库存水平较低（订单周期短，运输能力强）	库存水平较高（订单周期长，需求和运输时间不确定性增加）
代理	除铁路运输外，较少使用	主要依靠货代、集中托运人和报关行
财务风险	较小	风险较高（汇率波动、违约追索困难造成）
货物风险	较小	很高（运输距离长、环节多、运作复杂、各国运输基础设施水平差异大）
政府机构	主要对危险品、载重量、安全法规和费率方面进行规定	涉及机构众多，包括海关、商务部、交通部等
文书管理	很少，如采购单、货运单、发票	大量单证
通信	电话、邮寄、电子数据交换	电话和邮寄费用高且效率低，逐步使用EDI
文化差异	文化背景相对单一，只需对产品做轻微改动	文化差异大，营销活动和产品设计要适应市场需求

1. 国际物流的复杂性

国际物流的一个显著特点就是各国的物流环境存在着较大的差异，尤其是物流软环境的差异。不同国家（或地区）不同的物流基础设施、不同的经济和科技发展水平使国际物流处于不同的条件支撑下，有些国家或地区可以使用的先进科学技术和方法，到了另一些国家可能根本无法应用，这导致整体物流水平的下降。除此之外，各国适用法律的不同、物流标准的差异、历史文化及人文风俗的千差万别也使国际物流受到了极大限制。

2. 国际物流的高风险性

物流本身就是一个复杂的系统，而国际物流在此基础上增加了不同国家或地区的要素，这不仅仅是地域和空间的简单扩大，更涉及许多的内外因素，这些因素使国际物流的风险增加。

国际物流的风险性主要包括政治风险、经济风险和自然风险。政治风险主要指由于所经过的国家的政局动荡，如罢工、战争等原因造成货物可能受到损害或灭失；经济风险又可分为汇率风险和利率风险，主要指由于国际物流必要的资金流动而产生的汇率风险和利率风险；自然风险则指物流过程中，可能因自然因素，如台风、暴雨等，而引起的风险。

正因如此，国际物流一旦融入现代化系统技术，其效果会更显著。例如，开通某个“大陆桥”运输后，国际物流速度会成倍提高，效益会显著增加。

3. 国际物流运输方式的多样性

国内物流中，由于运输路线相对较短，运输频率较高，因此以铁路和公路运输为主。而国际物流涉及多个国家，地理范围更大，运输距离更长，因此需合理选择运输路线和方式，尽量缩短运输时间，降低运输成本。运输方式选择和组合的多样性是国际物流运输的一个显著特征。

4. 各种隐性成本偏高

国际运作的目标往往是追求采购价格的低廉，却会忽略一些可能产生的隐性成本，如国际采购必然涉及的进出口关税、为规避风险使用的代理费用、国际运输以及运输过程中的保险费用、为评估供应商或洽谈采购合同所产生的国际差旅费用、汇率市场波动产生的损失、为安全结汇所产生的信用证交易费用、与供应商往来沟通的国际通航费用、因为提前期延长导致的更高的库存费用等。所有这些费用都应该计入国际采购的成本核算中，而不应该仅仅考虑供应商的报价。

5. 国际物流的标准化要求较高

要使国际物流畅通，统一标准是非常重要的，可以说，如果没有统一的标准，国际物流水平是不能提高的。目前美国、欧洲基本实现了物流工具和设施的统一标准，如托盘采用 1 000 毫米 × 1 200 毫米、集装箱的几种统一规格及条码技术等。这样，大大降低了物流费用，降低了转运的难度。

在物流信息传递技术方面，欧洲各国不仅实现企业内部的标准化，而且也实现了企业之间及欧洲统一市场的标准化，这就使欧洲各国之间比亚、非洲等国家交流更简单、更有效。

扩展阅读 11-2：
国际物流的发展及成因

11.1.3　国际贸易的概念和分类

1. 国际贸易的概念

国际贸易（international trade）也称为对外贸易，是指世界各国（地区）之间的商品以及服务和技术交换活动。是伴随着国际分工的出现和世界市场的形成而产生和发展起来的。国际贸易作为国际经济关系的基本形式，对推动世界各国经济的发展起着重要作用。

美国学者 C. 约翰逊和 F. 伍德在他们合著的《现代物流》一书中写道：

国际货运的货物产生跨境流动的情况如下：

（1）企业出口一部分生产的产品……

（2）企业进口原材料或产成品……

（3）货物在一个国家部分组装，然后运输到另一个国家进一步组装或再加工……

（4）产品在国外组装，以便在其他国家以及本国销售……

（5）由于地理原因，一国的国内贸易产生保税的跨境流动（这种情况很少发生）……这意味着这些贸易的承运人有特殊的法律义务对其进行封存，并确保这些贸易不会在所经国境内出售或使用。保税运输的产品不受过境国的正常关税约束。

从作者的表述不难看出，虽然上述文字是从一个企业的角度谈国际物流发生的情况，但显然表明自从有了国际贸易，就有了国际物流活动。

2. 国际贸易的分类

按国际贸易商品的流向，可将国际贸易分为进口贸易（import trade）、出口贸易（export trade）、过境贸易（transit trade）、转口贸易（enterport trade）、复出口（re-export）和复进口（re-import）。

（1）进口贸易，指把外国生产或加工的产品因购买而输入国内，又称输入贸易。如果不是因购买而输入的商品，则不称进口贸易，也不列入统计，如外国使、领馆运进供自用的货物，及旅客携带个人使用物品进入国内等。

（2）出口贸易，指把本国生产或加工的产品因外销而输往国外，又称输出贸易。同样地，如果商品不是因外销而输往国外，则不计入出口贸易的统计之中。

（3）过境贸易，指商品由 A 国运往 B 国途中，途经本国，对于本国来说即为过境贸易。

（4）转口贸易，指本国从 A 国进口商品后，再出口至 B 国，本国的贸易就称为转口贸易。转口贸易的货物运输可以有两种方式：一是转口运输，即货物从 A 国运入本国后，再运往 B 国；二是直接运输，即货物从 A 国直接运往 B 国，不经过本国。

（5）复出口，指进口的外国商品未经加工又输出到国外，如进口货物的退货、转口贸易等。

扩展阅读 11-3：国际贸易术语条款的变动及其对国际物流的影响

（6）复进口，指本国出口商品输出到国外后未经加工又输入国内，如出口退货、在国外未售出的寄售商品运回国内等。

11.1.4 国际贸易与国际物流的关系

国际物流是随着国际贸易的发展而产生并发展起来的，目前已成为影响并制约国际贸易进一步发展的重要因素。国际贸易与国际物流之间存在特别紧密的联系，主要表现在以下几个方面。

1. 国际物流是国际贸易的必要条件

全球的社会化大生产必然会引起不同的国际分工，任何国家都不可能包揽一切，所以需要国家间的合作。国家间的商品与劳务流动是由商流和物流组成的，商流由国际交易机构遵照国际惯例进行，物流由物流企业按各个国家的生产和市场结构完成。为了克服二者之间的矛盾，就要求开展与国际贸易相适应的国际物流。只有做好物流工作，才能把国外客户需要的商品按质、按量、适时、适地、低成本地送到，从而扩大对外贸易，并提高本国商品在国际市场上的竞争力。

2. 国际贸易促进物流国际化

第二次世界大战以后，出于恢复重建工作的需要，各国积极研究和应用新方法、新技术，促进了生产力的迅速发展，世界经济呈现繁荣的景象，国际贸易也因此得到了迅速发展。同时，由于一些国家和地区的资本积累达到了一定程度，本国或本地区的市场已不能满足其进一步发展的需要，加之交通运输、信息处理和经营管理水平的提高，出现为数众多的跨国公司。跨国经营和国际贸易的发展，促进了货物与信息在世界范围内的大量流动和广泛交换。

3. 国际贸易对国际物流提出了新的要求

随着世界政治格局的风云变幻与技术经济的发展，国际贸易表现出一些新的趋势和特点，从而对物流提出了更新、更高的要求。

（1）质量要求。国际贸易的结构正在发生巨大的变化，传统的初级产品、原料等贸易品种逐步让位于高附加值、精密加工的制成品。高精密度、高附加值的商品流量的增加，对物流工作质量提出了更高的要求。同时，国际贸易需求的多样化，形成物流多品种、小批量化，要求国际物流向优质服务和多样化方向发展。

（2）效率要求。国际贸易活动的集中表现就是合约的订立和履行，而国际贸易合约的履行很大部分涉及国际物流活动，因此要求物流有很高的效率。从输入方看，提高物流效率最重要的是如何高效率地组织所需商品的进口、供应与储备。也就是说，从订货、交货，直至运入国内保管、组织供应的整个过程，都要加强物流管理。

（3）安全要求。由于社会分工和社会生产专业化的发展，大多数商品在世界范围内进行分配与生产。国际物流所涉及的国家多，地域辽阔，在途时间长，受气候、地理等自然条件和政局、罢工、战争等诸多因素的影响，因此，在组织国际物流的过程中需要选择运输方式和路线时，密切注意所经地域的气候条件、地理条件，还应注意沿途所经过国家和地区的政治局势、经济状况等，以防不可抗拒的自然力和人为因素造成货物灭失。

（4）经济要求。国际贸易的特点决定了国际物流的储运期长、环节众多。随着国际市场竞争的日益加剧，降低物流成本以获得价格优势是大势所趋，控制物流费用、降低物流成本具有很大的潜力。对于国际物流企业来说，选择最佳物流方案，降低物流成本，保证服务水平，提高物流的经济性，是提高竞争力的有效途径。

总之，国际物流必须适应国际贸易结构与商品流通形式的变革，向合理化方向发展。国际贸易结构、市场结构的巨大变化，需要国际化、专业化的物流运作。如果国际物流从业者无法在低成本或不增加客户费用的条件下，达到跨国货物交付的准确、准时、无差错或少差错以及安全的标准，就会导致国际贸易合同的履约率受到限制，甚至影响国际贸易企业的生存与发展。

11.2　国际物流业务

国际贸易合同签订后的履行过程，就是国际物流业务的实施过程。国际物流业务运作流程如图11.2所示。

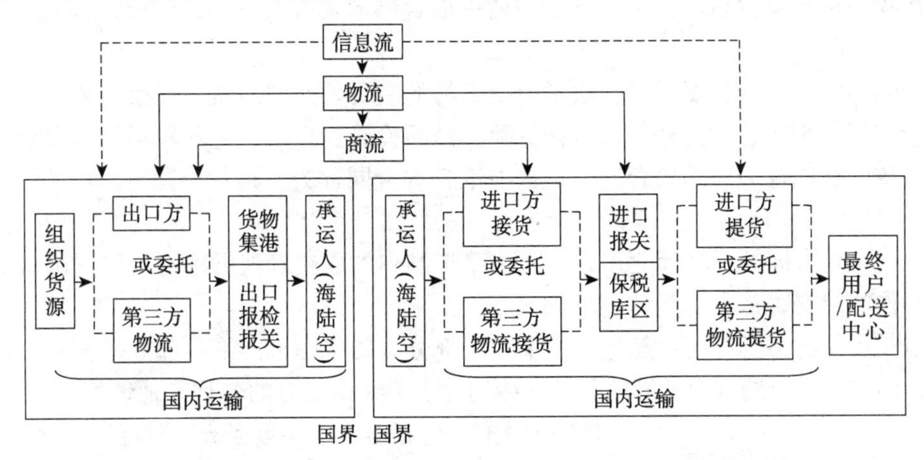

图11.2　国际物流业务运作流程

11.2.1　进出口商品交易

进出口商品交易，是指交易双方以一定的方法和形式，并通过一定的程序，就某种进出口商品的买卖和交易条件进行协商洽谈，取得一致意见，最后达成协议，签订合同和履行合同的全过程。整个交易过程由交易前的准备工作、交易磋商（business negotiation）、签订合同和履行合同四个阶段构成。其中，交易磋商或谈判是达成交易的关键。

1. 交易前的准备工作

为做好交易前的准备工作，使对外洽谈磋商有所依据，出口商必须对目标市场、出口目标商品的供需状况有详细的了解，选择良好的客户，并对其资信进行调查确认，按出口计划要求，对某种商品（或某一类商品），在一定时期内，在一定地区或国家的推销设想、做法做全面安排，作出外贸经营决策。

买方委托外贸企业进口商品之前，对要进口的商品进行必要的国内外市场调查研究，进行商品成本核算和经济分析，作出进口经营决策是进口交易前的重要准备工作，其目的是为下一步的交易磋商和签订合同做好充分准备，使有限的外汇用在必需的进口商品上。

2. 交易磋商

所谓交易磋商，是指买卖双方就交易的各项条件进行谈判，以期达成交易的过程。在业务中，交易磋商又称为贸易谈判。交易磋商可以采取口头的形式，也可以采用书面形式，一般包括四个环节，即询盘、发盘、还盘和接受。其中，发盘和接受是不可缺少的两个环节。

扩展阅读 11-4：交易磋商的四个重要环节

3. 签订合同

交易双方经过磋商，一方发盘，另一方对该项发盘表示接受，合同即告成立。根据国际贸易习惯，买卖双方通常还需照例签订书面的正式合同或成立确认书（confirmation）。

在我国进出口贸易业务中，常使用的书面合同形式有两种。

1）合同

合同的内容比较全面详细，除了包括交易的主要条件如品质、规格、数量、包装、价格、交货、装运、支付外，还包括保险、商品检验、索赔、仲裁和不可抗力等条款。卖方准备的合同称为“销售合同”，买方准备的合同称为“购货合同”。

2）确认书

确认书是合同的一种简化形式。卖方草拟制作的成交确认书称为“售货确认书”；买方制作的成交确认书称为“购货确认书”。

国际贸易的买卖合同一般包括以下三个部分（图 11.3）：第一部分是合同的首部，包括合同名称、合同号数、缔约日期、缔约地点、缔约双方的名称和地址等；第二部分是合同的主体，包括合同的主要条款，如商品名称、品质、规格、数量、包装、单价和总值、装运、保险、支付，以及特殊条款如索赔、仲裁、不可抗力等；第三部分是合同的尾部，包括合同文字和数量以及缔约双方的签字。

扩展阅读 11-5：规定合同条款时应注意的问题

YUANZHUO TRADING CO.,LTD.

GUOJI MANSION RM2805 NO.85 HUANGPU ROAD ,GUANGZHOU,CHINA

SALES CONFIRMATION

Messrs:	OPC TRADING CO.,LTD P.O. BOX 8789 NEW TERMINAL,ALTA,VISTA OTTAWA,CANADA	No.	yz0622
		Date:	05.06.18

Dear Sirs,

We are pleased to confirm our sale of the following goods on the terms and conditions set forth below:

Choice	Product No.	Description	Quantity	Unit	Unit Price	Amount
					[CFR] [TORONTO]	
○	01003	CANNED STEMS AND PIECES MUSHROOMS 425Gx24TINS/CTN	2000	CARTON	USD9	USD18000
					[添加][修改][删除]	
		Total:	2000	CARTON		[USD] [18000

Say Total:	USD EIGHTEEN THOUSAND ONLY
Payment:	L/C [BY 100% IRREVOCABLE SIGHT LETTER OF CREDIT IN OUR FAVOUR
Packing:	425Gx24TINS/CTN Each of the carton should be indicated with Item No.,Name of the Table,G.W.,and C/No.
Port of Shipment:	GUANGZHOU
Port of Destination:	TORONTO
Shipment:	Not later than Aug.25,2005.Transshipment prohibited,Partial shipment prohibited.
Shipping Mark:	N/M
Quality:	As per sample submitted by seller
Insurance:	To be covered by the buyer.
Remarks:	The buyers are requested to sign and return one copy of this Sales Confirmation immediately after receipt of the same

BUYERS	SELLERS
OPC TRADING CO.,LTD	YUANZHUO TRADING CO.,LTD.
Jackson	ZHENHUA LI
(Manager Signature)	(Manager Signature)

[打印预览][保存][退出]

图 11.3　进出口合同范本

4. 履行合同

1）出口合同的履行

在出口业务中，卖方的合同履行义务基本是按合同规定交付货物，移交一切与货物有关的单据，并转移货物所有权。如按 CIF（成本加保险费、运费）或 CFR（成本加运费）价格条件和即期信用证支付方式成交的合同，其履行的具体程序如下所述，即备货、催证、审证、改证、租船订舱、报关、保险、制单结汇等多个环节，其中又以货（备货）、证（催证、审证、改证）、船（租船订舱）、款（制单结汇）四个环节最为重要。

扩展阅读 11-6：
出口合同履行的步骤

2）进口合同的履行

在我国进口业务中，多数的交易是使用 FOB（装运港船上交货）价格条件成交的，只有少数零星进口商品使用 CIF 条件，支付方式大多数是使用信用证方式。按 FOB 价格条件和即期信用证支付方式成交的进口合同，其履行的一般流程是：开立信用证、租船订舱、装运、办理保险、审单付款、接货报关、检验、拨交、索赔等环节。

扩展阅读 11-7：
进口合同履行的步骤

上述工作是由买方的进出口公司、运输部门、商品检验部门、银行、保险公司及用货单位等各有关方面分工负责、紧密配合来共同完成的。

11.2.2 商检

商品检验是进出口商品交接过程中不可缺少的重要环节，通过商品检验，确定交货品质数量和包装条件是否符合合同规定。如发现问题，可分清责任，向有关方面索赔。在买卖合同中，一般都订有商品检验条款，其主要内容有检验时间与地点、检验机构与检验证明、检验标准与检验方法等。

1. 商检的概念与意义

商品检验是指对进出口商品的种类、品质、数量、重量、包装、标志、装运条件、产地、残损及是否符合安全、卫生要求等进行检验分析、公证鉴定和监督管理，并对涉及人、动物、植物的传染病、病虫害、疫情等进行检疫工作。

我国进出口商品检验工作由国家质量监督与检验检疫总局办理。根据《中华人民共和国进出口商品检验法》（以下简称《商检法》）的规定，我国商检机构的主要任务是：对重要进出口商品进行法定检验，对一般进出口商品实施监督管理和鉴定。由此可见，商检工作是进出口贸易的可靠保证。

扩展阅读 11-8：
商检条款的主要内容

2. 进出口商品检验检疫的程序

凡属法定检验检疫商品或合同规定需要检验检疫机构进行检验并出具检验证书的商品，对外贸易关系人均应及时提请检验检疫机构检验。我国进出口商品的检验程序主要包括报检、抽样、检验和签发证书四个环节（图 11.4）。

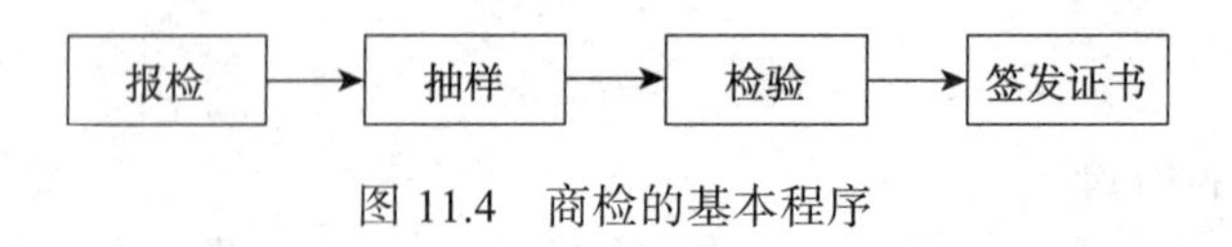

图 11.4　商检的基本程序

1）报检

报检也称报验，是指对外贸易关系人向检验检疫机构申请检验。报检单位首次报检时须持本单位营业执照和政府批文办理登记备案手续，取得报检单位代码。其报检人员须经检验检疫机构培训合格后领取“报检员证”，凭证报检。代理报检单位须按规定办理注册登记手续，其报检人员须经检验检疫机构培训合格后领取“代理报检员证”，凭证办理代理报检手续。

对入境货物，应在入境前或入境时向入境口岸、指定或到达站的检验检疫机构办理报检手续，入境的运输工具及人员应在入境前或入境时申报。入境货物需对外索赔出证的，应在索赔有效期前不少于20天内向到货口岸或货物到达地的检验检疫机构报检。输入种畜及其精液、胚胎的，应当在进境前30天报检；输入其他动物的，应当在入境前15天报检。输入植物种子、种苗及其他繁殖材料的，应当在入境前7天报检。出境货物最迟于报关或装运前7天报检，对于个别检验检疫周期较长的货物，应留有相应的检验检疫时间。出境的运输工具和人员应在出境前向口岸检验检疫机构报检或申报。需隔离检疫的出境动物在出境前60天预报，隔离前7天报检。

2）抽样

抽样是指检验检疫机构接受报检后，须及时派人到货物堆存地点进行现场检验鉴定。其内容包括货物数量、重量、包装、外观等项目。现场检验一般采取国际贸易中普遍使用的抽样法（个别特殊商品除外）。抽样时须按规定的抽样方法和一定的比例随机抽样，以便样品能代表整批商品的质量。

3）检验

根据我国商检法规的规定，内地省市的出口商品需要由内地检验检疫机构进行检验。经内地检验检疫机构检验合格后，签发“出口商品检验换证凭单”，当商品的装运条件确定后，外贸经营单位持内地检验检疫机构签发的“出口商品检验换证凭单”向口岸检验检疫机构申请查验放行。

检验检疫机构接受报检后，认真研究申报的检验项目，确定检验内容，仔细审核合同、信用证对品质、规格、包装的规定，弄清检验的依据，确定检验标准、方法后抽样检验。

根据我国《进出口商品免验办法》规定，凡列入必须实施检验的进出口商品目录的进出口商品，由收货人、发货人或者其生产企业（以下简称申请人）提出申请，经海关总署审核批准，可以免予检验。免验商品进出口时，免验企业可以凭外贸合同、该商品的品质证明和包装合格单等文件到海关办理放行手续。对已获免验的进出口商品，需要出具检验检疫证书的，海关应当对该批进出口商品实施检验检疫。

4）签发证书

对出口商品，经商检机构检验合格后，凭《出境货物通关单》（图11.5）进行通关。如合同、信用证规定由检验检疫部门检验出证，或国外要求签发检验证书的，应根据规定签发所需证书。

对于进口商品，经检验后签发《入境货物通关单》进行通关。凡由收、用货单位自行验收的进口商品，如发现问题，应及时向检验检疫机构申请复验。如复验不合格，检验检疫机构即签发检验证书，以供对外索赔。

扩展阅读11-9：海关及其责任

11.2.3 报关

1. 报关单征和期限

《中华人民共和国海关法》规定：“进出境运输工具、货物、物品，必须通过设立海关的地点进境或者出境。”因此，报关对象包括进出境的运输工具、货物及物品三大类。由于这三类报关对象的性质存在差异，其报关内容也有所不同。

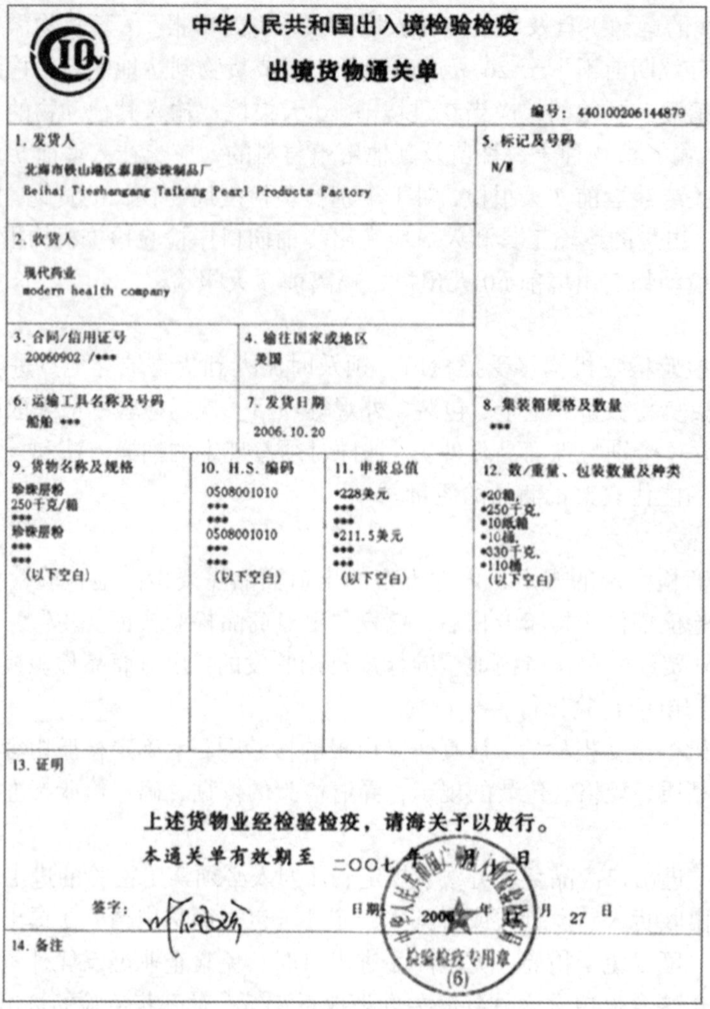

CIQ

中华人民共和国出入境检验检疫

出境货物通关单

编号：440100206144879

1. 发货人			5. 标记及号码
北海市铁山港区泰康珍珠制品厂 Beihai Tieshangang Taikang Pearl Products Factory			N/M
2. 收货人 现代药业 modern health company			
3. 合同/信用证号 20060902 /***		4. 输往国家或地区 美国	
6. 运输工具名称及号码 船舶 ***		7. 发货日期 2006. 10. 20	8. 集装箱规格及数量 ***
9. 货物名称及规格	10. H.S. 编码	11. 申报总值	12. 数/重量、包装数量及种类
珍珠层粉 250千克/箱 *** 珍珠层粉 *** *** （以下空白）	0508001010 *** *** 0508001010 *** *** （以下空白）	*228美元 *** *** *211.5美元 *** *** （以下空白）	*20箱, *250千克, *10纸箱 *10桶, *330千克, *110桶 （以下空白）

13. 证明

上述货物业经检验检疫，请海关予以放行。

本通关单有效期至 二○○七 年 月 日

签字： 日期：2006 年 月 27 日

检验检疫专用章

(6)

14. 备注

图 11.5 出境货物通关单

对一般的进出口货物需交验下列单证（图 11.6）。

（1）进出口货物报关单。这是海关验货、征税和结关放行的法定单据，也是海关对进出口货物汇总统计的原始资料。

（2）进出口货物许可证或国家规定的其他批准文件。凡国家规定应申领进出口许可证的货物，报关时都必须交验外贸管理部门签发的进出口货物许可证。凡根据国家有关规定需要有关主管部门批准文件的还应交验有关的批准文件。

（3）提货单、装货单或运单。这是海关加盖放行章，发还给报关人以提取或发运货物的凭证。

（4）发票。它是海关审定完税价格的重要依据，报关时应递交载明货物真实价格、运费、保险费和其他费用的发票。

（5）装箱单。单一品种且包装一致的件装货物和散装货物可以免交。

（6）减免税或免检证明。

（7）商品检验证明。

（8）海关认为必要时应交验的贸易合同及其他有关单证。

YANMAR AGRICULTURE EQUIPMENT CO. LTD.
1-32, Chayamchi, Kitaku, OSAKA 530, JAPAN
Tel:06-373-6336-8 Cable:YANMAR OSAKA Telex:5233623
Fax:06-373-9474

PACKING LIST

No. YFTSH970821
Osaka, 21st AUG. 2007

Number of Packages: 2 UNITS
Name of Commodity: YANMAR COMBINE HARVESTER WITH SPARE PARTS
Name of Vessel: "TRADE WORLDER" VOY. 9704
Destination: NINGBO, CHINA
Notify: CHINA ZHONGFU ENTERPRISE CORPORATION
191 CHANGLE ROAD, NINGBO CHINA

Package No.	Description	Quantity	N.W.	G.W.	Measurement
NO. 1～2	YANMAR COMBINE HARVESTER WITH SPARE PARTS MODEL:CA355CEX	@1 unit 2units	@1792kgs 3584KGS	@1793kgs 3586KGS	@12CBM 24CBM
	TOTAL:	2UNITS	3584KGS	3586KGS	24CBM

YANMAR AGRICULTURE EQUIPMENT CO. LTD.
TARAHARU NOZOE
Manager
Foreign Trade Division

(a)

中华人民共和国海关进口货物报关单

东莞万凯进出口贸易有限公司
2010.08.03

094500069

(b)

托运人
Shipper

收货人或提示
Consignee or order

通知地址
Notify address

中国对外贸易运输总公司
CHINA NATIONAL FOREIGN TRADE TRANSPORTATION CORP

直运或转船提单
DIRECT OR WITH TRANSSHIPMENT

Cable: SINOTRANS BEIJING

Telex:

Guangzhou 44464 Cgtis CN	Huangpu 44797 Tcahp CN
Shanghai 33040 Cnccs CN	Foshan 44775 Fetrs CN
Qingdao 32134 Chtqd CN	Zhanjiang 45237 CN
Tianjin 23141 Tjflt CN	Shantou 45404 Cnccs CN
Dalian PG 165 Cnccd CN	Yantai 32603 Cftyt CN
Xiamen 93011 Xmflb CN	Jiangpu 34003 Njffh CN
Fuzhou 92129 Cftif CN	Ningbo 37034 Ntran CN

转运港
Port of transshipment

船名
Vessel

装货港
Port of loading

卸货港
Port of discharge

最后目的地
Final destination

标志和号码 Marks and Nos	件数和包装种类 Number and kind of packages	货名 Description of Goods	毛重（公斤） Gross weight (kgs)	尺码（立方米） Measurement(m^3)

以上细目由托运人提供
ABOVE PARTICULARS FURNISHED BY SHIPPER

运费和费用
Freigh and charges

SHIPPED on board in apparent good order and condition (unless otherwise indicated)the goods or packages specified herein and to be discharged at the mentioned port of discharge or as near thereto as the vessel may safely get and be always afloat.

The weight measure .marks and numbers .quality contents and value being particulars furnished by the Shipper are not checked by the Carrier on boarding.

The Shipper Consignee and the Holder of this Bill of loading hereby expressly accept and agree to all printed written or stamped provisions exceptions and conditions of this Bill of loading including those on the back hereof.

IN WITNESS whereof the number of original Bills of Loading stated below have been signed .one of which being accomplished .the other(s)to be void.

运费支付地
Freight payable at

正本提单份数
Number of original Bs/L

签单地点和日期
Place and the ofissue

代表船长签字
Signed for or on behalf of the Master

代理
as Agent

(c)

ACCO BRANDS Corporation
300 Tower Parkway
Lincolnshire, IL 60069-3604
www.accobrands.com

INVOICE & PACKING LIST

INVOICE No.: NGBAO7011

DATE: Sep. 1, 2007

CONSIGNED TO:
HANGZHOU UNITOP STATIONERY CO.,LTD.
RIVER HILL ROAD HANGZHOU,ZHEJIANG,CHINA

SHIPPING MARK:

SHIPPED PER: OCEAN VESSEL

SAILING ON OR ABOUT: Sep. 3, 2007

FROM: LONG BEACH, USA

TO: NINGBO, CHINA

DESCRIPTION	Qty	P'kg	G.W.	N.W.	UNIT PRICE	AMOUNT
					FCA NOGALES	
1. Welding machines (used)	8 set	16 pallets	16 000 kg	15 600kg	@ $17 100.-	$136 800.-
2. Punch metal parts - Returned cargo, Price for customs declaration only	40 400pcs	2 cases	1 600 kg	1 500 kg	@ $0.15	$6 060.-

Country of Origin: USA

ACCO BRANDS Corporation

Authorized Signature

(d)

图 11.6 部分报关材料

(a) 装箱单；(b) 报关单；(c) 提单；(d) 发票

2. 报关程序

《中华人民共和国海关法》规定，进出口货物必须经设有海关的地点进境或者出境，进口货物的收货人、出口货物的发货人或其代理人应当向海关如实申报，接受海关监管。一般情况下，报关的全过程是：接受申报、查验货物、征收税费、结关放行、后续管理。而相对应的收、发货人或其代理人的报关程序是申请报关—交验货物—缴纳税费—凭单取货。一般的货物进出境监管程序如图 11.7 所示。

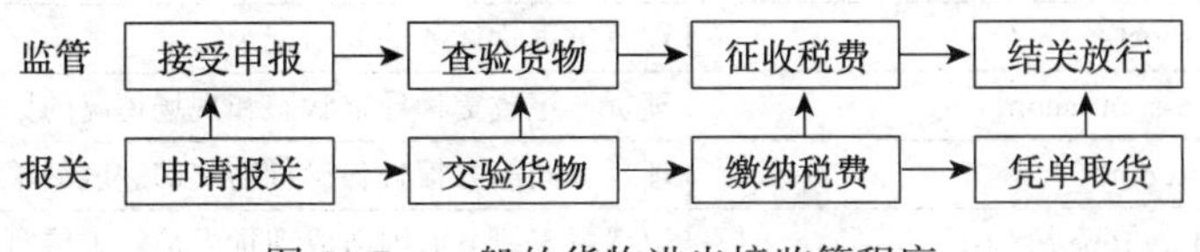

图 11.7 一般的货物进出境监管程序

海关在规定时间内接受报关单位的申报后，审核单证是否齐全、填写是否正确，报关单内容与所附各项单证的内容是否相符，然后查验进出口货物与单证内容是否一致，必要时海关将开箱检验或者提取样品。货物经查验通过后，如属应纳税货物，由海关计算税费，填发税款缴纳证，待报关单位交清税款或担保付税后，海关在报关单、提单、装货单或运单上加盖放行章后结关放行。

进出口货物收、发货人或其代理人，在报关前应备妥交审的单证，正确填写报关单，在规定的报关期限内向海关申请报关，协助海关查验货物，负责搬移货物，开拆和重封货物的包装，并负责缴纳相关税费，然后凭海关盖有放行章的报关单、提单、装货单或运单提取货物。

11.2.4 理货

理货是指船方或货主根据运输合同在装运港和卸货港收受和交付货物时，委托港口的理货机构代理完成的在港口对货物进行计数、检查货物残损、指导装舱积载、制作有关单证等工作。理货一般包括如下项目：重量鉴定、数量鉴定、残损鉴定、货载衡量鉴定。

1. 理货单证概念和作用

理货单证是反映船舶载运货物在港口交接时的数量和状态的实际情况的原始记录，因此它具有凭证和证据的性质。理货机构一般是公证性或证明型的机构，理货人员编制的理货单证，其凭据或证据就具有法律效力。

理货单证的作用包含以下几个方面。

（1）承运人与托运人或提单持有人之间办理货物数字和外表状态交接的证明。

（2）承运人、托运人、提单持有人以及港方、保险人之间处理货物索赔案件的凭证。

（3）船舶发生海事时，处理海事案件的主要资料，这里主要是指货物积载图的作用。

（4）港口安排作业、收货人安排提货的主要依据，这里主要是指货物实际积载图和分舱单的作用。

扩展阅读 11-10：理货的主要内容

（5）船舶在航行途中，保管照料货物的主要依据。

（6）买卖双方履行合同情况的主要凭证。

（7）理货机构处理日常业务往来的主要依据。

2. 理货单证的种类

理货单证种类见表 11.2。

表 11.2　理货单证种类

名　称	英文名	说　明
理货委托书	application for tally	委托人自愿申请理货机构办理理货业务的书面申请凭证
计数单	tally sheet	理货员理货计数的原始记录
现场记录	on-the-spot record	理货员记载货物异常状态和现场情况的原始凭证
日报单	daily report	理货长向船方报告各舱货物装卸进度的单证
待时记录	stand-by time record	记载由于船方原因造成理货人员停工待时的证明
货物溢短单	overlanded/shortlanded cargo list	记载进口货物件数溢出或短少的证明
货物残损单	damaged cargo list	记载进口货物残损情况的证明
货物积载图	stowage plan	出口货物实际装舱部位的示意图，由理货长根据装船过程中变化，按货物实际配载货位随时修改绘制而成

续表

名　称	英文名	说　明
分港卸货单	Discharging Report in Separate Ports	记载两港分卸同一票货物时在第一卸货港卸货件数的证明
货物分舱单	Cargo Hatch List	分港分舱记载每票货物装舱部位的清单。一个卸货港编制一份，由理货长根据装货单编制
复查单	Rechecking List	理货机构对原理货物经过复查后出具的凭证
更正单	Correction List	理货机构更改原理货物结果的凭证
分标志单	List of Mark Assorting	在卸船后分清混装货物标志的凭证
查询单	Cargo Trace	向对方调查货物情况的单证

11.2.5 国际商品储存

保税制度开始于 16 世纪的英国，随后受到世界各国政府的普遍重视，海关保税制度也成为当代国际物流的重要组成部分，被喻为“20 世纪末最流行的经济维他命”。

1. 保税货物的定义

保税货物指“经海关批准未办理纳税手续进境，在境内储存、加工、装配后复运出境的货物”。申请保税的货物主要包括：贸易商的转口贸易货物，免税销售的外国商品，来料加工的进口料件和设备，补偿贸易进口设备，寄售维修零配件，供应国际航行船舶的燃料、零配件，保税区内进口的货物，以及其他一些经海关批准进口时暂未办理纳税手续的货物等。

2. 保税仓库的概念

保税仓库，是指经海关批准设立的专门存放保税货物以及其他未办结关手续货物的仓库。随着国际贸易的不断发展，贸易方式日益多样化，如进口原材料、配件进行加工装配后复出口，以及补偿贸易、转口贸易、期货贸易等灵活贸易方式，如果进口时要征收关税，复出口时再申请退税，手续过于烦琐，必然会加大货物的成本，增加国际贸易的风险，不利于发展对外贸易。建立保税仓库，可大大降低进口风险，有利于鼓励进口，鼓励外国企业在中国投资，是营造良好投资环境的重要举措。

扩展阅读 11-11：保税仓库允许存放的货物范围

保税仓库按仓库所有人的不同也可分为公用型保税仓库和自用型保税仓库，但由于保税仓库的设立较一般仓库更加困难，因此自用型保税仓库所占的比重较小。

3. 保税区

保税区是一国政府批准设立的具有保税加工、存储和转口功能的受海关监管的特定区域。根据各国的规定，海关对保税区实施封闭式管理。具体表现为保税区与一国境内的其他区域之间一般有隔离设施，海关依法对进出保税区的货物、物品、运输工具查验，对保税区内设立的企业海关将按有关法律的规定核查其进出保税区的原料和成品。本国商品存入保税区，常留时不缴纳进口税；如再出口，不缴纳进口税；如要运进所在国的国内市场，则需办理报关手续，缴纳进口税。运入区内的外国商品可进行储存、改装、分类、混合、展览、加工和制造等。此外，有的保税区还允许在区内经营金融、保险、房地产、展销和旅游业务。

1990 年，经国务院批准，我国借鉴国际通行做法，按照自由贸易区模式建立了中国第一个自由经济区——上海外高桥保税区。随后在短短几年里，又先后建立了深圳沙头角、深圳福田、烟台、青岛、天津港、大连大窑湾、张家港、宁波、厦门、福州、广州和海口等保税区。

按照职能不同，保税区一般可分为指定保税区、保税货棚、保税仓库、保税工厂、保税陈列场等。

11.2.6 保险

在国际贸易中，每笔成交的货物，从卖方交至买方手中，一般都要经过长途运输。在此过程中，可能遇到自然灾害或意外事故，从而使货物遭受损失。货主为了转嫁货物在途中的风险，通常都要投保货物运输险。一旦货物发生承包范围内的风险损失，即可以从保险公司取得经济上的补偿。

国际货物运输保险，是以运输过程中的各种货物作为保险标的，被保险人（卖方或买方）向保险人（保险公司）按一定的金额投保一定的险别，并缴纳保险费。保险人承保以后，如果保险标的在运输过程中发生约定范围内的损失，应按照规定给予被保险人经济上的补偿。

国际货物运输保险的种类很多，其中包括海上运输货物保险、陆上运输货物保险、航空运输货物保险和邮政包裹保险。

1. 海上运输货物保险

办理海运保险前，首先要明确海运风险与损失。海运风险包括海上风险（perils of sea）与外来风险（extraneous risk）两类。海上风险一般包括自然灾害和意外事故两种，外来风险分为一般外来原因造成的风险和特殊外来原因造成的风险（表 11.3）。

表 11.3 海运风险的类别

风险种类	风险内容
海上风险	自然灾害：恶劣气候、雷电、海啸、地震、洪水、流冰等
	意外事故：船舶搁浅、触礁、沉没、互撞、失火、爆炸等
外来风险	一般原因：偷窃、短量、玷污、渗漏、串味、受潮、钩损等
	特殊原因：战争、罢工、交货不到、拒收等

海上损失（简称海损）是指被保险货物在海洋运输中，因遭受海上风险而造起的损坏或灭失。就货物损失的程度而言，海损可分为全部损失和部分损失；就货物损失的性质而言，可分为共同海损（general average）和单独海损（particular average）（表 11.4）。

表 11.4 海运风险的类别

风险分类	风险类别		风险内容
按损失程度分类	全部损失（全损）	实际全损	保险货物完全灭失或完全变质，或指货物实际上已不可能归还被保险人
		推定全损	货物发生保险事故后，认为实际全损已经不可避免，或者为避免发生实际全损所需支付的费用与继续将货物运抵目的地的费用之和超过保险价值
	部分损失		被保险货物的损失没有达到全部损失的程度

续表

风险分类	风险类别	风险内容
按损失性质分类	共同海损	载货的船舶在海上遇到灾难、事故，威胁到船、货等各方的共同安全，为了解除这种威胁，维护船货安全，或使船程得以继续完成，由船方有意识地、合理地采取措施，所作出的某些特殊牺牲或支出某些额外费用
	单独海损	除共同海损以外的意外损失，即由于承保范围内的风险所直接导致的船舶或货物的部分损失

保险险别是保险人对风险损失的承保范围，它是保险人与被保险人履行权利与义务的基础，也是保险人承保责任大小和被保险人缴付保险费多少的依据。海洋运输货物保险的险别很多，概括起来分为基本险别和附加险别两大类（表 11.5）。

表 11.5　海洋运输货物保险的险别

保险险别		保险内容
基本险别	平安险（free from particular average，FPA）	①自然灾害和运输工具发生意外事故，造成被保险货物的实际全损或推定全损；②由于运输工具遭遇搁浅、触礁、沉没、互撞、与流冰或其他物体碰撞，以及失火、爆炸等意外事故造成被保险货物的全部或部分损失；③只要运输工具曾经发生搁浅、触礁、沉没、焚毁等意外事故，不论在意外事故发生之前或者以后曾在海上遭遇恶劣气候、雷电、海啸等自然灾害造成的被保险货物的部分损失；④在装卸转船过程中，被保险货物一件或数件落海所造成的全部损失或部分损失；⑤被保险人对遭受承保责任范围内危险的货物采取抢救，防止或减少货损措施支付的合理费用，但以不超过该批被救货物的保险基金额为限；⑥运输工具遭遇自然灾害或者意外事故，需要在中途的港口或者在避难港口停靠，因而引起的卸货、装货、存舱以及运送货物所产生的特别费用；⑦运输契约定有“船舶互撞条款”，按该条款规定应由货方偿还船方的损失
基本险别	水渍险（with particular average，WPA/WA）	除包括平安险的各项责任外，还负责被保险货物由于恶劣气候、雷电、海啸、地震、洪水等自然灾害所造成的部分损失
	一切险（all risks，AR）	除包括平安险和水渍险的所有责任外，还包括货物在运输过程中，因一般外来原因所造成的被保险货物的全部或部分损失
附加险别	一般附加险	偷窃，提货不着险，淡水雨淋险，短量险，混杂、玷污险，碰撞、破碎险，渗漏险，串味险，受热、受潮险，钩损险，包装破裂险，锈损险，不能独立投保，只能在投平安险或水渍险的基础上加保
	特别附加险	战争险和罢工险等

2. 陆上运输货物保险

陆上运输货物保险的险别分为陆运险和陆运一切险两种，其承保的责任范围如下。

1）陆运险的责任范围

被保险货物在运输途中遭受暴风、雷电、地震、洪水等自然灾害，或由于陆上运输工具（主要是指火车、汽车）遭受碰撞、倾覆或出轨，如在驳运过程中，驳运工具搁浅、触礁、沉没或由于遭受隧道坍塌、压歪或火灾、爆炸等意外事故所造成的全部损失或部分损失。由此可见，保险公司对陆运险的承保范围大致相当于海运货物保险中的水渍险。

2）陆运一切险的责任范围

除包括上述陆运险的责任外，保险公司对被保险货物在运输途中由于一般外来原因造成的短少、偷窃、渗透、碰损、破碎、生锈、受潮、受热、发霉、串味、玷污等全部或部分损失，也负赔偿责任。

3. 航空运输货物保险

航空运输货物保险分为航空运输险和航空运输一切险两种。航空运输险的承保责任范围与海运水渍险大体相同。航空运输一切险除包括上述航空运输险的责任外，对被保险货物在运输途中由于一般外来原因所造成的偷窃、短少等全部或部分损失也负赔偿之责。

4. 邮政包裹保险

邮政包裹保险承保邮包在运输途中因自然灾害、意外事故和外来原因所造成的损失。邮政包裹保险包括邮包险和邮包一切险两种基本险别。

11.2.7 国际货运代理

1. 国际货运代理及性质

“货运代理”一词，国际上虽没有公认定义，但一些权威组织和工具书及一些“标准交易条件”中都有一定的解释。国际货运代理来源于英文“the freight forwarder”。国际货运代理协会联合会（International Federation of Freight Forwarders Association，FIATA）和联合国亚太经合会给国际货运代理下的定义是：国际货运代理是根据客户的指示，并为客户的利益而揽取货物运输的人，其本身并不是承运人。国外工具书称“货运代理”是：其业务为接收货物，以仓储、包装、整车货装运、交货等方式，把不够整车的船货集中成整车船货。

2. 国际货运代理的作用

（1）能够安全、迅速、准确、节省、方便地组织进出口货物运输。根据委托人托运货物的具体情况，选择合适的运输方式、运输工具、最佳的运输路线和最优的运输方案。

（2）能够就运费、包装、单证、结关、检验、金融、领事要求等提供咨询，并对国外市场的价格、销售情况提供信息和建议。

（3）能够提供优质服务。为委托人办理国际货物运输中某一个环节的业务或全程各个环节的业务，手续方便简单。

（4）能够把小批量的货物集中为成组货物进行运输，既方便了货主，也方便了承运人，货主因得到优惠的运价而节省了运输费用，承运人接收货物时省时、省力，便于货物的装载。

（5）能够掌握货物全程的运输信息，使用现代化的通信设备随时报告货物在途运输情况。

（6）货运代理不仅能组织协调运输，而且影响到新运输方式的创造、新运输路线的开发以及新费率的制定。

总之，国际货运代理是整个国际货物运输的组织者和设计师，特别是在国际贸易竞争激烈、社会分工越来越细的情况下，它的地位越来越重要、作用越来越明显。

11.3 国际货物运输

国际货物运输是指国家与国家、国家与地区之间的货物运输。国际货物运输包括国际贸易物资运输和国际非贸易物资（如展览品、援外物资、个人行李、办公用品等）运输。由于在国际货物运输中一般以国际贸易物资运输为主，因此国际货物运输通常也称为国际贸易运输，对一个国家而言，就是对外贸易，简称外贸运输。它具有以下特点。

（1）国际货物运输路线长，环节多。

（2）国际货物运输涉及面广，情况复杂多变。

（3）国际货物运输是一项涉外工作，政策性强。

（4）国际货物运输时效性强。

（5）国际货物运输风险大。

11.3.1 国际海洋货物运输

国际海洋运输是指使用船舶或其他水运工具通过海上航道在不同国家和地区的港口间运送货物的一种方式。海洋运输运量大、运输成本低，所以许多国家特别是沿海国家的进出口货物，大部分采用海洋运输。但由于其易受自然条件影响，风险较大，且航行速度较慢，因此，对于不适合长期运输的货物和急用或易受气候条件影响的货物，一般不宜采用海洋运输。

扩展阅读 11-12：海运基本要素——船舶、航线、港口

1. 国际海洋运输方式

根据船舶经营方式的不同可将海洋运输分为班轮运输和租船运输（表 11.6）。

表 11.6 国际海洋运输方式

经营方式类别	说明		
班轮运输/定期船运输（liner shipping）	船公司按预先规定的船期表，在一定的航线上，以既定挂靠港顺序，进行规则的、反复的航行和运输的一种船舶经营方式。其具有定期、定航线、定港和运费相对固定的优势		
租船运输/不定期船运输（shipping by chartering）	租船运输没有预定的船期表，航线和停靠港口也不固定，须依据船舶所有人和承运人双方签订的租船合同来安排船舶就航的航线。大宗货物一般都采用租船运输。租船通常在租船市场上进行	航次租船（voyage charter）	船舶按照合同双方事先约定的条件完成一个或数个航次承租人指定货物的运输任务，并由承租人向出租人支付相应运费。出租人占有和控制船舶，负责船舶的营运调度，并需要负担所有的运输成本。承租人仅需支付运费及合同规定由其承担的货物装卸费用和可能产生的船舶滞期费
		定期租船（time charter）	船舶所有人将船出租给承租人，供其使用一定时期的租船运输方式。在租期内，出租人需保证船舶处于适航状态，并通过自己配备的船员承担船舶的驾驶和管理责任。承租人需按期如数向出租人支付租金，并根据自己的需要来安排船舶的营运和调度
		光船租船（bareboat or demise charter）	出租人在租期内将一艘空船连同船舶的占有权和控制权一并出租给承租人，自己仅保留船舷的所有权。承租人须按合同规定支付租金，自己配备船员、装备船舶，并负担日常营运费用和相应航次费用

其中，班轮运费包括基本运费和附加费两部分。基本运费是指货物在预定航线的各基本港口之间进行运输所规定的运价，是构成全程运费的主要部分；附加费指班轮承运一些需要特殊处理的货物，或者由于燃油、货币及港口等原因收取的附加费，诸如超重附加费、超长附加费、选择卸货港附加费、直航附加费、转船附加费、港口拥挤附加费、

燃油附加费等。

2. 海运进出口货物运输流程

1）出口货物运输流程

在以 CIF 或 CFR 条款成交，由卖方安排运输时，出口货物运输流程一般包括以下环节（图 11.8）。

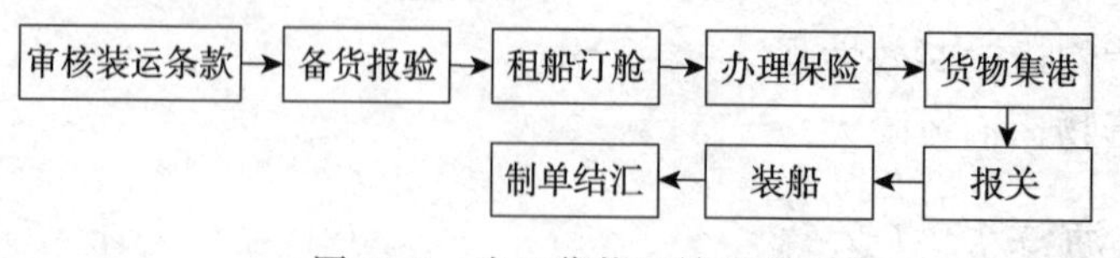

图 11.8　出口货物运输流程

2）进口货物运输流程

进口货物运输流程如图 11.9 所示。

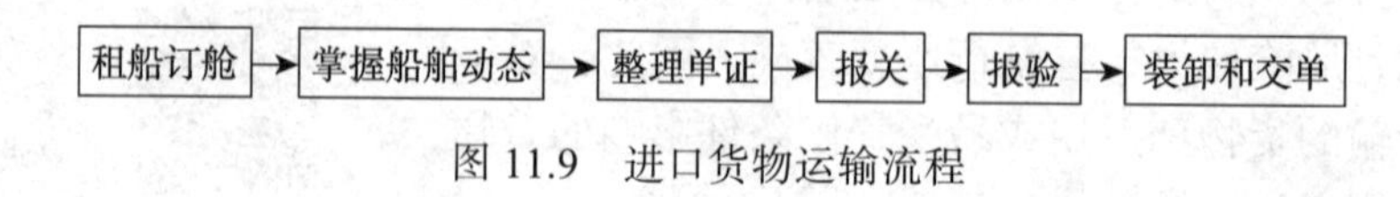

图 11.9　进口货物运输流程

3. 海运提单

提单，是指用以证明海上货物运输合同和货物已经由承运人接收或者装船，以及承运人保证据以交付货物的单证。提单中载明的向记名人交付货物，或者按照指示人的指示交付货物，或者向提单持有人交付货物的条款，构成承运人据以交付货物的保证。提单是运输合同的证明；是承运人接收货物或货物装船的收据；是物权凭证，提单是货物所有权的凭证，是票证化了的货物。

根据不同分类方法，提单可分为不同类型（表 11.7）。

表 11.7　提 单 分 类

分类方式	提单种类	说　明
货物是否已装船	已装船提单（shipped on board B/L）	在提单载明的全部货物装船后才签发的提单，提单上须注明船名和装船日期
	收货待运提单（received for shipment B/L）	承运人已接收提单载明的全部货物，但尚未装船时所签发的提单，提单上没有装船日期和船名
提单抬头不同	记名提单（straight B/L）	又称收货人抬头提单，在提单“收货人”一栏内具体填写某一特定的人或公司名称的提单。这种提单不能转让，货物只能交予列明的收货人
	指示提单（order B/L）	在提单“收货人”一栏隐去了具体特定的人或公司的名称，只是注明“TO ORDER 0F ××”或“TO ORDER”字样交付货物的提单。须经过背书转让，可以是空白背书或记名背书
	不记名提单（blank B/L）	在提单“收货人”一栏填写“TO BEARER”（货交提单持有人）。这种提单可以不经背书进行转让
货物外表状况有无不良批注	清洁提单（clean B/L）	货物在装船时或被承运人接收时表面状况良好，未被承运人加注或即使加注也不影响结汇的提单
	不清洁提单（foul B/L）	托运人交付的货物表面状况不良，承运人在提单上加注有碍结汇批注的提单

续表

分类方式	提单种类	说明
不同的运输方式	直达提单（direct B/L）	承运人签发的由起运港以船舶直接运达目的港的提单
	转船提单（transhipment B/L）	起运港的载货船舶不直接驶往目的港，须在转船港换装另一船舶运达目的港时所签发的提单
	联运提单（through B/L）	货物需经两段或两段以上运输运达目的港，而其中有一段是海运时，如海/陆、海/空、海/海联运所签发的提单
	多式联运提单（combined transport B/L）	必须采用两种或两种以上不同运输方式的连贯运输时，承运人所签发的提单

此外，提单还可分为班轮提单和租船提单、倒签提单和预签提单等。

11.3.2 国际铁路货物联运

1. 定义

国际铁路货物联运是指在两个或两个以上国家之间进行的铁路货物运输，只需在始发站办妥托运手续，使用一份运送票据，由一国铁路运输部门向另一国铁路运输部门移交货物时，无须发、收货人参与，铁路当局对全程运输负连带责任。国际铁路货物联运可分为整车运输、零担运输和集装箱运输。

2. 国际铁路货物联运进出口运输程序

1）托运与承运

托运是发货人向铁路运输部门提出委托运输的行为，承运是铁路运输部门承诺运输的行为。托运与承运的过程实际上就是铁路运输部门与发货人间签订运输合同的过程。

国际铁路联运出口货物同国内运输货物托运相似。发货人应向车站提出货协运单，以此作为货物托运的书面申请。车站接到货协运单后，应进行认真审核，对整车货物运送的申请应检查是否有批准的月度、旬度货物运输计划和日要车计划，检查货协运单各项内容的填写是否正确，如确认可以承运，应予以登记。车站在货协运单上登记货物应进入车站的日期和装车日期，即表示受理托运。发货人按登记指定的日期将货物搬入车站或指定的货位。进站时，发货人应组织专人在车站接货。由铁路装车的货物，应会同铁路货运员对货物的件数、包装、品名、唛头标记、货协运单及其随附单逐件进行检查，如发现问题或货证不符、证证不符，必须修复、更换或查明原因予以更正。经铁路货运员验收完毕，认为符合国际货协和有关规章制度的规定，铁路货运员同发货人办理货物交接手续，并在货协运单上签证确认。整车货物一般在装车完毕后，发站按货协运单记载向发货人核收运送费用，并在货协运单上加盖承运日期戳，以表示货物业已承运。

零担货物的托运与整车货物不同，发货人在托运时，不要求申报月度、旬度要车计划，仅凭货协运单直接向车站申请托运。车站受理托运后，发货人应按登记指定的日期将货物搬进货场，送到指定的货位。经铁路货运员查验、过磅后交由铁路保管。发站核收运送费用，并在货协运单上加盖承运日期戳以表示承运。

托运、承运完毕，以货协运单为具体表现的运输合同开始生效。铁路按国际货协的规定承担货物保管、装车并运送到指定目的地的责任。

办理货物托运手续时所需的单证主要有货协运单及其随附单证。

货协运单是国际铁路货物联运运单中的一种，是由发送国铁路代表所有参加运送货物的各国铁路同发货人订立的运输契约。因此参加联运的各国铁路和发、收货人在货物运送中便具有相应的权利和义务，对铁路和发收货人都具有法律效力。

经国际铁路联运出口的货物通过国境站时，需要履行报关和检验检疫等法定手续，因此，发货人必须将所需的单证附在货协运单上。这些单证主要有出口货物报关单、出口货物明细单、出口收汇核销单、发票等。根据需要还可能有出口许可证和各类检验检疫证书等。

2）装车发运

按我国铁路的规定，在车站公共装卸场所内的装卸工作，由铁路负责组织；其他场所如专用线装卸场，则由发货人或收货人负责组织。但某些性质特殊的货物，如易腐货物、未装容器的活动物等，即使在车站的货场内，也均由发、收货人组织装车或卸车。

3）进口货物到达与交付

货物到达后，到站应通知运单中所记载的收货人领取货物。在收货人付清运单中所记载的一切应付运送费用后，铁路须将货物连同运单正本和货物到达通知单交付收货人。

11.3.3 国际航空运输

国际航空运输是指利用飞机运送外贸物资的一种现代化运输方式。

1. 国际航空货物运输的经营方式

1）班机运输

班机运输（scheduled air line）是指在固定航线上飞行的航班，它有固定的始发站、途经站和目的站。一般使用客货混合机型，舱容有限，难以满足大批量货物运输要求。班机运输的优势是能保障发、收货人确切地掌握货物启运和到达的时间，可以保证货物安全、迅速地送达市场。

2）包机运输

包机运输（chartered carrier）又可分为整包机和部分包机两种。整包机由航空公司或包租代理公司按照事先约定的条件和费用将整机租给租机人，从一个或几个空站将货物运至指定目的地。部分包机由几家货运代理公司或发货人联合包租一架飞机，或者由包机公司把一架飞机的舱位分别租给几家空运代理公司。

2. 国际航空货物运输的组织方法

1）集中托运

集中托运（consolidation）是指由空运代理将若干单独发货人的货物集中起来组成一整批货物，货到国外后由到站地的空运代理办理收货、报关并分拨给各个收货人。航空公司采用按重量递减的定价原则，制定并公布按不同重量的收费运价。航空货运代理公司利用批量托运赚取运价的差额。

2）航空快件运输

航空快件运输，亦称国际快件运输，是具有独立法人资格的企业，通过航空运输及自身或代理的网络，在发货人与收货人之间以最快速度传递文件和物品的一种现代化运输组织方法。

3）送交业务

送交业务通常用于样品、目录、宣传资料、书报等的空运业务，由国内空运代理委托国外代理办理报关、提取、转送并送交收货。

扩展阅读 11-13：国际航空货物运输的基本作业

4）联合运输

联合运输包括陆空联运（train-air，TA；truck-air，TA）、陆空联运（train-air-truck，TAT）、海空联运等。

11.3.4 国际集装箱运输

国际集装箱运输是将一定数量的单件货物装入特制的标准规格的集装箱内，以集装箱作为运送单位所进行的一种新型现代化运输。

1. 集装箱运输方式

集装箱运输方式根据货物装箱数量和方式不同可分为整箱和拼箱两种。

1）整箱

整箱（full container load，FCL）是指发货方将货物装满整箱后，以箱为单位托运的集装箱。一般做法是由承运人将空箱运到工厂或仓库后，在海关人员监督下，货主把货装入箱内，加封、铅封后交承运人并取得站场收据（dock receipt），最后凭站场收据换取提单。

2）拼箱

拼箱（less than container load，LCL）是指承运人或代理人接收货主托运的数量不足整箱的小票货物后，根据货物性质和目的地进行分类、整理、集中、装箱、交货等工作，这些工作均在承运人码头集装箱货运站或内陆集装箱转运站进行。

扩展阅读 11-14：集装箱运输进出口程序

2. 集装箱运输货物交接方式

集装箱运输货物交接方式见表 11.8。

表 11.8　集装箱运输货物交接方式

交接方式名称	说　明
门到门（door to door）	由托运人负责装载的集装箱，在其货仓或工厂仓库交承运人验收后，由承运人负责全程运输，直到收货人的货仓或工厂仓库交箱为止
门到场（Door to CY）	由发货人货仓或工厂仓库至目的地或卸箱港的集装箱装卸区堆场
门到站（Door to CFS）	由发货人货仓或工厂仓库至目的地或卸箱港的集装箱货运站
场到门（CY to door）	由起运地或装箱港的集装箱装卸区堆场至收货人的货仓或工厂仓库
场到场（CY to CY）	由起运地或装箱港的集装箱装卸区堆场至目的地或卸箱港的集装箱装卸区堆场
场到站（CY to CFS）	由起运地或装箱港的集装箱装卸区堆场至目的地或卸箱港的集装箱货运站
站到门（CFS to door）	由起运地或装箱港的集装箱货运站至收货人的货仓或工厂仓库
站到场（CFS to CY）	由起运地或装箱港的集装箱货运站至目的地或卸箱港的集装箱装卸区堆场
站到站（CFS to CFS）	由起运地或装箱港的集装箱货运站至目的地或卸箱港的集装箱货运站

11.3.5 国际多式联运

国际多式联运是指按照多式联运合同以至少两种不同的运输方式，由多式联运经营人将货物从一国境内接管货物的地点运至另一国境内指定交付货物的地点。

1. 构成国际多式联运的条件

（1）必须是至少采用两种不同的运输方式的连贯运输组合。

（2）必须要有一个多式联运合同。

（3）必须使用一份全程多式联运单据。

（4）必须是国际货物运输。

（5）必须由一个多式联运经营人对全程运输负责。

（6）必须是全程单一运费费率。

2. 国际多式联运的优点

1）责任统一，手续简便

发货人只需办理一次托运、签订一个运输合同、付一次运费、取得一份多式联运提单，就可将货物从起运地运到目的地，大大简化了运输与结算手续。同时由多式联运经营人对全程运输负责，一旦货物在运输途中发生问题，只需与多式联运经营人交涉就可解决。

2）缩短运输时间，提高质量

由于多式联运是集装箱运输，又是连贯式运输，中途无须拆箱换装，使货物更加安全，速度更快。

3）降低运输成本，节省运杂费用

多式联运经营人通过对运输路线的合理选择和运输方式的合理使用，可以降低全程运输成本。同时，由于采用集装箱运输，可以简化甚至取消货物包装，节省包装费用。

11.4 全球一体化背景下的国际物流发展

国际物流是全球经济一体化的产物，是建立世界命运共同体不可缺少的纽带之一。20世纪90年代欧洲经济一体化的出现，代表着国际区域经济一体化出现新的发展趋势，地区性国际物流活动也随之急速扩张，国际物流的流向相应出现调整（例如，北美自由贸易区出现后，某些美、墨之间的物流活动取代了原来美国与其他发展中国家之间的物流活动）。同一时期，Internet、条形码以及卫星定位系统在物流领域得到普遍应用，物流的机械化、自动化水平不断提高。借助新兴技术，国际物流效率迅速提高，批量大、周期长的国际物流模式逐渐向“小批量、高频度、多品种”模式转化，特别是物流信息系统和电子数据交换系统的大量采用，国际物流领域也出现了虚拟物流、JIT物流等多种新型运作模式，各国对环保问题的重视也不断影响着国际物流的发展。以欧洲为代表，各国政府出于减少大气污染、噪声污染等一系列污染因素的考虑对公路运输采取更为严格的控制政策，促使更多的物流活动借助铁路或水运方式完成。

影响未来我国国际物流发展趋势的主要因素除了传统的国际经济、贸易、运输、金融、技术、关税、法规等以外，还会有以国际霸权为特征的政治、军事、同盟等因素，与过去相比，上述这些因素会变得更加综合、更加不确定、更加复杂，其程度可以说是前所未有。其背后深层的主要原因：一是守成大国与新兴大国之间的博弈，近年来已让世界各国和人民看得更加清楚，世界政治、经济、外交、军事格局将发生新的调整，甚至是颠覆性的；二是科学技术进步产生的全面而深刻的变革，尤其是信息技术进步。

扩展阅读 11-15：全球一体化背景下国际物流的发展趋势

即测即练

应用与实践 11-1　课题：国际进出口业务的操作

应用与实践 11-2　课题：企业国际物流和国内物流的差异性研究

案例分析　上海铁联国际储运物流信息发展

本章习题

1. 简述国际航空运输的经营方式分类。
2. 国际贸易常用术语有哪些？
3. 出口合同的履行程序是怎样的？
4. 简述国际铁路运输的特征。

第 12 章

物流服务与组织管理

【学习目标】

认识物流服务的概念及服务内容，物流管理概念及内容，差异化服务的含义及内容；

理解物流服务的特性，物流服务质量的特性及实施，物流组织的演变过程，物流成本管理意义及方法，物流标准化的种类；

识别差异化物流服务水平的确定，库存的类型及库存管理与控制的方法，物流成本的构成及管理方法，影响库存水平的因素；

掌握物流组织的概念及结构类型，物流标准化的概念及其特点。

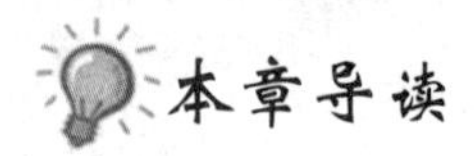

本章导读

PSA 集团的物流服务与质量管理

法国标致雪铁龙（PSA）集团十分重视售后物流服务。该公司开展的一份调查研究表明，在 100 个接受调查的顾客中，对购买的轿车不满意，但是在对其提供的零部件售后服务满意的情况下，大约仍然会有 45 个人保持对该轿车品牌的忠诚度。反之，只有 14 个人仍然保持品牌忠诚度。这充分说明了售后服务的重要性。换句话说，售后零部件服务对顾客产生的影响要比整车销售服务对顾客产生的影响大得多。同样，维修人员也充分认识到高质量售后服务的重要性。他们认为评定一个零部件供应商的诸多标准中，零部件的可得性排在第一位，其次是及时送货率，价格只排在诸多要素中的第七位。

标致雪铁龙每年约生产 200 万辆轿车，其中有 60%用于出口。每年 20 亿美元的销售收入中约有 10%左右来自零部件销售。随着整车销售市场的竞争日益加剧，越来越多的参与者挤入售后服务领域，PSA 集团更需提高售后服务体系效率来确保其市场份额。

PSA 在法国的经销商每天下午 4 点以前发出零部件订单，在次日上午 9 点之前基本上都可以得到满足。PSA 的零部件订单满足率（满足的订单/发出的订单）维持在 96.1%的水平，PSA 通过了 ISO 9002 认证之后，进一步加强了质量控制水平。PSA 相比以前订单出错率减少了 50%。平均送货时间与以前相比减少了将近一半，有 95%的订单是在 5 天以内完成的，紧急订单满足率一直保持在 99%的水平。

随着消费者对于服务质量要求的不断上升，PSA 需要不断提高其零部件配送频率和水平，以满足其开发新区域市场的需要，如匈牙利、波兰、斯洛文尼亚等国。同时，尽管由于汽车零部件标准化的推广与普及，但是总的来说，世界范围内的零部件种类和数量还是在不断上升。

随着竞争的加剧，各大主机制造厂面临着很大的成本削减压力，而在原材料和人力的挖掘空间已经逐渐枯竭时，物流自然而然地肩负起了成本削减的重担。通过对物流水平和质量的不断提高，一定程度上，PSA 得以缓和客户服务水平上升带来的成本上涨效应。

PSA 全球范围内只在法国设有两个零部件物流中心仓库。位于 Vesoul 的仓库用于存储标致、雪铁龙两个系列车型的零部件，面向法国、欧洲和海外市场。而位于 Melun 的仓库只存储雪铁龙系列产品的零部件，面向法国和海外市场。与之相匹配的是遍布全球的 24 个物流分中心，其中有一半是直接受控于 PSA 设于当地的子公司或分支机构。

PSA 希望能够将维修的复杂性、订单的优先级别和配送频率综合进行考虑，不断改进以进一步提升其售后物流网络的效率。实际上，上述的三个要素共同决定了售后物流配送的路径规划水平。在此基础上，PSA 采用了一套称为“2-3-4”的内部管理系统，2 表示订单分为常规类和紧急类两类，3 表示将运输时间从几个小时到 5 天内划分为三个等级，4 表示将配送频率在 2 次/天和 1 次/周间划分为 4 个水平。经过近 4 年的运作，PSA 将其售后物流运作成本削减了 15%，同时将存储于仓库中的零部件价值量减少了 20%。

思考：结合案例分析 PSA 提升优质服务获得了哪些收益？

12.1　物流服务概念与服务内容

提高物流服务水平是物流管理的一大目标。物流服务管理作为物流管理中的重要内容和企业竞争的手段，越来越受到现代企业的重视。现代物流企业必须认真研究物流服务的内涵，确定合适的物流服务水平并提供增值性的物流服务。

12.1.1　物流服务的概念

根据中华人民共和国国家标准《物流术语》（GB/T 18354—2006）中的定义，物流服务是指为满足客户需求所实施的一系列物流活动过程及其产生的结果。对于物流服务的理解有以下两个最基本的角度。

一是站在从事有形产品的生产、销售的制造型企业和商业企业的营销角度去理解什么是物流服务，物流服务的作用是什么，提高物流服务水平和保证物流服务质量与增强企业竞争力之间是一种什么关系，如何设定物流服务水准，如何进行物流服务的质量控制等。

二是站在专业物流企业服务经营的立场上思考什么是物流服务，物流服务与传统的运输服务和仓储服务的联系与区别是什么，物流企业的服务与货主企业向顾客提供的物流服务之间是何种关系，如何实现传统物流企业向现代物流企业的转变等。

12.1.2　物流服务的内容

根据物流服务的概念，其内容包括以下两个方面。

1. 作为企业客户服务一部分的物流服务（物流客户服务）

如果站在从事有形产品（或服务）制造或销售的制造企业或商业企业（即货主企业）

的角度观察物流服务的话，物流服务属于企业客户服务的范畴。

扩展阅读 12-1：
营销角度看物流服务的意义

客户服务是指为支持企业的核心产品（或服务）而提供的服务。制造企业和商业企业的物流服务，就是用来支持其产品营销活动而向顾客提供的一种服务，是顾客对商品利用可能性的物流保障，这种物流服务也可称为物流客户服务。

物流客户服务的最终目标是保证顾客对商品的利用可能性。因此，可以从以下三个方面来反映物流客户服务的内容以及衡量物流客户服务的水准。

（1）保有顾客所期望的商品存货保障。

（2）在顾客所期望的时间内传递商品的输送保障。

（3）符合顾客所期望的商品质量保障。

2. 作为物流企业产品销售的物流服务（物流商品）

制造企业或商业企业在向顾客（包括内部顾客）提供物流服务的过程中，将物流业务活动的全部或部分委托给专业物流企业（如运输企业、仓储企业、第三方物流企业等）去承担的时候，物流企业便成为制造企业或商业企业的物流服务提供者。站在物流活动委托方的角度看，物流企业提供的是一种服务，这种服务同时也构成了制造企业或商业企业物流服务的一部分。例如，当某个运输企业受制造企业的委托，将保管在工厂成品库的产品运送到零售商店铺的时候，运输企业就代替制造企业完成了对零售商这个顾客的产品送达服务，运输企业的运输服务因此也就成为制造企业物流服务的一部分。从这个意义上讲，运输企业的运输服务也就具有物流服务的性质（这里只是从广义上去理解物流服务）。

由此可以看出，物流企业是以货主企业的物流需求为市场开展其经营活动的。物流业的出现是社会分工的结果，也是物流活动效率化的要求。而且物流外包正从单一功能的外包朝着多功能、一体化物流业务的外包方向发展。随着外包思想逐步被企业经营者接受，企业物流业务的外包已成为一种趋势，从而为物流业的发展提供了广阔的市场空间。

物流企业受货主企业的委托完成物流业务，物流企业的服务对象既是货主企业，同时也是货主企业视为上帝并小心谨慎对待的顾客。因此，物流企业的经营必须紧紧围绕着货主企业的营销战略和物流服务承诺开展经营活动，以货主和顾客满意为目标。同时，物流企业必须把握货主企业物流需求的特点，将物流服务融入货主企业的物流系统当中去，根据需求分析，开发新的服务产品，做好物流服务产品的市场营销和客户服务。

物流企业服务的基本内容包括运输、储存、包装、装卸、流通加工、配送、物流信息、物流系统设计，以及其他的增值性服务，如市场调查与预测、库存控制性建议、订货指导、业务运作过程诊断、各种代办业务和物流全过程追踪等服务。

12.1.3　物流服务的特性

1. 从属性

由于货主企业的物流需求是以商流为基础，伴随商流而发生，因此，物流服务必须从属于货主企业物流系统，表现在流通货物的种类、流通时间、流通方式、提货配送方式都是由货主选择决定，物流企业只是按照货主的需求，提供相应的物流服务。

2. 即时性

物流服务是属于非物质形态的劳动，它生产的不是有形的产品，而是一种伴随销售和消费同时发生的即时服务。

3. 移动性和分散性

物流服务以分布广泛、数量多、不固定的客户为对象，所以，具有移动性以及面广、分散的特性，它的移动性和分散性会使产业局部的供需不平衡，也会给经营管理带来一定的难度。

4. 需求波动性

由于物流服务是以数量多而又不固定的顾客为对象，他们的需求在方式上和数量上是多变的，有较强的波动性，为此容易造成供需失衡，成为在经营上劳动效率低、费用高的重要原因。

5. 可替代性

物流服务的可替代性主要表现在两个方面：一是站在物流活动承担主体的角度看，产生于工商企业生产经营的物流需求，既可以采用自营物流的形式来完成，也可以采用社会化物流的方式来完成；二是站在物流企业提供的服务品种看，由于存在着多种运输方式，货主可以自主选择运输形式。物流服务的可替代性，对于货主企业来说增加了物流服务实现形式选择的灵活性，但对物流企业，特别是运输企业来说，就增加了经营难度。

12.2 物流服务质量的实施与改进

顾客实际经历的物流服务，是由物流企业的一系列经营管理决策和经营管理活动决定的。企业管理人员根据自己对顾客期望的理解来确定企业的服务质量标准，要求员工按照这些标准为顾客服务。在服务过程中，涉及多个主体自身的复杂性，往往难以充分达意和有效实施，从而造成服务传递中的种种差距，影响服务质量。

12.2.1 物流服务质量的分析

图 12.1 体现了影响物流服务质量的五种差距，查明各类差距产生的原因，分析各类差距对服务质量的影响，企业管理人员就能采取适当的措施改进物流服务质量管理工作。

扩展阅读 12-2：四类服务差距产生的原因

1. 管理人员认识的差距

为缩小这一差距，应改进市场调研、增进管理者和员工间的交流、减少管理层次以缩短与顾客的距离。

2. 质量标准差距

设定目标和将服务传递工作标准化可弥补这一差距。

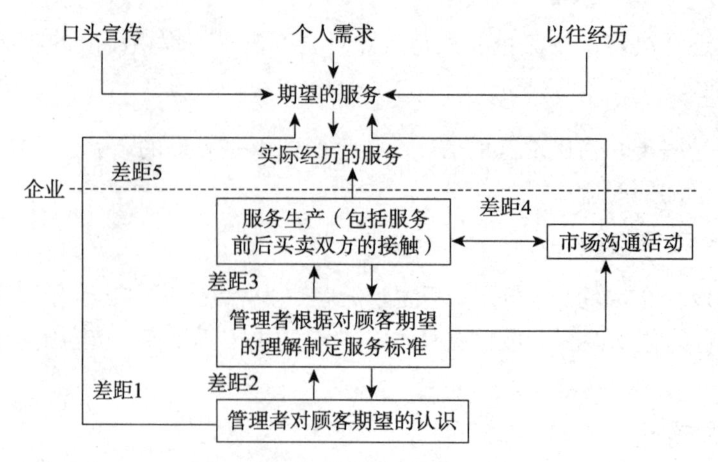

图 12.1　物流服务质量分析模型

3. 服务绩效的差距

实际服务过程不一定能达到管理者制定的要求。

4. 营销沟通的差距

其表现在企业在市场沟通活动中所作出的承诺与实际提供的服务不一致。

5. 顾客期望的服务与实际经历的服务之间的差距

这个差距被定义为服务质量，它依赖于与服务传递过程相关的其他 4 个差距，是它们的综合和结果。

企业管理人员做好物流服务差距分析工作，可发现各类质量问题产生的原因，从而采取措施，缩小并最终消除差距，使物流服务符合顾客期望，提高顾客满意度进而提高顾客忠诚度。

12.2.2　物流服务质量管理的实施

1. 物流服务质量管理

物流服务质量是企业物流的核心竞争力，质量管理是企业物流管理的重点。一般而言，企业的物流服务质量管理包括以下几个方面。

1）市场研发的质量管理

市场研发的作用主要是确定市场或客户对物流服务的真实需求，为方案的设计提供依据，是保证服务质量的基础，一般包括对各种市场的确定、市场容量及其变化趋势、客户需求特征分析等方面。

2）物流服务设计的质量管理

服务设计是决定服务质量的主要因素，物流服务设计的质量管理包括以下几点。

（1）企业组织结构管理。服务的组织和管理部门必须与服务体系的其他要素相配合，通过清晰定义、职责划分、授权，确保在控制与灵活之间达到平衡，从而保证工作效率和正确率。

（2）企业员工。人始终都是第一重要的资源，服务的提供是通过员工与客户的接触完成的，客户感觉到的服务质量很大程度上依赖于客户对企业员工的认识和态度的评价。企业在设计服务时，应包括人员选择、培训、教育和开发以及激励的系统。

3）服务交付过程的质量管理

服务交付过程是指物流服务从服务者到消费者的流程。服务交付过程中的质量管理需主要注意如下问题。

（1）重视客户评价。客户评价是对服务质量的基本测量，客户的反映可能是及时的，也可能不及时，但肯定是最重要的。在获得客户评价信息方面，要主动采取激励措施，方便客户反馈信息，要认真对待客户的抱怨。

（2）服务质量的监测评价。其属于服务流程的控制部分，对服务的进行情况和效果要配备监测系统，随时发现问题，及时调整、补救，使差错控制在很小范围内，不致对服务质量造成大的损害。

（3）不合格服务的补救。服务过程中的差错和过失是不可避免的，没有任何企业的服务质量保障体系能绝对保证所有的物流服务都是无缺陷的。补救措施必须快速、有效，对突发事故的及时补救是 TPL 企业服务能力的重要体现，一次对不合格服务的正确处理不仅不会降低客户对企业的评价，甚至可能增强客户的质量感知，使客户更加信任企业。

从上述介绍中可以了解到，物流服务流程的控制环节在其服务质量管理中的重要性，而对服务实施状况进行监测评价是采取补救措施和进行服务改进的基础。

2. 物流服务质量管理的基本实施途径

物流服务质量是衡量物流系统为客户创造时间和空间效应能力的尺度。从系统的角度来分析，服务质量是物流系统所有活动的综合结果。一般而言，物流服务质量管理的基本实施途径包括以下几个方面的内容。

1）树立企业物流整体质量管理思想

（1）真正形成物流整体质量管理的认识。不同的企业物流服务，由于功能的构成和重要性不同，物流服务质量也会影响顾客感觉中的整体服务质量和顾客的满意程度。强化企业物流质量管理，就必须从企业物流发展战略高度出发，真正树立整体质量管理思想。

（2）认真做好物流服务过程的整体质量管理。从整体质量管理出发，强调物流管理人员必须深入了解物流服务全过程，并根据顾客需求，认真做好物流服务网络体系设计工作和服务质量管理工作，不断创造物流价值，提高顾客的满意程度。企业在物流服务过程的各个环节、各个阶段，都必须以优质服务组成的整体，为顾客创造更大的物流价值，增强顾客的信任感和忠诚度。

（3）整体考核企业物流服务质量管理水平。企业要在激烈的市场竞争中取得长期优势，必须不断提高物流服务质量和生产效率。企业应确定物流服务质量标准，做好每一关键环节的质量管理工作，促使服务绩效符合或超过顾客的期望。要从整体角度客观地衡量物流服务质量管理水平，积极采用高新技术加强质量管理，提升企业服务的整体质量水平。在物流服务绩效考核中，既应考核服务效率，更要考核服务质量和顾客满意度。

2）建立有效的物流服务质量管理信息系统

建立有效的物流服务质量管理信息系统能为企业提供物流服务质量改进决策必需的各种信息，激励企业内部员工改进物流服务工作。要建立有效的物流服务质量管理信息系统，企业应遵循的原则如下。

（1）计量顾客对物流质量的期望。

（2）强调信息度量。

（3）实时监控物流质量状况。

为顾客提供的物流服务运作过程会受到多种因素的影响，充满了可变性和不确定性。如果任其自行运行下去，其运作效率将会降低，服务质量会逐渐“退化”。因此，必须建立有效的物流服务质量管理信息系统对物流服务过程的状况不断进行监控，找出其中的差距和不足，以便改善物流的运作，保证和提高服务的质量。

12.2.3 物流服务质量管理的改进措施

要有效地提高物流质量管理工作效果，企业必须根据质量管理环境，采取适当的改进措施。其主要包括以下几个方面。

（1）树立全面顾客服务理念。理念支配人的行为，服务理念决定着服务企业的服务面貌。物流业的快速发展带来了企业物流服务竞争的升级，迫切要求企业迅速更新观念，在现代全面顾客服务理念的支配下，把物流服务提高到企业发展的战略高度来认识，在服务上不断改进、提升及追求高目标，来提高物流服务质量。

（2）根据全面质量管理理论，建立和完善企业物流质量管理的计量、评估体系，切实消除企业物流过程中的差错。

（3）积极引进现代质量管理理论和技术，提高质量管理水平。科学技术就是生产力，企业必须借助现代高新技术强化物流质量管理，要求企业真正认识技术推动的意义，大力开展技术创新活动。

（4）运用有效的激励措施，实行全员质量管理。企业应根据顾客需求环境的相对不确定性，运用有效的奖励和激励措施，激励员工提高学习能力和创新能力，鼓励员工承担风险，通过精心设计、认真实施的试验，探索减少差错的新方法。

12.3 差异化的物流服务

现代物流的差异化服务包括两层含义。

第一层含义是物流企业根据各类客户的不同要求提供个性化的需求服务。它又可以分两种情况：一种是同行业不同企业的情况有差别，因而其各自所需的物流服务内容与水平要求就有区别；另一种是不同行业的企业，其物流服务的需求差别就更大，从而就有了现在所细分出的家电物流、医药物流、食品物流、汽车物流、烟草物流、农产品物流等不同的物流服务形式，这就要求我们必须依据各行业的实际情况区别对待。

第二层含义是物流企业为客户提供某些专营或特种物流服务，如对化工、石油、液化气及其他危险物品、鲜活易腐品、贵重物品等，开展专营或特种的物流服务。与一般的物流服务相比，此类服务对物流企业提出了一些比较特殊的要求，一般需要具备相应的经营资质和实力，否则就难以承担此类服务。

差异化服务是现代物流企业对市场柔性反应的集中体现，也是现代物流企业综合素质和竞争能力的体现，一般情况下，它将为物流企业带来比普通物流服务更高的利润回报。现代物流企业如果能根据市场需求和自身实际开发出更多适销对路的差异化物流服务产品，便可确保获得更多的收入与利润，并在激烈的市场竞争中处于有利地位。尤其是在市场环境瞬息万变的今天，不但要强调物流服务的差异化，更应该将其上升到关系物流企业发展的战略性问题来对待。

12.3.1　差异化物流服务的内容

利用差异化物流服务创造竞争优势的一个重要观念是提供物流增值服务。增值服务是独特的活动，能够显著提高客户的效率和效益。增值服务能够巩固业务上已作出的安排，但因为其客户是特定的，很难采用固定模式。

物流基本服务和物流增值服务之间存在着明显的区别。物流基本服务是企业据以建立其最基本业务关系的客户服务方案，对所有的客户在特定的层次上均予以同等对待，以全面保持其忠诚，追求物流作业绩效和可靠性，向首选客户作出零缺陷承诺。增值服务则表现为零缺陷承诺的各种可选方案，作为企业与客户利益相关的一种方式。物流增值服务有一个显著特征，即完成基本物流服务所作出的承诺。当一个企业承诺要为其主要客户开发独特的增值服务方案时，他便置身于客户定制的物流活动中。这时候他所做的事情是要帮助特定的客户实现他们的期望。例如，TCL 公司能够生产有顾客个性的电子产品。美国福特汽车公司能够按客户要求的规格制造汽车并在 10 日内交付。在增值服务的过程中，物流企业可以提供产品包装、建立客户标志、制造特定的批量封装、提供有助于购买的信息、在产品上标价、建立销售点展示等，以刺激业务量。在一个纯粹的物流过程中，增值服务需要从事直接的存货交付或安排在端点间的往返作业，或其他任何能对主要客户产生持续价值的服务。绝大多数增值服务一般都可以从良好的渠道关系中观察到。

在日常的物流活动中，有大量的增值服务项目买卖双方都会同意由专业机构来承担，如运输、仓储等专业公司等，这些专业机构通常会结合一些附加的增值服务项目，诸如分类和排序，以满足特定的客户独特的需求。增值服务的最终结果极大地满足了客户的要求，从而支持其产品营销战略。用独特的方法提供专门化服务的能力，是物流服务商利用差异化服务建立竞争优势的重要措施，这使物流提供者能够实现规模经济，并保持最基本的灵活性。

扩展阅读 12-3：物流增值服务的具体领域

12.3.2　差异化物流服务水平的确定

在实施物流差异化战略中，确定高效的物流服务水平是实现物流企业竞争优势的保证。确定差异化物流服务水平应从以下几个方面着手。

1. 确定差异化物流服务方向

首先要弄清企业现有哪些服务项目，分析哪些属于传统项目，哪些属于增值项目，明确管理重点。企业在进行内部资源配置时，不应把人、财物过多集中在传统项目上，而应把重点放在面向关键客户的增值物流服务上。

2. 加强物流服务水平市场调研

通过问卷调查、专访和座谈，收集有关物流服务的信息。了解客户提出的服务要素是否重要、他们是否满意，与竞争对手相比是否具有优势等。要认真分析竞争对手的情况，了解竞争对手在物流需要上的满意程度，把本公司的物流服务与最强的竞争对手或一流公司的物流活动与成绩连续进行比较评估，只有这样才能确定高质量的物流服务水平。

3. 根据客户的不同需求确定差异化物流服务水平

由于客户特点不同，需要也不同，确定差异化物流服务水平时以什么特点作为标准非常重要。因此，首先要找出那些影响核心服务的关键点，并要考虑能否做到，还要考虑对公司效率的影响程度以及客户的潜在能力等企业经济原则，根据客户类型确定差异化物流服务水平。依据这个基本方针，对于重要的客户要重点给予照顾，并作出盈亏分析。例如，通过对整个供应链的协调，实行大批量的统一采购和全方位的代理功能，在较大范围内选择有利资源，为重点客户给予较多价格优惠。

4. 分析物流服务的满意程度

调查客户对企业各个不同的服务项目是否满意，找出满意度低的项目做重点分析，以提高其服务水平。

5. 建立差异化物流质量管理体系

企业应建立一套完善的物流质量管理体系，并对其进行追踪调查，定期检查已实施的物流服务效果。企业应结合本公司实际情况，不断推进实施国际质量标准，创立企业优质物流服务质量体系，从而安全、即时、经济、快速地完成物流任务，在激烈的市场竞争之中不断发展，取得显著的社会效益和经济效益。

6. 协调生产者和客户的要求

生产者的要求和客户的要求基本上是一致的，但有时也有矛盾。比如，过分强调满足生产者的要求，以过高的质量将商品送交客户，有时会出现客户难以承担的过高成本，物流企业必须在“向客户提供满足要求的质量服务”和“以最经济的手段来提供”两者之间找到一条平衡的途径，同时满足这两个要求。只有处理好物流成本与物流服务质量之间的关系，差异化物流服务才能体现出应有的效益。

12.4 物流实施的组织环境与物流服务对象

12.4.1 组织环境

组织环境（organization environment）是指所有潜在影响组织运行和组织绩效的因素或力量。组织环境调节着组织结构设计与组织绩效的关系，影响组织的有效性。组织环境对组织的生存和发展起着决定性的作用，是组织管理活动的内在与外在的客观条件。一般来说，以组织界限（系统边界）来划分，可以把环境分为内部环境和外部环境。组织内部环境是指管理的具体环境，影响管理活动的组织内部环境包括：物理环境、心理环境、文化环境等。组织的外部环境是指组织所处的社会环境，外部环境影响着组织的管理系统，又分为一般外部环境和特定外部环境。一般外部环境包括的因素有：社会人口、文化、经济、政治、法律、技术、资源等，对组织的影响是间接的、长远的。特定外部环境因素主要是针对企业组织而言，包括：供应商、顾客、竞争者、政府和社会团体等，对企业组织的影响是直接的、迅速的。对外部环境做分析，目的是要寻找出在这个环境中可以把握住哪些机会、必须要回避哪些风险，抓住机遇，健康发展。

如果从投入和产出的角度进行界定，组织环境指影响组织投入和产出的各种因素与力量的总和，包括外部的因素和内部的因素。因此，物流企业的组织环境就是指影响物流企业投入和产出的各种因素、力量的总和。

12.4.2　组织环境对物流企业的作用

1. 内部组织环境的可控制性

内部组织环境是物流企业成本竞争力形成的源泉，是企业形成低成本组织生产要素能力的源泉，是企业资源利用水平的直接制约因素，一般包括公司治理结构、企业文化、企业组织结构、人力资源管理政策、供应链管理能力、内部控制系统等。当外部环境因素是不可控制、不可预测的时候，加强内部管理、降低成本，可使组织受到的损失最小、产出最大化。物流企业供应部门在选择基础物流服务供应商时，应在关注成本、时间、质量的基础上选择双方文化、理念相似的供应商，同时建立供应商资源库等，这样可以把供应者对组织造成的不利影响降到最低。优秀的物流企业营销部门，可以引导物流服务需求者的服务需求，同时增加它对物流企业的依赖性，进而降低服务对象对组织造成的影响。有效的内部组织环境可以减少外部环境的不确定性对组织造成的影响，使得物流企业在受外部组织环境影响的情况下增加产出。

2. 外部组织环境的不可控、不确定性

外部组织环境会影响物流企业成本竞争力的未来发展，是物流企业成本竞争力要适应的对象。外部组织环境存在于组织的外部，是所有组织都要共同面对的并对所有组织的生产经营管理都产生影响的因素。这些因素的变化是企业不可控制、不可预测的，在企业的内部条件有限的情况下，扩大产出就要求充分利用对企业有利的外部条件，比如资源供应市场有质量不变、价格更低的替代产品或服务出现。在诸多外部组织有利因素中物流企业能主动作用的，一是高层具有敏锐的眼光，跟紧国家政策，为企业获得相关政府扶持；二是改进供应链管理方式，扩大组织结构边界，构建创新型的虚拟团队，比如无边界组织、企业流程再造等新型组织结构。

扩展阅读 12-4：组织视角下提升物流企业竞争力

12.4.3　物流服务对象

社会化的物流服务主要涉及：第三方、第四方物流服务公司，运输、海空货运承揽物流服务商，仓储公司，装卸公司，港务局，集装箱租赁堆场公司，船公司，货代公司，航空公司，铁路公司等。服务对象具体来讲是接受服务的客户，几乎可以遍布国民经济的各个领域。正因为如此，物流服务才成为物流社会化的一个重要基础。

1. 工农业生产企业

几乎所有的工农业生产企业都有物流需求，所以这是一个非常庞大的物流服务对象群体。原材料生产企业的物流需求主要是：原材料生产的基本原料的供应物流，原材料

产品的销售物流。这种物流的主要特点是点对点的物流，物流渠道比较简单，物流批量比较大，因此较多采用自营物流，也有一些选择社会化物流服务。制造业的物流需求主要是零部件、原材料的配送物流，制成品的销售物流。在经济全球化的趋势下，制造业的全球化趋势发展非常快，其物流需求向精细化、高服务水平化发展。供应链就主要针对这个领域，制造业也是社会化物流需求的主要领域。

2. 商业贸易企业

商业贸易企业是最先将物流需求社会化的领域。“商物分离”首先从商业贸易领域开始。工业化时期，这个领域的物流客户主要集中在批发业；网络经济时代，随着电子商务的出现，基本消费者大量进入了这一领域，成为物流服务的客户。国际商业贸易的物流需求是全方位的，其特殊的需求是长距离海运、大陆桥运输、航空货运和通关物流。供应链也是这种物流需求的产物。批发企业物流需求主要集中在储运和分销。社会化的物流服务主要集中在大量货物的储运。零售业物流服务的需求集中在对零售企业的商品配送和对消费者的配送。社会化的配送服务是这种需求最有效的服务形式。随着网络经济时代的到来，该领域的需求大幅度从自营物流转向社会物流。

12.5 物流库存管理

企业生产过程中的原材料、半成品、产品的储存需要决定了保持库存是每个企业在生产经营过程中所面临的共同问题，库存不足可能会影响生产的连续性，但过多的积压又会造成资金的占用，因此降低库存成本、提高库存效率对企业的发展经营及物流整体功能的发挥起着非常重要的作用。

12.5.1 有效管理库存的作用

库存（GB/T 18354—2006《物流术语》）是指储存作为今后按预定的目的使用而处于闲置或非生产状态的物品，广义的库存还包括处于制造加工状态和运输状态的物品。一般来说，库存是指企业在生产经营过程中为现在和将来的耗用或者销售而储备的资源。

扩展阅读12-5：
常见的库存分类方式

有效管理库存的作用可以从积极作用和反作用两个方面来分析。

1. 库存的积极作用

（1）维持正常的生产和销售。企业通常保持一定数量的库存作为缓冲，以防止各类原因导致的延期交货，从而影响企业的生产或销售。

（2）平衡企业物流。在企业的采购、生产和销售各物流环节中，库存起着重要的平衡作用。

（3）平衡企业流动资金。库存的材料、在制品及产成品都是企业流动资金的主要占用部分，因此对库存量进行控制实际上也是对企业流动资金进行平衡。比如大批量购买会获得价格折扣，大量运输也会降低运输成本，但两者最终导致库存水平上升，因此需在库存成本的减少和其他成本的节约之间进行权衡。

（4）调整供需之间的季节差异。一些季节性产品，如农产品等，其生产只局限在一年当中的某些月份，因此对于以农产品为原料的企业，要想满足全年的生产需要就必须持有一定库存。

（5）提高客户服务水平。随着市场竞争的日益加剧，越来越多的企业开始致力于提高其客户服务水平，以此来保持和提高其市场竞争力。在这一过程中，许多企业采取的一个策略就是增加库存水平，并将仓库设在距离客户较近的地方以便能够在最短时间内满足顾客的需求，进而提高客户满意度，这种策略在家电、数码、日用品等可替代性较高的产品领域尤为重要。

2. 库存的反作用

库存的作用不仅体现在积极的一面，同时我们还应该看到库存存在的弊端，即库存的反作用。

（1）占用企业大量资金。通常情况下，库存占企业总资产的比重大约为 20%～40%，库存管理不合理将会形成大量资金的沉淀。

（2）增加企业的商品成本及管理成本。库存材料的仓储成本最终转嫁到商品成本上，使商品价格上升，同时相关库存设备、管理人员的需求也增加了企业的管理成本。

（3）掩盖企业管理过程中的不足和差错。库存可以应对各种紧急情况，常使人们忽略被库存掩盖起来的计划和控制过程中的许多不足和差错，如计划不周、没能按时按量生产、产品质量不稳定、工作人员不认真、盲目采购等。

12.5.2 合理库存量的确定

企业确定库存量的依据有很多，其中采用经济订购批量是最普遍的做法，由于企业持有库存的目的是满足客户的服务需求，所以库存量与服务水平之间的平衡是在经济订购批量条件下最突出的问题，企业的年销售目标（计划）、商品月需求量的变动、毛利率与周转率的关系等也都是库存量决策的参考。不过，实际情况可能会更加复杂，例如一些流行商品的库存决策完全不容进行太多的分析，还有许多企业在库存商品上可使用的资金非常有限。对于库存的数量应该维持在多少是最佳状态，要根据整体运作成本来确定。配送中心从补货到入库再到库存管理，直至能否满足顾客的要求，都涉及一定的成本，因此库存量控制的标准是使从供应到销售的整个过程中产生的总成本最低。

1. 影响库存水平的因素

影响库存水平的因素众多，可以利用因果分析，从经营、生产、运输、销售和订购周期五个方面对库存要因进行分析。

1）从经营方面看

经营的目标是满足客户服务的要求，因而必须保持一定的预备库存，但要实现利润最大化，就必须降低订购成本，也要降低生产准备成本，更要降低库存持有成本，因而确定库存量高低水平时需要在这些因素中进行权衡。

2）从生产方面看

商品特性、生产流程和周期及生产模式都将在许多方面对库存产生影响。例如，季节性消费的圣诞礼品、饰品等商品，就不能够完全等到节日到来之时才进行突击生产，通常都是按订单提前进行均衡生产，这样就必然在一定时期内形成大量库存。

3）从运输方面看

在运输问题上，运输费用、运输方法、运输途径对库存水平的影响都很大，运输效益与库存效益之间存在极强的二律背反关系。

4）从销售方面看

销售渠道对库存的影响是显著的，环节越多，库存总水平就会越高，减少流通环节就能减少流通过程中的库存。客户服务水平与库存之间存在极强的二律背反关系，高客户服务水平通常需要高库存来维持，但是库存管理成本不能超过由此带来的库存成本节约。客户订购的稳定性对销售库存的影响可以通过加强客户关系维护与管理、提高销售预测的精确度来纠正可能或已经发生的偏差。

5）从订购周期方面看

订购周期是指从确定对某种商品有需求到需求被满足的时间间隔，也称为提前期。其中包括了订单传输时间、订单处理和配货时间、额外补充存货时间以及订购装运交付运输时间四个变量。这些因素都在一定程度上对库存水平造成影响。

2. 确定库存量的依据

由于进行库存量控制的标准是整个供应到销售的过程中总成本最低，在这一过程中，涉及的主要成本如下。

1）订购成本

订购成本是指企业向外部的供应商发出采购订单的成本，是企业为了实现一次订购而进行的各种活动费用的总和。订购成本中有一部分与订购次数无关，如常设采购机构的基本开支等，称为订购的固定成本；另一部分与订购的次数有关，如差旅费、邮资等，称为订购的变动成本。具体来讲，订购成本包括与下列活动相关的费用。

（1）检查存货水平。

（2）编制并提出订购申请。

（3）对多个供应商进行调查比较，选择最合适的供货商。

（4）填写并发出订购单。

（5）填写、核对收货单。

（6）验收发来的商品。

（7）筹备资金并进行付款。

2）库存持有成本

库存持有成本是指为保持库存而发生的成本，它可以分为固定成本和变动成本。固定成本与库存数量无关，如仓库折旧、仓库职工的固定月工资等；变动成本与库存数量有关，如库存占用资金的应计利息、破损和变质损失、安全费用等。变动成本主要包括资金占用成本、存储空间成本、库存服务成本和库存风险成本。

扩展阅读 12-6：
库存持有成本的构成

3）缺货成本

如果因订货批量决策失误发生缺货，企业便会因不能满足用户需求而遭受损失。如果用户是外部的，他们可能会向其他企业采购；而对于内部用户，缺货会导致生产设施闲置、低效率，以及最终导致不能满足外部用户需求。

4）年购买费用

年购买费用是库存总费用的一部分，与价格和订购量有关。

对于具体库存量的大小以及订货时间的确定，将在后面章节加以介绍。

12.5.3 库存管理方法

1. 供应商管理库存

供应商管理库存（vendor managed inventory，VMI）在商品分销系统中使用越来越广泛，有学者认为这种库存管理方式是未来发展趋势，甚至认为这会导致整个配送管理系统的革命，支撑这种理念的理论非常简单：通过集中管理库存和各个零售商的销售信息，生产商或分销商补货系统就能建立在真实的销售市场变化基础上，能够提高零售商预测销售的准确性、缩短生产商和分销商的生产和订货提前期，在连接供应和消费基础上优化补货频率和批量。

1）VMI 模式的内涵及其特点

传统上，由于供应链各个环节都是各自管理自己的库存，都有自己的库存控制目标和相应的策略，而且相互之间缺乏信息沟通，彼此独占库存信息，因此不可避免地产生了需求信息的扭曲和时滞，使供应商无法快速准确地满足用户的需求。在供应链管理环境下，供应链各个环节的活动都应该是同步进行的，而传统的库存和分销管理思想显然无法满足这一要求。在这种背景下，一种新的供应链库存管理方法 VMI 应运而生。

VMI 是一种以用户和供应商双方都获得最低成本为目的，在一个共同的协议下由供应商管理库存，并不断监督协议执行情况和修正协议内容，使库存管理得到持续改进的合作性策略。这种库存管理策略打破了传统的各自为政的库存管理模式。VMI 体现了供应链的集成化管理思想，适应市场变化的要求，是一种新的、有代表性的库存管理思想。

VMI 模式的提出，主要源于对供应链管理模式功能集成化的考虑，即 VMI 模式的基本设想是力图通过集成供应链上各节点企业的库存控制职能，达到降低整体库存费用的目的。同传统的库存控制方法相比，VMI 模式具有以下几个特点。

（1）合作性。VMI 模式的成功实施，客观上需要供应链上各企业在相互信任的基础上密切合作。其中，信任是基础，合作是保证。

（2）互利性。VMI 追求双赢的实现，即 VMI 主要考虑的是如何降低双方的库存成本，而不是考虑如何就双方的成本负担进行分配的问题。

（3）互动性。VMI 要求企业在合作时采取积极响应的态度，以实现反应快速化，努力降低因信息不畅而引起的库存费用过高的状况。

（4）协议性。VMI 的实施，要求企业在观念上达到目标一致，并明确各自的责任和义务。具体的合作事项都通过框架协议明确规定，以提高操作的可行性。

扩展阅读 12-7：实施 VMI 运行的先决条件和关键

2）VMI 的优缺点

实施 VMI，可以达到供应商和企业的“双赢”，不仅客户可以降低库存成本，供应商也能获得很多好处，具体有以下几点。

（1）由供应商管理库存，可以让企业从库存的陷阱中摆脱出来，可以减少资金占用，不用增加采购、进货、检验、进库、出库等环节，可以将精力集中在提高企业的核心竞争力，开拓市场，使整个供应链效益最高。

（2）由供应商管理库存，增加了库存管理的主动性和灵活性，供应商可以根据最终的消费市场及时地调整生产和供应计划，既不会出现资金积压，又可以灵活应对市场变化。

但 VMI 也存在着一些不足，主要有以下几方面。

（1）供应商管理库存建立在双方高度信任的基础上，因为整个过程中的销售情况和库存情况都是透明的，所以存在着信息的滥用和泄露的问题。

（2）虽然协议框架是供应商与企业共同协商的，但供应商方拥有主动权和决策权，在决策过程中会因为协商不够而造成失误。

（3）供应商管理库存虽然使整个供应链的库存下降了，但增加了供应商的管理成本，库存费用、运输费用、物料损坏等都不是由销售商承担，而是由供应商承担，这无疑增加了供应商的风险。

（4）供应商管理库存要求双方高度的合作，但一般的供应商和企业都难以做到。

（5）建立供应商管理库存信息系统前期需要较高的投资。

2. 客户管理库存

客户管理库存（custom managed inventory，CMI）是另外一种库存控制方式，配送系统中很多人认为，按照和消费市场的接近程度，零售商在配送系统中由于最接近消费者、在了解消费者的消费习惯方面最有发言权，因此应该是最核心的一环，库存自然应归零售商管理。持这种观点的人认为，配送系统中离消费市场越远的成员就越不能准确地预测消费者需求的变化。

3. 联合库存管理

VMI 被证明是比较先进的库存管理办法。VMI 由上游企业拥有和管理库存，下游企业只需要帮助上游企业制订计划，从而下游企业实现零库存，上游企业库存大幅度减小。但 VMI 实际上是对传统库存控制策略进行“责任倒置”后的一种库存管理方法，这无疑加大了供应商的风险。为了克服 VMI 系统的局限性和规避传统库存控制中的牛鞭效应，联合库存管理应运而生。

联合库存管理是介于供应商管理库存和客户管理库存之间的一种库存管理方式，顾名思义，就是由供应商与客户共同管理库存、进行库存决策。它结合了对产品的制造更为熟悉的生产或供应商以及掌握消费市场信息能对消费者消费习惯作出更快更准反映的零售商各自的优点，因此能更准确地对供应和销售作出判断。

1）联合库存管理的基本思想

简单地说，JMI 是一种在 VMI 的基础上发展起来的上游企业和下游企业权利责任平衡和风险共担的库存管理模式。JMI 体现了战略供应商联盟的新型企业合作关系，强调了供应链企业双方的互利合作关系。

联合库存管理是解决供应链系统中由于各节点企业的相互独立库存运作模式导致的需求放大现象、提高供应链的同步化程度的一种有效方法。联合库存管理强调供应链中各个节点同时参与，共同制订库存计划，使供应链过程中的每个库存管理者都从相互之间的协调性考虑，保持供应链各个节点之间的库存管理者对需求的预期保持一致，从而消除了需求变异放大现象。任何相邻节点需求的确定都是供需双方协调的结果，库存管理不再是各自为政的独立运作过程，而是供需连接的纽带和协调中心。

在配送系统的上游，通过销售点提供的信息和零售商提供的库存状况，供应商能够更加灵敏地掌握消费市场变化，销售点汇总信息使整个系统都能灵活应对市场趋势；在系统另一端，销售点通过整个系统的可视性可以更加准确地控制资金的投入和库存水平，在配送系统成员中减少系统库存、增加系统的灵敏度。由于减少了需求的不确定性和应对突发事件所产生的高成本，整个系统都可以从中获益。在 JMI 环境下，零售商可以从供应商那里得到最新的商品信息以及相关库存控制各种参数的指导或建议，但是由于是独立的组织，零售商同样需要制定自己的库存决策。

扩展阅读 12-8：联合库存的实施

2）选择合适的联合库存管理模式

供应链联合库存管理有两种模式。

（1）集中库存模式。集中库存模式是指各个供应商的零部件都直接存入核心企业的原材料库中，变各个供应商的分散库存为核心企业的集中库存。集中库存要求供应商的运作方式是按核心企业的订单或订货看板组织生产，产品完成时，立即采用小批量、多频次的配送方式直接送到核心企业的仓库中补充库存。在这种模式下，库存管理的重点在于核心企业根据生产的需要保持合理的库存量，既能满足需要，又要使库存总成本最小。

（2）无库存模式。无库存模式是指供应商和核心企业都不设立库存、核心企业实行无库存的生产方式。此时供应商直接在核心企业的生产线上进行连续小批量、多频次的货物补充，并与之实行同步生产、同步供货，从而实现“在需要的时候把所需要品种和数量的原材料送到需要的地点”的操作模式。这种准时化供货模式由于完全取消了库存，所以效率最高、成本最低。但是对供应商和核心企业的运作标准化、配合程度、协作精神要求高，操作过程要求也严格，而且两者的空间距离不能太远。

联合库存管理是解决供应链系统中独立库存模式导致的需求放大现象，大大提高供应链的供应水平和运作效率，提高供应链同步化程度的一种有效方法。实行联合库存管理，建立适应新形势的物资供应运行机制，应是供应链库存管理今后几年的发展方向。当然，联合库存管理中企业间的系统集成目前还比较困难，急需进一步的改进完善。

12.6　物流成本管理

物流管理的目标之一就是降低物流成本。可以说物流成本是进行物流管理、使物流合理化的基础。因此，做好物流管理必须先弄清物流成本的概念、构成与管理方法。

12.6.1　物流成本管理概述

1. 物流成本的概念

在许多企业中，物流成本占企业总成本的比重很大，物流成本的高低直接关系到企业利润水平以及竞争力的高低，随着物流管理意识的增强，人们对于物流成本的关心日渐浓厚，降低物流成本已经成为物流管理的首要任务。

根据国家标准《物流术语》（GB/T 18354—2006），物流成本可定义为“物流活动中所消耗的物化劳动和活劳动的货币表现”，即产品在实物运动过程中，如包装、运输、储存、流通加工、物流信息等各个环节所支出人力、物力和财力的总和。物流成本是完成诸种物流活动所需的全部费用。

2. 物流成本的分类

人们可以从不同的角度来对物流成本进行观察和分析，分析和考虑的角度不同，对物流成本的认识就不同，物流成本的含义也就不同。按照人们进行物流成本管理和控制的不同角度，可以把物流成本分成社会物流成本、货主企业（包括制造企业和商品流通企业）物流成本以及物流企业物流成本三个方面。

（1）社会物流成本。社会物流成本又可以称为宏观物流成本。站在社会物流的角度，进行社会物流的优化，就要考虑物流成本的问题。人们往往用物流成本占 GDP（国内生产总值）的比重来衡量一个国家物流管理水平的高低，这种物流成本指的就是社会物流成本。

社会物流成本是核算一个国家在一定时期内发生的物流总成本，是不同性质企业微观物流成本的总和。国家和地方政府可以通过制定物流相关政策、进行区域物流规划、建设物流园区等措施来推动物流及相关产业的发展，从而降低整体的社会物流成本。

目前，各国物流学术界和实务界普遍认同的一个社会物流成本计算的概念性公式为

物流总成本 = 运输成本 + 存货持有成本 + 物流行政管理成本

（2）货主企业物流成本。这里所说的货主企业主要是指商品流通企业和制造企业。总的来说，制造企业物流是物流业发展的原动力，而流通企业是连接制造业和最终客户的纽带，制造企业和流通企业是物流服务的需求主体。

（3）物流企业物流成本。制造企业和流通企业是物流服务的需求主体，同时也是物流运营管理的主体，许多货主企业的物流业务是由企业内部的相关部门或二级公司来完成的。当然，大部分货主企业的物流业务并不一定全部由自己完成，或多或少总有外包部分。这就出现了对专业性物流服务企业的需求，由专业的物流企业来参与物流的运营管理是社会专业化大生产的必然结果，也是提高物流效率、降低物流成本的有效途径。

扩展阅读 12-9：
两类货主企业物流成本的构成

根据物流服务企业提供的服务类型，可以把物流企业分为两类。一类是提供功能性物流服务业务的物流企业，这类企业在整个物流服务过程中发挥着很大的作用，这类企业一般只提供某一项或者某几项主要的物流服务功能，如仓储服务企业、运输服务企业等。另一类是提供一体化物流服务的第三方物流企业，一般是指综合性的物流服务公司，能为客户提供多种物流业务服务。

物流企业在运营过程中发生的各项费用都可以看成物流成本。因此，可以说物流企业的物流成本包括了物流企业的所有成本和费用。实际上，从另一个角度看，当货主企

业把物流业务外包给物流企业运营时，物流企业发生的各项支出构成了它的物流成本，而物流企业向货主企业的收费（包括了物流企业的成本费用、税金以及一定的利润）就构成了货主企业的物流成本。

12.6.2　物流成本的构成

对物流成本进行分类可以向管理者提供更多对决策产生影响的细节问题，但企业的物流活动是按照功能的不同来组织进行的，如订单处理、运输等，而且大多数企业采用账户划分成本，物流成本无法单独列示，因此，划分物流成本任务艰巨。

物流成本是企业的物流系统为实现商品在空间、时间上的转移而发生的各种耗费的货币表现，具体包括订货费用，订货处理及信息费用，运输费用，包装费，搬运装卸费，进出库费用，储存费用，库存占用资金的利息，商品损耗、分拣、配货费用以及由于交货延误造成的缺货损失等。这是物流费用的一般构成。

扩展阅读 12-10：流通企业物流成本和生产企业物流成本构成的差异

12.6.3　物流成本的管理方法

1. 明确物流成本管理目的

企业在进行物流成本管理时，首先要明确管理目的，有的放矢。一般情况下，企业物流成本管理的出发点如下。

（1）通过掌握物流成本现状，发现企业物流中存在的主要问题。

（2）对各个物流相关部门进行比较和评价。

（3）依据物流成本计算结果，制订物流规划，确立物流管理战略。

（4）通过物流成本管理，发现降低物流成本的环节，强化总体物流管理。

2. 掌握物流成本管理方法

准确地进行物流成本管理，必须掌握好物流成本管理方法，一般有以下几种。

1）比较分析

（1）横向比较。把本企业的各项物流费用与同类企业进行比较，特别是与同行标杆企业进行比较，如果本企业物流费用异常，则需查明原因、堵住漏洞、改进管理方法，以便降低物流成本。

（2）纵向比较。把本企业历年的各项物流费用与当年的物流费用加以比较，如果增加了，再分析一下为什么增加、在哪个地方增加了、增加的原因是什么，假若增加的是无效物流费，则立即改正。

（3）计划与实际比较。把本企业当年实际开支的物流费与原来编制的物流预算进行比较，如果超支了，分析一下超支的原因、在什么地方超支，这样便能掌握企业物流管理中的问题和薄弱环节。

2）综合评价

综合评价即通过物流成本的综合效益研究分析，发现问题，解决问题，从而加强物流管理。比如采用集装箱运输，一可以简化包装，节约包装费；二可以防雨、防晒，保证运输途中物品质量；三可以起储藏作用，防盗、防火。但是，如果由于简化包装而降低了包装强度，货物在仓库保管时就不能往高堆码，浪费库房空间，削弱仓库保管能力。另外由于简化包装，还可能影响货物的装卸搬运效率等。那么，利用集装箱运输是好还是坏呢？这就要用物流成本计算这一统一的尺度来综合评价，分别算出上述各环节物流活动的费用，经过全面分析后得出结论。

3）排除法

在物流成本管理中有一种方法叫活动标准管理（activity based management，ABM）。其做法就是把物流相关的活动划分为两类，一类是有附加价值的活动，如出入库、包装、装卸等与货主直接相关的活动；另一类是非附加价值的活动，如开会、改变工序、维修机械设备等与货主没有直接关系的活动。其实，在商品流通过程中，如果能采用直达送货的话，则不必设立仓库或配送中心，实现零库存，等于避免了物流中的非附加价值活动。如果将上述非附加价值的活动加以排除或尽量减少，就能节约物流费用，达到物流管理的目的。

4）责任划分

在生产企业里，物流的责任究竟在哪个部门？是物流部门还是销售部门？客观地讲，物流本身的责任在物流部门，但责任的源头却是销售部门或生产部门。以销售物流为例，一般情况下，由销售部门制订销售物流计划，包括订货后几天之内送货，接受订货的最小批量是多少等均由企业的销售部门提出方案、定出原则。假若该企业过于强调销售的重要性，则可能决定当天订货，次日送达。这样的话订货批量大时，物流部门的送货成本少；订货批量小时，送货成本就增大，甚至过分频繁、过少数量送货造成的物流费用增加，大大超过了扩大销售产生的价值，这种浪费和损失应由销售部门负责。分清类似的责任有利于控制物流总成本，防止销售部门随意改变配送计划，减少无意义、不产生任何附加价值的物流活动。

12.7 物流标准化管理

12.7.1 物流标准化的含义

1. 标准化和标准化的概念

国家标准（GB/T 20000.1—2014）中关于标准化的定义为："为了在既定范围内获得最佳秩序，促进共同效益，对现实问题或潜在问题确立共同使用和重复使用的条款以及编制、发布和应用文件的活动。"

标准化是指在经济、技术、科学及管理等社会实践中，对产品、工作、工程、服务等普遍的活动制定、发布和实施统一的标准的过程。标准化是国民经济中一项重要的技术基础工作，它的重要意义就在于改进产品、过程和服务的适用性，防止贸易壁垒，促进技术合作，提高社会的经济效益。

扩展阅读 12-11：物流标准化的内涵

2. 物流标准化的概念

物流标准化是指以物流系统为对象，围绕运输、储存、装卸搬运、包装以及物流信息处理等物流活动制定、发布和实施有关技术和工作方面的标准，并按照技术标准和工作标准的配合性要求，统一整个物流系统的标准的过程。

3. 物流标准化的特点

物流标准化的主要特点有以下几方面。

（1）和一般标准化系统不同，物流系统的标准化涉及面更为广泛，其对象也不像一般标准化系统那样单一，而是包括了机电、建筑、工具、工作方法等许多种类。虽然处于一个大系统中，但缺乏共性，从而造成标准种类繁多、标准内容复杂，也给标准的统一性及配合性带来很大困难。

（2）物流标准化系统属于二次系统，或称后标准化系统。这是由于物流及物流管理思想诞生较晚，组成物流大系统的各个分系统在没有归入物流系统之前早已分别实现了本系统的标准化，并且经多年的应用，不断发展和巩固，已很难改变。在推行物流标准化时，必须以此为依据，个别情况固然可将有关旧标准化体系推翻，按物流系统所提出的要求重建新的标准化体系，但通常还是在各个分系统标准化基础上建立物流标准化系统。这就必然从适应及协调角度建立新的物流标准化系统，而不可能全部创新。

（3）物流标准化更要求体现科学性、民主性和经济性。科学性的要求，是要体现现代科技成果，以科学试验为基础，在物流中，则还要求与物流的现代化（包括现代技术及管理）相适应，要求能将现代科技成果联结成物流大系统。民主性标准的制定采用协商一致的办法，广泛考虑各种现实条件，广泛听取意见，而不能过分偏重某一个国家，使标准更具权威、减少阻力，易于贯彻执行。物流标准化由于涉及面广，要想达到协调和适应，民主决定问题，不过分偏向某个方面意见，使各分系统都能采纳接受，就更具有重要性。经济性是标准化主要目的之一，也是标准化生命力的决定因素，如不注重标准的经济性，片面强调反映现代科学水平，片面顺从物流习惯及现状，引起物流成本的增加，自然会使标准失去生命力。

（4）物流标准化有非常强的国际性。由于经济全球化的趋势所带来的国际交往大幅度增加，而所有的国际贸易又最终靠国际物流来完成。各个国家都很重视本国物流与国际物流的衔接，在本国物流管理发展初期就力求使本国物流标准与国际物流标准化体系一致，若不如此，不但会加大国际交往的技术难度，更重要的是在本来就很高的关税及运费基础上又增加了因标准化系统不统一所造成的效益损失，使外贸成本增加。因此，物流标准化的国际性也是其不同于一般产品标准的重要特点。

12.7.2 物流标准化管理的含义及其特点

1. 物流标准化管理的含义

物流标准化管理（logistics standardization management）是指对物流设施和工程、物流机械和器具、物流工作和服务等物流活动规定统一的标准，并对这些标准加以实施的整个过程。

物流标准化管理是物流管理的重要手段，是物流合理化的重要内容，同时也是实现物流现代化的基础。物流标准化管理对物流成本、效率有重大决定作用，如托盘标准化、集装箱标准化、运输工具的标准化等。开展物流标准化管理，有利于加快物流系统的建设与整合步伐，提高物流的作业效率，并实现与物流以外系统的连接及与国际市场接轨。

2. 物流标准化管理的特点

（1）物流标准化涉及面较为广泛，涉及的部门多，其对象不像一般标准化系统那样简单，标准化管理工作难度大。

（2）物流标准具有非常强的国际性，随着世界经济全球化进程的加快，国际物流活动日益增加，在制定物流标准时，要充分考虑与国际标准接轨。

（3）物流标准系统属于二次系统，组成物流大系统的各子系统在归入物流系统之前就已经制定了自身的标准。因此，物流标准的制定并非要打破既有系统重新建设标准化体系，而是要从整个系统出发，充分协调各子系统的标准。

12.7.3 物流标准化的基本原则

在贯彻实施物流标准化时应遵循以下基本原则。

1. 要确定标准化的基点

要形成整个物流体系的标准化，必须在局部中寻找一个相同的基点，并使这个基点贯穿物流全过程，在此基础上形成物流标准化工作的核心。根据物流“物之流动”的特性可以确认，集装系统是使物流过程连贯而建立标准化体系的基点。

2. 要实现物流系统各子系统的配合性

配合性是建立物流标准化体系必须体现的要求，是衡量物流系统标准化体系成败的重要标志。应以物流系统为出发点，研究各子系统与物流相关领域中技术标准与工作标准的配合性，按配合性要求统一整个物流系统的标准。

3. 要注意物流与环境的发展关系

现代物流正向着大型化方向发展，在进行物流标准化规划时，必须将物流对环境的影响（如噪声、废气等）放在标准化的重要位置上。

4. 要由权威的组织来牵头制定和推行

物流标准化的制定由于涉及众多层面，在贯彻执行中要求层层推进，因此，其制定和推行需要由权威的组织来牵头。国际标准化组织是全世界标准化的权威机构，已经制定了许多物流标准，一些国家（如英国和美国等国家），则由自己的标准化协会制定了本国的物流标准。

12.7.4 物流标准化的种类

依照内容和性质的不同，物流标准化可以分为以下三类。

1. 物流系统标准化

物流系统标准化就是制定出在整个系统中各子系统共同使用的标准，包括基础编码标准化、专业计量单位标准化、物流基础模数尺寸标准化、集装模数尺寸标准化、物流专业名词标准化、物流单据（票证）标准化、物流标志和识别标准化、物流成本核算标准化、统计标准化等。

2. 物流技术标准化

物流技术主要包括装备、材料、信息管理等技术，物流技术标准化具体包括运输工具标准化、仓库技术标准化、站场技术标准化、作业车辆标准化、传输机具标准化、包装材料及技术标准化、信息管理标准化等。

3. 管理组织工作标准化

管理组织工作标准化主要指为实现物流活动而进行的计划、管理等组织工作，包括对各项物流活动制定统一要求和规范化规定，明确划分各岗位的职责范围、权利和义务、工作方法、核查督导等方面的标准化。

即测即练

自学自测　扫描此码

应用与实践 12-1　物流客户服务满意度调查

应用与实践 12-2　企业物流成本分析

案例分析　美国凯利伯物流公司的物流服务

本章习题

1. 简述物流服务概念及服务内容。

2. 企业的物流服务质量管理包括哪几个方面？
3. 物流服务质量管理的基本实施途径包括哪些内容？
4. 什么是差异化物流服务？如何确定差异化物流服务的水平？
5. 常见的物流组织结构有哪些？各有什么优缺点？
6. 简述物流管理的概念。
7. 简述库存的类型与作用。
8. 简述 VMI 模式的内涵及特点。
9. 简述物流成本的概念及其构成。
10. 物流标准化管理的特点是什么？

第 13 章

物流企业与关联主体

【学习目标】

认识物流企业的概念和分类，第三方物流兴起的原因和背景；

理解第三方物流概念、特点，物流外包的优势；

识别第三方物流的类型，我国第三方物流现状及模式选择；

掌握第三方物流运作模式类型、特征、构成要素，物流外包的概念、选择、风险分析及对策。

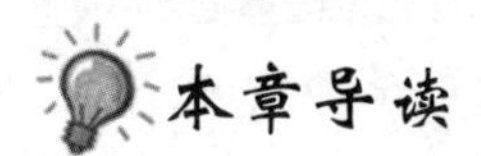

本章导读

苏州综合保税区运作三星项目

截至 2016 年 8 月，三星半导体全球分拨中心在苏州工业园综合保税区项目累计完成进出区货物 4 万多批次，货运量 9 464.55 吨，进出口监管货值 63.32 亿美元。率先建成“以虚拟口岸为依托的现代商贸物流运营中心示范区”，取得了阶段性的骄人成绩。

物流模式的比较

三星半导体全球分拨中心是三星电子物流模式的一个创新，建立之前的物流模式为，三星工厂 80%的货物通过浦东机场直接出口，20%的货物通过特殊监管区域流转到其他的特殊监管区域最终到达国内客户。三星 OEM（原始设备制造商）工厂的货物全部空运回韩国三星电子总部，再根据客户订单全球配送。其缺点为：①物流总体成本高；②订单分散处理，整体响应率和速度不足；③物流路径不优化，导致总体配送时限过长。

通过在苏州综合保税区建立三星半导体全球分拨中心，三星电子成功地实现了货物的统筹管理、订单的统一管理，同时也达成：①通过物流路径的优化，降低了物流总体成本；②通过货物的统筹管理，提升客户整体订单的响应率和响应速度；③通过货物统筹管理、路径优化和海关政策的支持，缩短了货物的配送时限。以上效益的达成，进一步提升了三星电子在半导体领域的竞争力，为应对全球金融危机奠定了坚实的基础。

进一步提升市场竞争力

苏州工业园综合保税区具备优惠政策多、功能齐全的特点，加上其优越的地理位置，园区比较完善的产业链、园区政府及相关职能部门的亲商服务理念，在物流领域具有强大的竞争力。三星电子半导体如何更好地利用综合保税区平台，以实现更快通关效率、更短交货周期，以及更进一步降低物流成本，进一步提升三星在半导体市场上的竞争力，是三星电子目前要展开的重要工作。

思考：结合案例分析苏州工业园综合保税区在三星项目上是如何取得阶段性的骄人成绩的？

13.1 物流企业概述

物流活动是企业与生俱来的职能之一，过去传统的物流活动是分散在各个部门的，它们分别存在于企业的营销、财务和制造等部门中。从局部来看，传统的物流管理有时对这些活动是很有效的，但从全局来看，它并没有任何内部机制来保证物流各环节之间的一体化整合和协调性。在许多公司内部，组织机构的纵向体制抑制了贯穿全公司的物流决策的制定，很难实现一体化整合的物流管理。物流企业的出现使得物流活动从企业的其他活动中分离出来，成为一个独立的主体，从而实现更有效的决策。

13.1.1 物流企业的概念

1. 物流企业的定义

尽管开了一茬接一茬各式各样的物流研讨会，也时时有车体上喷着醒目的某某物流字样的大卡车在人们眼前呼啸而过，从表象上看中国的物流业正如火如荼地发展，但是对于很多业内人士来说，人们依然迷惑于“怎么样才算是真正的物流企业”这个最实质的问题。

目前，我国行业分类目录中还没有物流业这个名称，法律法规也几乎没有对物流企业确定一个明确具体的标准。虽然国家标准 GB/T 19680—2005《物流企业分类与评估指标》专门对于物流企业给出了定义：“至少从事运输（含运输代理、货物快递）或仓储一种经营业务，并能够按照客户物流需求对运输、储存、装卸、包装、流通加工、配送等基本功能进行组织和管理，具有与自身业务相适应的信息管理系统，实行独立核算、独立承担民事责任的经济组织，非法人物流经济组织可比照适用。”但很多学者及物流界资深人士对此很有争议，认为其晦涩难懂。

目前我国对物流企业的理解主要有：①将为生产企业提供全部或部分物流服务的外部供应商理解为物流企业；②将仓储企业、运输企业、外贸进出口企业等看作传统物流企业，而将从事第三方物流服务的企业作为现代物流企业；③把从事仓储、运输、包装、装卸等一项或几项服务的企业称为功能性物流企业，而把从事全部物流服务的企业称为综合性物流企业。

本书认为，物流企业是专门从事与商品流通有关的各种经营活动，依法自主经营、自负盈亏，具有法人资格的营利性经营单位。具体地讲，物流企业是从事用户服务、需求预测、情报信息联络、物料搬运、订单处理、采购、包装、运输、装卸、仓库管理以及废物回收处理等活动，实现将材料、半成品从生产地到消费地的转移，以获取盈利和增加积累为目的的营利性社会经济组织。

2. 物流企业的特征

（1）物流企业是专门从事与物质资料流通有关的各种经营活动的组织单位。它承担着供给商和消费者之间的存储、运输、加工、包装、配送、信息服务等全部活动，并通过促进相关的制造作业和营销作业来满足顾客的需求。

（2）物流企业是自主经营、自负盈亏，以获取盈利和积累、创造社会财富为目的的营利性组织。这决定了物流企业有着自身的利益驱动，它的一切活动以“利益最大化”为目的。因此，物流企业必须以最优的方式考虑物流供应的问题。

（3）物流企业是具备为物质资料提供流通服务能力的企业法人。它具有权利能力和行为能力，依法独立享有民事权利和承担民事义务，在市场经济的运行和发展过程中平等地参与竞争。

13.1.2　物流企业的类型

1. 按从事物流业务范围的大小划分

按从事物流业务范围的大小，物流企业可分为以下两种。

1）功能性物流企业

功能性物流企业也可称为单一性物流企业，指仅从事仓储、运输、包装、装卸等一项或几项物流服务的物流企业。

2）综合性物流企业

综合性物流企业即从事原材料、半成品从生产地到消费地之间的运输、储存、装卸、包装、流通加工、配送、信息处理等全部物流服务的物流企业。这类物流企业国内几乎没有，国外较多。如日本日通公司，它是全球最大的综合物流服务商之一，除了空运、海运之外，还提供卡车运输、搬家、小包装递送、铁路运输、国内海运、重物托运、仓储、艺术品运输等业务。

2. 按物流企业采取的物流运作方式划分

按物流企业采取的物流运作方式，物流企业可分为以下几种。

1）批发型物流企业

批发型物流企业是指采用先进的设备和技术实现规模化经营，并具备物流中心、信息中心和配送中心等多种功能的物流企业，类似于批发商，主要为生产商和零售商提供商品流通服务。

2）国际流通物流企业

国际流通物流企业是指从事不同国家之间物流服务的企业。是国际贸易活动中的一个重要组成单位，负责货物从一国到另一国的空间转移。此类企业多为国际海上船舶运输公司、国际航空运输公司、国际多式联运经营人、国际铁路联运经营人等。

3）第三方物流企业

第三方物流企业即为物流服务的供、需双方提供全部或部分物流功能的独立的、专业化的外部服务提供商。其不拥有商品，不参与商品买卖，而是为顾客提供以合同约束、结盟为基础的系列化、个性化、信息化的物流服务，包括物流系统设计、EDI、报表管理、货物集运、选择承运人、货代、海关代理、信息管理、仓储、咨询、运费支付和谈判等。第三方物流企业不一定具有直接的物流作业能力，它可能没有物流设施和运输工具，不直接从事运输、仓储保管等物流作业，而是将运输、仓储等相关业务交给更专业的运输、仓储企业完成。第三方物流企业为客户提供了一种新型的物流运作模式，使得供应链的小批量库存变得更加经济，而且可以提供比供需双方采用自我物流服务系统运作更快捷、更廉价、更安全和更高服务水准的物流服务。因此，现在许多企业将物流外包给第三方物流企业，以便自己集中精力抓主业。

4）第四方物流企业

随着物流服务要求标准的提高，第三方物流企业在整合社会所有的物流资源以解决物流瓶颈、达到最大效益方面已显得力不从心，因此以密切客户和第三方物流企业的关系并进行规范化管理为目标，第四方物流企业应运而生。第四方物流企业是一个供应链的集成商，是供需双方及第三方物流企业的领导力量。它不是物流的利益方，而是通过拥有的信息技术、整合能力以及其他资源提供供应链解决方案，以此获取一定的利润。它帮助企业实现降低成本和有效整合资源，并且依靠优秀的第三方供应商、技术供应商、管理咨询以及其他增值服务商，为客户提供独特的和广泛的供应链解决方案。

3. 按物流企业从事的业务性质划分

按物流企业从事的业务性质，物流企业可分为以下两种。

1）物流作业企业

物流作业企业即对外提供运输、仓储、配送、包装、装卸搬运、流通加工等服务的企业。我国现阶段物流企业大多为物流作业企业，主要是较为传统的储运企业。

2）物流信息企业

物流信息企业即利用信息网络、电子商务等方式为其他企业提供物流信息服务的企业。

13.1.3 我国现有的物流企业类型

（1）传统的仓储企业、物资企业。此类企业实行资产重组和流程再造，利用原有仓储设施建设配送中心，向用户提供配送、流通加工等物流服务。主要代表有中储物流、港口物流等。

（2）国有交通运输企业和货运代理企业。这类企业立足运输，开展“门到门”运输，提供运输代理，并利用信息网络技术，与供应链上的其他企业进行合作，为用户提供集货、配送、包装、流通加工以及仓储等服务，典型代表有中远物流、中外运物流、中邮物流等。

（3）生产企业自身成立相对独立的机构或实体。成立物流作业子公司承担母公司的物资产品的运输、保管、装卸、包装等物流作业；或成立物流管理子公司，将母公司物流企划工作独立出来，负责母公司的物流管理工作。主要有青岛海尔等。

（4）以现代物流需求为市场，面向社会开展物流事业经营的新型物流企业，其中包括民营企业、合资企业等，这类企业主要从事第三方物流或多种物流功能服务。

物流企业作为“物流、资金流、信息流”三流合一的现代供应链服务商，较一般的制造业和流通业具有更广泛、更重大的社会影响，是联系企业和消费者之间的重要环节，起着承上启下的作用，其流动性、社会性和服务性，决定了物流企业较一般企业产生更广泛、更重大的社会影响，物流的社会性也不断增强。“能力越大，涉及的关系越多，责任越大”，物流企业的经营活动是嵌入它所处的社会关系网络之中，即企业各利益相关群体的关系之中的。它要求物流企业在追求合法经济利益的同时，妥善处理好经济利益与社会利益的关系，切实履行企业的多元社会责任，进而在增进利益相关者群体利益、促进经济社会发展的同时使自身获得成长与发展。

13.2 物流企业的利益相关者

物流企业的利益相关者涉及众多，包括地方政府、客户、供应商、债权人、员工、股东和居民等。利益相关者中不同主体对不同企业、不同目的的物流企业的评估视角不同。最重要的利益相关者之一是地方政府，更关注企业对经济和社会的影响，想要提升居民的生活质量。地方政府负责规划、组织、控制和改进政策措施。股东是企业运营中风险的主要承担者，债权人则是影响企业投资规模的一方，因而股东和债权人注重企业的运营能力、盈利能力和偿债能力。供应商这类利益相关者的主要目标是以最低的运输成本提供商品来满足顾客的需求。运输公司希望通过提供高质量和有效的运输服务来满足托运人和收货人的需求，同时公共交通运营商希望通过组织高质量的服务来满足乘客的需求。最后，居民希望在城市内有高效、直接的交通和高质量的生活。

扩展阅读 13-1：利益相关者概念的理论基础

13.2.1 物流企业利益相关者管理与企业社会责任的现实依据

1. 保证物流行业可持续发展——内驱力

物流企业的服务具有一定的特殊性，表现为资金流和物流的合二为一，在物流服务的过程中，不容许有任何失信行为，一次失信，对于物流企业就可能造成永久失信，影响到企业的生存。可以这么说，信任是物流企业经营的基础，在当前我国物流货运市场没有一套行之有效的行业准入机制、运行体系混乱、诚信机制缺失的大背景下，物流企业应该把承担利益相关者责任在提升企业社会信任上的重要作用作为参与竞争的有效手段。可以这么说，物流企业发展到一定程度，其自身也必然会产生更高层次的要求，即不仅仅是考虑利润——这也是一个企业成熟的标志之一。例如，《中远集团 2005 年度可持续发展报告》指出："企业社会责任是在市场经济条件下，企业有目的、有计划地主动承担对利益相关者的责任，实现企业与社会的和谐及可持续发展目标，不应该只是商业姿态。必须把对社会和环境的高度关注融入企业的日常运营中，使可持续发展和企业社会责任成为所有运营活动中不可缺少的组成部分，才是一个优秀的企业公民。"这种表述是物流企业成长到一定境界后的自然流露。

2. 来自供应链话语者的管理——拉动力

全球化浪潮中，供应链话语权的掌握者是大型跨国企业。跨国公司处于复杂的供应链的顶部，它们不仅用订单掌握着处于各国、各地区的生产商和代理商，而且影响着整个供应链上的物流企业。当前，很多跨国公司纷纷行动起来，通过在商品链上的采购活动，要求发展中国家的相关企业实施企业社会责任，做好"公司公民"。沃尔玛、雅芳、玩具反斗城、家乐福、松下等跨国公司纷纷表示会依据企业实施社会责任的情况评定和选择合作伙伴。同时，一大批企业积极响应全球报告制度，每年都会出版企业社会责任报告。报告中对企业社会责任的陈述不仅仅针对本企业的活动，还包括供应链中相关企业的活动。因此，物流企业必须积极响应这些来自话语权方的管理，关注物流过程中直接与间接利益相关者的利益，完善企业社会责任的建设，应对大型跨国企业的监督。

3. 政府的导向——推动力

近年来，政府相关部门越来越重视企业社会责任，中国政府不仅逐步探索和完善适合国情的企业社会责任标准。同时，在更细致的层面，政府也在积极制定相关标准，规范物流企业的行为。例如，长期以来的标准缺位使得冷链物流企业的食品安全责任处在一个尴尬的位置。各级政府近年来在各个方面不断增加冷链标准促使物流企业作出持续性的努力。诸如食品原料、辅助材料及处理标准；冻结、生鲜冷却食品产品标准；食品包装材料、规格标准；食品加工、处理、冷却、冻结机械设备标准；食品用水及污水处理标准等。目前我国物流企业正处于起步发展阶段，企业本身在成本、信息化、速度和服务内容等方面存在着诸多不足。在强大的政策压力下，物流企业要生存和发展壮大，必须掌握理念上的主动，关注企业利益相关者的利益，重视企业从事社会责任事业。

4. 社会舆论——导向力

一个企业只要履行了经济和法律责任，就算履行了社会义务，而社会责任则在社会义务的基础上增加了一个道德责任。物流业必须在法律、经济效益和社会道德的基础上生存发展，那种损人利己、不承担社会责任的经营，只顾经济利润的增长、不承担利益相关者责任的行为，是违背社会主义道德观和责任感的，必定受到社会舆论的谴责。社会舆论是物流企业履行利益相关者责任的有力保证，只有负责任的企业才是受欢迎的。在推动物流企业实施社会责任的过程中，全社会都应该尽自己所能，为营造守信、负责的社会环境作出贡献。

13.2.2 物流企业利益相关者管理和企业社会责任实质与内涵

1. 物流企业利益相关者管理与企业社会责任的内在一致性

利益相关者管理丰富了企业社会责任研究，将企业负责任的对象由单一的股东扩展到企业所有利益相关者，帮助企业对自身作出了科学的定位，揭示了企业承担社会责任的出发点。更重要的是，将企业社会责任落实在企业与其利益相关者的联系和互动中。

物流企业的社会责任的出发点和落脚点在于对利益相关者（包括社会、环境）的尊重和负责，就是管理好这些利益相关者，处理好与它们之间的关系，满足它们的各种需求，从让它们满意，到获得它们对企业的信任和忠诚，终极目标是实现和谐物流。

2. 物流企业利益相关者管理与企业社会责任的本质

第一，物流企业社会责任：利益相关者之间的契约。现代物流涉及多学科、多领域，以满足内外部利益相关者的不同需求为目标。由于物流企业经营环境的不确定性及企业不同发展阶段，会使不同维度的相关利益者身份类型发生改变，物流企业必须动态地、有效地运用各种方式来合理地、平衡地满足各类利益相关者的利益要求。特别要强化诸如员工、消费者等弱势利益相关者的保护，并恰当处理失衡危机。如果企业能做到这一步，可以认为企业是一个注重社会责任的企业。

第二，物流企业利益相关者：企业社会责任的核心。物流企业社会责任就是：为生产和联通服务获取利润的同时，必须主动承担对利益相关者的责任，遵守社会道德、减少社会物质资源消耗、保护生态环境、实现企业与社会的和谐及可持续发展。从本质来说，就是在经济全球化背景下物流企业对其自身经济行为的道德约束，就是要求企业对利益相关者承担责任，即要关注和维护广大利益相关者的利益要求。它超越了以往企业只对股东利益负责的范畴，强调对包括股东、员工、消费者、社区、客户、政府等在内的利益相关者的社会责任，强调在生产过程中对人的价值和环境的关注。

3. 物流企业利益相关者管理与企业社会责任的内涵

随着全球经济的快速发展和科学技术的突飞猛进，企业生产资料的获取和行销范围日趋扩大，也使得物流企业在生产和生活中发挥越来越重要的作用，开始影响到更多的利益相关者。同时，物流企业的发展也被更多的利益相关者所影响，利益相关者所提供的资源支持着物流企业的运营，例如股东的资金、员工的智力资本、承运商的运输服务、政府的政策法规等，利益相关者和物流企业之间是相互影响、相互支持的关系，所以利益相关者对物流企业的绩效也有着重要的影响。如果物流企业在经营管理中，忽略了某个利益相关者的利益，或者是满足利益要求的方式还不够完善，这些利益相关者的行为则会影响到企业的绩效。

总之，企业的高绩效源于利益相关者对企业的忠诚，利益相关者也将从企业绩效的提高中获益。物流企业诚信守法、规范经营，积极为股东创造利润，为客户提供高质量的物流服务、为员工提供更好的福利待遇、注重环境保护和能源节约、按时缴纳税款、维护供应链合作伙伴的品牌形象有利于与利益相关群体形成和谐的关系，有利于企业的长远发展。

13.3　第三方物流概述

随着市场竞争的加剧，企业对效率的追求，使得组织之间社会劳动分工日趋细化。企业为了提高自己的核心竞争力、降低成本、增强企业发展的柔性，越来越愿意将自己不熟悉的业务分包给其他社会组织承担。正因为如此，一些条件较好的，原来从事与物流相关的运输、仓储、货贷等企业开始拓展自己的传统业务，进入物流系统，逐步成长为能够提供部分或全部物流服务的企业。我们把这种服务称为“第三方物流”。

13.3.1　第三方物流的兴起

“第三方物流”是 20 世纪 80 年代中期由欧美提出的新型物流形态。在 1988 年美国物流管理协会的一项服务调查中，首次提出“第三方服务提供者”一词。自 20 世纪 90 年代中后期以来，其受到了我国产业界和理论界的高度关注。“第三方物流”蕴涵的物流业务外包思想和一体化物流服务理念已经被越来越多的货主企业和物流企业所接受，按照第三方物流模式开展物流管理和提供物流服务的企业不断增加，第三方物流已成为现代物流的重要标志。

我国 2006 年颁布的国家标准《物流术语》中，将第三方物流定义为“独立于供需双方为客户提供专项或全面的物流系统设计或系统运营的物流服务模式”。第三方就是指提供物流交易双方的部分或全部物流功能的外部服务提供者。在某种意义上可以说，它是物流专业化的一种形式。

第三方物流根据合同条款规定的要求，提供多功能，甚至全方位的物流服务。一般来说，第三方物流公司能提供物流方案设计、仓库管理、运输管理、订单处理、产品回收、搬运装卸、物流信息系统、产品安装装配、运送、报关、运输谈判等近30种物流服务。与传统的以运输合同为基础的运输公司相比，第三方物流企业在服务功能、客户关系、涉及范围、竞争趋势、核心能力以及买方价值等方面，发生了巨大变化，见表13.1。

表13.1　第三方物流的变化

项　　目	运输合同	物流外包	SCM（供应链管理）
服务功能	简单功能	多功能	多功能集成、增加宽度和复杂性
客户关系	交易	长期协议	战略合作伙伴关系
涉及范围	本地/地区性	跨区域	全球化、门到门的区域
竞争趋势	分散	合并/联盟	比较分散，但战略联盟使小型变大
核心能力	资产和过程执行	从资产型向信息型转变	以信息和知识为主
买方价值	减少	地域扩张	优化成本、优化服务

对于有些行业来说，第三方物流供应商是代替制造商，直接与客户建立联系的门户。在逐渐激烈的竞争环境下，力量比较强大的买方往往要求第三方物流供应商不仅提供包括运输、仓储等基本的物流服务，还希望能够获得信息整合、客户服务等附加服务，并且实现成本和效率在整条供应链上的平衡。这要求第三方物流供应商从整条供应链的观点来寻求自身的发展，用供应链的思想提升自己的服务水平，以最小的成本为客户服务，并且强调提供高附加值的服务。

1. 企业对于第三方物流的需求

第三方物流的兴起首先是源于企业对于物流外包的需求，表现在以下方面。

1）为了降低运作成本

企业从事物流活动需要投入大量的资金和构建物流设施及购买物流设备，对于缺乏资金的企业，特别是中小企业来说是一种沉重的负担。各个企业都这样做，将会出现大量的重复建设，浪费宝贵的资源。企业单靠自己的力量降低物流费用存在很大的困难，而且大量的物流投资带有事实上的风险。企业的物流手段有限，无法承担诸如集装箱运输、铁路运输及国际级运输等活动。因此，从社会再生产角度看，多数企业对物流外部化有着高度的需求。

2）为了增强自己的核心竞争能力

企业把资源集中在它的核心竞争能力上，才能获取最大的效益。那些不属于核心竞争能力的功能应该被移向外部，可以用虚拟化管理的方式获得可以利用的资源，达到最大的投资回报。大多数的制造企业和分销企业在物流方面没有大的优势，所以这一方面不是其核心竞争能力。尽管从20世纪70—90年代，企业在提高物流效率方面已经取得巨大的进展，但要想实现新的改善，企业不得不寻求其他途径，如物流外包的形式。

2. 第三方物流是社会分工细化和管理理念发展的产物

第三方物流是社会分工细化的结果。在社会生产进一步分工和市场竞争加剧的形势下，当各企业纷纷将企业的资金、人力、物力集中到核心业务上，以期增强核心竞争力时，这种社会环境也催生了社会化分工协作带来的另一个现象，那就是专业化分工重组的结果导致许多非核心业务分离出来，形成了许多具有专业职能的新行业，其中包括物流业。将物流业务委托给第三方专业物流公司负责，不仅可降低物流成本，也可以完善物流活动的服务功能，提高客户满意度。

第三方物流的产生也是新型管理理念发展的结果。从 20 世纪 70 年代以来，信息技术特别是计算机技术和网络技术的快速发展推动着管理技术和思想的更新，产生了供应链、虚拟企业等一系列强调外部协调和合作的新型管理理念，既增加了物流活动的复杂性，又对物流活动提出了快速反应、有效客户管理、零库存等更高要求。第三方物流是适应市场竞争的产物，是整个管理的集成化、系统化过程中乃至企业联盟中的重要部分。

物流作为联系客户和消费者的重要环节，其质量和水平直接影响到企业与客户的关系和企业市场地位，社会迫切需要有专门的企业提供高水平的专业化物流服务。第三方物流就是在这种条件下产生的，并因其适应现代市场经济环境而得到迅速推广，如今在发达国家已成为主流的物流模式。

13.3.2　第三方物流的概念

第一方物流（first party logistics，1PL）是指由物资提供者自己承担向物资需求者送货，以实现物资的空间位移的过程。传统上，多数制造企业都自己配备有规模较大的运输工具（如车辆、船舶等）和运输自己产品所需要的仓库等物流设施，来实现自己产品的空间位移。特别是在产品输送量较大的情况下，企业比较愿意由自己来承担物流的任务。但是，随着市场竞争日趋激烈，企业越来越注重从物流过程中追求“第三利润”，由此企业感到，由制造商自己从事物流确实存在一系列问题。例如由于产品的市场需求在时间上是不平衡的，企业是根据需求旺季的能力还是淡季的能力来配置物流设施是一件头疼的事，因为无论怎样配置都可能造成物流能力的浪费或紧张。

第二方物流（second party logistics，2PL）是指由物资需求者自己解决所需物资的物流问题，以实现物资的空间位移。传统中一些较大规模的商业部门都备有自己的运输工具和储存商品的仓库，以解决从供应站到商场的物流问题。但是，传统的由第二方承担的物流同样存在着一些问题，如自备运输工具和仓库使物资需求者（主要是商业部门）的经营成本过高，在微利的商业经营时代，这种成本的支出是商业企业难以承受的；商业企业的核心竞争能力在于商品的销售能力，而从事物流业却非其核心竞争能力的业务，因此，从事物流业务的成本一般比专业物流企业要高。

第三方物流是指由商品的提供方和需求方之外的第三方去完成物流服务的运作方式。第三方就是指提供物流交易双方的部分或全部物流功能的外部服务提供者，不参与商品供需方之间的直接买卖交易，而只是承担从生产到消费过程中的物流业务，包括商品的包装、储存、运输、配送等一系列服务活动。

第三方物流是物流专业化的一种重要形式。专业化、社会化的第三方物流的承担者是物流服务企业。一般所指的第三方物流还应是独立的公司，同第一方物流和第二方物流相比，具有明显的资源优势、规模优势和范围优势。物流业发展到一定阶段必然会出现第三方物流，而且第三方物流对物流市场的占有率与物流产业的水平之间有着非常紧密的相关性。国外有一种观点认为，独立的第三方物流至少占到社会50%时，物流产业才能形成。所以，第三方物流的发展程度反映和体现着一个国家物流业发展的整体水平。

与第三方物流有关的另一个概念是物流代理。物流代理是物流业务的一种运作方式，指的是由专业的物流企业受需方企业的委托，并与需方企业签订合同，承担货物由托运方到达收货方的全程物流。物流企业可以再委托其他从事运输、仓储等业务的企业完成物流过程，也可以自己完成其中部分物流业务。

从事物流代理的企业，可以不进行固定资产投资而采取委托代理的形式，运用自己成熟的物流专业知识、管理经验和物流技术，为客户提供高质量的服务。它们通过与客户签订合同，可以集中为特定的几家客户提供个性化的全方位物流服务，比如为客户制定最优化的物流路线、选择最合适的运输工具，并围绕客户的需求提供诸如存货管理、生产准备等特殊服务以提高客户的效益，在为客户提供附加值的过程中也创造了自身的价值。

13.3.3 第三方物流的特点

与传统物流相比，第三方物流在服务内容和协作关系等多方面存在较大差异，见表13.2。从功能角度看，第三方物流存在下列几个特点。

表13.2 3PL与传统物流的服务特点比较

3PL	传统物流
提供一体化服务，全面提升客户价值	提供内部物流、降低物流成本
增值服务	基本服务
管理服务	功能服务
信息流和资金流服务	实物流服务
双赢的合作伙伴关系	零和博弈论
协同运作	完成指令
物流合作	物流服务

1. 关系契约化

第三方物流提供的服务是合同导向的一系列服务。第三方物流最显著的特征就是合同物流，即依据双方共同签订的合同约定开展物流业务。首先，第三方物流是通过契约形式来规范物流经营者与物流消费者之间关系的。合同条款规定了物流服务内容、服务时间、服务价格等，规定了双方的责任和义务。合同期满，物流业务关系即告结束。其次，第三方物流发展物流联盟也是通过契约的形式来明确各物流联盟参加者之间权责利的相互关系。物流经营者根据契约规定的要求，提供多功能直至全方位一体化物流服务，并以契约来管理所有提供的物流服务活动及其过程。

2. 服务个性化

首先，不同的物流消费者存在不同的物流服务要求，第三方物流需要根据不同物流消费者在企业形象、业务流程、产品特征、顾客需求特征、竞争需要等方面的不同要求，提供针对性强的个性化物流服务和增值服务。其次，从事第三方物流的物流经营者也因为市场竞争、物流资源、物流能力的影响需要形成核心业务，不断强化所提供物流服务的个性化和特色化，以增强物流市场竞争能力。

3. 功能专业化

第三方物流公司一般要承包很多客户的物流业务，实际上是面对整个物流市场提供服务。因此能够容易达到较大的业务规模，享受规模效益。规模化必然导致专业分工、专用设备和技术，导致专业水平的提高。第三方物流所提供的是专业的物流服务。从物流设计、物流操作过程、物流技术工具、物流设施到物流管理必须体现专门化和专业水平，这既是物流消费者的需要，也是第三方物流自身发展的基本要求。

4. 管理系统化

第三方物流应具有系统的物流功能，是第三方物流产生和发展的基本要求，第三方物流需要建立现代管理系统才能满足运行和发展的基本要求。

5. 信息网络化

信息技术是第三方物流发展的基础。物流服务过程中，信息技术发展实现了信息实时共享，促进了物流管理的科学化，极大地提高了物流效率和物流效益。

13.3.4 第三方物流的分类

1. 按基础来源不同划分

1）以运输为基础的物流公司

这些公司都是大型运输公司的分公司，有些服务项目是利用其他公司的资产完成的。其主要的优势在于公司能利用母公司的运输资产，扩展其运输功能，提供更为综合性的一套物流服务。

2）以仓库和配送业务为基础的物流公司

传统的公共或合同仓库与配送物流供应商，已经在较大的范围内扩展物流服务，该类型的第三方物流公司以传统的业务为基础，介入存货管理、仓储与配送等物流活动。经验表明，基于设施的公司要比基于运输的公司转为提供综合物流服务更容易与简单些。例如，上海友谊集团物流公司和上海百发物流有限公司。

3）以货贷为基础的物流公司

这些公司一般无资产，非常独立，并与许多物流服务供应商有来往。已证明它们具有把不同物流服务进行合理的组合、以满足客户需求的能力。当前，它们已从货运中间人角色转向更广范围的第三方物流服务公司。

4）以托运人和管理为基础的物流公司

这一类型的公司是从大公司的物流组织演变而来的。该类公司具有物流的专业知识和一定的信息技术资源，具有管理母公司物流的经验。

5）以财务和信息管理为基础的物流公司

该类型的第三方供应商能提供如运费支付、审批成本会计与控制和监控、采购、跟踪及存货管理等管理工具。

2. 按服务客户数量和服务集成度双维标准划分

如图 13.1 所示，横坐标代表服务客户数量，纵坐标代表服务集成度，可将 3PL 分成四类。

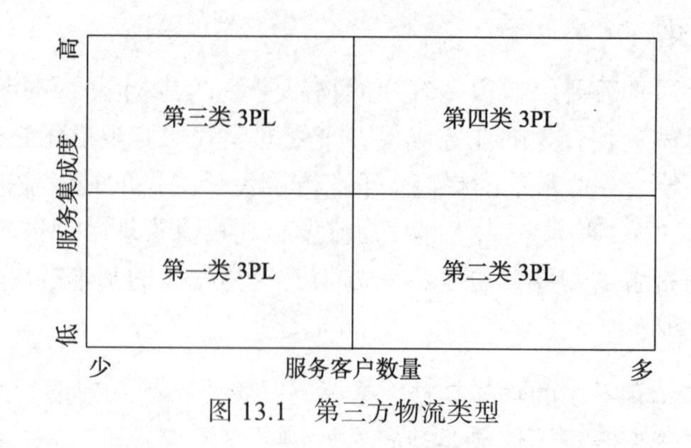

图 13.1　第三方物流类型

1）第一类 3PL：针对少数客户提供低集成度的物流服务的 3PL

这类 3PL 有两种情况，一种是作为 3PL 成长阶段性而存在的，由于发展初期企业的服务能力和客户资源有限导致的；另一种是 3PL 将自身的发展定位于这一类型，即以有限的资源和能力满足少数客户特定的物流服务需求，一些中小型的 3PL 比较适合这一定位。

2）第二类 3PL：同时为较多客户提供低集成度物流服务的 3PL

这是目前存在比较多的一类，从国际物流企业的发展实践来看，这类物流企业有望成为我国未来物流市场上的主流模式。

3）第三类 3PL：针对较少的客户提供高集成度的物流服务的 3PL

这类企业提供物流服务的个性化很强，介入客户的运营程度也比较深，与客户往往结成战略伙伴关系，甚至进行共同投资。这种类型在西方发达国家市场中很典型，但由于其服务的特殊性，一般很难大规模经营。

4）第四类 3PL：同时为较多客户提供高集成度的物流服务的 3PL

这类企业在我国还没有出现，即使在西方发达国家也很少见。原因在于：一是客户对于高集成度的物流服务选择十分慎重，一经选择便具有很强的排他性；二是个性化本身就与大规模相冲突，因此大规模运作要求 3PL 具有强大的实力；三是高集成度物流服务的需求与供给主体，目前数量还很少。

13.3.5　第三方物流的优势

1. 信息优势

第三方物流，尤其是非资产型第三方物流，它的运作主要靠信息，只有具备信息的优势，第三方物流才可以比货主（外包物流服务人和收货人）在了解市场、了解物流平台的情况、了解灵活运用物流资源、了解价格、了解制度和政策方面更有优势。同时，第三方物流的信息优势还来自由它组织和运作的物流系统，这是偶尔进入这一领域的物流服务需求者所不可能具备的。当然，对于货主来讲，如果有长期的、稳定的物流渠道，也完全可以形成自己的信息优势，而不见得必须依靠第三方物流。第三方物流信息优势主要是针对客户变换的需求，客户不会就每一项临时的物流需求来建立自己的有效信息优势。

2. 专业优势

第三方物流的核心竞争能力，除了信息之外，就是物流领域的专业化运作，专业化运作可降低成本、提高物流水平，这一点在工业化时期已经在各个领域得到了证明。绝大部分物流客户核心竞争能力都不是物流。对制造企业而言，核心竞争能力是设计、制造和新产品开发，对商业企业而言，核心竞争能力是商业营销。能够把物流作为自己核心竞争能力的，也只有沃尔玛这样的超大型企业。所以，专业优势应该说是第三方物流比之有物流服务需求的客户而言，一个很重要的优势。

3. 规模优势

第三方物流的规模优势来自它的地位可以组织若干个客户的共同物流，这对于不能形成规模优势的单独的客户而言，将业务外包给第三方物流，可以通过多个客户所形成的规模来降低成本。有了规模，就可以有效地实施供应链、配送等先进的物流系统，进一步保障物流服务水平的提高。

4. 服务优势

第三方物流和客户之间关系，不是竞争关系，而是合作关系，是共同利益的关系。这样一种双赢的关系，是结成服务伙伴的重要前提，也是形成服务优势的重要条件。另外，第三方物流整个企业的构建和组织，都是基于物流服务这一要求，这是货主物流企业和一般的承运企业不能具备的。第三方物流服务优势还来自信息优势、专业优势、规模优势，应该说服务优势实际上是其他优势的综合表现。

13.4　物流区域一体化建设与发展

区域物流是指区域之间及区域内部的物流活动，它的一般含义是指在一定的区域地理环境中，以大中型城市为中心，以区域经济规模和范围为基础，结合物流辐射的有效范围，将区域内外的各类物品从供应地向接收地进行有效的实体流动。根据物流区域基础设施条件，将多种运输方式及物流节点有机衔接，并将物流基本活动有机集成，以服务于本区域的经济发展，提高本区域物流活动的水平和效率，扩大物流活动的规模和范围，辐射其他区域，提高本区域的综合经济实力。

13.4.1　物流区域一体化发展的必要性

1. 物流区域一体化是全球流通产业革命的必然结果

物流一体化打破单一企业、行业乃至区域的界限，在竞争中通过相互协调和统一，创造出最适宜的物流运行结构。市场经济条件下的物流区域一体化是按照现代流通规律整合成的一个虚拟企业群体，竞争模式也由过去单个企业之间的竞争转为一个群体企业与另一个群体企业之间的竞争，一个供应链与另一个供应链之间的竞争，一个物流配送体系与另一个物流配送体系之间的竞争。可以说，参与的群体规模越大、流通效率越高，流通成本越低，企业的竞争力就越强。因此，以供应链为核心的物流区域一体化正是流通领域不断革命化的必然结果。

2. 从国内区域经济自身发展来看，物流区域一体化是我国区域经济发展的必然要求

党的二十大报告指出“促进区域协调发展，深入实施区域协调发展战略、区域重大战略、主体功能区战略、新型城镇化战略，优化重大生产力布局，构建优势互补、高质量发展的区域经济布局和国土空间体系”。近几年来，为应对市场竞争日益加剧的严峻形势，国内区域合作渐渐出现了以产业联动为交往机制的新模式，旨在打造一体化的区域内“交通同制、规划同网、铁路同轨、乘车同卡”的现代物流支持平台，以制度协调、资源互补和需求放大效应为目标，以物流一体化推动整个区域经济的快速增长，达到降低成本、优化产业结构、提高区域核心竞争力的目的，至此物流一体化呼声日高。物流行业跨区域的合作与经营，有利于资源的合理配置、货物的快速流动，从而使区域内各经济主体在经济贸易上形成了很大的互补性。

3. 物流区域一体化是促进区域城市化、信息化、市场化和国际化，提升综合竞争力的重要举措

研究者通常从城市集群发展与区域经济发展两个方面论述区域物流一体化的必要性。法国地理学家戈特曼提出了“大都市经济圈”概念，将区域发展分为四个阶段，当进入第四阶段即空间一体化后，形成了城市集群，物流一体化是城市集群背景下的必然产物。

13.4.2 物流区域一体化发展现状

根据我国确定的2015—2020年“3纵5横”全国骨干流通大通道体系规划，明确划分国家级、区域级和地区级流通节点城市。三条南北向流通大通道包括以深圳经济特区、上海浦东新区、天津滨海新区等经济特区和国家级新区为引擎的东线沿海流通大通道；依托京港澳高速、京广高铁、京广铁路等综合交通运输通道串联京津冀城市群、中原城市群、长江中游地区、珠三角地区，联系香港和澳门地区的中线京港澳流通大通道；以西部的呼和浩特、西安、成都、重庆、昆明为支点，以沿线的重庆两江新区等国家级新区为牵引并向东联系京津冀、长三角、珠三角地区，向南辐射南亚、东南亚的西线呼昆流通大通道。此外还有西北北部流通大通道、陇海兰新沿线流通大通道、长江沿线流通大通道、沪昆沿线流通大通道和珠江西江流通大通道。这一规划将全国流通节点城市划分为国家级、区域级和地区级共三级，确定国家级流通节点城市37个，区域级流通节点城市66个。

扩展阅读13-2：内陆核心区域一体化物流模式——武汉城市群区域物流一体化

扩展阅读13-3：以内河航运为主的港口区域一体化物流模式——长江航运物流

扩展阅读13-4：内陆边界型国际区域物流一体化——喀什边贸物流

区域物流一体化建设必须打破行政区划界限，按照物流业发展的客观规律进行建设，要有利于加深和促进区域之间的物流和经济合作，引导物流资源的跨区域整合。物流节点城市则要根据本地的产业特点、发展水平、设施状况、市场需求、功能定位等情况，完善城市物流设施，加强物流园区规划布局，有针对性地建设货运服务型、生产服务型、商业服务型、国际贸易服务型和综合服务型的物流园区，优化城市交通、生态环境，促进产业集聚，努力

提高城市的物流服务水平，带动周边所辐射区域物流业的发展。

区位环境是物流产业发展的条件之一，区位优势是否明显直接关系着物流产业的发展潜力和发展空间。根据区位环境的差异性，区域物流一体化发展模式也不尽相同，根据我国区域产业发展的规划和物流产业发展的布局要求，区域物流一体化可采取不同的模式。

扩展阅读 13-5：海洋边界型国际区域物流一体化发展——广西北部湾次区域物流

即测即练

案例分析 13-1　安泰达家电业第三方物流

案例分析 13-2　福田汽车与远成物流结成战略联盟

应用与实践　第三方物流的运作及选择

本章习题

1. 简述物流企业概念与类型。
2. 什么是第三方物流？其主要特点是什么？

3. 第三方物流企业主要运作流程是怎样的?
4. 企业实施物流业务外包主要原因有哪些?
5. 物流外包风险成因有哪些？应怎样规避风险?
6. 在中国发展第三方物流的模式有哪些?
7. 第三方物流的业务开发模式是什么?

第 14 章

物流的经济效益分析

【学习目标】

认识物流时间效益/空间效益的类型和改善途径；
了解物流模式的演变和物流效率的提升途径；
掌握我国物流成本控制现状和发展趋势，物流成本分类和核算；
明确物流绩效的四大类度量指标。

本章导读

党的二十大报告指出“加快发展物联网，建设高效顺畅的流通体系，降低物流成本”。物流经济效益一方面是指物流企业必须在单位产品或服务中，以最少环节和消耗、最短时间，创造出更多劳动成果；另一方面是需要考虑物流系统对整个社会产生的效益。

现代物流的本质是为商品创造时间效益和空间效益。随着现代物流的迅猛发展，尤其是一些新型物流形态，如跨境电商物流和即时物流的不断涌现，物流的时间和空间效益领域的研究也越来越受到业界关注。2020年暴发的新冠疫情使我国一些物流企业生产经营受到重创，社会物流成本出现阶段性上升，进一步凸显降低物流成本和提高物流效率是提升物流经济效益的关键。此外，制定一套切实可行的绩效度量指标是实现物流经济效益的重要保障。

本章将首先介绍物流时间效益和空间效益的分类与改善途径。接下来，分析物流效率和物流成本这一对相辅相成的物流管理基本目标如何实现。最后，将物流绩效质量指标归纳为时间指标等四大类指标并逐一阐述子类指标。

14.1　物流时间效益分析

现代物流服务的本质是创造商品的时间与空间效益，增加商品价值，从而实现客户价值。本节所讨论的主题是企业以时间为切入点、寻求提升物流经济效益的方法。

14.1.1　时间效益概述

现代物流追求 5R，即适时、适地、适质、适量和适价。近年来，企业的关注点逐步从规模、成本、质量等转移到了时间上，例如，顾客需求的响应时间。本小节主要从时间这个指标入手，分析物流时间的经济效益。

1. 物流时间效益的定义

物流时间效益是指通过有效掌握和利用物流时间带来的收益提升以及资源消耗的降低。通过分析由物流时间因素带来收益提升和造成资源耗费的因素，可以找到提高物流整体效益、降低物流成本的实现路径。

2. 物流时间效益的类型

根据企业获取物流时间效益的方式，可以把物流时间效益分为以下几类。

1）缩减时间

物流过程占用的时间占整个生产过程的90%，在整个流程中，非价值增值的活动占95%。可以通过提升技术水平和组织方式，减少商品在物流过程中大量的停顿和周转时间，减少非增值的耗时物流环节，从而降低成本。但是不要忽略缩减时间可能带来的风险。

2）使用延迟策略延迟决策时间

延迟策略是物流供应链设计非常重要的策略，是为了削弱牛鞭效应的影响，推迟决策点使制造、包装、发货等活动更接近客户下单位置，从而减小相应风险。延迟策略能够实现对客户需求快速响应，保持灵活性。最经典的例子是贝纳通的服装案例，贝纳通的一款羊毛衫为更好地实现对顾客需求的响应，将染色环节延迟，从而更好地捕捉到流行色，更精准地满足了顾客需求，减少了因需求不匹配造成的浪费。HP 公司曾针对旗下的一款打印机产品使用延迟策略，通过开发相关技术并改进生产安排，推迟了两个区域打印机产品本地化响应的时间。

3）时机效益

及时准确地把握时机转变物流运营方式、不落后于同行是企业制胜的关键。即时物流 2.0 是指基于数据，通过实时全局调度的方式以匹配实时需求与实时运力的配送服务。随着外卖 O2O（online to online）的兴起，餐饮外卖和鲜花配送等行业都追求即时物流业务。很多传统企业比如达达等企业，使用众包等方式实现即时物流转型，通过整合提升速度。随着外卖市场的增速回落，即时物流企业也开始寻求除餐配以外新的业务方向，例如快递末端配送市场以及新零售市场。在不断变化的环境中持续谋求物流时机效益，降低物流成本，对企业发展至关重要。

扩展阅读 14-1：
ZARA 的延迟策略

4）JIT 效益

准时制生产方式简称 JIT，又称作无库存生产方式。准时制是日本丰田汽车公司在 20 世纪 60 年代实行的一种生产方式，对丰田公司渡过第一次能源危机起到了关键作用，后来逐渐在欧洲和美国的日资企业及当地企业推行开来。一般认为，库存在运营中起到缓冲作用；而准时制运作的管理者会考虑各种摆脱对库存依赖的方式。

与 JIT 相关的另一个概念是 JIT 采购，又称为准时化采购，是由准时化生产管理思想演变而来，实现将合适的产品，以合适的数量和合适的价格，在合适的时间送达到合适的地点。JIT 在保证服务水平的前提下降低企业库存水平，减少企业资金占用，提高企业的整体效益，在运营管理领域逐渐被更多的企业采用。

14.1.2 基于供应链的物流时间效益提升实现途径

本小节主要从时间维度分析基于供应链的物流时间效益提升实现途径。

1. 途径一：通过与供应链合作伙伴改善关系

供应链时间压缩涉及供应链合作伙伴之间的合作与协商，是缩短企业交易时间的方法。比如，制造商和上游供应商，可以就缩短零部件订货提前期进行协商。在供应商零部件紧缺的情况下，可以要求先供货。这种方式对于一些供应市场不稳定的行业特别有用，往往会缩短半年左右的提前期，为企业满足客户需求争取了时间。企业需要通过和上下游建立合作伙伴关系，协同发展来实现外部层面的时间压缩。

2. 途径二：通过物流流程再造

企业需要分析物流流程分配时间的方式和各环节价值的时间因素，提出再造目标，消除不增值和耗时多的流程。对具有增值能力的活动，按照增值率确定各项活动时间分配的优先等级，关注具有较高增值率的活动以提高整条供应链运营的时间价值。

3. 途径三：通过信息技术加持

通过采用先进的信息技术，简化企业物流流程，提高流程效率，可以创造更多的物流时间价值。此外，企业必须将信息系统与物流活动进行整合。例如，通过信息系统将客户需求的数量、价格等信息与供应链各环节互通，从而使企业分享由此带来的利益。首先，要全面准确地了解客户物流与时效相关的信息，再探讨具体实施方案。但是，如果各企业之间缺乏信任会导致节点企业之间的信息得不到充分的共享，这将会影响整个供应链的时间效应和效率。ZARA 在信息共享和利用方面表现卓越，信息和通信技术是 ZARA 供应链运作模式的核心。因此，快速收集市场信息、快速决策、控制库存并快速生产和快速配送的运作模式在 ZARA 能够得以实现。IT 系统的应用将 ZARA 的产品设计、生产、配送和销售迅速融为一体，让 ZARA 的供应链“转”得更快。

14.2　物流空间效益分析

伴随全球化进展的不断加快，各类基于空间转移的物流活动日益频繁。本小节将重点探讨商品随空间转移产生的效益。

14.2.1　物流空间效益概述

1. 物流空间效益的定义

物流的空间效益是将物流的空间移动与效益结合起来的一个概念。商品的供应地和消费地一般不重合，从供应地向消费地流动根据实际情况存在一段空间差，这种基于空间转换所带来的节约被称为空间效益。

全球一体化加剧了空间差的形成，从而物流的空间效益逐渐成为企业关注的重要收益来源之一。如果某个空间转移活动形成的效益不能弥补物流成本，这个追求空间效益的活动将会得不偿失。但是，随着技术水平的提升和物流产业配套的不断完善，物流成本的控制成为可能，从而为空间效益的形成提供动力。

随着区域经济的异质性不断增加，商品处于不同地理位置产生的价值差异促使企业通过物流将商品由低价值区转到高价值区，高低区域产生价值差就是空间效益，也是实现空间效益的动因。

2. 空间效益的类型

商品可以通过空间转换，如不同区域的售价差异、原材料或人工成本的区域差异，实现空间效益。具体地，空间效益可以分为以下几种类型。

1）低价值地生产转移至高价值地消费

国际分工和全球供应链的构筑，最基本的思路是选择在成本最低的地区进行生产，通过有效的物流系统和全球供应链，销售至全球价值较高的地区。飞速提升的物流信息技术为此创造条件，使物流得以创造价值。

2）集中制造服务于分散需求

运输和仓配业务效率日益提升，使得集中制造区域服务于分散需求区域更为可行。这个分散需求不仅包括国内各区域，也包括全球各国家。通过物流将产品从低成本的集中制造区域转移到高收益的全球分散区域，可以从中赚取不菲的收益。

3）分散制造服务于集中需求

由于产品生产方式和技术的差异，存在分散生产的情况。例如由于气候和土壤条件，大城市市场供应的农作物来自世界各地的农场和种植区域，这就需要发达的物流产业来实现保鲜的冷链运输，比如盒马的经典产品藕带的提供，藕带保质期只有24 个小时，因而对物流和过程冷链的要求非常高。

4）中间集散地的桥梁作用

中间集散地是指以中间集散为目的的集中交易市场，中间集散地为交易双方提供一个交易平台。判定中间集散地是否有效的方式，是计算商品购买者通过物流活动将商品由中间集散地送达目标市场后的收益减去物流成本的差值，若差值高于自行进货产生的收益，则中间集散地的交易方式有效。通过高效物流服务产生的商品在中间集散地交易与直接销售之间的利润差额，就是物流活动所创造的空间收益。

5）发挥资源比较优势

企业需要充分识别外部环境一切可能的机会，并尽可能利用资源的优势。倘若通过优势资源产生的效益高于由于产业空间转移支付的物流成本，就可能形成产业空间转移的效益。

6）跨时空商品的生产和消费

随着居民消费水平的日益提高，越来越多的消费者倾向于不出国门就可以随手获得国外优质商品。越来越多的国外品牌入驻中国的跨境电商平台，比如考拉和京东全球购平台。产品种类繁多，价值不等，涉及化妆品、母婴和轻奢品等。跨境商品的生产地和消费地属于不同的国家，高效的跨境物流，各类物流点包括海外仓和保税仓的设置既满足了消费者多元化的需求，又实现了商品的空间效应。中国的商品也可以通过亚马逊等跨境电商平台销售至国外，既为国内商品开拓了销路，也更好地满足了全球消费者的需求，商家也可以通过高效跨境物流拓宽销售渠道，从产生的空间效应中获利。

扩展阅读14-2：
网易考拉的欧洲战略

14.2.2　空间效益的计算公式和基于空间效益评价的收益

1. 空间效益的计算公式

商品供给方关注商品通过发生空间转移带来利益增量的大小，这就需要对空间效益进行度量提供决策的标准。空间效益值同时受到商品空间转换所产生的相关收益和所发生的相关成本费用的影响，二者差值即基于空间转移的空间效益。为实现空间效益发生的相关成本等同于为完成空间转移发生的物流成本。具体地，空间效益用公式可以表示为：空间效益 = 相关收益 − 相关物流成本。

2. 空间效益的收益衡量

商品在异地销售往往带来更高的销售收入，销售收入多少因销地具体情况而异。商品发生空间转移后销地市场上的总销售额 = 商品在目标市场的销售单价 × 实际售出该商品的数量。此外，还包括机会收益。以跨境商品通过跨境电商平台销售为例，因为销售地从本国拓展到全球各地，所以扩大了供应商的销售渠道，未来数年可能持续会产生利好影响。商品通过跨境平台销售就从很大程度上体现了机会效益。这部分效益因为包含对未来的预期，具有不确定性和量化考核难度，但是这对供应商至关重要，甚至可能是决定未来生死存亡的重要因素，因此应根据实践总结，客观准确地估算机会收益。

14.2.3　提升物流空间效益的途径

对企业而言，最大化物流空间效应是竞相追逐的目标。本小节将讨论影响物流空间效益的因素和改善物流空间效益的途径。

1. 影响物流空间效益的主要因素

14.2.2 小节提到，物流空间效益受到因空间转移产生的相关收益和企业物流成本的影响。在收益固定的情况下，企业如果希望最大化物流空间效益，需要首先考虑降低物流成本。当今物流成本控制的难度主要体现在，首先，企业优化物流成本的理念往往是局部而不是全局，这一定程度上是由于管理层没有实施推进导致的，管理层的决心和执行相当重要。其次，由于一些企业物流对发生的物流成本不进行单独核算，也给降低物流成本带来困难，因为企业无法识别物流成本控制存在问题的具体环节，更谈不上明确问题，无法有针对性地改善。再者物流构成复杂，任何一个环节，比如运输、仓储和配送，都容易出现问题。比如配送方面，如果没有提前规划好造成车辆返程空驶，就会增加不必要的运输成本。此外，企业物流信息技术应用范围有限，也是造成物流成本高的一个主要因素。

2. 物流空间效益的改善措施

明确了基于空间效益评价的物流成本控制的影响因素后，就可以提出有针对性的改善措施。首先，应该建立物流成本控制的全局观。物流活动由仓储、配送和包装等环节构成。有的部门业务是冲突的。比如仓储部分的目标是提高库存周转率，通过精准预测下小批量多批次地供货降低仓储成本。配送部门则希望通过批量运输获得规模效应。在企业制定部门绩效考核指标的时候，应该充分考虑部门之间的冲突，适当增加全局层面的考核指标，比如，添加对部门间的相互配合指标等。其次，做好对物流环节的追溯，建立实时绩效反馈，迅速解决问题。此外，适当采纳使用信息技术，比如引入物流路径规划的相关权威软件合理规划运输路径等。

14.3 物流效率分析

14.3.1 物流效率的概念与分类

1. 物流效率的定义与意义

物流效率，用公式可以表示为，物流产出/资源投入。物流效率追求以较低的资源投入获得最佳物流产出。物流是促进经济发展的重要支持力量，提高物流效率可以激活经济。物流效率与经济发展有密切关系，对二者关系的探究要结合各类影响因素，诸如数量、增长速度和发展时间等，将物流效率转化为服务于经济发展的力量。

物流效率是每个物流企业都十分关注的问题。物流是企业的第三利润的源泉，2018年，中国的物流总费用占 GDP 比率下降至 14.6%，而同年美国、日本的比例约为 8%和 8.7%，而美国、日本大约只有 8%～10%。我国单个企业，比如单个电商企业物流效率属于中上游，但是从行业角度来说，比如生鲜冷链市场，整个行业效率很低。生产关系是制约物流效率的关键因素，消费水平和企业经营理念也会对物流效率产生影响。

2. 物流效率的分类

物流效率的研究主要基于物流效率工程原理，效率工程包括单项与综合两类。单项物流工程是指某种物品的物流工程，以日用品物流来说，其工程内容涉及日用品的运输、装卸、存储和配送等，这些过程分别由不同的部门完成并且具有典型的行业性质。而综合物流工程则横跨多行业多领域，物流重要程度和效率衡量方法也与单项物流工程有所差异。

14.3.2 物流模式演化与效率提升

1. 物流模式演化

近年来，物流伴随商流的演变逐渐演化，从 B2B 模式下的传统物流走向 B2C（business to consumer）模式下的现代物流，物流效率迅速实现跨越式升级。

1）B2B 模式下的传统物流模式

B2B 模式下的物流服务一般由企业独自承担物流，商业行为发生企业与企业之间，物流活动主要围绕渠道进行。商品从工厂运出后，由整车运输到总仓库，再由仓库运到各级代理商以及门店，最后由消费者上门消费。传统物流链条时效一般比较长，物流低效。

2）B2B+B2C 全渠道下的现代物流模式

现代物流关注全链路可视化和极速交付，物流从单一以存储为主的功能转变为高效率的仓储和配送，从而为消费市场提供极致体验。消费者需求更趋于多样化和个性化，企业的订单处理也呈现出品种多、批量小和时效强的特点，对物流系统的柔性化提出更高的要求，整个物流链的时效缩短到一周内。物流科技助力物流运作模式从粗放低效型转型为快捷高效型，一些企业根据物流科技方面累积的经验提出成套解决方案，从而大幅度提升物流效率。

益邦物流科技助力企业提升物流效率

益邦物流科技的产品及解决方案主要包括应用软件和具体解决方案，软件包括WMS、TMS、WCS（仓库控制系统）& PLC（可编程逻辑控制器），解决方案包括亮灯拆零拣选系统、箱式高速分拣系统、DWS（体积、称重扫码）系统、AS/RS（自动化立体仓储系统），能够保证多个行业物流的正常运营，提升物流效率。

实现信息互联共享是促进物流业提高效率的首要途径。政府牵头建设物流相关公共数据开放共享平台，可以提高物流资源配置效率。在没有信息系统互联的情况下，上下游协作方在收发信息时一般通过打电话和发传真进行，导致效率低下并且影响信息传递准确性。如果企业想改变这一现状，就需要投入资金建设统一的互联网接口实现信息对接。但是由于企业信息系统采用的标准不统一，万一企业中止合作关系，之前的投入都属于沉没成本。因此，政府层面有必要搭建标准统一的信息平台。物流信息平台不仅为物流活动提供便利，而且可以实现资源的优化配置。

近年来，交通运输部着力开展国家物流信息平台建设，通过加强信息标准的制定，推进横跨地区乃至国界的信息共享。企业可以在从国家物流信息平台集装箱状态信息查询界面，查阅到进场和装卸船等物流节点的确切发生时间。通过信息共享，企业可以降低物流业务差错 90%以上，缩短物流信息处理周期，大幅提高物流协作效率。

小案例

优利德通过接入国家物流信息平台提高物流效率

优利德（江苏）化工有限公司的仓储物流系统通过国家物流信息平台，与下游承运商进行单据交换，实现自动传输。应用信息平台后，人工作业量和出错率降低 50%，数据处理更为高效。同时货物在途信息、货物签收信息、回单返回等通过系统传输实现实时反馈，并录入承运商系统，增加了业务透明性和可追溯性。

2. 物流效率提升

物流效率的提升也需要企业物流环节微观层面的支持和投入，下面以拣选环节和逆向退货环节为例，来说明物流环节提升效率的方式。

1）拣选环节

拣选环节是物流作业的基本构成环节，采用以下四个策略可以提升拣选环节效率。

（1）改善拣选员行走。行走是订单履行相当耗时的一个环节。拣选员一般需要在不同的货位间行走操作，可以使用激光导引车等设备配合智能化存储系统，缩短拣货行走时间。此外，采用纸箱流利式货架，改善压缩拣选面。将商品存放于拣选面附件的滑道，可以缩短拣选面长度，从而缩短拣选员行走时间。

（2）改善订单与拣选员匹配。此策略适用于订单拆零拣选的情形，通过使用拣选区位控制输送系统促进订单商品在不同作业区之间流动，拣选员不需要在不同作业区之间行走。智能软件根据需要，向作业区分配订单料箱，从而提升系统物流效率。

（3）多订单拣选同步作业。拣选员可以批量拣选多个顾客的组合订单，提升系统吞吐量。可以通过集中式拣选技术实现单工位同时拣选多个订单，电子标签拣选系统可以集中下达成批拆零订单的拣选任务至拣选员。

（4）使用智能订单履行软件。并不是所有托盘的货品都需要拣选，原因是智能订单履行软件可以监测出哪些订单不需要拣选。通过组合配对客户需求，就可在拣选A客户货品的同时，完成B客户的拣选。这一技术可以实现拣选效率超过1 000箱/小时。

2）逆向退货环节

退货物流效率管理一直是一个棘手的问题，随着跨境电商的兴起，跨境电商退货物流效率的提升备受关注。提升跨境电商退货物流效率可以提高卖家的经营热情和信誉，树立良好的平台形象，具体可以从以下几个方面着手改进。

（1）组织层面。首先，企业应合理调整组织架构，例如，在退货管理人员的设置上，增设退货物流经理、专责人员和IT经理。其次，相关职能岗位职责需要重新梳理。在职能分工方面，退货物流经理应承担重大退货物流问题的决策。专责岗位日常工作覆盖退货物流的全链条流程，包括收集整理退货商品信息、收集卖家反馈信息并返给仓库。此外，IT经理负责协助待开发的退货物流信息支撑系统开发团队，获取和分析系统需求，并部署系统开发具体工作。

（2）绩效考评层面。通过访谈和专家讨论，获得主要退货管理考评项和指标，以及改进优先次序，制定结果为导向的绩效考评制度。退货物流管理KPI（关键绩效指标）机制的提出，会影响各方利益，前提是要得到公司高层的支持。在执行阶段，可邀请公司管理高层作为措施领导小组负责人。

（3）退货流程层面。退货流程不完善是导致退货效率低下的关键。因此，必须对退货流程进行优化。退货流程调整主要有以下几个环节。

①由信息系统预设各品类和价格级别的商品可调整折扣级差，系统自动推送哪些商品需要折扣销售的信息至商户经理和卖家。整个环节尽量减少由于商户经理与卖家之间折扣设定频繁协商沟通的时间，提高处理效率。

②通过商品条码、图片识别技术等，由系统自动录入待退货商品相关信息，提高效率。

③卖家系统确认退货后，卖家可登录平台订单管理功能模块，查看系统公布的每单退货的处理进度，通过系统提出疑问。

（4）退货物流信息支撑系统加持。退货物流信息支撑管理的系统功能模块包括退货订单管理模块、库存管理模块和物流管理模块。退货订单管理模块主要包括失败订单管理、仓储超时货品管理功能。库存管理模块执行海外仓退货物流发出前的订单管理。物流管理模块主要包括出库管理和物流选择等内容。针对退货订单，系统应提供多家物流商供卖家选择，并自动向卖家发送提醒。

14.4 物流成本分析

14.4.1 我国物流成本控制现状和物流成本整体居高不下的原因

1. 我国物流成本控制现状

中国物流与采购联合会发布的数据显示，2020年上半年，随着疫情防控取得显著成效，物流运行延续恢复态势。物流在推进上下游产业链协同复工复产方面起到关键作用。近年来，我国物流业获得较快发展，但社会物流总费用居高不下。我国物流成本占产品成本比重达 30%，全社会物流费用占 GDP 比值远高于发达国家，物流成本高企。

2. 我国物流成本整体居高不下的原因

1）体系层

综合交通运输体系、物流服务体系、物流信息服务体系、应急物流体系等不完善。具体体现在，综合交通运输体系尚未完全形成，物流服务体系尚不健全，“规模化、集约化、高效率”的现代流通体系尚未形成，供应链管理体系缺乏，物流标准体系不健全。

2）产业层

从产业层面分析，有以下几个方面的原因。首先，产业结构、工业结构和能源结构客观上决定了单位 GDP 的物流费用支出较大。其次，我国各地资源禀赋差异和区域间经济发展不对等造成产业布局不够合理。再次，产业升级较慢从而影响物流需求结构调整。并且产业增长方式粗放，无效运输和资源浪费严重。最后，物流业与制造业和商贸联动不足。

3）企业层

在企业要素层面，有四个方面的原因。第一，第三方物流企业精细化和系统化服务水平低；第二，物流企业之间缺乏有效的合作与整合，难以优势互补及发挥规模经济、范围经济与网络经济效应；第三，企业的物流装备、信息化重视程度等方面存在进一步改善空间；第四，生产要素价格持续上涨，推动了物流成本升高。

扩展阅读 14-3：我国物流相关政策与发展趋势

14.4.2　物流成本的构成和企业物流成本分类

物流成本包括社会物流成本和企业物流成本，一般可以按照物流环节等不同角度进行划分。

1. 社会物流成本的定义

社会物流成本，是核算一个国家在一定时期内发生的物流总成本。一般使用社会物流成本占国内生产总值的比重来衡量一个国家物流管理水平的高低。国家和地方政府可以通过制定政策和物流规划，来推动物流产业的发展从而降低物流成本。

2. 企业物流成本的定义

企业物流成本按物流所处企业领域不同，可分为批发零售企业物流成本、制造企业物流成本和物流企业物流成本。以批发零售企业为例，物流成本包括与物流活动相关的人工费用、能源消耗等运营费和财务费用，包括经营活动中发生的存货资金使用成本支出，如利息、手续费等费用。

3. 企业物流成本的分类

首先，按物流活动的功能，企业物流成本可分为包装成本、装卸成本、运输成本、储存成本、流通加工成本、配送成本和物流信息成本七项。其次，按物流成本的性质，企业物流成本可以分为人工成本、营运成本、保管成本、信息成本等。再次，按物流发生的环节，企业物流成本可分为供应物流费、企业内部物流费、销售物流费、退货物流费和废弃物流费。最后，按物流成本的性态，企业物流成本可分为材料消耗和燃料消耗类变动成本，固定资产折旧费和管理部门办公费类固定成本。

14.4.3 物流成本核算

1. 物流成本核算概述

本小节首先给出物流成本核算的定义，接下来分析我国物流成本核算存在的问题。

1）物流成本核算的定义

物流成本核算是根据企业确定的成本计算对象，采用相应的成本计算方法，按照规定的成本项目，通过一系列物流费用的汇集与分配，从而计算出各物流环节成本计算对象的实际总成本和单位成本。

2）我国物流企业的成本核算存在的问题

当前我国物流企业成本核算存在以下几类问题。第一，国内对于物流成本尚未制定统一、规范的核算标准，目前对物流成本在认知方面存在差异，难以统一。对于某些成本，物流部门无法掌握核算。第二，核算中没有设置独立的物流成本核算项目，从而较难对企业产生的各项物流费用作出准确计算。第三，企业日常物流会计核算的范围着重于部门物流环节，不能覆盖所有物流环节。第四，物流会计信息与其他各类信息存在重复统计的情况，数据实效性差。第五，缺少同时具备物流知识和财务知识的人才，使核算更难以进行。

3）物流成本的核算方法分类

物流成本核算的方法可分为按支付形态、按功能、按适用对象和按物流作业计算。按支付形态可以把物流成本分别按运费、保管费、包装材料费、物流管理费等形态入账；按功能计算物流成本，可以分别按包装、配送、保管、搬运等功能来核算物流费用；按适用对象计算物流成本，可以分别把商品、地区、顾客或营业单位作为适用对象来进行计算；按物流作业核算，是以作业为基础，把企业消耗的资源按资源动因分配到作业，以及把作业收集的作业成本按作业动因分配到成本对象的核算方法。

2. 作业成本法

物流活动的发生往往不局限于一个部门，在衡量物流成本的同时，考虑作业动因更具合理性。上文提到物流成本的计算可以按照物流作业核算，这种核算方法被称为作业成本法。

1）作业成本法的定义

作业成本法是以成本驱动因素理论为依据，分析作业发生的动因，将物流间接成本和辅助资源更加准确地分配到物流作业、运作过程、产品、服务及顾客中的一种成本核算方法。

2）物流作业成本核算流程

一般地，物流成本会被分别计入其他成本项目中，例如，因采购原材料而发生的运杂费计入原材料成本。应增设物流成本科目，在会计核算中分离物流成本。

物流作业成本核算的几个阶段分别是：首先，确认各项资源，建立资源库，将资源耗费归集到各相应的资源库；其次，分析和确定各类不增值作业、专属作业和共同消耗作业，得出不同层次作业的动因，建立作业成本库；然后，确定资源动因，分配资源耗费至作业成本库；最后，要确定成本动因的数目和类型，分配作业成本至成本对象。作业成本动因选定后，就可以对同类动因进行成本归集。物流作业成本的计算分配有两阶段法和多阶段法。两阶段法将按资源动因归集的成本按成本动因分配到产品，多阶段法则是采用确定成本动因分配率的方式。

3）与传统成本核算方式的区别

作业成本法与传统成本核算法的区别主要存在于以下几个方面。

（1）传统成本计算方法，以企业最终产出的各种产品或服务作为成本计算对象；作业成本法把最终产出的各种产品或服务、资源、作业作为成本计算对象。

（2）传统成本计算方法下的成本核算只包括直接材料等与产品直接相关的费用；作业成本法不以费用是否与产品或服务有直接关联，考虑实际发生的有效费用。

（3）传统成本计算方法考虑间接费用可以平均分摊到各种产品中；作业成本法突破产品界限，使用多元化的分配标准分配间接费用。

3. 两类典型的物流成本

1）仓储成本

（1）仓储成本的定义和构成。仓储成本是在仓库存货期间发生的各种费用支出，是由一段时期内储存或持有物品而导致的。构成仓储成本的典型费用包括以下几项。

①固定资产折旧费用。固定资产建筑物、仓储工具、仓储机械设备等一般在仓库建设时进行一次性投资，折旧年限一般在 10～20 年，每年均摊的成本就是固定资产折旧费用。

②仓储保管费。仓储保管费包括能源费和水费、进出仓装卸费等。

③管理费用。管理费用包括行政办公费、排污费、绿化费和土地使用费等。

④保险费与税金。仓储企业为应对意外事故造成库存物资损坏会支付一定的保险费，保险费多少因风险评估值而异。税金根据一年内某时间段的平均存储水平征收。

（2）降低仓储成本的途径。

①库存 ABC 分析。通过 ABC 分析，可以对库存物资进行分级管理。ABC 分析将库存物资分为 A、B、C 三类。A 类在品种上占总数的 5%～10%，而其资金占用达到 70%以上，作为重点管理的对象；B 类为一般存货，品种数和资金占用均为 20%左右，进行常规管理；C 类的品种数量占 70%左右，资金占用只占 10%左右，无须耗用太多精力和成本。

②提高周转率和仓容利用率。提高库存物资周转速度，可以提升仓库吞吐量。提高仓容利用率，可以减少仓库占用。以上两项措施都可以有效降低物流成本。

③仓库操作层面。采用先进先出法，合理控制储存期限。采用储存定位系统，节约寻找和存取时间。

2）配送成本

（1）配送成本的定义和构成。配送成本是指根据客户要求，对物品进行拣选、加工、包装、分割、组配等作业，并按时送达指定地点的物流活动中发生的所有成本，分拣配货是配送的主要特征。配送成本包括配送运输费用、分拣费用、配装及流通加工费用等。

①配送运输费用。配送运输费用包括车辆费用和营运间接费用。营运间接费用是指

营运过程中发生的办公费、水电费和折旧费等。

②分拣费用。分拣费用包括分拣人工费用和设备费用。分拣人工费用是指从事分拣工作的作业人员的工资补贴等费用。

③流通加工费用。流通加工费用包括流通加工材料费用和流通加工人工费用。材料费用是指为投入流通加工环节中的材料消耗所支付的费用。

（2）降低配送成本的途径。

①尽可能减少紧急配送。紧急配送一般不在提前的配送计划安排中，往往在临近配送截止时期时临时安排。这种情况下，有可能造成车辆返程空驶，从而增加配送成本。

②合理规划配送路径。确定配送路线可以采用数学建模和仿真的方法，注意合理设置且不要遗漏约束条件。一般的配送约束条件可能包括零售点对货物到达时间的要求和在配送中心可以达到的运力上限。

③合并运输。满载满装和共同配送可以降低配送成本。共同配送是指多个主体联合利用同一配送设施，在中心的统一调度下共同配送给客户。

14.5 物流绩效分析

企业物流绩效是指在一定的经营期间内，企业的物流经营效益和经营者的物流业绩，就是企业根据客户要求在组织物流运作过程中的劳动消耗和劳动占用与所创造的物流价值的对比关系。提高物流绩效的关键是制定一套切实可行的绩效度量指标。

物流绩效度量指标可以分为时间度量指标、成本度量指标、效率度量指标和效果度量指标。

14.5.1 时间度量指标

1. 履约提前期

履约提前期包括订单处理以及装配和发货的总时间。履约提前期因行业而异，一般在2周的提前期中，会包括几天处理订单的时间、订单配货的时间，以及运输时间。

2. 现金周转时间

现金周转时间受到的重视程度不及履约提前期，但是尽快收回现金并再次投入运营，是企业持久经营的关键。一般现金周转时间是3个月，高效的企业可以把这个时间降到2个月，1个月为最佳。

3. 速率

速率主要评价运输的时间绩效。把单位时间与距离相乘，就是速率，这是度量时间的转化方法。速率大小因交通工具而异，远洋货轮和管道运输差异就很大。

4. 存货天数

存货天数是库存周转率相当高情况下的最佳替代指标。

5. 累加后的平均时间度量

这种度量方法很常见，但是存在缺陷。如果供应商甲比供应商乙的履约时间短，并不意味着甲一定优于乙，因为还要看履约时间的波动。如果供应商甲波动大，代表要么会提前交货提高企业库存持有成本，要么拖延交货造成生产中断，不确定性风险相对乙而言更高。

14.5.2 成本度量指标

1. 改良的作业成本法度量

改良的作业成本法起源于作业成本法，改进之处是，将所有成本归结到过程中所使用的资源。这样具有可追溯的特点。

2. 机会成本

机会成本来自资金占用，比如投入 100 万元用于购买零部件开展生产，1 年才能产生销量回收投资，这样在这 1 年的时间内，100 万元应用于其他运营领域的机会，比如扩建仓库就丧失了。机会成本原则上是根据对商家最佳投资所获得收益计算的，一般是 10%。

3. 过失成本

物流过程可能会出现各种问题，如延迟交货，货物受损，发错地址，发货数量与订单不符等。一些改进措施包括次品再加工、退货处理等。

14.5.3 效率度量指标

效率指标用于度量资源的使用效率。

1. 库存周转率

库存周转率 = 销售额/平均库存数量，一般平均值可以达到 6。

2. 现金周转率

现金实现高频率周转是最佳状态，现金周转率 = 销售额/使用的现金。

3. 产能利用率

产能利用率 = 每单位时间完成的运营工作，比如，单位时间加工的产品数，日处理订单数、每小时分拣的数量等。

14.5.4 效果度量指标

效率和效果总是成对出现，单一指标没有意义。效率反映是否很好地利用了资源，效果则度量目标是否达到。

1. 服务水平

准时交付率、订单满足率和产品满足率常被用于衡量服务水平。比率达 90%以上属于优秀级别。

2. 完美订单率

并非所有订单都能尽如人意，完美订单率衡量订单准时到达且无缺无损的订单百分比。

3. 客户满意度

客户满意是企业追求的终极目标，可以通过客户调查和回访获取满意度信息。

4. 客户忠诚度

客户忠诚度衡量有多少客户还愿意再次光顾，如果客户不慎流失，代价将会十分惨重。

即测即练

应用与实践　课题：物流公司经济效益的调查与分析

案例分析　奥康：物流的零成本运营

本章习题

1. 根据企业获取物流时间效益的方式，可以把时间效益分为哪几类？
2. 物流空间效益的改善措施具体有哪些？
3. 物流是怎样伴随商流的演变逐渐演化的？
4. 简述作业成本法的定义和物流作业成本核算流程。
5. 物流绩效的效果度量指标主要有哪些？

第15章

物 流 政 策

【学习目标】

认识物流政策概念，发达国家物流政策及发展趋势；
理解我国现行物流政策结构体系及现代物流相关政策法规的局限性；
识别构建我国物流政策体系的思路与方法；
掌握物流政策的功能，物流政策的主体、目标与分类。

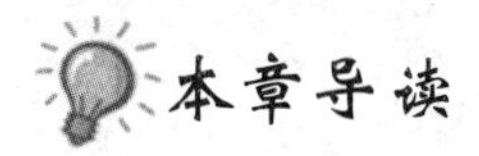

欧洲物流业的发展

物流产业在欧洲是一个正在快速发展的新兴服务领域，对欧洲各国经济发展产生了重要影响。

物流产业发展需要政府的参与和必要的政策支持。欧洲各国政府积极推动物流产业发展。

（1）协调政府的管理职能，为物流产业发展提供良好的制度环境。一是欧盟在促进欧洲统一市场形成的过程中，制定和大力推行的统一贸易政策、运输政策、关税政策、货币政策等，极大地促进了货物在全欧洲范围内的自由流动。二是欧洲各国政府积极地为本国物流产业发展营造良好的制度环境。

（2）打破垄断，减少政府干预，创造充分竞争的市场环境。近年来，欧洲各国政府实施了一些打破垄断、放松管制的政策措施，对促进各国物流产业发展有积极的影响。

（3）加强基础设施的投入，为物流产业健康发展提供运行平台。这方面的政策包括：首先，以最大限度发挥各种运输方式效率为中心的基础设施协调发展政策。其次，促进大型货运枢纽、物流基地、物流中心和公共配送中心等新型物流基础设施发展的政策。

（4）推进物流产业的标准化进程。一是针对物流基础设施、装备制定的基础性和通用性标准；二是针对安全和环境制定的强制性标准；三是支持行业协会对各种物流作业和服务制定相关的行业标准。

（5）支持物流知识和技术的创新与推广，加快物流产业的现代化进程。

（6）制定必要的导向性政策，引导和鼓励物流产业发展。

物流行业协会组织在物流产业发展中作用显著：①引导和促进作用。如欧洲物流协会组织的物流企业问卷调查，跟踪和分析整个欧洲物流产业发展状况，结合世界物流产业的发展趋势，引导和促进整个行业的发展。②咨询服务作用。如荷兰国际物流配送协会，专门提供配送中心选址、规划、经营等方面的咨询和信息，帮助成员企业降低成本、提高效率，促进成员企业的发展。③教育和培训作用。目前，欧洲各物流协会的物流课程设置、教学大纲基本上采用的是欧洲物流协会开发和制定的物流教育培训标准，并形成了相应的物流从业资格制度。④行业规范作用。如欧洲物流协会与欧洲标准化委员会及各种标准化研究机构合作，参与制定了多种物流行业标准并合作编写物流词典，规范物流用语。⑤联络和交流作用。一是利用研讨会、组织专项研究活动等，促进物流产业内部的交流和合作；二是建立与欧盟组织和各国政府的对话机制和交流渠道，反映行业的呼声和利益要求，积极寻求政府对物流产业发展的支持。

思考：欧洲物流业的发展经验给我国物流业带来哪些经验和启示？

15.1 物流政策概述

所谓政策，即治国理政之策，是观念、原则、目标和手段的统一。为了实现全社会经济的高效运行和健康发展，国家必须制定相应的方针或原则，对全社会的经济活动进行一定程度的干预。物流政策正是国家和政府在物流产业领域进行宏观控制的体现。

15.1.1 物流政策的含义

公共政策是公共权力主体为实现某一阶段或某一时期的某种目标而制定的行为准则，它对广泛的社会主体产生约束力。

物流政策是指国家或政府为实现全社会物流的高效运行与健康发展而制定的公共政策，以及政府对全社会物流活动的干预行为。其具体包括有关物流的法律、法规、规划、计划、措施（对策），以及政府对全社会物流活动的直接指导等。物流政策具有公共物品的属性，完善的物流政策体系一方面可减少或降低物流的外部不经济，如交通拥挤、交通事故、噪声、空气污染等；另一方面可扶持与促进物流事业的发展，加速物流基础设施建设和完善，从而提高微观物流效率。

15.1.2 物流政策的性质

1. 公共物品性

物流政策是一种公共政策，具有公共物品的性质。物流政策是社会公共机构对全社会物流活动的一种公开介入和干预，因此它是一种公共政策而非私人政策或企业政策。

2. 时空差异性

物流政策体现的是社会公共机构的价值判断或意志，具有时空上的差异性。社会经济体制不同、文化背景不同、经济社会发展阶段不同、商业习惯不同，甚至社会公共机构的产生方式不同，社会公共机构的价值判断也不同，从而就会有不同的物流政策。

3. 动态可变性

物流政策内蕴含自动变迁的机制，或者说具有动态可变性。既然物流政策体现的是社会公共机构的意志，而不是宏观物流主体或物流经营者的意志，那么就意味着现实的物流政策有可能与某个具体的宏观物流主体的意志及其行为发生冲突，而这种冲突乃是物流政策变迁的重要原因。

4. 系统性

物流政策是一个自成体系的系统，具有系统性。物流政策的适用领域或对象是全社会的物流活动。因此，既有针对专业化物流经营者的物流政策，也有针对生产企业、流通企业、消费者等非专业物流主体的物流政策；既有法律、法规等强制性物流政策，也有奖励、补贴等诱导性物流政策；既有规制或限制类物流政策，也有鼓励与扶持类物流政策。

15.1.3 物流政策的功能

1. 减少物流的外部不经济

微观物流主体（货主、物流经营者、消费者）的目标与行为既有一致性，也有不一致性，甚至是矛盾的。必须依靠公共机构的力量，通过制定并实施各种物流政策，在不牺牲微观物流主体物流效率的前提下，尽量减少物流的外部不经济。

众所周知，在市场经济条件下，全社会物流活动的根本推动力量来自众多的微观物流主体。其主要包括货主、物流经营者和消费者三大类。

货主即货物的所有者，包括发货货主与收货货主，发货货主也叫发货人，收货货主也叫收货人。货主既是物流活动的发动者，也是物流服务的需求者，包括生产企业、流通企业、各种非营利组织、消费者等。货主的期望目标是谋求物流活动的准确、及时、快速、安全与低成本。

物流经营者是物流服务的提供者，即专业化的物流企业，包括各类运输企业、仓库企业以及第三方物流企业等。物流经营者为了实现自身利益的最大化，必须满足物流服务需求者准确、及时、快速、安全与低成本的物流服务需求。为了完成此任务，物流经营者必须以尽可能低的成本为约束，开展高效率的物流活动。

一般来说，消费者往往具有三个层次的物流需求目标：一是作为商品购买者的消费者，希望通过高效的物流来降低购物成本；二是作为直接物流服务需求者的消费者，希望得到准确、及时、快速、安全与低成本的物流服务；三是作为居民或生活者的消费者，希望交通畅通、安全、空气清洁、噪声小等。

显然，上述微观主体的目标与行为既有一致性，也有不一致性，甚至是矛盾的。在现实的经济活动中，货主和物流经营者要实现物流的高效率，就不得不增加物流设施和设备，有时还要根据需要开展“小批量、多频度”的物流业务。这样势必会造成交通的拥挤、噪声的增加、环境污染的加重和交通事故的增多，同时也会挤压消费者的居住空间、增加居住成本、恶化生活环境。显然，微观物流主体的高效物流会产生很大的外部不经济，给社会带来交通拥挤、交通事故增多、噪声和空气污染等不利影响。

随着经济社会的不断进步，物流规模不断扩大，物流服务水平不断提高，物流外部的不经济性也越来越明显、越来越严重，成为制约人类社会全面进步与可持续发展的重要课题。但是，各个微观主体是很难解决高效物流所产生的外部不经济问题的，必须依靠公共机构的力量，通过制定并实施各种物流政策，在不牺牲微观物流主体物流效率的前提下，尽量减少物流的外部不经济。

2. 扶持与促进物流产业的发展

国家与政府部门应该成为全社会物流基础设施投资与建设的主体，并从制度或政策上保证物流基础设施的建设，满足全社会有效开展物流活动的需要。

从国内外的经验看，物流政策不仅担负着减少“外部不经济”的职能，而且还担负着扶持与促进全社会物流产业健康发展的职能。这是因为，全社会物流效率的提高、物流产业的发展，不仅需要微观主体对微观物流的有效组织与管理，而且还需要全社会的共同努力。也就是说，微观物流效率的提高，除了取决于微观物流主体自身的投入和有效经营外，还在很大程度上取决于物流基础设施是否充足与完善。这些物流基础设施不仅具有公共物品的性质或具有显著的外部经济效果，同时还需要大量的投资，是个别微观物流主体不愿意而且也无力进行投资建设的。因此，国家或政府部门应该成为全社会物流基础设施投资与建设的主体，并从制度或政策上保证物流基础设施的建设能够满足全社会有效开展物流活动的需要。尽管如此，仅靠政府的投资还是无法满足全社会对物流基础设施的需要，因此还应该制定其他方面的政策，以促进民间组织投资建设物流基础设施。有关物流基础设施投资建设的政策，是各国物流政策的重要内容。显然，此类物流政策的主要功能是为了扶持与促进物流产业的发展。

不仅如此，为了促进微观物流效率的提高，进而促进整个社会物流产业的发展，还需要合理布局物流基础设施与物流网点，积极推行物流设备与工具的标准化，建立高效、畅通、便捷的公共物流信息系统等。显然，有关物流基础设施与物流网点的布局规划政策、有关物流设备与工具的标准化政策、有关公共物流信息系统的开发与应用政策，也具有扶持与促进物流产业发展的功能。

15.2 物流政策的主体、目标与分类

15.2.1 物流政策的主体

物流政策主体是指物流政策的制定者与实施者，即代表社会公共利益的社会公共机构。作为物流政策主体的社会公共机构主要由三部分构成，即立法机构、司法机构与行政机构。

1. 立法机构

根据物流政策的含义，有关物流的法律、法规也属于物流政策的范畴，因此作为物流法律、法规制定者的立法机构也是重要的物流政策主体。当然立法机构的具体形式因国家政治制度和国情的不同而不同。在西方，立法机构是议会；在我国，立法机构是全国人民代表大会及其常务委员会，以及地方各级人民代表大会及其常务委员会。但是，不论立法机构的具体形式如何，都改变不了它是国家或地方最高权力机关的属性。因此立法机构不仅是物流政策的主体，而且是最有权威性的物流政策主体。之所以说立法机构是最有权威性的物流政策主体，是因为立法机构所制定的政策（法律）要比其他政策主体所制定的政策具有更大的使用范围与调整强度。

2. 司法机构

立法机构制定的有关物流的法律、法规，旨在为全社会物流活动的相关主体规定是非标准、限制行为方向，从而实现向人们宣布哪些活动或事业是允许的，允许到什么程度；哪些行为是不允许的，以及一旦做了要受到何种制裁等。但是这些标准与限制毕竟

还是“纸上”的和观念上的，而要保证物流活动主体能够按照“纸上”的规定去行动，还必须有一个专门的机构按“纸上”的规定去执行。这个具体执行“纸上”规定的机构就是司法机构。在我国，司法机构是公安、检察院与法院系统，以及其他具有部分执法权的行政部门，如市场监督管理、物价管理、环境保护机构等。

3. 行政机构

除立法与司法机构外，作为行政机构的政府，特别是中央政府也是重要的物流政策主体。政府机构虽然没有立法权，但是政府有权制定并颁布有关物流的行政命令（条例、通知等）、行政指导。这些行政命令、行政指导也是对全社会物流活动的公开介入和干预，从而也是物流政策的重要内容。事实上，从各国的物流政策实践来看，政府甚至是最重要、最具体的物流政策主体。不仅很多具体的物流政策要由政府制定并实施，而且即使是一些很基本、很重要的有关物流的法律，也往往要由政府来“立案”。从这个意义上讲，政府甚至具有实际的“立法权”。但是政府制定的物流政策，特别是一些具体的针对某些领域、某些问题的物流政策，必须与由立法机构通过的法律一致，而且政府本身也必须接受并服从司法机构。从这个角度来看，政府又同私人部门同处一个层次。这说明政府具有三种属性：一是物流政策的制定者；二是物流政策的执行者；三是物流政策的适用对象。当然，这里所说的政府，既包括中央政府及其所属部门，也包括地方政府及其所属部门。

15.2.2 物流政策的目标

物流政策是立法、司法及行政机构对全社会物流活动的公开介入和干预。尽管不同政策主体所制定或实施的政策范围、适用对象、调整强度不同，但各个物流政策主体所制定的物流政策都是为了实现一定的目标。

1. 物流政策的一般目标

由于物流活动是经济活动的重要组成部分，物流政策也是经济政策的组成部分，因此物流政策的一般目标也就是经济政策的基本目标。关于经济政策的基本目标，经济学家有各种各样的解释，各国的经济政策目标也因具体国情的不同而不同，即使是同一国家，不同的历史时期、不同的发展阶段，具体的政策目标也会不同。但是，总体上看，经济政策的基本目标可以概括为四个方面，即经济发展、经济稳定、经济公平（公正）和经济自由。

经济政策的目标应该是物流政策目标的基础或前提，或者说物流政策目标必须同经济政策的目标相统一，而不能违背经济政策的基本目标。但是物流毕竟不能完全等同于整个经济活动，并具有不同于其他经济活动的特点与功能，因而，为规制或促进物流活动的物流政策，也就必然有自己的特定目标。

2. 物流政策的特定目标

经济发展和市场竞争的日益激烈，特别是经济全球化进程的加快、消费需求的变化，以及环境压力的日益增大，使得物流在企业经营与经济、社会发展中的地位越来越重要，因此物流效率与物流服务水平的高低不仅直接影响企业的经营效率与竞争能力，而且也直接影响国民经济的发展水平及其竞争力。显然，提高整个社会的物流效率与物流服务水平是物流政策的最基本目标。但是物流不仅是个经济问题，具有直接的经济贡献，而且也涉及就业、收入分配、劳动条件、居民生活、人才培养与教育等社会问题，具有社会贡献。因此，提高物流的社会贡献也是物流政策的重要目标。不仅如此，物流产业的发展还会产生很大的外部不经济，所以减少物流的外部不经济也是物流政策目标的重要内容。

综上，物流政策的特定目标主要包括三大类，即经济或效率类目标、社会类目标与环境类目标。经济或效率类目标是最基本的物流政策目标，具体包括：加强物流基础设施建设，合理布局物流网络；建立与完善公共物流信息系统；制定与推广物流设备与工具的标准化；改革物流管理体制；开发与引进物流技术等。社会类目标主要包括：促进专业化物流产业的发展；增加物流领域的就业机会；改善物流作业条件；建立物流人才培养与教育体系等。环境类目标主要包括：开发与应用低公害物流工具；制定物流环境标准；促进多式联运和共同配送的发展；加强公路物流管理等。

15.2.3 物流政策体系与分类

物流的政策主体和政策目标均具有多元化特征，进而决定了多元的政策体系。

1. 按物流政策主体划分

1）法律类物流政策

法律类物流政策是指由立法机构制定的政策，如有关物流的各种法律、法规。它包括两个层次：一是针对整个经济社会的，从而适用于物流领域的法律类政策，如《中华人民共和国反垄断法》《中华人民共和国反不正当竞争条例》《中华人民共和国价格法》《中华人民共和国公司法》等各种经济法律；二是针对物流领域的法律类政策，如《中华人民共和国道路运输法》《中华人民共和国港口法》《中华人民共和国航运法》《中华人民共和国民用航空法》等。它们具有强制性和稳定性，并通过司法机构的执法对全社会的物流活动进行强制性调整。不仅如此，由于法律类政策是在广泛吸收各方面意见的基础上，通过一系列严格而有规则的立法程序而制定的，因此更具有公正性、普遍性和权威性。

2）行政类物流政策

行政类物流政策是由政府及其所属部门制定的政策，包括有关物流的各种条例、命令、指示、指导或劝告等。对民间物流组织来说，行政类物流政策有些是强制性的，有些则是非强制性的。条例、命令、指示属于强制性的，指导或劝告则属于非强制性的。

与法律类物流政策相比，行政类物流政策具有如下特点：第一，制定程序较简单，制定成本较低；第二，政策出台较及时，适合用于处理物流领域的新矛盾、新问题；第三，具有较强的机动性与灵活性，特别是非强制性的指导或劝告类政策尤其如此，从而可根据具体情况随时调整政策的方向与强度。当然，行政类政策可以分为中央或国家级行政类政策和地方级行政类政策。显然，中央或国家级行政类政策是中央政府及其直属部门制定的政策；地方级行政类政策是地方政府及其直属部门制定的政策。中央级行政类政策适用于全国，地方级行政类政策只适用于地方。

2. 按物流政策适用对象划分

1）货主物流政策

针对货主而制定的物流政策，如针对货主的物流网点政策、物流标准化政策、物流信息化政策等。

2）物流经营者物流政策

针对专业化物流企业而制定的政策，如车辆管理政策、交通安全政策、仓储管理政策、储运代理政策等。

3）消费者物流政策

针对消费者而制定的物流政策，具体包括两个方面：一是为保护消费者权益而制定的政策，如消费者权益保护政策等；二是从规制消费者物流行为的角度而制定的政策，如生活废弃物的排放、回收与利用政策。

3. 按物流政策功能划分

按功能不同，可将物流政策分为减少物流外部不经济政策与促进物流产业发展政策。前者多属限制类政策，后者多属扶持类政策。

1）减少物流外部不经济政策

这类政策主要功能是为了减少物流的外部不经济，具体包括交通管制政策，物流设施与网点建设、物流布局政策，物流环境政策，物流节能政策等。

2）促进物流产业发展政策

这类政策主要功能是为了扶持或促进物流产业的发展，主要包括物流基础设施建设与布局政策、物流信息化政策、物流标准化政策，促进专业化物流企业发展政策、促进中小物流企业发展政策、物流人才培养与教育政策、物流设备与工具开发促进政策等。

15.3 国外国家物流政策

作为社会经济大系统的动脉系统，物流是将社会生产各个部门联结成为一个有机整体的纽带。物流的发展对商品生产的规模、产业结构的变化以及经济发展速度具有制约作用。发达国家政府在为物流业发展提供良好的制度环境、放松运输管制、加强物流基础设施投入等方面进行了一系列努力，取得了很多成果，值得我国借鉴。

扩展阅读 15-1：
国外物流政策的发展情况

15.3.1 国外物流政策的特点

管理体制方面，不断推行自然垄断的交通运输行业改革，通过出售与特许经营权经营的方式引入私有制，逐渐由政府所有转向私人所有、政府监管的模式。除美、日、德三国外，英、法等国也颁布了实行“网管分离”的铁路法及其他系列法律，以及推动公路、航空、港口建设私有化的政策，在某种程度上减少了国家对运输业的控制和约束，推动了运输业更接近于自由市场体系，从而为充分发挥物流业的整体效应和实现供应链的一体化提供了广阔的发展空间。

投资政策方面，综合考虑经济趋势、社会趋势、技术趋势、环境影响、政府职能、国家安全等诸多因素，引导物流系统协调发展与完善。政府投资政策的取向对物流系统有重大影响，为提高物流的速度和效率，很多发达国家制订了优先兴建高速公路计划、鼓励发展联合运输、加强物流技术创新和研发，开发智能运输系统。对环保的重视也越来越提上重要日程，如欧盟各国放宽对铁路货运的限制，为提高铁路货运的竞争力，减少公路货物运输造成的汽车大量排放废气污染，加快铁路货运的开放步伐就是非常具有代表性的例子。发达国家在全国范围内布置物流货运中心地址时也综合考虑了区位交通便捷性、环保性、经济合理性的因素，政府通过逐步配套完善的各项基础设施、服务设施和提供的优惠政策，吸引大型物流配送中心聚集，并使其降低物流成本，获得较好的规模经济效益。

管理手段方面，实行宏观指导和分级管理相结合，注重发挥行业协会的作用。政府为扶持和鼓励物流业制定了很多引导性政策对物流发展统筹规划，对物流企业给予选址、规划、经营方面的指导，以及一定比例的资金支持或贷款贴息。发达国家重视发挥行业协会的作用，目前世界各国已成立的物流行会组织相当之多，如美国的物流管理协会（CLM）、日本的物流系统协会（JILS）等。物流协会在人才培训和认证方面起到了巨大作用，如美国对“仓储工程师”“配送工程师”等的认证，日本对“物流管理师”“国际物流管理师”的培训和认证，为物流业的发展提供了专业化的人才。

随着时间的推移，发达国家物流政策也在不断发生变化，不仅政策内容不断丰富，而且政策重点也在不断转移。但是不论是现行的物流政策，还是历史上曾经存在的物流政策，或已经进行改革的物流政策，对我国来说，都具有很大的参考与借鉴价值。

15.3.2 国外物流政策的基本内容

国外物流政策的基本内容主要包括物流基础设施政策、物流网点政策、公路物流政策、物流高效化政策、物流环境政策和中小企业物流政策几方面。

1. 物流基础设施政策

物流基础设施是指在供应链的整体服务功能上和供应链的某些环节上，满足物流组织与管理需要的、具有综合或单一功能的场所或组织的统称，主要包括公路、铁路、港口、机场流通中心、仓储、运载设施以及网络通信基础等。为了保证物流基础设施建设能够适应不断增长与变化的物流需求，各国政府制定了一系列规范与促进物流基础设施建设与布局的政策。这类政策总体上包括两大类，一类是有关物流基础设施建设与布局的法律，另一类是有关鼓励物流基础设施投资、建设的经济性政策。就前者而言，主要包括铁路运输法、航空运输法、公路运输法、管道运输法、水上运输法以及铁路法、公路法、航空法、港口法等。其主要目的是对上述物流基础设施的投资、建设、布局、使用、管理、维护等进行规范，以保证物流基础设施数量不断增加、功能不断完善、布局日趋合理、使用效率不断提高。后者则主要由有关物流基础设施的多元化投资体制以及具体的投资鼓励政策构成，如补贴或奖励政策等，其目的是吸引并鼓励民间进行物流基础设施投资。

从政策内容来看，各国物流基础设施政策主要涉及以下问题：实现铁路、公路、港口、机场、物流网点的有机结合，以满足用户的物流需求；加强公路、铁路建设，消除或缓解交通上的瓶颈制约；加快国际中心港口、机场的建设。具体来说，就是要解决城市公路交通的拥挤与混乱；建设高标准的全国性干线公路网、地方公路网，并形成网络；建设与主要物流网点相连接的各种疏港（站）道路；提高主要铁路干线的货物运输能力；建设适应国际海上集装箱港（站），综合性国际港站开展水、陆、空一体化运输的物流中心等。

2. 物流网点政策

物流网点即物流网络的节点，是在物流网络中各条物流线路的联结点，指物资储运仓库、流通仓库、中转仓库等。物流网点是现代商品流通的载体和空间依托，也是商品物流的实施基础。由于物流网点的规模、功能与布局不仅直接决定物流效率，而且还直接影响交通、居民生活与环境等，因此物流网点的建设与布局也是国外物流政策所关注的重点问题。

扩展阅读 15-2：
国外物流网点政策现状

3. 公路物流政策

从公路物流政策的性质来看，多数国家的公路物流政策都属于法律类政策，甚至属于物流方面的基本法律。例如，日本有关公路物流的两个法律——《货物汽车运输事业法》和《货物运输代理事业法》，简称为“物流二法”，就是其规范公路物流事业的两个基本法律，对日本交通运输起到广泛而深远的影响，主要因为其放宽了政府对物流的管制。《货物汽车运输事业法》中将原来汽车营运需要政府批准的方式改为许可制，即只要具备物质条件的都可以经营汽车运输，对市场准入方面的限制大大放开。

另外，《货物汽车运输事业法》将原来的统一运价改为弹性运价，实行运费申报制。为运输企业的“网络型运输”创造条件，该法同时取消了营业区分的限制。而《货物运输代理事业法》，取消了原有法律中有关运输代理企业利用其他运输企业的运输工具进行经营活动需要得到有关运输管理部门批准的规定，从而放开了联运业务。

4. 物流高效化政策

提高物流效率是各国物流政策的主题，这项政策主要包括物流信息化政策、物流标准化政策、共同化物流政策。

1）物流信息化政策

物流信息系统是否准确、快速、高效，是能否构建快速反应式现代物流系统的关键。从一定意义上说，现代物流“玩”的就是高效、快速、智能化的物流信息系统。物流信息化系统建设包括两层含义：一是微观物流主体内部的信息化建设，如企业内部物流信息化系统的建立、应用与维护；二是微观物流主体之间的信息化建设，如货主与货主之间、货主与专业化物流企业之间，以及专业化物流企业之间的信息化建设。各国的物流信息化政策包括两个层次：一是有关促进微观物流主体进行物流信息化建设的政策；二是有关物流信息标准化与公共物流信息系统开发建设的政策。前者主要涉及政府如何向民间企业提供物流信息化建设的技术、信息、人才培训等方面的服务，以及对先进经验的推广。后者是各国物流信息化政策的重点，这类政策主要关注或解决的问题是：统一各种商业票据和商品条码、制定物流信息标准、开发各种信息读取装置；开发道路交通管理系统、卫星定位系统、电子数据交换系统、车辆与货物自动识别系统、货物跟踪系统、车辆与配送供求信息系统等。

2）物流标准化政策

标准化的重点是物流设备和工具的标准化，各国的物流标准化政策主要涉及运输、装卸设备和工具标准化，包装标准化，物流交易或服务标准化，物流信息标准化，物流成本标准化等。运输、装卸设备和工具标准化的重点是车辆、集装箱、托盘以及各种搬运工具的标准化；包装标准化的重点是货物运输的包装形状与使用的包装材料的标准化；物流交易或服务标准化主要指各种交易票据及主要服务内容的标准化；物流信息标准化主要指信息的传输标准化；物流成本标准化主要是指物流成本分类与物流成本核算方法的标准化。各国对上述标准化一般采用法律形式强制推行，其具体的政策形式是各种标准化法律以及相应的实施措施。

3）共同化物流政策

共同化物流就是协同化或合作化物流，指通过两个以上物流主体或物流方式共同合作而进行的物流，如铁路、航运和公路的复合运输等。例如，日本的“运输方式转换”就是将长途、大宗货物的运输由以卡车运输为主逐步向铁路、水上运输以及卡车与铁路、航运的复合运输方式转换，实现了优势互补，日本的“运输方式转换”得到了世界各国的重视和仿效。各国都制定了促进共同化物流的相关政策。这项政策多以诱导与鼓励性的行政或经济性政策为主，很少有强制性的法律。

5. 物流环境政策

随着物流规模的扩大、物流产业的发展，特别是公路物流的发展，交通拥挤、大气污染、噪声与振动也越来越严重，成为物流的最重要的外部不经济。于是针对交通拥挤、环境恶化而制定的政策也成为各国物流政策的重中之重。物流环境政策大体分为三类：一是发生源政策；二是交通量政策；三是交通流政策。

发生源政策主要是针对污染发生源而制定的物流环境政策，包括货运汽车尾气排放的限制政策、货运汽车车型的限制政策、货运汽车噪声与振动限制政策、低公害汽车的开发与应用政策等；交通量政策主要是针对货运车辆行走距离与行走次数而制定的物流环境政策，包括合理化使用货运汽车政策、促进低公害物流方式的使用政策、共同化物流政策、物流网点的布局规划政策等；交通流政策主要是针对货运车辆的走行路线或方式而制定的环境政策，主要包括环形路、高架路、地下路等的建设政策，公路与铁路交叉点的设计与管理政策，交通管制系统的智能化、信息化与高效政策，路面停车政策等。

从政策内容看，大部分交通量与交通流政策不是专门的环境政策，而属于其他领域或目的的物流政策。本书所指物流环境政策主要指发生源政策和部分交通量与交通流政策，具体包括上述的货运汽车尾气排放的限制政策、货运汽车车型的限制政策、货运汽车噪声与振动限制政策、低公害汽车开发与应用政策、低公害物流方式的使用政策、路面停车政策等。其中货运汽车尾气排放限制政策是针对所有地区与车型的，一般由各国的环境保护法或大气污染防治法来调整，而货运汽车车型的限制政策只适用于特定区域，如一些国家对进入大城市及特定区域的货运车型往往有很严格的限制。另外，低公害汽车主要指电动车。低公害物流方式使用政策主要包含两项内容，一是鼓励、促进由铁路与航运物流代替公路物流，或者鼓励使用铁路、航运与公路的复合物流方式，以尽量减少公路物流；二是鼓励利用营业性货运汽车，而尽量减少自有货运汽车的拥有量与使用量。

从各国实际情况来看，上述物流环境政策多数属于限制类政策，但也有一些属于扶持与促进类政策。同时，一些国家的物流环境政策不仅很严格，而且很具体，也很有特色。

6. 中小企业物流政策

无论是发达国家还是发展中国家，中小企业不仅数量巨大，而且对经济与社会发展具有不可替代的作用。这是各国关心、扶持中小企业健康发展的直接原因。为了促进中小企业健康发展，世界各国都制定了许多扶持与支援中小企业发展的政策，其中也包括以提高中小企业物流效率为直接目标的政策。中小企业物流政策的重点内容主要有两项：一是允许并鼓励中小企业成立“物流合作社”组织；二是在资金上直接支援中小企业的“共同利用型”物流中心的建设与运营。例如，日本于 1992 年就制定了《中小企业流通业务效率化促进法》，该法对上述两项政策内容作出了明确而具体的规定。

15.3.3　国外物流政策的发展趋势

1. 经济性管制放宽，社会性管制趋严

为适应世界经济信息化、网络化、服务化及市场全球化的需要，各国政府都不同程度地进入了“放宽管制”时代。传统的自由度较高的市场经济国家（如美国、英国）自不必说，即使是自由度较低的市场经济国家（如日本、法国），也开始对传统的“管制”项目进行调整。不仅如此，一些处于发展或改革中的市场经济国家或地区（东南亚新兴工业国家或地区），也随着国内经济体制改革的不断深化、全球化市场竞争的日益激烈，或根据加入 WTO 的承诺，而大大放宽了传统的“管制”项目。从总体上说，放宽管制是世界性潮流。

值得注意的是，放宽管制，主要是放宽经济性管制，而不是社会性管制。所谓经济性管制，就物流领域而言，就是对各类物流经营者的市场进入进行管制，以及对价格、收费标准、服务水平等进行管制。其主要包括两类：一是针对商品或服务要达到一定的品质而进行的质的管制；二是针对商品、服务的供给者（企业）数量和商品、服务的供给量而进行的量的管制。前者主要是指商品或服务的价格、质量管制；后者主要指新企业的进入及其供给量的管制，尤其对新企业进入物流市场的管制是管制的重点。

经济性管制不仅妨碍国内市场的竞争，而且也妨碍国际市场竞争特别是国内市场的国际竞争，从而不利于提高用户或消费者的福利，也不符合经济全球化的要求，因此各国的经济政策与物流政策都倾向于放宽或取消各种经济性管制。美、英等国家在 20 世纪 80 年代就对物流政策进行大幅度调整，基本取消了经济性管制，从而促进了物流市场的竞争，降低了物流成本与物流服务价格，也提高了物流服务水平。实践证明，放宽经济性管制的政策，对促进现代物流业的快速发展起到了积极作用。

与经济性管制不同，各国对社会性管制不但没有放松，反而更加严格。社会性管制主要是指对企业经营所产生的各种外部不经济的管制，如物流设施、网点空间布局、交通安全、环境污染、噪声与振动及能源消耗等方面的管制。例如，禁止货运车辆超载行驶，对违反者不仅要追究车辆拥有者与使用者的责任(主要是罚款)，也要追究司机的责任。另外，对货运车辆的二氧化碳、氮氧化合物及粉尘排放量的限制标准也越来越严格。同时，对货运车辆的安全性限制也日趋严格，普遍强化了货运车辆的安全检查制度，而且对违反驾驶时间、让司机进行疲劳驾驶的经营者给予刑事处分。

2. 综合化、系统化

20 世纪 90 年代后期，各国物流政策的一个重要趋势是综合化、系统化。这不仅因

为物流本身就是一个包含多种构成要素的大系统，而且还因为现代物流系统也是整个经济、社会这个更大系统的有机组成部分，并对整个经济、社会系统产生越来越重要的影响。因此要求物流政策也必须是综合的、系统的，不仅要考虑物流本身的效率，还要考虑物流系统对整个经济、社会系统的影响、贡献或外部的不经济；不仅要考虑物流基础设施的建设与布局，还要考虑物流网点的网络化；不仅要考虑国内物流的效率，还要考虑国际物流特别是区域化国际物流的效率；不仅要考虑硬件建设，还要考虑软件建设；不仅要考虑经济效率，还要考虑社会与环境效应等。

3. 重点突出、目标明确、跟踪实施

尽管各国物流政策体系日趋完善，内容愈加丰富，但是并非对所有物流问题都给予同等的政策关怀，而是要重点突出、目标明确。从各国物流政策发展趋势来看，其政策重点主要体现在完善基础设施、重视智能化、突出环保三个方面。

4. 规范地方行政审批，依法治理物流运营

各国针对物流行业普遍存在的诸如部门和地方行政审批繁多、现行税收管理办法不适应物流发展的需要、货物运输的“三乱”现象等突出问题，普遍强化法治手段，淡化行政手段。

5. 第四方物流正在兴起，行业自律组织日臻完善

目前，国外正在兴起第四方物流研究和实验的热潮。事实表明，第四方物流的发展可以满足整个物流系统的要求，在很大程度上整合了社会资源，节约了物流资源，缩短了流通时间，提高了物流效率，减少了环境污染。

为了更好地适应现代物流业的发展要求，世界各国普遍建立了物流行业自律组织，既有全国性的行业自律组织，也有区域性的行业自律组织，还有专业性的行业自律组织，即协会、学会、联合会。在许多国家，这些行业自律组织已经成为物流政策主体的主要成员之一，主动参与物流行业的管理和运作。

15.4 国内物流政策体系

经过几十年的发展，物流行业在我国的规模已有显著增长，但政策结构体系还不健全，现行的政策主要依赖于各运输领域法规相关条款的引用，未形成完善的、系统的纲领性指导条例。本节在总结现行结构体系的基础上对目前物流政策存在的不足给出建议。

扩展阅读15-3：
我国现行物流政策的结构体系

15.4.1 我国现代物流相关政策法规的局限性

现代物流作为新兴产业，需要良好的宏观政策环境。我国现行的政策法规对维护传统物流业的基本经济秩序发挥了一定的作用，但在促进现代物流业的发展上仍存在不少政策层面的制约因素，亟须按照市场经济规律和现代物流发展的客观要求进一步加以完善。

1. 缺乏权威性和统一性

我国执行的有关物流方面的法律法规从内容和行业管理上分散于海陆空运输、消费者保护、企业管理、合同管理以及各部委分别制定的有关规章和管理办法中，是在不同时期、由不同部门针对不同问题制定的，大多以“办法”“条例”“通知”等形式存在，在具体运用中缺乏普遍适用性，多数只适合作为物流主体进行物流活动的参照性依据，带有地方、部门分割色彩，不利于从宏观上引导物流业的发展，也缺乏对物流主体行为的必要制约。这其中包含着立法体制问题，涉及有关国家机关立法权的分配。因为没有一个主管部门，导致了物流法规之间的冲突，而这些法规冲突在实施过程中就不可避免地产生一些问题。

2. 缺乏系统性和专门性

目前，我国实施的物流方面的法规，或与物流有关的法规，在形式上散见于各类民事、行政法律法规以及各部门制定的有关规则和管理办法上，形成了多头而分散的局面，缺乏物流行业系统专门的法律规定。况且这些立法涉及众多部门，如交通、铁道、航空、内贸、外贸、工商等，而这些部门协调度不够，在制定相关法规时基本上各自为政，进而导致各法规缺乏系统性，甚至出现相互冲突的现象，阻碍着我国物流业的发展。

3. 缺乏及时性和全面性

我国现行的不少物流方面的法律法规已经不适应现代物流业的发展，更不能适应我国加入 WTO 后物流国际化发展的需要。我国大部分物流法律法规是在过去计划经济体制或从计划经济向市场经济体制过渡的社会经济环境下制定并被沿用下来的，而当前物流业存在和发展所依托的经济体制、管理体制、市场环境等都已经发生了根本性的变化，物流业作为一个新兴的产业，其含义和实际内容也与以前大为不同。先前制定的法律法规有相当部分并没有因此而作出修订。我国已经加入 WTO，物流作为一个主要的服务业将逐步开放，物流业也逐渐变得国际化。在这种情形下，原有的物流法律法规存在的问题就更多了，这将阻碍物流业的快速发展。

与此同时，内容上的缺失和空白也是一个日益突出的问题。现代物流业经过充分的发展，其含义与业务已经远远超出了运输仓储这一狭小范围。对现代物流带来的新业务、新问题，原有的物流法律规范均没有对其进行规范。譬如，物流标准化的问题，我国目前只是颁布了国家《物流术语》，对于物流计量标准、技术标准、数据传输标准、物流设施和装备标准、物流作业和服务标准等还都没有制定法定标准。再如，对于物流市场的准入法律制度、物流企业的资质问题等也没有制定相关的法律法规。这一问题的存在，将直接导致物流业在许多领域无法可依，甚至可能出现一定的混乱局面，不利于物流业的健康发展。

扩展阅读15-4：
我国现行物流政策法规体系存在的问题

15.4.2 我国现行物流政策法规体系的完善

在对现代物流业的政策体系的构建中，对于原有政策不能适应现代物流业发展的，应从以下途径着手改造。

1. 制定统一的物流产业发展规划，建立物流业统一开发市场

物流政策体系应界定为由不同层次、不同类型的与物流直接或间接相关的政策法规文件组成的有机联系的统一整体。要制定统一的物流法规，理顺不同单行法规的内在结构与逻辑脉络，应确立在现代市场经济下物流运行共同遵循的基本原则，从而避免跨部门物流政策法规体系的内部重复和矛盾，避免物流产业内部自律以及地方、中央物流管理过程中产生的分歧和冲突。

2. 建立适应市场经济体制的物流政策规范体系

在对现有物流政策法规的调整中，要在认真清理、修订内容过时而影响物流产业发展的相关政策法规的基础上，建立健全适应社会主义市场经济体制和现代物流产业发展的物流法律法规体系，以保证我国物流业在不断完善的政策环境中健康发展。因为，现在物流业的健康、持续发展离不开良好的市场法制环境，需要政府通过制定实施完善的物流政策制度加以有效的干涉。

3. 完善适应物流国际化发展需要的技术标准

目前我国物流业的标准化程度还很低，在很多流通环节，特别是包装、运输和装卸等环节中，都没有制定必要的行业规范和技术标准，这导致物流成本上升，严重影响了物流产业的迅速发展。因此，我们应制定和完善与国际标准接轨的国家标准，以实现物流活动的标准化和规范化，从而适应国际物流发展的基本要求。

总之，现在物流行业的发展与兴盛依赖于统一、透明、公平和高效率的政策制度环境。市场经济是法制经济，在市场经济条件下，完善的政策体系既为国家的宏观管理提供了依据，也为企业的微观活动提供了准则。加强和完善我国的物流法制，改善我国的物流法制环境，对于促进我国物流业的健康发展具有重要的现实意义。

15.4.3 我国现行物流政策体系的现状分析

从现行政策的制定来看，国务院2009年发布的《物流业调整与振兴规划》（国发〔2009〕8号）、2014年9月发布的《物流业发展中长期规划（2014—2020年）》（国发〔2014〕42号）等形成了各级政府编制物流业发展政策的指导规划。当前物流业相关支持政策主要分布于各项物流业发展政策文件之中，归纳起来大致可以分为三类：第一类为各级政府发布的针对物流业发展的具体政策，如各地物流发展专项规划等；第二类为各级政府发布的为落实物流业发展相关规划所明确的发展意见；第三类为各级政府发布的涉及物流业发展政策支持的现代服务业发展规划。选取现行的8项国家级物流政策文件、46项省级政策文件和65项市级政策文件，按照八大主题22个分支对“十三五”时期发布的政策进行深度梳理后所完成的统计分析结果见表15.1。

表15.1 各级政府关于物流业发展的八大主题22个分支的政策统计

政策主题和分支	国家级		省级		市级	
	排名	比例/%	排名	比例/%	排名	比例/%
土地政策	3		3		1	
土地保障		71.43		73.91		58.46
土地优惠		0		0		33.85
土地使用监管		28.57		6.52		9.23
税收政策	7		5		3	
税收优惠		14.29		56.52		52.31

续表

政策主题和分支	国家级		省级		市级	
	排名	比例/%	排名	比例/%	排名	比例/%
生产性企业主辅分离税收优惠		0		0		21.54
资金政策	3		1		2	
资金支持		28.57		43.48		50.77
融资支持		71.43		84.78		40.00
行政费用清理	5		3		5	
水电气价格与工业同步		14.29		34.78		26.15
过路费清理/减免		14.29		23.91		18.46
其他行政收费目录清理		0		21.74		13.85
通行政策	4		7		7	
通关效率		14.29		6.52		20.00
车辆通行权		57.14		15.22		27.69
物流通道开通奖励/补贴		0		0		6.15
培育重点	2		4		6	
重大项目		28.57		23.91		7.69
技术创新与标准推进		85.71		15.22		12.31
统计分析与信息平台		57.14		36.96		35.38
人才政策	6		6		8	
人才引进与培育		28.57		39.13		24.62
市场监管	1		2		4	
放宽准入		28.57		21.74		15.38
简化审验		57.14		23.91		21.54
制度规范		42.86		8.70		9.23
信用体系		42.86		30.43		10.77
多方协同		14.29		23.91		13.85

注：本表展示了各级政府政策支持主题的排名以及政策主题与分支的政策文件数量占总政策文件的比重，由于一项政策中所涉主题往往不止一个，因此各主题所占比例之和大于100%。

从现行政策制定时间来看，国家级政策以“十三五”前为主，省级政策中近50%为“十三五”时期新制定的发展规划，市级政策中“十三五”时期新制定发展规划占26%。通过对现行物流政策内容的梳理，不难发现，物流政策已经从土地、资金、税收等一般性的产业支撑政策开始向更凸显物流业发展特性方面延伸，如通关效率、通行权等通行政策、水电气价格与工业企业同步、过路费清理/减免等行政费用清理政策，以及物流创新与技术标准推进、统计分析与信息平台建设等。

扩展阅读15-5：
我国现行物流政策的比较

15.4.4 对于中国物流业政策体系的展望

基于上述物流政策的内容分析不难发现：进入“十三五”时期，物流政策体系所涉及的政策内容更为全面，政策重点更为突出，政策倾斜更加明确。国家级物流政策突出对产业发展的宏观引导与监管；省级政府在推进国家级政策与市级政策衔接的同时，更侧重在其权责范围内积极强化对物流业发展的政策支持力度；市级政策则向物流设施建设、物流市场主体培育等方面倾斜。随着物流政策的推进和落实，我国物流业发展的成效也逐步显现：作为现代服务业，物流业支撑社会经济发展的能力显著提升；物流基础设施与骨干网络建设初步布局完成，建成了世界领先的公路网、铁路网、物流骨干节点和完善的物流运营体系；拥有国际领先的物流技术和装备，无人车、无人机、全自动无人配送中心已经出现，物联网、云计算、大数据、区块链、移动互联、智慧物流等先进信息技术在物流领域得到广泛应用。但也应当注意到，伴随着物流需求规模的扩张与层次的提升，物流业的供给侧结构性问题也长期存在：各地物流业发展“小、散、乱”现象依然突出，服务功能较为初级，服务方式较为粗放，处于低度发展水平，产业附加值也处于低位。从“十三五”时期来看，2016—2018年社会物流总额增速均高于6.0%，保持在6.1%～6.7%之间，2019年回落至6%以内。与同期GDP相比，“十三五”以来社会物流总额已连续多年低于GDP增长，显示当前经济增长方式已从物化劳动为主向服务化活劳动为主转变。2019年社会物流总费用比上年增长7.3%，增速比上年回落2.5个百分点。社会物流总费用与GDP的比率为14.7%，比上年同期下降0.1个百分点。其中，运输物流效率持续改善。物流运输系统更为高效，铁路、管道运输费用占比均有提高，相对费率较高的道路运输比率有所下降，显示当前运输费用结构更趋合理。各种交通方式向一体化融合发展转变，运输结构进一步优化，铁水、公铁、公水、空陆等联运发展迅速，多式联运及运输代理等高效连接方式占比提高1.1个百分点。

要改变这一发展态势，需从以下几个方面着手。

首先，需要充分认识当前中国物流业的发展阶段。与传统制造业、传统服务业不同，物流业是现代产业体系分工的结果，属于现代服务业范畴。中国现代物流业萌芽于20世纪80年代，于20世纪90年代正式起步，当前尚处于探索发展的成长期。社会各界均意识到了物流业发展在各地生产生活中的重要作用，但尚未形成较为成熟的发展模式，地区间发展也极不均衡，物流企业经营模式、产业技术、服务功能不断更迭，互联网技术更新迅速，除去发展中已经和可能出现的突出问题之外，各级政府难以针对行业发展形成明确的产业发展引导、技术服务标准、行业监管规范等，相关政策的前瞻性与可操作性受到前所未有的挑战。

其次，需要明确中国物流业发展的主体及产业发展的动力机制。如前文所述，各级政府已经明确了中国物流业应以市场化为主，需要充分发挥企业主体的能动作用。当前，各级政府通过土地保障政策、资本政策、技术创新与标准推进、统计分析与信息平台等为物流业的发展提供良好的发展基础，以放宽准入、简化审验引导更多企业进入物流领域，借助土地优惠、税收优惠、行政费用清理、通道补贴等政策降低物流运营成本，凭借车辆通行权、通关效率等政策提高物流服务效率，并通过制度规范、信用体系、多方协同政策对物流业进行行业监管。不难发现，现行政策除重点项目外，多为普适性的支撑性政策与监管政策，能激发物流企业主体能动作用的针对性政策缺失，对物流企业乃至物流市场的促进作用极为有限。

最后，需要明确中国物流业产业政策的走向。产业政策的本质是一种政府行为，是一种非市场性质的经济调控手段，是政府管理经济的基本工具。制定和推行产业政策是政府经济职能的重要实现形式。就促进产业发展的目标而言，产业政策并非对任何产业都具有同等的作用，产业政策本身也并非万能的魔杖，片面夸大产业政策作用是不可取的。因此，对于物流业的产业政策建议可归纳为：要支持资源整合，鼓励物流企业做大规模；加快物流管理、技术和服务标准的建设与推广，进一步完善物流标准体系；打破部门和地区间的分割与封锁，促进物流市场的一体化建设；完善相关制度，保障物流服务的社会化和资源利用的市场化；促进物流业的空间合理布局，以增强其空间利用能力。

基于此，未来调整中国物流业政策的内容体系，可以从以下两方面入手。

一方面，契合中国物流业实际，重构物流政策结构。可将物流政策划分为保障类政策、培育类政策、监管类政策与促进类政策，其中，保障类政策主要包括对资本、土地、通道、人才等物流业发展所需要素的支持政策，侧重于支持和鼓励物流基础设施和物流骨干网络以及运输通道的建设，并与一定力度的金融支持相配套；培育类政策主要包括为节省物流企业运营成本而给予的具有一定时效性的税费减免支持政策，侧重于增强物流企业内生动力，鼓励做大做强，提升竞争能力；监管类政策致力于规范市场运营，规范市场行为，建立竞争有序的物流市场环境；促进类政策着力于在鼓励物流企业重点发展的方向与其他各类政策之间建立条件关系，进而促进物流企业主体向着各级政府所引导的方向发展。

另一方面，以企业竞争推动行业技术革新等政策内容的实现，即不再构建物流业的地方乃至国家标准，鼓励企业建立企业标准，鼓励企业与协会联合制定团体标准，并通过竞争方式将企业标准发展成地方标准乃至国家标准。在这里尤其强调鼓励物流企业积极探索制定团体标准。这将有助于明确市场准入标准，在很大程度上避免市场主体的良莠不齐，有助于形成良好的外部环境，为物流企业的转型升级创造规范的发展空间。此外，团体标准的制定，有利于建立行业的准入机制，形成相对平等的竞争主体，营造公平有利的市场竞争环境；有利于行业的规范发展，形成竞争有序的发展秩序；有利于加强企业自律和行业管理，配合相关评级达标工作，形成标准化的管理体系，促进企业和行业的良性互动发展；有利于宏观调控和监管的实施，以团体标准为参照的监管更具有针对性和有效性，从而强化物流企业能动作用，构建物流业发展的内生动力，提高中国物流业发展的整体水平。

即测即练

自学自测 扫描此码

应用与实践 国外智慧物流政策的比较与启示

案例分析　改革开放40年来中国物流业与物流政策的发展历程回顾

本章习题

1. 物流政策的功能有哪些？
2. 简述物流政策体系的分类。
3. 你认为现代物流政策的发展趋势应该包括哪些方面？
4. 如何看待我国现行的物流政策及其存在的问题？

第16章

物流发展新趋势

【学习目标】

认识智慧物流、绿色物流、云物流的概念、类别及特征；
理解绿色物流系统的构成和第四方物流的发展条件与趋势；
识别云物流体系架构和服务运行模式，云物流实施的关键技术；
掌握智慧物流的基本技术、发展趋势和实际应用。

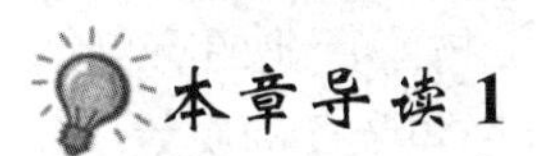

本章导读 1

贝克啤酒的海上运输线

船舶运输是贝克啤酒出口业务的最重要运输方式。贝克啤酒厂毗邻不来梅港，是其采取海运的最大优势。凭借全自动化设备，标准集装箱可在 8 分钟内灌满啤酒，15 分钟内完成一切发运手续。每年，贝克啤酒通过海运方式发往美国一地的啤酒就达 9 000TEU（为货柜容量的计算基础）。之所以选择铁路运输和海运方式，贝克啤酒解释为两个字：环保。欧洲乃至世界范围陆运运输的堵塞和污染日益严重，贝克啤酒选择环保的方式不仅节约了运输成本，还为自己贴上了环保的金色印记。

本章导读 2

荷兰花卉的“快速通道”

建立专业的地下物流系统是荷兰发展城市地下物流系统的显著特点。在荷兰首都阿姆斯特丹有着世界上最大的花卉供应市场，往返在机场和花卉市场的货物供应与配送完全依靠公路，对于一些时间性很高的货物（如空运货物、鲜花、水果等），拥挤的公路交通将是巨大的威胁，供应和配送的滞期会严重影响货物的质量（鲜花耽搁 1 天贬值 15%）。因此，人们计划在机场和花卉市场之间建立一个专业的地下物流系统，整个花卉的运输过程全部在地下进行，只在目的地才露出地面，以期达到快捷、安全的运输效果。

思考：物流业的快速发展带来哪些社会福利的新趋势？

16.1 智慧物流

在供给侧结构性改革和用户对物流服务个性化及质量的要求不断提高的背景下，传统物流的发展和运作模式已无法满足日益增长的需求，亟待革新。近年来，随着大数据、人工智能、云计算、5G 等信息技术的快速发展、普及和产业化，从传统物流到智慧物流的过渡条件已基本具备。党的二十大报告指出“推动战略性新兴产业融合集群发展，构建新一代信息技术、人工智能、绿色环保等一批新的增长引擎”。

16.1.1 智慧物流的概念

1. 智慧物流的定义

通常，智慧物流被定义为“通过智能硬件、物联网、大数据等智慧化技术与手段，提高物流系统分析决策和智能执行的能力，提升整个物流系统的智能化、自动化水平”。而著名物流专家李芏巍教授将智慧物流定义为“互联网与新一代信息技术应用于物流业中，实现物流的自动化、可视化、可控化、智能化、信息化、网络化，从而提高资源利用率的服务模式和提高生产力水平的创新形态”。在此基础上，王之泰教授认为智慧物流是“将互联网与新一代信息技术和现代管理应用于物流业，实现物流的自动化、可视化、可控化、智能化、信息化、网络化的创新形态”。由上述定义可以看出，智慧物流的概念蕴含了先进技术和传统物流行业的有机结合，以提升物流行业的运行效率和服务的质量，而智慧物流系统中绝不仅仅强调技术条件，管理问题中体制和人的因素也是不可忽略的重要成分，以信息系统学的角度来看二者必须充分有机地交互才能使整个系统有效运作。

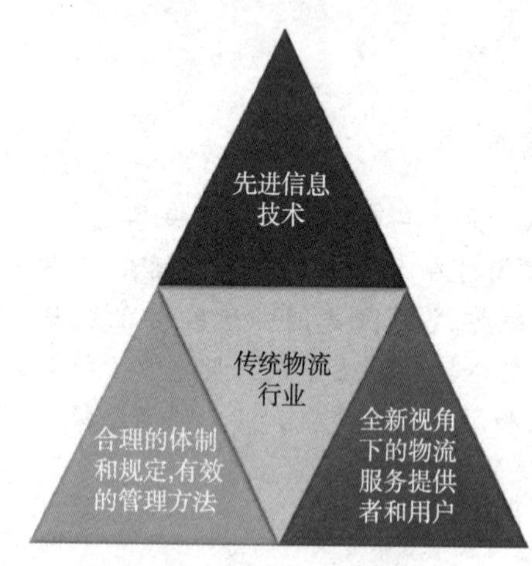

图 16.1　智慧物流结构图

以上的定义局限于对物流行业的智慧化变革，更进一步地，我们认为，智慧物流除了对物流产业和服务进行智慧化变革外，也包含了用户基于此变革的全新生活方式，智慧物流如同互联网一样，引导新的需求，引领和促进其他领域发生变革（图 16.1）。

2. 智慧物流的背景

1）中国智慧物流发展历程

2009 年 8 月 7 日，温家宝同志在无锡提出了“感知中国”的理念，表示中国要抓住机遇，大力发展物联网技术。11 月 3 日，温家宝同志再次指示要着力突破传感网、物联网关键技术。进入 2010 年，物联网成为当年两会的热门话题，“积极推进‘三网’融合，加快物联网的研发应用”也首次写入政府工作报告。

扩展阅读 16-1：
智慧物流的发展历程

“十三五”时期，国家实施“互联网+”战略，我国智慧物流迎来发展机遇期，智慧物流加快转型升级成为必然趋势。

2016年，国务院总理李克强主持召开国务院常务会议，从国家层面部署推进“互联网+”高效物流。经国务院同意，国家发展和改革委员会会同有关部门研究制定了《“互联网+”高效物流实施意见》，交通运输部、商务部、工业和信息化部等有关部门从各自职能领域出发部署推进“互联网+”高效物流相关工作，为推动智慧物流发展营造良好政策环境。2016 年，全国社会物流总额达 230 万亿元，其中工业品物流总额占 90%以上，仍然是最主要的社会物流需求来源。我国社会物流总费用超过 11 万亿元，已经超过美国，成为全球最大的物流市场。全国货运量达到 440 亿吨，其中公路货运量、铁路货运量、港口货物吞吐量多年来位居世界第一。快递业务量突破 300 亿件，继续稳居世界第一。2022 年，党的二十大报告指出“加快发展物联网，建设高效顺畅的流通体系，降低物流成本”。

科技创新和技术进步成为物流提质增效的驱动力。越来越多的企业加大技术装备改造升级力度，行业信息化、自动化、机械化、智能化趋势明显。随着移动互联网的快速发展，大量物流设施通过传感器接入互联网。我国已经有超过 400 万辆重载货车安装北斗定位装置，还有大量托盘、集装箱、仓库、货物接入互联网。物流连接呈快速增长趋势，以信息互联、设施互联带动物流互联，物流互联网的形成正处于关键时期。物流升级创造和奠定了智慧物流发展的前提与基础。例如，菜鸟广州增城物流园建设的自动化分拣系统，每天可高效处理超百万级商品，拣货准确率接近 100%。

2）发展智慧物流的意义

（1）降低物流成本，提高企业利润。智慧物流能大大降低制造业、物流业等各行业的成本，实打实地提高企业的利润，生产商、批发商、零售商三方通过智慧物流相互协作、信息共享，物流企业便能更节省成本。其关键技术诸如物体标识及标识追踪、无线定位等新型信息技术应用，能够有效实现物流的智能调度管理，整合物流核心业务流程，加强物流管理的合理化，降低物流消耗，从而降低物流成本，减少流通费用，增加利润。

（2）加速物流产业的发展，成为物流业的信息技术支撑。智慧物流的建设，将加速当地物流产业的发展，集仓储、运输、配送、信息服务等多功能于一体，打破行业限制，协调部门利益，实现集约化高效经营，优化社会物流资源配置。同时，将物流企业整合在一起，将过去分散于多处的物流资源进行集中处理，发挥整体优势和规模优势，实现传统物流企业的现代化、专业化和互补性。此外，这些企业还可以共享基础设施、配套服务和信息，降低运营成本和费用支出，获得规模效益。

（3）为企业生产、采购和销售系统的智能融合打基础。随着 RFID 技术与传感器网络的普及，物与物的互联互通，将给企业的物流系统、生产系统、采购系统与销售系统的智能融合打下基础，而网络的融合必将产生智慧生产与智慧供应链的融合，企业物流完全智慧地融入企业经营之中，打破工序、流程界限，打造智慧企业。

（4）提升消费者购物体验，引导新的需求和生活方式。智慧物流通过提供货物源头自助查询和跟踪等多种服务，尤其是对食品类货物的源头查询，能够让消费者买得放心、吃得放心，在增加消费者的购买信心的同时促进消费，最终对整体市场产生良性影响。基于服务体系的改变，用户也将产生一系列新的服务需求，养成新的生活习惯，形成新的生活方式，使社会生活进一步迈向现代化。

（5）提高政府部门工作效率，有助于政治体制改革。智慧物流可全方位、全程监管食品的生产、运输、销售，在大大减轻相关政府部门的工作压力的同时，使监管更彻底、更透明。通过计算机和网络的应用，政府部门的工作效率将大大提高，有助于我国政治体制的改革，精简政府机构，裁汰冗员，从而削减政府开支。

（6）促进当地经济进一步发展，提升综合竞争力。智慧物流集多种服务功能于一体，体现了现代经济运作特点的需求，即强调信息流与物质流快速、高效、通畅地运转，从而降低社会成本，提高生产效率，整合社会资源。

（7）吸纳就业，缓解老龄化压力。2019 年中国出生人口降至 1 465 万，65 岁及以上人口占比达 12.6%，随着人口老龄化逐渐严重，我国的可靠劳动力数量在 2010 年后不断下降。传统物流行业的体力劳动不利于高年龄群体加入，而智慧物流将缓解我国的老龄化压力，为更多人提供岗位。

（8）减少资源消耗，助力生态文明。当前，我国物流业能耗排在工业和建筑业之后，大量能耗浪费在了无效的长距离运输、产成品库存、过度包装等物流环节。智慧物流通过智能规划与资源共享减少无效物流能耗排放，为绿色环保与可持续发展创造有利条件。例如，通过使用菜鸟电子面单，每年可节约纸张消耗费用约 12 亿元。另外，智能交通工具的发展也将进一步减少能源的消耗和污染排放，促进社会可持续发展。

16.1.2 当前实际应用中的智慧物流场景

1. 智能仓储系统

智能仓储系统是由立体货架（图 16.2）、有轨巷道堆垛机、出入库输送系统、信息识别系统、自动控制系统、计算机监控系统、计算机管理系统以及其他辅助设备组成的智能化系统。其综合了自动化控制、自动输送、场前自动分拣（图 16.3）及场内自动输送，通过货物自动录入、管理和查验货物信息的软件平台，实现仓库内货物的物理运动及信息管理的自动化及智能化。智能仓储系统采用一流的集成化物流理念设计，通过先进的控制、总线、通信和信息技术应用，协调各类设备动作，实现自动出入库作业。

图 16.2 立体货架

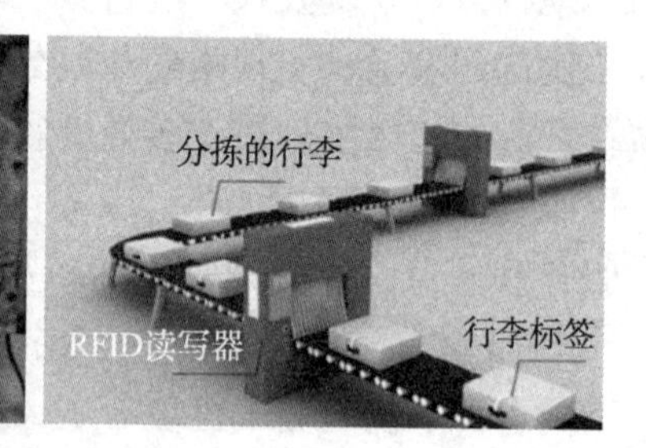

图 16.3 智能货件分拣系统

在物流系统中，每个货物都拥有其 RFID 芯片储存自己的信息，在物流过程中，物流公司以及客户可以通过网络客户端了解 RFID 货品当前的具体位置，以及环境信息。同时，在运输过程中，客户的要求可能也会有变化，物流公司可以对货物的运送储存方式进行相应调整，实现全程管控货物，避免货物丢失、误送。可以按照实际情况调度车辆路线，比如规避前方拥堵路段、维修路段等，从而最大限度缩短运送时间，减少可能的损失，及时满足客户需求。通过货物上的 RFID 芯片，货物装载时，经过扫描设备，自动录入物品信息，卸货检验后，经过读取 RFID 通道，将物品放置到可读取 RFID 芯片信息的货架，物品信息就自动储存在信息系统，这样能精确定位物品，缩短物流作业时间，提高工作效率，减少人工成本。利用智慧物流管理，物流公司在整个物流过程中，能够完全实时掌控货品情况，有效调配资源，为客户提供高效准确的物流服务。

在智能化仓库中，搬运机器人及自动化叉车（图 16.4）可代替人工完成货物的上架下架与出库入库，减少人在工作中的危险和疏忽，其更加平稳的特性减少了货物受到损坏的概率。

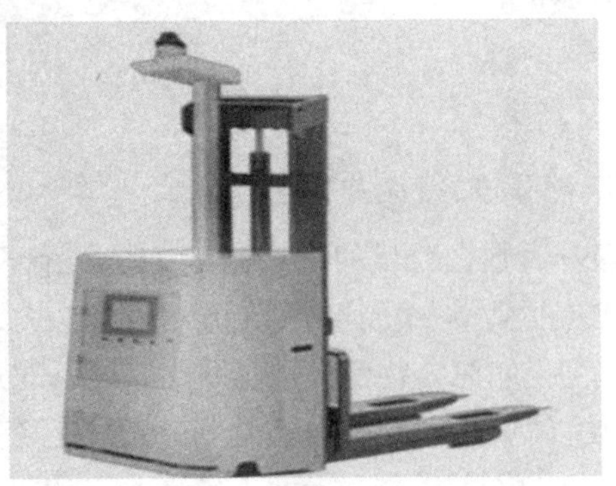

图 16.4　搬运机器人及自动化叉车

2. 智能送货

“最后一公里”配送是指客户通过电子商务途径购物后，购买的物品被配送到配送点后，从一个分拣中心，通过一定的运输工具，将货物送到客户手中，实现门到门的服务。配送的“最后一公里”并不是真正的一公里，而是指从物流分拣中心到客户手中这一段距离，通过运输工具，将货物送至客户手中的过程。由于属于短距离，俗话称之为“一公里配送”。这一短距离配送，是整个物流环节的末端环节，也是唯一一个直接和客户面对面接触的环节，意义重大。

“最后一公里”配送服务是电商面对客户的唯一方式。负责“最后一公里”配送服务的第三方物流将帮助完成电商或产品的品牌传播和货物售后服务等工作。客户个性化的需求，例如以旧换新的上门服务，都是依靠“最后一公里”来实现的。客户满意度很大程度上取决于这个环节的质量和效率。“最后一公里”配送服务可实现增值效益。服务中积累的数据，蕴含于客户端的丰富资源，能够积累出基于数据采购、信息管理的极有价值的东西，为前端市场预测提供有力的支撑。“最后一公里”配送，使得整个物流由被动转向主动分析客户信息，挖掘出隐藏价值，为客户提供个性化服务。由于直接的客户接触，企业的形象、价值文化等都能够通过“最后一公里”配送服务进行传播，达到增值效益。总体来说，“最后一公里”配送意义重大，不仅是电子商务企业成败的关键，也是对电商消费者极其重要的一个物流活动。只有做好“最后一公里”配送，电商企业才能真正快速发展，整个物流过程才可以称得上通畅，才能获得客户满意。

在现实配送环境中往往存在许多因素影响配送服务质量，如高温或拥堵等情况将大大降低配送人员及时送货的能力，而以此产生的情绪波动可能会影响到用户的体验。当前京东、亚马逊等电商巨头已经开始布局无人自动送货机器人，力图解决“最后一公里”的问题，仓库环境相对封闭简单，应用人工智能技术的门槛较低，而户外环境则要复杂得多，尽管当前的试验结果尚不完美，但仍具有很大的启发意义（图 16.5、图 16.6）。

图 16.5　送货无人机

图 16.6　京东送货无人车

3. 物流大数据平台

随着大数据时代的来临，大数据分析也应运而生。通过物流大数据及时获取并汇集海量物流行业数据资讯并进行分析，可以短时间内实现价值转换，全面了解物流行业的变化趋势。而建立物流大数据平台，可以通过可视化分析等手段为众多物流行业人员提供便捷、高接受度的决策辅助服务。另外高效的电子数据收集与存储避免了纸质化数据存储造成的资源浪费，降低了数据丢失的风险，并可以通过更广泛地汇集数据帮助物流行业人员站在更高的层面观察行业现状。目前已经有一些官方或企业建立了物流大数据平台，为整个物流行业的发展提供助力（图 16.7）。

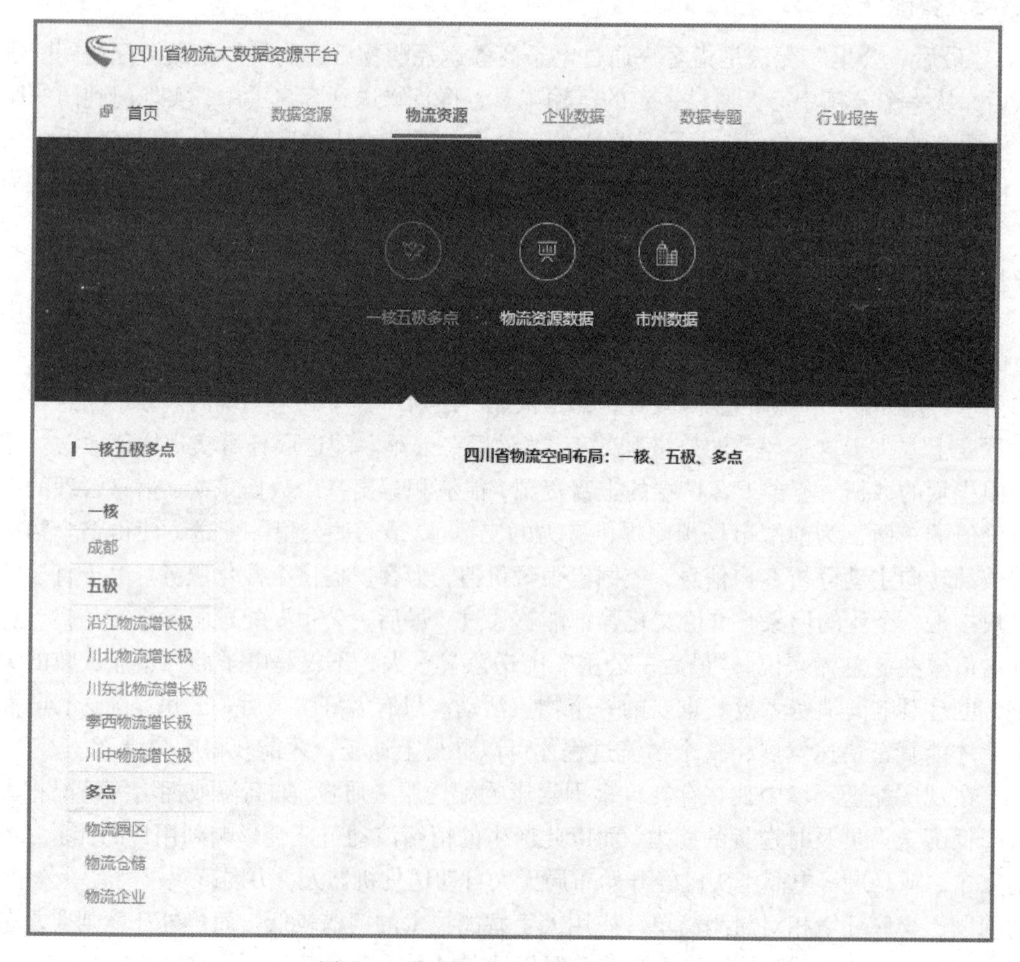

图 16.7　四川省物流大数据资源平台

扩展阅读 16-2：
智慧物流将去向何处？

4. 智慧调度

基于已有物流、交通大数据的支撑和运筹学的方法，已有众多研究着眼于解决物流环境中的智能调度问题，通过对物流资源的科学规划和调度可以很大程度上减少资源浪费、提升物流服务质量。如 Li 等人提出了一种智能食品物流系统的集成生产库存路径规划方法，考虑到食品物流的特殊性，立足于最小化总生产、库存和运输的目标，他们提出的基于约束的两阶段迭代启发式和模糊逻辑相结合的方法在实际应用中减少了食品浪费，提高食品质量和安全水平，增强食品企业的竞争力。

另外，云环境下的物流以及物联网等场景将在本书其他部分详细介绍。

16.1.3　智慧物流发展需注意的问题

1. 全流程智慧化

智慧物流的智慧应该体现在全方位的智慧，而不仅局限于对物流运输和分拣过程的智慧化，智慧物流需要从制造到销售整个流程的智慧化，否则上下游运作模式不匹配将大大降低智慧化的效果。

2. 管理体制以及传统观念的转变

智慧物流必将带来业务流程和运作方式的变革，因此管理方法和政策制度也需要进行对应的改变。同时，当前传统物流企业观念转变与战略转型速度稍显不足，如何推动物流企业拥抱互联网，加入智慧物流生态体系构建中来，形成协同共享的产业新生态是智慧物流下一步发展面临的艰巨挑战。另外，智慧物流服务的用户也需要改变以往的传统观念，以更新的视角审视和迎接新的服务，为智慧物流的发展提出新的需求和意见。

3. 智慧物流需要与新基建共同发展

新型基础设施建设（简称新基建），主要包括 5G 基站建设、特高压、城际高速铁路和城市轨道交通、新能源汽车充电桩、大数据中心、人工智能、工业互联网七大领域，涉及诸多产业链，是以新发展理念为引领、以技术创新为驱动、以信息网络为基础，面向高质量发展需要，提供数字转型、智能升级、融合创新等服务的基础设施体系。智慧物流必须与基础设施建设协同发展，智能技术必须依靠完善的基础设施才能走出实验环境，进入现实场景和产业化。

16.2　云仓物流服务体系

16.2.1　云物流

1. 云物流概念

云物流是一个综合的概念，它首先表现为一种现代物流的运作模式，是现代物流发展的新阶段，是一种整合了各种管理理念的新的物流管理和运作理念；其次是各种先进的信息技术在物流领域应用的一个完整的体现，在原有物流信息化运作的基础上，集成了当前最新的物联网、云计算等信息技术，是一个高度集成的技术应用体系；最后是一个现代物流运作的重要平台和载体，基于云物流平台，物流企业能够根据市场的需求，按需动态地为客户提供一种安全可靠以及有质量保证的“一揽子”物流综合解决方案。

云物流是云计算在物流行业的应用服务，即云计算派生出云物流。云物流利用云计算的强大通信能力、运算能力和匹配能力，集成众多的物流用户的需求，形成物流需求信息集成平台。用户利用这一平台，最大限度地简化应用过程，实现所有信息的交换、处理、传递，用户只需专心管理物流业务。同时，云物流还可以整合零散的物流资源，实现物流效益最大化。

从长远看，云物流具有广阔的发展前景。计算机的信息系统不仅仅支撑起物流系统的运营、发挥物流系统中枢神经的作用，而且在充分利用云计算的基础上，云物流有可能使物流的许多功能发生质的变化。

2. 云物流体系结构

为了实现云物流的资源共享，为客户提供一体化的物流服务，本书提炼了云物流的体系结构，如图16.8所示。云物流体系结构是云物流信息平台支撑下的一个层次化的体系框架，从下向上依次分为六个层次：资源层、虚拟化和感知层、服务层、核心功能层、应用模式层和平台服务层。

扩展阅读16-3：
快递业中云物流、第三方物流、第四方物流的联系

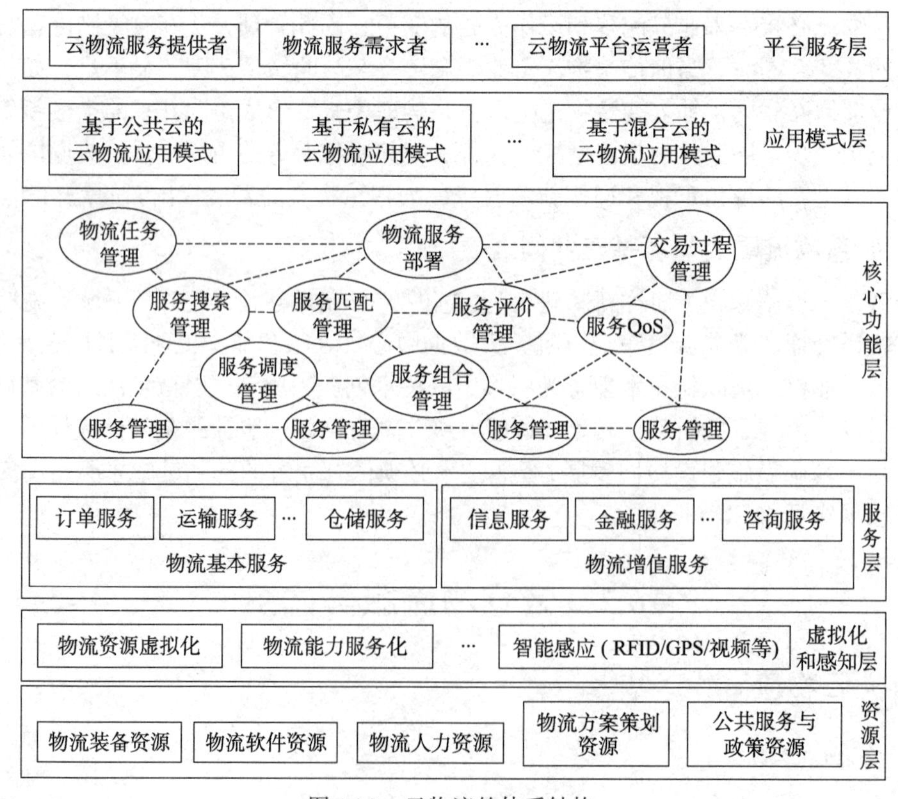

图16.8 云物流的体系结构

1）资源层

资源层涵盖了云物流运作过程中涉及的各类物流资源和物流能力，提供客户一体化

物流服务解决方案中的各类基本物流资源和增值物流服务资源，包括各类物流装备资源、物流软件资源、物流人力资源、物流方案策划资源、公共服务和政策资源、物流保险等，并进行详细的分类，可以为不同资源和能力进行虚拟化和服务化提供基础。

2）虚拟化和感知层

支持各类物流资源的虚拟化及物流能力的服务化，通过虚拟化、服务化屏蔽物流资源的物理异构性，使物流资源和服务能够以标准的接口进行交互和协同；同时，通过RFID、GPS、传感器等传感装置，支持各类物流软硬件资源接入云物流平台的信息处理中心，通过对物流资源的感知、识别、信息采集和处理，实现云物流平台对资源的智能化识别和管理控制。

3）服务层

服务层包括物流基本服务和物流增值服务。物流基本服务涉及订单服务、运输服务、仓储服务等，物流增值服务涉及信息服务、金融服务、咨询服务等。

4）核心功能层

运作云物流的各种功能，包括服务注册发布、服务部署、服务搜索、服务匹配、服务组合、服务调度、服务监控、服务评价管理、服务交易过程管理、服务计费等各项功能。

5）应用模式层

根据不同的业务需求，可以为客户和物流服务提供商提供不同模式的云物流运作方式，具体包括基于公共云的云物流应用模式、基于私有云的云物流应用模式和基于混合云的云物流应用模式。

6）平台服务层

为云物流的相关参与者提供多种模式的接入方式，具体包括网站门户接入、智能终端接入、PDA（掌上电脑）接入以及系统的集成界面接入等。其中，云物流的相关参与者包括云物流服务提供商，如运输公司、仓储公司、第三方物流企业、物流方案咨询商、银行以及保险公司等；物流服务需求者主要是具有单一物流服务或一体化物流服务需求的客户；平台运营商可以是专业的平台运营商或电信运营商。

16.2.2　云物流关键技术

云物流是一种新型的现代物流运作模式，其实现是一项复杂的系统工程，涉及产业经济学、服务科学与工程、运筹优化、信息技术等多学科的理论和技术，本书主要从信息技术的层面对云物流涉及的相关关键技术进行分析。

1. 云物流运作总体技术

云物流运作总体技术主要包括云物流的商业模式、组织模式和交易模式等管理模式和技术，云物流平台的体系结构、运作模式以及平台的开发和应用实施的相关标准和规范等。具体包括支持多客户和物流服务提供商协同运作的面向服务的云物流平台体系结构，云物流平台支撑下的物流服务协同、共享、互操作规范和标准以及云物流服务虚拟化、服务化、云端接入、云物流服务访问协议等标准和规范。

2. 云物流服务链运作管理技术

基于服务链的运作管理是云物流运作的主要形式之一，也是为客户提供一体化物流解决方案的主要组织形式。云物流服务链运作管理技术包括基于客户需求的云物流服务链建模技术、云物流服务搜索技术、智能匹配和评价技术、云物流服务调度技术、云物流服务链进行管理和监控技术以及云物流服务绩效评价技术等，贯穿于为客户服务的全生命周期。

3. 云物流服务智能感知技术

通过 RFID/无线传感网络、4G/GPRS 等通信网络，海量情景感知数据的动态采集、分析与预处理技术，实现物流服务情景数据的实时采集、传输和处理，同时通过建模、情景获取、情景分析和情景控制等情景管理技术，实现物流服务运作过程中智能化的管理和控制。

4. 云物流安全技术

安全是云物流运作的基本要求，也是决定云物流模式能否推广应用的核心因素之一。云物流的安全技术主要研究支持安全可靠云物流运作的相关技术，具体包括云物流数据的安全技术、云物流终端的可信接入、云物流网络的安全性、云物流运营管理的安全性以及云物流服务提供商系统和服务可靠性技术等多个方面。

5. 云物流服务虚拟化和云端接入技术

云物流服务虚拟化是通过物联网、信息物流系统、计算虚拟化等技术，把物理上的物流资源全面互联和感知、控制转化成逻辑上的物流服务，规划化、资源化的描述方法，实现各类物流资源和服务在云物流平台的注册、发布，并支持物流服务的搜索、智能匹配和组合，为客户提供多样化、一体化的物流服务；同时，基于SOA（面向服务的架构），以松散耦合的方式，采用标准化的接口将地理上分布的物流服务联系起来，通过接口与服务的动态绑定接入云端，动态访问云物流平台。

16.2.3 云仓物流

1. 云仓物流概念

云仓是指分布在全国各地的仓储网络，利用云物流平台强大的大数据分析技术，对物流进行连接，针对商品在不同区域、时段的销量做提前预测，将相应数量的商品提前备货到距离消费者最近的仓库，实现就近高效配送。特别是买家可以通过物流App实时跟踪和查看自己的商品物流信息。通过云物流平台强大的数据分析能力，在你还没有下单时，就能预测出最近你可能会购买哪几款商品，商家提前将自己的库存运输到你家附近的仓库，当你下单之后仓库收到指令，将你的订单存放于同一个包裹中，及时高效地送到你的手中。这样做不仅节约了人力、物力成本，而且还优化了消费者的购物体验。云仓物流就是利用云技术手段和现代管理理念，依托先进的、智能的仓储设施实现在线交易、交割、融资、支付、结算等一体化的服务。

扩展阅读 16-4：
云仓物流能提供哪些服务？

2. 云仓物流服务模式

云仓先是以多仓为依据，通过信息和运输使之成为一个物流网络，然后进行该网络内各仓库的物品分配，这些需要依据大数据来进行逻辑的算法计算。我国的云仓系统主要有以下三类。

1）3PL 多仓——单仓或少量仓

大部分人对于云仓的理解就是在全国各地拥有很多个仓库，但是这些仓库只是单纯的物理仓，它们之间并没有任何联系，可能连货主都不是同一个人。每一个仓库的库存以及运营都毫无联系、独立操作。如中通云仓、圆通云仓、申通云仓、韵达云仓，因无法做到信息的共享、资源的整合，是独立存在的单仓。至于其他的第三方仓库，像成都的润宝国际物流、上海的秒仓信息科技公司，也只是拥有很多的物理仓，而没有通过云平台将它们连接起来。

2）3PL 多仓——规模比较大的仓储系统

很多大型的 3PL 想通过云仓来彰显企业的高级性。这种类型的云仓有两个特点，一是依据用户给出的数据和用户的一些具体要求，为用户制定一套整体的解决方案，方案中包括如何分配库存才能让商品离消费者最近，最终实现减少物流成本、提高物流效率的目标。二是这种类型的 3PL 云仓，面积和规模都比较大，拥有非常先进的非人工操作系统，处理突发问题的能力和对于商品订单的处理能力都比较快。比如：顺丰云仓、苏宁云仓等。

3）全国性的大型云仓储布局

这一种云仓才算是真正意义上的云仓。可是在目前中国的电子商务大环境中，只有相对少数的电子商务企业才有能力构建。这一云仓储系统拥有自己独特的大数据分析功能，不仅可以依据数据信息来分配库存商品，而且其非人工的订单处理能力也非常强大。同时它还可以按照货主信息，尽可能地方便货主，实时分配全网库存，对商品信息进行最合理的安排，并且还可以让其上游供应链及时进行货物的补给，真正意义上的实现资源的集中整合和管理，同时大大地减少物流的成本损耗，让物流更加高效。例如目前行业中做得最好的京东云仓、菜鸟云仓在逐步向这一目标迈进。

16.3　绿 色 物 流

早在 1987 年，世界环境与发展委员会发表了名为《我们共有的未来》的研究报告，该报告中提出，当代对资源的开发和利用必须有利于下一代环境的维护以及资源的持续利用。可持续发展政策也同样适用于物流管理活动，即向绿色物流、环境共生型物流转变。环境共生型的物流就是要改变原来经济发展与物流、消费生活与物流的单向作用关系，在抑制物流对环境造成危害的同时，形成一种能促进经济发展和人类健康发展的物流系统。党的二十大报告指出“推动经济社会发展绿色化、低碳化是实现高质量发展的关键环节”。

16.3.1　绿色物流的概念和特征

1. 绿色物流的概念

绿色物流是近几年提出的一个新概念，目前还没有完全成熟的定义。由 A.M.布鲁尔、K.J.巴顿和 D.A.亨舍尔合著的《供应链管理和物流手册》一书提出，“绿色”（green）和“物流”（logistics）组合在一起的“绿色物流”（green logistics）一词，代表着与环境相协调的高效运输配送系统。

中华人民共和国国家标准《物流术语》（GB/T 18354—2006）中规定，绿色物流指在物流过程中抑制物流对环境造成危害的同时，实现对物流环境的净化，使物流资源得到最充分利用。因此绿色物流也可解释为环保物流，是为了实现顾客满意，连接绿色供给主体和绿色需求主体，克服空间和时间阻碍，有效、快速实现绿色商品和服务流动的绿色经济活动过程。绿色物流强调全局和长远利益，强调全方位对环保的关注，体现了企业的绿色形象，是一种全新的物流形态。

从活动范围看，绿色物流包括物流作业环节和物流管理全过程的绿色化。从物流作业环节看，绿色物流包括绿色运输、绿色包装、绿色流通加工等。从物流管理过程看，绿色物流需从环境保护和节约资源的目标出发，改进物流体系，既要考虑正向物流环节的绿色化，又要考虑供应链上的逆向物流体系。具体包括：①精益物流；②物流作业环节绿色化；③物流管理全过程的绿色化；④逆向物流。

2. 绿色物流的行为主体

绿色物流的行为主体不仅包括专业的物流企业，还包括产品供应链上的制造企业和分销企业，同时还包括不同级别的政府和物资行政主管部门等。

产品生命周期的每一阶段，都不同程度地存在着环境问题。专业物流企业对运输、包装、仓储等物流作业的绿色化负有责任和义务。作为供应链上的制造企业，既要设计绿色产品，还应该与供应链上其他企业协同起来，从节约资源、保护环境的目标出发，改变传统的物流体制，制定绿色物流战略和策略。

另外，各级政府和物流行政主管部属在推广和实施绿色物流战略中具有不可替代的作用。由于物流的跨地区和跨行业特性，绿色物流的实施不是仅靠某个企业或在某个地区就能完成的，它需要政府的法规约束和政策支持。例如，制定统一的物流器具标准，限制运输工具的环境污染指标，规定产品报废后的回收处理责任等。

3. 绿色物流的内涵

绿色物流的内涵可从以下几个方面阐述。

（1）绿色物流是共生型物流。传统物流往往以对环境与生态的破坏为代价，绿色物流注重从环境保护与可持续发展的角度，求得环境与经济发展共存；通过物流革新与技术进步，减少或消除物流对环境的负面影响。

（2）绿色物流是资源节约型物流。绿色物流不仅注重物流过程对环境的影响，而且强调对资源的节约。据《哈佛商业评论》报道，全部物流中，大约只有1%的物料真正地用在最终产品上，并在出售后6个月仍在使用。资源浪费现象不仅存在于生产、消费领域，也存在于流通领域。如过量储存造成物品陈旧、老化、变质，运输过程的商品破损，流通加工过程边角余料的浪费等。其需要依靠行政、法律和经济手段进行调节。

（3）绿色物流是低熵型物流。工业文明是建立在化石能源（石油、煤炭）基础上的，而化石能源是不可再生的。人类目前对太阳能、风能等的开发利用尚处于初级阶段，远不足以支撑庞大的经济体系。低熵物流首先是低能耗物流，但其含义要丰富得多。如物品存放状态的有序度越低，熵越大，故低熵物流要求物品存放有序、搬运活性高。

（4）绿色物流是循环型物流。传统物流只重视从资源开采到生产再到消费的正向物流，而忽视废旧物品、再生资源的回收利用所形成的逆向物流。循环物流包括原材料副产品再循环（recycling）、包装物再循环、废品回收、资源垃圾的收集和再资源化等。

4. 绿色物流的最终目标

绿色物流的最终目标是可持续发展，实现该目标的准则是经济利益、社会利益和环境利益的统一。

一般的物流活动主要是为了实现企业的盈利、满足顾客需求、扩大市场占有率等，这些目标最终均是为了实现某一主体的经济利益。而绿色物流除上述经济利益的目标之外，还追求节约资源、保护环境这一既具经济属性、又具社会属性的目标。

按照绿色物流的最终目标，企业无论是在战略管理还是战术管理中，都必须从促进经济可持续发展这个基本原则出发，在创造商品的时间效益和空间效益，满足消费者需求的同时，注重按生态环境的要求，保持自然生态平衡和保护自然资源。

16.3.2　绿色物流系统分析

1. 绿色物流系统的构成

一般物流系统的运行需要大量的人力、财力、物力、信息投入，通过各项物流功能要素，在实现物流效益、服务、信息的同时，还会对环境产生污染排放。为了使物流系统在社会经济大系统中可持续发展，需要降低物流系统的物质消耗、减少环境污染。于是，实现物流系统的绿色管理十分必要。

根据绿色物流的定义，绿色物流系统的实现也分为两个层次。

1）微观绿色物流系统

微观绿色物流系统的实现需要从组织和过程两个方面来保障，其系统结构如图 16.9 所示。在微观层次的绿色物流系统中，物流组织建立全面的环境管理体系，确保系统中所有环境行为都遵守特定的规范，呈现良性循环的趋势。物流过程采用先进的绿色技术，诸如绿色包装、绿色运输等，确保物流活动的环境排放和能源消耗不断降低，同时以生命周期评价方法从整体上测度改善情况，监控系统的整体优化效果。在企业物流方面，李益强等在《面向产品全生命周期的企业绿色物流研究》一文中指出："面向产品全生命周期的企业绿色物流是指企业在产品全生命周期的各个环节包括运输、储存、包装、装卸和流通加工等物流活动中，采用先进的物流技术、物流设施，最大限度地降低对环境的污染，提高资源利用率，改善人类赖以生存和发展的环境，主要指科学的物流设计、管理和实施，合理的商品运输方案，无害包装的选用，包装物的回收复用，优化资源利用的流通加工等等。"

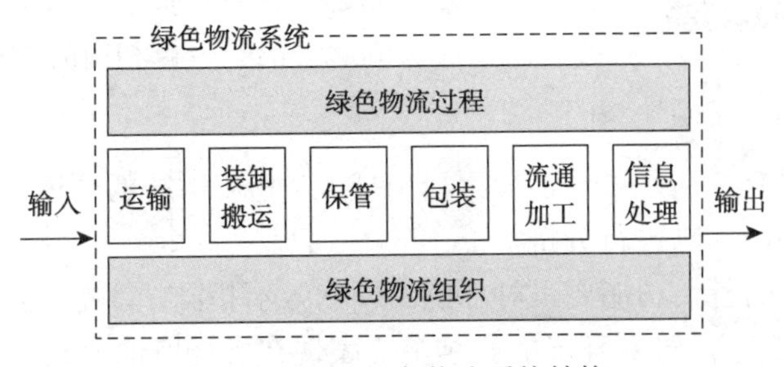

图 16.9　微观绿色物流系统结构

2）宏观绿色物流系统

在宏观层次，绿色物流系统体现了 4R 原则：减量化（reduce）、可再用（reuse）、可回收（reclaim）、再循环，真正实现了以有效的物质循环为基础的物流活动与环境、经济、社会共同发展，使社会发展过程中的废物量达到最少，并实现废物资源化与无害化处理。

一般物流系统通常在垃圾收集环节才进行物品的回收。绿色物流系统则在每两类物流环节之间就进行物品的回收、重用，整个物流循环系统由无数个小的循环系统组成，在完成一次大的物流循环之前，每个小循环系统已经工作了无数次，确保物流系统中的物质能得到最大限度的利用。

宏观绿色物流系统的结构如图 16.10 所示。根据物流的服务对象，由供应物流、生产物流、销售物流、回收物流及废弃物物流组成了一个闭环位于系统的中央，保障这个闭环正常运转的外部条件包括绿色物流技术、物流环境影响评价标准和物流企业审核制度。

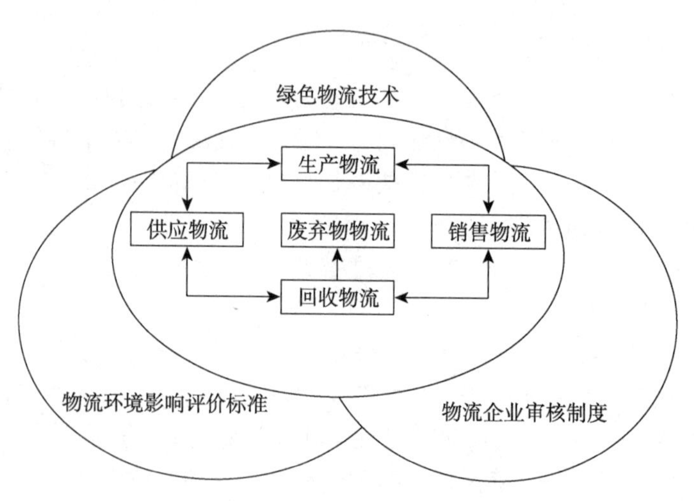

图 16.10　宏观绿色物流系统的结构

在《面向可持续发展的绿色物流管理》一文中，王长苏认为："大量生产、大量流通、大量消费的结果必然导致大量废弃物的产生，废弃物处理困难会引发社会资源的枯竭及自然环境的恶化。21世纪的物流必须从系统构筑的角度，建立废弃物的回收再利用系统。企业不仅仅要考虑自身的物流效率，还必须与供应链上的其他关联者协同起来，从整个供应链的视野来组织物流，最终建立起包括生产商、批发商、零售商和消费者在内的生产—流通—消费—再利用的循环物流系统。"

扩展阅读 16-5：
国内外绿色物流实施现状

2. 物流系统的环境影响

物流系统由图 16.9 所示的功能要素所组成，对物流系统的环境影响分析，主要是对这些功能要素的环境影响进行分析。

组成物流系统的各个功能要素对环境的影响各不相同。首先，各要素对环境产生影响的种类不同。例如：运输对环境的影响主要表现在燃烧汽油或柴油而排出的污染性气体，以及发动机产生的噪声，而包装对环境的影响则主要表现在采用非降解型包装材料造成的废弃物污染。其次，各要素对环境的影响程度不同。由于作业过程的差异，有的要素对环境造成比较严重的影响，有的要素对环境的影响微乎其微。根据前人的研究成果和经验结论，在物流系统的各功能要素中，运输对环境的影响是最严重、最广泛的，其次是装卸搬运和包装，而储存、流通加工、信息处理的影响则较轻。

1）运输对环境的影响

运输是物流系统中最主要、最基本的功能要素，运输工具的燃油消耗和燃油产生的污染，是物流系统造成资源消耗和环境污染的主要方面，这些污染包括以下内容。

（1）运输工具在行驶中发出的噪声。

（2）运输工具排放的尾气。

（3）装载设备的清扫、清洗产生的废渣与废水。

（4）运输工具行驶中由路面或运输物产生的扬尘。

（5）运输有毒有害物质的沿途事故性泄漏以及普通货物的沿途抛洒。

其中，尾气、噪声、废渣、废水、扬尘为货物运输固有的污染种类，有毒有害物质的泄漏属于货物运输的事故性污染。

物流管理活动的变革，如集中库存和即时配送制的兴起，也对运输环境产生影响。

（1）不合理的货运网点及配送中心布局，导致运输路径迂回，增加了车辆燃油消耗和废气、噪声污染，过多的在途车辆加剧了城市交通的阻塞；运输过程中出现的事故也可能对环境造成污染，如海轮运输原油过程中原油的泄漏会造成海水的污染和海内生物的死亡。

（2）集中库存虽然能有效地降低企业的物流费用，但增加了运输的次数，从而增加了燃料消耗和对道路面积的需求。

（3）JIT 强调无库存经营，从环境角度看，JIT 配送适合于近距离的输送。如果企业与用户之间距离较远，要实施 JIT 就必须大量利用公路网，增加了公路运输的负荷量，也带来更多燃油消耗和空气污染等问题。

2）装卸搬运对环境的影响

装卸搬运的目的是使物品在水平或垂直方向上发生短距离的位移，这一过程需要借助不同的装卸搬运机械。装卸搬运机械主要是在企业（包括码头、料场、矿山和商业货仓等）内部进行装卸、运输、升降、堆垛和储存的机械设备，包括起重机械、输送机、装卸机械、车辆和仓储设备等。采用何种装卸搬运机械取决于物品的重量、形式和搬运距离。装卸搬运过程对环境的影响主要表现在以下几个方面。

（1）装卸搬运工具在作业过程中产生噪声污染。

（2）如果由燃料驱动，装卸搬运机械的运转将产生一定的尾气污染。

（3）搬运工具行驶中由路面或搬运物产生的扬尘。

（4）装卸搬运不当，商品的损坏，造成资源浪费和废弃，废弃物还有可能对环境造成污染，如化学液体商品的破漏，造成水体污染、土壤污染等。

3）储存对环境的影响

储存在物流系统中具有中转、储藏和管理的作用，储存的主要设施是仓库、货场。储存对环境的影响表现如下。

（1）进行物流作业时，发出的噪声污染。

（2）储存中的所有商品都可能因保管不当，对周边环境造成污染，尤其在易燃、易爆、化学危险品的储存过程中，如果储存不当还可能造成爆炸或泄漏，产生破坏性的环境污染。

（3）储存养护时采用的一些化学方法，如喷洒杀虫剂，会对周边生态环境造成污染。

4）包装对环境的影响

包装具有保持商品品质、美化商品、提高商品价值的作用。当今大部分商品的包装材料和包装方式，不仅造成了资源的极大浪费，而且严重污染环境，主要表现如下。

（1）过度包装增加了商品的重量、体积，增加了运输和储存的难度。相当一部分工业品特别是消费品的包装采用一次性设计，这些包装材料不仅消耗了大量的自然资源，废弃的包装材料还需要花费大量人力、物力和财力进行处理，不利于可持续发展和生态经济效益。

（2）不少包装材料是不可降解的，如市场上常见的塑料袋、玻璃瓶、易拉罐等，它们长期留在自然界中，会给自然环境留下长久的污染物。

其中，包装材料产生的污染是包装的固有污染，包装作业产生的噪声、扬尘属于非固有污染。

5）流通加工对环境的影响

流通加工是指为完善商品的使用价值和提高物流服务水平，对物流过程中的商品进行的简单的加工活动。流通加工具有较强的生产性，是生产领域的活动在物流过程中的延续。各种流通加工对环境造成的负面影响，表现为加工中资源的浪费或过度消耗，以及加工产生的废气、废水和废物对环境和人体构成的危害。

6）信息处理对环境的影响

信息处理是通过收集与物流活动相关的信息，使物流活动低成本、高效率地进行。随着计算机的普及和企业内部信息系统的建设，信息处理功能要素中也出现了环境问题。如机房里计算机设备的密集布设产生的辐射可能危及员工的健康，又如错误的订货信息会使工作无效，造成资源和人力的极大浪费。

16.3.3 绿色物流体系的构建

构建绿色物流体系首先应加强绿色物流教育，树立现代绿色物流的全新观念。当代绿色物流不仅要树立服务观念，更应自始至终贯彻绿色理念。

1. 绿色正向物流体系的建立

1）绿色供应商的选择

供应商的成本绩效和运行状况对企业经济活动构成直接影响，加上政府对企业的环境行为的严格管制，在绿色供应物流中，有必要增加环境指标作为供应商选择和评价的依据。例如：潜在供应商是否曾因环境污染问题而被政府处罚？潜在供应商是否存在违反环境规章的行为？供应商供应的零部件是否采用了绿色包装？供应商是否通过了ISO 14000环境管理体系认证？

2）废弃物料的处理

企业正向物流中产生废弃物料的来源主要有两个：一是生产过程中未能形成合格产

品而不具有使用价值的物料，如废品、废件、废渣、废料等；二是流通过程中产生的废弃物，如完成包装功能后废弃的木箱、编织袋、纸箱、捆绳等。厂商应致力于减少废弃物料，一方面降低环境污染，另一方面也有利于节约成本。这要求一方面厂商要加强进料和用料的运筹安排，另一方面在产品的设计阶段就要考虑资源可得性和回收性能，减少生产中的废弃物料的产生。

3）产品的设计、包装和标识

绿色物流建设应从产品设计阶段开始，以产品生命周期分析等技术提高产品整个生命周期环境绩效。包装是绿色物流管理中的一个重要方面，如白色塑料的污染已经引起社会的广泛关注。因此再生性包装由于可回收的特点得到推广，可以重复使用的集装箱也是绿色包装的例子。另外通过标签标识产品的化学组成也十分重要，通过标识产品原料特别是可塑零件的组成，能使回收、处理工作更便捷。

4）绿色运输管理

绿色运输有力降低企业经济成本和社会环境成本，并影响社会形象。企业绿色运输的主要措施如下。

（1）合理配置配送中心，制订配送计划，提高运输效率以降低货损量和货运量。如开展共同配送。共同配送是由多个企业联合组织实施的配送活动，它主要是针对某一地区的客户所需要物品数量较少而使用车辆不满载、配送车辆利用率不高等情况。共同配送可以分为以货主为主体和以物流企业为主体两种类型。从货主的角度来说，通过共同配送可以提高物流效率。如中小批发者，如果各自配送难以满足零售商多批次、小批量的配送要求，而采取共同配送，送货者可以实现少量配送，收货方可以进行统一验货，从而达到提高物流服务水平的目的。对物流企业，特别是一些中小物流企业来说，共同配送有利于筹集资金、发送大宗货物，通过信息网络提高车辆使用率。

（2）合理采用不同运输方式。从绿色物流角度来说，应尽量选择铁路、海运等环保运输方式。如采取复合一贯制运输（combined transportation）方式。复合一贯制运输是指吸取铁路、汽车、船舶、飞机等基本运输方式的长处，把它们有机地结合起来，以集装箱作为连接各种工具的通用媒介，实行多环节、多区段、多运输工具相衔接进行商品运输的一种方式。由于全程采用集装箱等包装形式，要求装载工具及包装尺寸都要做到标准化，可以减少包装支出，降低运输过程中的货损货差率。

（3）评价运输者的环境绩效，由专业运输企业使用专门运输工具负责危险品的运输，并制定应急保护措施。如大力发展第三方物流。发展第三方物流，由专门从事物流业务的企业为供方或需方提供物流服务，可以全面考虑物流合理化，简化配送环节；可以避免自有物流带来的资金占用、运输效率低、配送环节烦琐、企业负担加重、城市污染加剧等问题；可以减少运输车辆，缓解物流对城市环境污染的压力。除此之外，企业对各种运输工具还应采用节约资源、减少环境污染的原料做动力，如使用液化气、太阳能作为城市运输工具的动力，加快运输工具的更新换代。

5）绿色包装管理

绿色包装是指采用节约资源、保护环境的包装。绿色包装管理的措施主要有：促进生产部门采用尽量简化的、由可降解材料制成的包装；在流通过程中应采取措施实现包装的合理化与现代化。

（1）包装模数化。包装模数化即确定包装基础尺寸的标准。包装模数标准确定以后，各种进入流通领域的产品便需要按模数规定的尺寸包装。模数化包装利于小包装的集合，利用集装箱及托盘装箱、装盘，有利于运输和保管，实现物流系统的合理化。

（2）包装的大型化和集装化。其有利于物流系统在装卸、搬迁、保管、运输等过程中的机械化，加快这些环节的作业速度，减少单位包装，节约包装材料和包装费用，保护货体。

（3）包装多次、反复使用和废弃包装的处理。采用通用包装，不用专门安排回收；采用周转包装，可反复使用，如饮料、啤酒瓶等；梯级利用，一次使用后的包装物，用毕转化做他用或简单处理后转作他用；对废弃包装物经再生处理，转化为其他用途或制作新材料。

（4）开发新的包装材料和包装器具。其发展趋势是，包装物的高功能化，用较少的材料实现多种包装功能。

6）绿色仓储系统

物流仓储系统的绿色化一方面是利用物流仓储系统减少对工作及生活环境的污染和影响，如对有害物资的储存、黑暗条件下物资的存储，可利用自动化仓储系统解决管理和存取问题，降低工作的危险性；另一方面是减少物流仓储系统本身对周围环境的不利影响，如设备噪声、移动设备的震动、烟尘污染、设备的油渍污染、视觉污染，集中库存可减少对周围环境的辐射面。另外，采用自动化系统，充分考虑人机工程学原则，使管理、操作和维护环境相协调。

7）绿色流通加工

流通加工具有较强的生产性，也是流通部门对环境保护可以大有作为的领域。绿色流通加工主要包括以下两个方面的措施：一是变消费者加工为专业集中加工，以规模作业方式提高资源利用效率，减少环境污染。如饮食服务业对食品进行集中加工，以减少家庭分散烹调所带来的能源和空气污染；二是集中处理消费品加工中产生的边角废料，以减少消费者分散加工所造成的废弃物的污染。如流通部门对蔬菜集中加工，可减少居民分散加工垃圾丢放及相应的环境治理问题。

8）收集和管理绿色信息

物流不仅是商品空间的转移，也包括相关信息的收集、整理、储存和利用，并及时运用于物流中，促进物流的进一步绿色化。

2. 绿色逆向物流体系的建立

逆向物流是指物料从消费者向生产企业流动的物流。合理高效的逆向物流体系结构分为以下六个环节。

1）回收产品

回收产品是逆向物流系统的起点，产品回收的数量、质量，回收的方式以及产品返回的时间选择都应该在控制之下，如果这些问题不能得到有效的控制，将无法保证产品加工的效果和整个系统的正常运作。要解决这个问题，厂商必须对收集的旧产品进行有效管理或与退回产品的批发商及零售商保持良好的接触和沟通。

2）产品运输

收集产品后，需要进行检查、分类和处理。回收产品运输和分类没有固定的模式，要根据不同产品的性质而定。比如，对易碎品像瓶子、显示器等的处理方式和轮胎、家具等完全不同。但是，需要注意的一点是不仅要考虑产品的运输和储藏成本，还要考虑产品随着回收时间延长的“沉没成本”，需对不同产品给予不同的对待。

3）检查与处置决策

对回收品的功能进行测试分析，并根据产品结构特点以及产品和各零部件的状态确定可行的处理方案，包括直接再销售、再加工后销售、分拆后零部件再利用或报废处理等。然后，对各方案进行成本效益分析，确定最优处理方案。

回收产品的测试、分类和分级是一项劳动和时间密集型工作。企业可通过设立质量标准，使用传感器、条形码以及其他技术实现测试自动化改进这道工序。一般说来，在逆向物流体系中，企业应该在产品质量、形状或者变量的基础上尽早作出对产品的处置决策，这可以降低物流成本，缩短再加工产品的上市时间。

4）回收产品的修理或复原

企业从回收产品中获取价值主要通过两种方式来实现：一是取出其中的元件，经过修理后重新应用；二是通过对该产品全部重新加工，再重新销售。但是，回收产品的修理和再加工有很大的不确定性，因为回收的产品在质量以及时间上可能差异很大，这就要求在对回收产品分类时，尽量把档次、质量及生产时间类似的产品分为一组，降低可变性。

5）再循环产品的销售

回收产品经过修理或复原后就可以投入市场进行销售。企业首先需要对再循环产品进行市场需求分析，确定市场目标，在此基础上企业就可以制定出再循环产品的销售决策，完成逆向物流的一个循环。

6）报废处理

对没有经济价值或严重危害环境的回收品或零部件，通过机械处理、地下掩埋或焚烧等方式进行销毁。

即测即练

案例分析　科纳普实现生产自动化和智能物流的 4 个措施

应用与实践　课题1：绿色物流的优势
课题2：企业生产业务流程的优化

本章习题

1. 在宏观层次，绿色物流系统4R原则指什么?
2. 为什么要实施绿色物流?
3. 简述绿色物流的概念及最终目标。
4. 简述智能物流的含义。
5. 云物流有哪些优势?
6. 智慧物流系统的构建有哪几步?
7. 如何发展“互联网+”环境下的同城配送？其主要模式有哪些?

教师服务

感谢您选用清华大学出版社的教材！为了更好地服务教学，我们为授课教师提供本书的教学辅助资源，以及本学科重点教材信息。请您扫码获取。

教辅获取

本书教辅资源，授课教师扫码获取

样书赠送

物流与供应链管理类重点教材，教师扫码获取样书

清华大学出版社

E-mail: tupfuwu@163.com
电话：010-83470332 / 83470142
地址：北京市海淀区双清路学研大厦 B 座 509

网址：https://www.tup.com.cn/
传真：8610-83470107
邮编：100084